上:「おねがい、うみにはいらせないで！　ぼくはまだちっちゃいし、さむすぎるよ！」。おやじ(左)とおふくろ(右)と、海辺で休暇を楽しむ。

右:自転車に乗るビーチデールっ子。ウォルソールの新築の公営住宅に引っ越して間もない頃。

下:俺、おふくろ、おやじ、スー。ウォルソールのバーチルズにあった祖父母の家の庭で。週末に泊まりにいくのが楽しみだった。

下右:「そうさ、あと５年たったら、ここで女王様に会うんだ！」。ウォルソール樹木園で、スーとその友達に教えているところ。

上:初等学校のキリスト降誕劇で賢者を演じる(右から4番目)。「冠をいただく頭は安んぜず」？　まったくそのとおり。そいつが頭蓋骨に食い込んでたらな！

下左:小学校にて。賢そうなチビだろう？

下右:俺とスー。これから勇敢にも運河を渡り、G&Rトーマス製鉄所が吐き出す煤煙の中、息を止めて駆け抜ける覚悟を固めたところ。

俺の家族は飛行機に乗ったことはなかったが、少なくとも眺めることはできた。ヒースロー空港でこれから飛行機見物をするスー、俺、公営住宅の友達。

セカンダリー・モダン・スクールのオールド・タイム・ダンスの授業で、ゲイ・ゴードンズ踊りに磨きをかける。後列左から３番目が俺。

ケルヴィン・ロードの家の裏庭で。遅れて我が家にやって来たサプライズ・プレゼント、弟のナイジェルと。

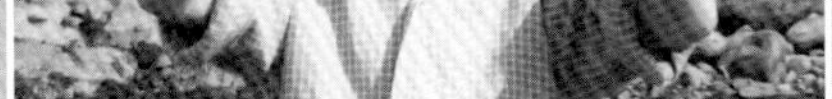

俺が海岸でクラブ〔Crab。カニと毛じらみの両方の意味がある〕を捕まえたのは、これが最後じゃない。

上左：コーデュロイ期の真っ最中。ありがたいことに、この時代は長続きしなかった。

上右：妹のスーと、愛しのたてがみ男、ライオンのブライアン。彼は運転を教えてくれたが、きっと今でもあの大惨事の悪夢を見ているだろう。哀れなミニ！

左：十代で演劇に目覚め、ウォルソール・グランジ・プレイハウスで芝居に明け暮れる。「この若手に注目！」と『エクスプレス＆スター』紙は称賛した。

初期のバンドで熱唱中。ビッグ・スターではなかったが、俺のシャツはそうだった。

上:俺(左から２番目)と、短命に終わった帽子マニアの集まり、ロード・ルシファー。

左:珍しく電車に乗ってプリーストのギグへ向かう。マンゴ・ジェリー風のもみあげと、ハリー・フェントンのベストでキメているつもり。ナイス！

下:プリーストの元マネージャー、伝説的なデイヴ・“コーキー”・コーク、そのガールフレンドのリン(左)、俺のガールフレンドもどきのマージー（中央)。

右：湖畔にて。ジューダス・プリースト最初期のツアー中、思慮深い表情を浮かべようと頑張っている。

下：労働者向けクラブのギグに備え、メルセデスのツアー用バンから荷物を降ろす。超ゴージャスだろ？

初期のプレス写真。ケン、ジョン・ヒンチ、俺、イアン。地元の景色が美しい場所で。カメラマンに払う金がなかったから、コーキーが撮った。撮影の腕が素人なのは一目りょう然。

LAにて、1977年の初アメリカ・ツアー。
「おいマジかよ、レス！　カウボーイ・シャツはもうカンベンしてくれ！」

ロブ・"ザ・クイーン"・ハルフォードの名前が定着しなかったのは、いまだに信じられない！

日本初遠征で泊まったホテルにて。
ルームサービスの大失敗と消火器がらみのどんちゃん騒ぎが、この直後に起こる。

上:「おいマジかよ……何人いるんだ?」。1983年5月、カリフォルニアのUSフェスティヴァルで、何十万人ものメタラーを見渡す。

右:1985年7月13日、フィラデルフィアのライヴ・エイドでロックする。あれは……忙しい1日だった。

ヒア・アンド・エイドのために、メタル・ワールドがLAに結集。今もロニー・ジェイムス・ディオ（俺の右）を恋しく思い、彼の音楽を毎日聴いている。

上：リハビリのカウンセラーで、俺の命を救う手助けをしてくれたアーディスが、この瞑想の本をくれた。以来34年間、毎晩読んでいる。

右：1986年の『フューエル・フォー・ライフ』。初めて素面で臨んだプリーストのツアー。幸せそうに見える。実際そう感じていた。

上左：幸運に恵まれたら、運命の人が見つかる。俺の支え《ロック》にしてソウルメイト、トーマスと会ったばかりの頃。

上右：誤解が原因でプリーストを抜けたあと、初めて取り組んだソロ・プロジェクトのファイト。こぢんまりした会場に再び親しむ。ロンドン、アストリア、1993年。

左：1998年。2woでエレクトロ・ゴシックを不器用に気取ったフー・マンチュー期。

下：60歳になるともらえる敬老パスが不要だった頃のメタル・ゴッド。

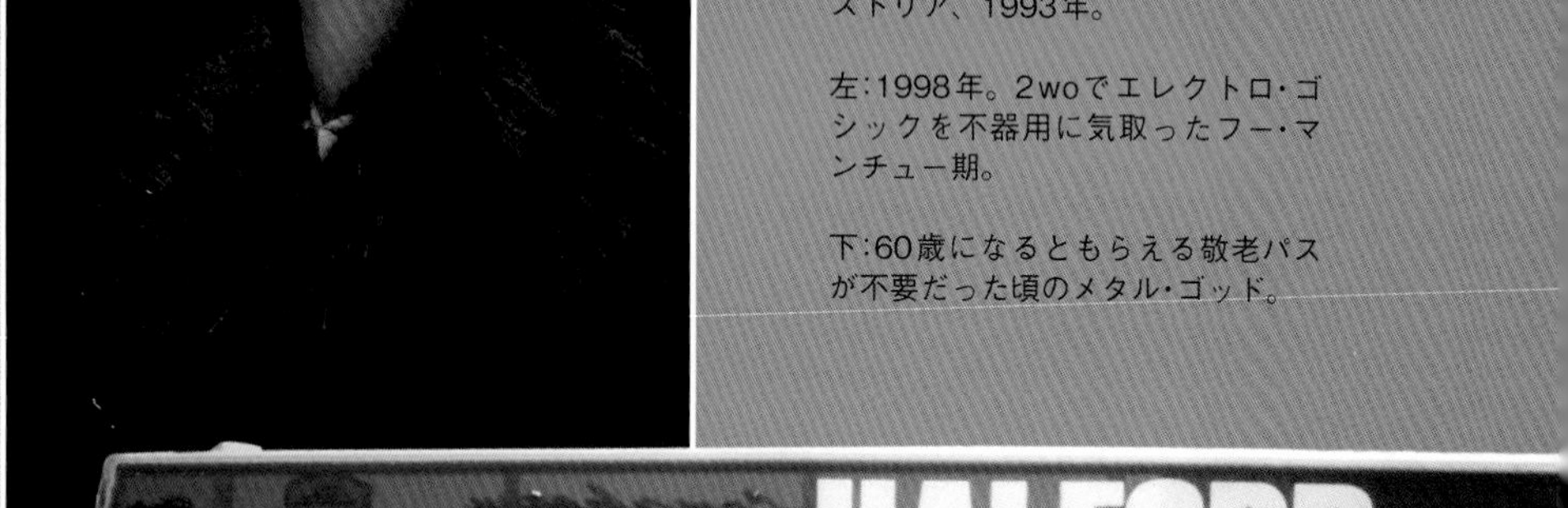

「お嬢さんたち、落ち着いて！」。ガガ、スターライトと。
フェニックス、2014年。

レミーと自撮りしたレアな1枚。チリ、2015年5月。
悲しいことに、彼は年明けを待たずに亡くなった。

祝50周年、ジューダス・プリースト。
ブラック・カントリーで鍛え上げられたバンド、
そして人生。

CONFESS

THE AUTOBIOGRAPHY

ROB HALFORD

WITH IAN GITTINS

DU BOOKS

ロブ・ハルフォード回想録

メタル・ゴッドの告白～Confess～
欲深き司祭（プリースト）が鋼鉄神になるまで

ロブ・ハルフォード 著
川村まゆみ 訳

CONFESS
by Rob Halford

First published in 2020 by HEADLINE PUBLISHING GROUP
Japanese translation published by arrangement with
Headline Publishing Group Limited through
The English Agency (Japan) Ltd.
Translated by Mayumi Kawamura
Published in Japan
by
Disk Union Co., Ltd.

警告：読む者は覚悟せよ

この回想録ではすべてをさらけ出した。ここに書いたことはすべてまぎれもない真実だ。もっとも、ほかの人間にここまで真っ正直になれと強制するつもりはない。本書では、何人かの名前や、身元を特定できる細部は変えてある――

罪なき人々、そして罪深き人々を守るために。

目次

Judas Priest

Judas Priest

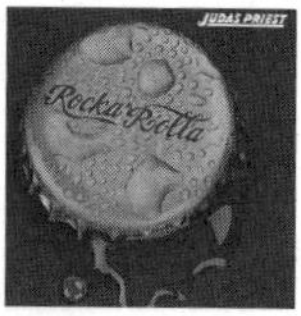
JUDAS PRIEST
Rocka Rolla

Judas Priest

Judas Priest

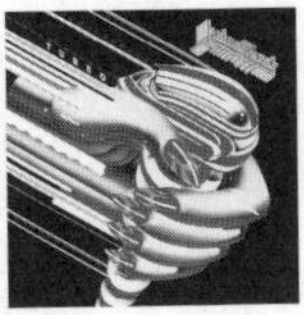

※本文〔 〕は訳者による注釈。

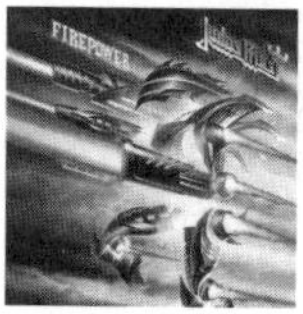

イントロ　息ができない！

60年代初め、平日の朝8時半すぎ。学校へ行く時間だ。母さんに「行ってきます《タラー》」と言って、玄関のドアから滑り出る。門を抜け、通りの端まで歩き、左へ折れるとダーウィン・ロード。少し進んで、右へ曲がり、深く息を吸って……運河を渡る。

運河《カナル》――ウォルソールではみんな〝カット〟と呼んでいた――に面して、G&Rトーマス社という巨大な製鉄工場があった。産業革命がきっかけで、この一帯がブラック・カントリー〔イングランド中西部のウエスト・ミッドランズ地方にある重工業地域。工場群が出す黒煙で空が覆われていたことに由来する通称〕と呼ばれる原因になった、極悪な工場のひとつだ。重い鉄材を押しつぶし、がらがらと巻き上げ、悪臭を振りまく地獄。ウォルソールの男たちのほとんどは平日、そこで働いていた。

子どもの頃、工場は週7日24時間休みなしで、すさまじい騒音を立て、悪臭をまき散らしていた。巨大な高炉の火を落とし、再び火入れをするのは、時間も金もかかりすぎたんだろう。だから工場は決して稼働を止めなかった。それが吐き出す汚染物質と毒は想像を絶するほどひどかった。

G&Rトーマスのような製鉄所《メタルワーク》が、俺の育った場所を形作り、支配していた――そして生活そのものを。家では、洗濯日になると、おふくろが家族の白いベッドシーツをロープに干し、灰色や黒い煤《すす》の縞《しま》が付いたシーツを取り込む。学校では、道向かいの工場の巨大な蒸気機関が立てるリズムに合わせて、がたがた振動する机に向かい、ノートに字を書こうと悪戦苦闘する。

ズシン！　ズシン！　ズシン！

時々、学校へ行く途中、G&Rトーマスの労働者たちが高炉の巨大な釜を傾けて、中身を砂型に流し入れるシルエットが見えた。どろどろに溶けた金属が溶岩のように流れ落ち、瞬く間に固まって巨大な銑鉄の鋼片《スラブ》になる。

銑鉄《ピッグ・アイアン》。その呼び名が、醜悪さをひと言で言い表しているように思えた。

学校へ歩いていくとき、製鉄所のそばを通り過ぎるのは苦行だった。毎日、今日こそ生き延びられないんじゃないかと思う。工場から吐き出され、運河を渡ってくる煙を吸うと息が詰まる。この煙の毒性はすさまじかった。風向きが悪いと——いつもそう思えたが——煙に含まれた固く細かい粒子が目に飛び込んで、何日も取れない。クソみたいに痛かった。

いつも言ってるだろう。あの音楽が作り出されるずっと前から、俺は重金属《ヘヴィ・メタル》のにおいと味を知っていた……。

だから、深く息を吸い込んで、通学バッグをしっかりつかみ、全速力で橋を駆け抜ける。最悪の日には、煤煙があまりにも濃くて、刃物で切り裂けそうだった。パニックに襲われ、試練に抗おうとする。

息ができない！

実際には、一度も窒息しなかった。何とか乗り切り、いつも対岸に着いた——せき込み、つばを吐きながら。そして午後、家に帰るとき、同じ儀式を丸ごと繰り返す。慣れっこだった。それがブラック・カントリーで生きるということだったから。

これまでの人生で、**息ができない**と思ったことは数え切れないほどある。息を殺し、絶望に苛《さいな》まれてきた年月――あまりにも長かった！――罠に捕らわれ、身動きできないと感じていた。

世界最大級のヘヴィ・メタル・バンドのリード・シンガーが、恐怖に脅え、ゲイであると公表できない。夜、眠れないままじっと横になり、不安に押しつぶされそうになりながら、よく思いを巡らせた。

カミングアウトしたら何が起きるだろう？

俺たちはファンをすべて失う？

ジューダス・プリーストは生命を絶たれる？

その恐怖と不安に追い立てられ、とても暗い場所をさまよった。アルコールとドラッグの中毒というクソだめにはまり、ほとんど息ができなかった。セクシュアリティを共有さえしていない男たちと、絶望的な関係を繰り返し、息が詰まりそうだった。

いちばんつらかったのは、問題を抱えた恋人が俺に別れのハグをして……数分後に銃を自分の頭に向けた日だ。彼は引き金を引いた。

息ができないと、行き着く先はそこだ。気をつけないとそうなる。俺もなりかけた。自己破壊的な生き方をしていたせいで死にかけた。自分で決着をつけようとしたこともある。だが、俺は生き延びた。向こう側へ渡り切った。深く息を吸って、橋を渡り、運河《カット》を越えた。

今、俺はクリーンな体で、素面《しらふ》で、愛する人がいて、幸せで……怖いものがない。一点の曇りもない人生を生きている。だから、何者も、誰も、俺をこれ以上傷つけることはできない。俺は、若い頃ひそかに憧れたクウェンティン・クリスプ（のちの章に登場する）のロック・ヴァージョンだ。**堂々たるヘヴィ・メタルの同性愛者だ。**

この回想録のタイトルには『告白』がぴったりだと思った〔原題 Confess には〝キリスト教徒が罪を懺悔《ざんげ》する〟の意もある〕。これ以上ふさわしい書名はない。なぜなら、いいか、この欲深き司祭《プリースト》は、数え切れないほどの罪を重ねてきたからだ。今こそ、すべての罪を告白する……そして願わくは、読者の赦《ゆる》しを賜《たまわ》らんことを。

では、ともに祈ろう。

この本は俺が再び息の仕方を学ぶ物語だ。

1 急げ、いとしのボートよ

少年時代の思い出

始めにビーチデール・エステートありき。

いい暮らしだった。

第二次世界大戦が終わると、イギリス国民はウィンストン・チャーチル〔大戦を終結に導いた首相〕に感謝の意を示すため、彼のケツを蹴り落として、選挙で労働党を選んだ。この政権は戦後の住宅不足を解消するべく、速やかに大規模な社会政策を推し進め、無数の公営住宅《カウンシル・エステート》を建設した。クレメント・アトリー首相〔〝福祉国家〟イギリスを実現〕とアナイリン・ベヴァン住宅担当相〔無料の国家医療制度を実現。労働者階級出身〕の指揮により、戦時中に爆撃で跡形もなく破壊された家々に代わって、イギリスの労働者階級の家族に住む場所を与えるため、新たな公営住宅が全国に突如出現した。その典型的な団地がウォルソールのジプシー・レーン・エステートだ。この地区は間もなくビーチデールと改称される。

ウォルソールの中心街から徒歩15分、バーミンガムから北へ約16キロの地にビーチデールは建てられた。1950年代初め、荒廃した重工業地帯の真ん中に、ぴかぴかの新興住宅地として。人生の最初の20年間、そこが俺の苦行のるつぼだった。俺の世界、希望、夢、恐怖、成功、挫折の中心だった。とはいえ、俺が生まれたのは別の場所だ。

おふくろとおやじ、すなわちジョーンとバリーのハルフォード夫妻は1950年3月に結婚すると、ウォルソールのバーチルズにあるおふくろの実家に同居した。狭い家だったから、俺の妊娠をきっかけに、おふくろはおやじと一緒に姉妹のグラディスの家に引っ越した。グラディスと旦那のジャックは、ブラム（ブラック・カントリーの連中はバーミンガムをそう呼ぶ）へ行く途中にあるサットン・コールドフィールドに住んでいた。

俺は1951年8月25日に生まれた。洗礼名はロバート・ジョン・アーサー・ハルフォード。アーサーは代々家に伝わる名前で、おやじのミドル・ネームでもあるし、じいさんのファースト・ネームでもある（じいさんのミドル・ネームはフラヴェル。そっちを受け継がなくてよかった！）

1年後に妹のスーが生まれ、両親はウォルソールのリッチフィールド・ロードにある公営住宅を供給された。そして1953年、一家でビーチデール・エステートのケルヴィン・ロード38番地に移り住む。

ビーチデールに建設されたのは、頑丈な赤レンガ造りの縦割り住宅《テラス・ハウス》だ。典型的なイギリスの公営住宅だったが、ベヴァン時代に建てられた住宅の例に漏れず、その建物には理想主義のようなものが漂っていた。政府が法律で定めた最小サイズより広く、1軒ごとに専用の玄関と裏庭まで付いていた。

ウォルソールの地方議会は、こういった住宅にかわいらしい芝生や花壇ができると期待したに違いない……だが、そううまくはいかなかった。戦後もまだ配給制が続いていたので、ビーチデールに住む家族たちは外のスペースを使ってジャガイモや野菜を育てた。玄関を出れば、そこは市民菜園ってわけだ。

今でもケルヴィン・ロード38番地の間取りを正確に思い描ける。1階にはリビングルーム、キッチン、狭い娯楽室。2階にはトイレ、ちっぽけなバスルーム、両親の部屋、物置、スーと共用していたベッドルーム。俺は窓側のベッドを使っていた。

ビーチデールは近所同士の仲がよく、地域で一致団結していた。住民は互いの家をしょっちゅう訪ね合った。治安の悪い地区だと思うやつらもいたが、俺がそう感じたことはない。おふくろから出入りを禁じられた通りはいくつかあった——「何があっても、あそこには行っちゃだめよ！」[*1]——でも俺が目にしたのは、せいぜい庭に放置された、さびだらけの古い冷蔵庫ぐらいだ。ゴーバルズ〔スコットランドのグラスゴーにあったスラム街。イギリス最悪のスラムのひとつ〕に比べたらかわいいものだった。

ブラック・カントリーの労働者階級の男が、ほとんど誰でもそうしたように、おやじは製鉄所で働いていた。最初の就職先はヘリウェルズという工場で、エンジニアとして雇われた。そこは飛行機の部品を作っていて、とっくの昔になくなったウォルソール飛行場の敷地内にあった。

おやじは昔から飛行機に憧れていたから、その仕事はぴったりだった。以前は志願兵として英国空軍の補充部隊に属し、いざ徴兵されると、空軍からの召集を待ち望んだ。その代わり、陸軍に配属されて、第二次大戦中はソールズベリー平原〔ストーンヘンジの遺跡で有名。陸海空軍の大規模な防御訓練施設がある〕で過ごした。

おやじが飛行機に注ぐ情熱を俺も受け継ぎ、一緒にエアフィックス社製の模型を作った——フライングフォートレス、スピットファイア、ハリケーン。おやじはよく俺をウォルソール飛行場へ連れていき、グライダーの離陸を見物した。一度か二度、わざわざロンドンまで出てヒースロー空港で飛行機を見たこともある。最高にわくわくした。

ヘリウェルズのあと、おやじは鋼管工場に就職した。同僚のひとりが工場を辞めてチューブ・ファブズという会社を興したから、おやじもそこに移ったのだ。工場労働者から仕入れ係への転身。俺たちは庭でイモを育てるのをやめ、ささやかな芝生を植えて真ん中に小径を敷いた。我が家は車も手に入れた。それはとて

＊1：ほとんどのイギリス人は「Mum《マム》」と書くが、スーと俺はいつも「Mom《モム》」とつづった。そのとおりの発音で呼んでいたからだ。毎年母の日になると、俺たちはそうつづられたカードを探して、ウォルソールの町じゅうを必死で走り回った。

も特別なことに思えた。ただのフォード・プリフェクトで、高級車とはとても呼べないが、俺はどういうわけか、一家のステータスが上がったように感じた。どこへ行くにもバスに乗るんじゃなく、車であちこちへ出掛けるのが大いに気に入った。

スーと俺が小さい頃、おふくろは専業主婦だった。当時はそれが普通で、毎日掃除をして家をぴかぴかに磨き上げた。おふくろは〝清潔は敬神に次ぐ美徳〟ということわざの信奉者だった。昼でも夜でも、俺たちの家はモデルハウスみたいに見えた。

我が家の火力源は石炭だった。遠縁のジャックが大きな石炭袋を配達するたびに、おふくろは小言を言った。彼がトラックから袋を降ろして、煤《すす》まみれの姿で門から入り、おやじのバイクの横を通り過ぎて、石炭小屋に袋を落とす様子を、俺は窓からじっと見ていた。

「ほこりだらけにするんじゃないよ、ジャック！」とおふくろはきついブラック・カントリーなまりで文句をつけた。

そのたびに「こいつは石炭だからよお、お嬢ちゃん！」とジャックは笑い飛ばした。「仕方ねえだろ？」

未来は電熱式投げ込みヒーターという形で我が家にやって来た。おふくろが敷いた倹約令のせいで、電熱棒を浴槽に入れていいのは入浴前の15分だけ、と決まっていた。そんなわけで俺たちはほんのちょっぴりたまった生ぬるいお湯につかった。そうしないと家じゅうが停電になる。前払い式の電気メーターによく硬貨を入れ忘れたからだ。

おふくろとおやじは、リビングルームにあるメーターボックスにペニー硬貨を入れていた。ボックスに入れた電気代の取り立てはとても厳しかったから、おふくろは中に接着剤を入れてセットしていた。メーターの検針員が箱を空けにくると、5ペニーか6ペニー残る。運がよければ、スーと俺は硬貨を1枚か2枚もらえた。

冬の夜のケルヴィン・ロード38番地はシベリア並みだった。毛布にくるまってベッドに横になり、窓の内側に氷が張っていくのをじっと見ていた。俺たちのベッドルームはリノリウム床だったから、夜トイレへ行くときは、凍りつくように冷たい床を全速力で駆け抜けなければならなかった。

トイレは狭くて、便座《ボグ》に腰掛ければ両ひざが左右の壁に付いた。ヘビースモーカーのおやじは、新聞をトイレに持ち込んで1時間座り込み、ぷかぷかやっていた。

おふくろはよく、中に入るおやじに警告した。「ねえ《オイ》！　ちゃんと窓を開けてよ！」。冬になると、この警告は無視された。おやじが出てきたあと、俺たちは5分待たなければならなかった。煙草の煙と、それ以外のにおいが消えるまで。

おやじは毎週金曜の夜に給料袋をテーブルに置き、おふくろがそれですべての家計をやりくりした。食事はごく普通だった。肉料理と野菜が2種類。揚げ物屋《チッピー》か毎週金曜に地区を回る屋台のバンで買ったフィッシュ・アンド・チップス。そして地元の名物料理、肉団子《ファゴット》*2のグリーンピース添え。

やがて学校へ上がる歳になった。ビーチデール初等学校〔4〜7歳の子どもを教育〕へ初めて行く日、俺は恐怖に震え、おふくろの手を握りしめていた。学校は一部の公営団地がまだ建設中だった泥地を抜けた所にあった。家からは通り2本しか離れていなかったが、道のりは100マイルにも思えた。

怖い！　怖い！　学校へ着くと、おふくろは校庭で俺をハグして、ブラック・カントリー流の例の奇妙な〝さよなら〟をする──「じゃあ《タラー》、あとでね、ロブ！」──そして歩いていってしまう。俺は恐怖でパニックになる。**置き去りにされた！**　そして金切り声を上げ泣きわめく《ブラートする》（ウォルソールの子どもたちは、声を

＊2：アメリカのすべてのゲイ仲間へひと言。そう、イギリスには本当に、ファゴット〔ゲイの蔑称〕＆ピーという肉団子料理があるんだ！

上げて泣くことをこう呼んでいた)。

入学してから最初の数日は、今も忘れられないほど悲惨な体験だった……とても魅力的な女性教師と仲よくなるまでは。5歳の子どもの目には、彼女は映画スターみたいに映った。俺は毎朝、彼女のスカートにしがみついていた。**このレディがいるなら、学校はいい所だ!**

俺にとって、その先生は絶世の美女であり、命の恩人であり、天使だった。彼女の名前を思い出せればいいんだが! 実際、初等学校について覚えているのは、最初の恐怖と——キリスト降誕劇で味わった苦痛ぐらいだ。

暦どおりにクリスマスが近づいてきて、俺は三賢者のひとりをやることになった。今でも台詞《せりふ》を覚えている。「私たちは東方で彼の星を見たのです!」。俺に降り掛かった問題は、すべての善き賢者がそうであるように、王冠をかぶらなければならないことだった。

ボール紙製の王冠は、ダブルクリップを使ってうしろで留めるようになっていたが、このクリップが頭に突き刺さった。先生が王冠を頭に載せた瞬間、クリップが頭蓋骨に穴を開けているように感じた。俺は躍起になってそれを動かし続け、先生はキレて叱り続けた。

「ロバート・ハルフォード、王冠を動かすのはやめなさい!」

「でも、先生、ほんとに痛いんです! ウワ!」

「すぐ痛くなくなります!」

そうはいかなかった。我らの主イエス・キリストが生まれた奇跡に子どもたちが取り組んでいる間じゅう、そのクソいまいましいダブルクリップは俺の頭蓋骨に食い込み、頭痛を呼び起こした。

おふくろの両親のことは知らない。俺が小さい頃に亡くなったからだ。でもおやじの両親、アーサーとシシーのことは敬愛していて、週末はしょっちゅう2キロほど離れたふたりの家で過ごした。おやじが金曜の夜に車で送ってくれて、土曜の午後に迎えにきた。

この家のトイレは外にあったから、夜行くのは我が家よりつらかった。覚悟を決めて、キッチンのドアを開け、暗闇を小走りで駆け抜けて、裏庭にあるレンガ造りのちっぽけな小屋にたどり着く。冬には、便座が氷のように冷たかったから、そこにくっ付いたままになるかと思った。

じいさんは便所紙の有用性も信じていなかった。「そんなもんに金を使う必要はない！」といつも言っていた。「新聞紙で十分だ！　戦争中はみんなそれを使ってたぞ！」。そんなわけで、7歳の俺は、庭でしゃがむはめになった。真っ暗闇の中で、歯をがちがち鳴らし、ケツを『ウォルソール・エクスプレス＆スター』紙〔イングランド中部の地元夕刊紙〕で拭《ふ》きながら。

ばあさんとじいさんはお話の宝庫だった。戦時中に防空壕へ逃げ込み、コヴェントリーを目指して夜空を飛行するナチスの爆撃隊を見た話をしてくれた〔コヴェントリーはウォルソールの南東約30キロにある。1940年11月14日、軍需産業の中心だった同市は500機を超えるドイツ軍の爆撃隊に襲われ、壊滅的なダメージを受けた〕。今でもふたりが使っていた牛乳と砂糖の配給手帳をはっきりと思い描ける。表紙は茶色がかったオレンジ色のマニラ紙で、ラッフル〔番号の書かれたチケットを買うくじ引き〕のノートに似ていた。

じいさんは第一次大戦中、ソンムで戦った〔第一次大戦最大の戦い。両軍合わせて100万人以上が死傷〕。その地獄を生き延びたほとんどの男たちのように、じいさんは戦いについて一度も口にしたことはなかった。だがある日、ふたりの家をうろうろ探検していたとき、驚くべき発見をした。

俺が泊まりにいくと、ばあさんは夫婦の部屋に椅子をふたつくっ付けて枕を2個載せ、小さなベッドを作ってくれた。世界一寝心地のいいベッドだった。隣にはカーテンの掛かった狭いクローゼットがあった。ある日、そのカーテンを開けてみたら、トランクを見つけた。

好奇心に駆られてふたを開けると……第一次大戦の記念品がぎっしり詰まっていた。ドイツ製のルガー拳銃、ガスマスク、ドイツの軍服の記章が山ほど。いちばんわくわくした発見は、古風なキッチナー将軍〔第一次大戦中の英国陸軍大臣〕型のヘルメットで、てっぺんにはスパイクが付いていた。

ヘルメットをかぶり、祖父母を探しにいった。俺の小さな頭はその重みでぐらぐらしていた。「じいちゃん、これ何？」と俺は聞いた。俺を見た祖父はカッとなり、それを脱げとどなった……でも祖父母はいつだって、俺に腹を立ててもすぐ許してくれた。

とにかく、週末をふたりの家で過ごしたいという思いはどんどん強くなっていった――家では、おふくろとおやじがひどい喧嘩《けんか》をしていたからだ。

子どもたちの前では決して言い争わなかったが、スーと俺が2階へ寝にいったあと、激しい口論が始まった。どなり声の応酬だった。スーと俺には喧嘩の原因がまったくわからなかったが、ふたりともベッドの中で縮こまり、それを聞いていた。

言い争いが始まり、ふたりの声が大きくなる――ときには、おやじがおふくろを叩いた。しょっちゅうではなかったが、どなり声と、バシンという平手打ちの音と、おふくろの泣き叫ぶ声が聞こえた。子どもが耳にするには、世界最悪の音だ。

もう家を出ていくという激しい言葉を投げつけ合うこともあった。おやじは一度実行した。スーと俺がリビングルームにいたとき、口論がキッチンで始まり、おやじがどなるのが聞こえた。「もうたくさんだ――俺は出ていく！」

おやじは2階へ駆け上がり、スーツケースに荷物を詰めて、玄関のドアをバタンと閉めた。俺は窓から、おやじが我が家の前の通りをずんずん進み、たそがれの中に消えていくのをぼう然と見ていた。心が砕け散りそうだった。**行っちゃった！　父さんが行っちゃった！　もう二度と会えない！**

　おやじは通りの端まで行き、回れ右をして戻ってきた。でも俺はあの数秒間、自分の世界が終わったように感じた……そして暴力的な口論を聞かされ続けたことから心に傷を負った。その影響を完全に理解したのは、かなり年を重ねてからだ。

　だがこの本はみじめな回想録じゃない——まったく違う！　当時、両親の口論は俺にとても大きな影響を与えたが、スーと俺が大きくなるにつれ、ふたりが争うことはなくなった。おふくろとおやじは親として子どもを守り、愛情を注いでくれた。俺は子ども時代に虐待されていたとか、不幸だったとか、そんなことは決して、絶対に言わない。

　おふくろはとても穏やかで落ち着いていて、子どもに必要な支え《ロック》の鑑《かがみ》みたいな人だった。家族と一緒にいるとき、おふくろが自制心を失う姿はほとんど見たことがない……例外は〝我が家がレスリングを観にいった日〟だ。

　俺はまだとても小さかったが、あの出来事は昨日のことのようにはっきり覚えている。俺たちはウォルソール公会堂へ行って、リングのそばのいい席を確保した。そこに座り、最初の試合が始まって——おふくろは完全に我を忘れた。

　レスラーのひとりが反則行為をすると、おふくろは席から立ち上がり、彼に罵詈雑言を浴びせた。「何てことすんのよ、この卑怯者！　レフェリー！　レフェリー！　あいつを退場させて！」。おふくろは頭がイカれたみたいだった。あんな姿は初めて見た！

俺はあっけに取られ、おやじはひどく恥じ入って「座りなさい、お前！」とささやいた。「目立つだろうが！」

おふくろは腰を下ろしたが、まだひどく腹を立てていた。「あんなことするやつは、リングからつまみ出すべきよ！」

そこで終わりじゃなかった。次にその悪役《ヒール》が卑劣な技を使おうとすると、おふくろはぴょんと立ち上がり、電光石火のごとくリングサイドに走り寄って、ロープ越しにハンドバッグで彼を叩き始めた。**バシン！**

おやじの顔が今でもはっきり目に浮かぶ。ハルフォード一家はその後二度とレスリングに行かなかった。

俺はビーチデールを出て市街地へちょっとしたお出掛けをするのが好きだった。ウォルソールの喧騒を愛していた。おふくろ、スー、俺の3人で、スリー・メン・イン・ア・ボート*3というパブの前からトロリーバスに乗り、食品市場へ行く。市場はセント・マシューズ教会へ続く丘に開かれていた。

スーと俺はよく、ウォルソールの中心街、パーク・ストリートにあるウールワースに寄らせてとせがんだ。お菓子をねだるためだ。俺は一度そこでパニック発作に襲われた。タンノイ製のスピーカーから、間もなく閉店ですというアナウンスが流れるのを聞き、正気を失った。

「母さん！」と俺は叫んだ。もう出なきゃ！　早く！　シャッターが閉まっちゃう！　ウーリーズに閉じ込められて夜を過ごす悪夢が目の前にちらつき、恐怖におののいた。でも考え直した。「ええと、待てよ、お菓子の詰め合わせセットと一緒に閉じ込められるんだ！　それならいいや……」

おふくろはよく俺とスーを地元の映画館、サヴォイまで送ってくれた。週末の午前中に上映される子ども向けの映画のためだ。そこでいろいろな映画や『平原児　シスコ・キッド』〔1950〜56年にアメリカでテレビ放映された西部劇〕を観た。聴くことはできなかった——上映中は大騒ぎで、炭酸飲料でハイになった子どもたちが金切り声を上げながら走り回っていたからだ。

1957年、女王がウォルソールを訪問した。俺は美しい景色が広がる地元の市民公園、ウォルソール樹木園へ彼女を観にいった。最高にわくわくした。**女王様だ！　テレビで観たまんまだ！**　彼女はとても明るい色のコートを着ていた。観衆に手を振ったとき、俺だけに向かって手を振っているんだと想像した。

その後、女王は自分用の鞍をウォルソールで作らせていると知り、さらに誇らしい気持ちになった。ウォルソールは皮革工業で有名だ。昔、学校の遠足で皮革工場へ行って、革製の鎖や鞭や鋲《びょう》を作っているところを見学した。幼心に強い印象を受けたに違いない。60年たってもまだそういうのを身に着けているからだ。『革の鎖と鞭と鋲』──この回想録のタイトルにしてもよかったかもしれない！

クリスマスのウォルソールは魔法がかけられたみたいで、通りは雪で一面真っ白になった。浮浪者のような男がロースト・ポテトと焼き栗を売っていた。火鉢を触っていた彼の両手は炭で真っ黒だったが、そんなことで怖気づく俺ではなかった。「母さん、イモをひとつ買っていい？　お願い！」

そいつは1枚の新聞紙にジャガイモを包み、塩をぱらりと振って俺に手渡す。まるで異国の食べ物のように見えて、俺にとってはキャビアみたいな味がした──その頃はキャビアがどんな味か見当もつかなかったが！　待てよ、よく考えてみると、今でもどんな味か知らないな。

少年時代のクリスマスは毎年同じだった。プレゼントの箱を開ける期待に胸を痛いほど膨らませ、ひと晩中起きていて、やっと朝の8時になる。もらうのはお菓子の詰め合わせ──キットカット、ラウントリーのフルーツ・グミ、スマーティーズ〔ネスレ製のマーブルチョコレート〕──1日じゅう、俺の頭はそのことでいっぱいだ。

＊3：ウォルソール出身の有名人、ジェローム・K・ジェロームのユーモア小説『ボートの三人男』〔丸谷才一訳、中公文庫、2010年ほか〕にちなむ。

「母さん、キットカットをひとつ食べていい？」

「だめよ、七面鳥を焼いてるんだから！　クリスマスのごちそうがお腹に入らなくなるでしょ！」

「お願い、母さん！　じゃあスマーティー1個ならいい？」

「そうね、いいわ、でもひとつだけよ！」

「ありがとう、母さん！」

10分後。

「母さん、キットカットをひとつ食べていい？」

これが延々と続く。女王のスピーチが始まっても、終わっても〔エリザベス女王は毎年12月25日午後3時、ラジオで全国民に向けクリスマス・メッセージを発する〕……。

ある年、おやじが最高にクールなプレゼントをくれた。蒸気機関の模型で、メタノール変性アルコールを入れて付属のバーナーで火をつけるやつだ。紫色のフレームを小さなボイラーにセットして、水を注ぐと車輪が回る。美しい技術の結晶だった。


1958年、俺はビーチデール小学校に入学した。校舎は初等学校のすぐ隣にあった。授業は難しくなり、つづり方を習わされた……万年筆で！　驚くべきことに、あの頃はそれが普通だった。

字が読めるようになると、コミックにはまった。毎週『Beano（ビーノ）』と『Dandy（ダンディ）』を購読していた。この2冊は、そろそろ学校へ行かなくちゃという時間に配達される。午前中いっぱい、教室でじりじりしながら、昼休みに家へ戻って読み始めるのを心待ちにしていた。

連載漫画を夢中で読んだ――「Dennis the Menace（悪ガキのデニス）」「Korky the Cat（猫のコーキー）」

「Minnie the Minx（おてんばミニー）」——だが、こういう漫画が最良のメッセージを発していたかどうかはわからない。『Beano』に出てくるキャラクターのリトル・プラム〔コミカルなキャラのネイティヴ・アメリカンの少年〕は、しょっちゅう「俺、ウム、吸うム、ウム、平和ムのパイプム！」と言っていた。イギリスの子どもたちは、ネイティヴ・アメリカンはそういうふうにしゃべると信じて育ったんだ！

そう、1950年代のイギリスは、政治的に正しい時代ではなかった。祖父母の家には、俺用のおこづかいの貯金箱があった。金属製で、厚い唇が強調された黒人の全身を模していた。受け皿のように丸めた彼の手に、当時の大きなペニー硬貨を置いて肩を押すと、手が持ち上がって硬貨を唇の間に落とす。メーカーがこのおもちゃにつけた愉快な名前は何だと思う？　ブラック・サンボだ〔サンボは黒人の蔑称。1899年にイギリスで刊行され、世界中で親しまれた絵本『ちびくろサンボ』の原題は『The Story of Little Black Sambo』〕。

あれが復刻されるとは思えない……。

俺はテレビが大好きで、昼休みになると全速力で走って家に帰り、子ども向けの番組を観た。ジェリーとシルヴィアのアンダーソン夫妻〔『サンダーバード』などリアルな特撮人形劇を制作〕が手掛ける白黒のアニメ・シリーズに夢中だった。『The Adventures of Twizzle（トゥイズルの冒険）』は手足が伸ばせる男の子の話。『Torchy the Battery Boy（電気仕掛けのトーチー）』の主人公は頭にランプが付いていた。『ウエスタン・マリオネット　魔法のけん銃』は魔法の拳銃を持ち、しゃべる馬を連れた保安官が主人公だった。アンダーソン夫妻はさらに技術を進化させ、『宇宙船XL－5』『海底大戦争　スティングレイ』『サンダーバード』を作った。全部大好きだった。それと『Muffin the Mule（ラバのマフィン）』——ピアノに向かったお上品ぶったレディが、踊るラバの人形に歌を歌って聴かせる——ぎくしゃくと動く人形の家族が主人公の『Woodentops（木頭一家）』も。

そう、俺は1950年代末にどこにでもいる、ごく普通の子どもで、みんながやるようなことをやっていた……そして特別な瞬間が訪れた。いわゆる天啓ってやつかな？　自分の人生が――運命が――あるべき場所にすっと収まる瞬間を、そう呼ぶとしたら？

それはこういうふうに起こった。

ビーチデール小学校で音楽の授業を受けていたときのことだ。先生は学校の合唱団に入る生徒を選ぶため、教室の前の方に座り、アップライト・ピアノを弾いていた。俺のクラスが立って歌う番になった。

先生はボニー・プリンス・チャーリー〔18世紀半ばにスコットランド・イングランドの王位を請求し、戦いに敗れてスコットランドのスカイ島へ落ち延びた。〝いとしのチャールズ王子〟と呼ばれ、今も現地で親しまれている〕を悼むスコットランドの民謡「スカイ・ボート・ソング（The Skye Boat Song）」を弾いていた。以前の授業でやったことがあったから、俺はその曲を知っていた。だから順番になると、前に進み出て歌った。

Speed bonnie boat like a bird on the wing
Onward the sailors cry
Carry the lad that's born to be king
Over the sea to Skye
急げ　いとしのボートよ　翼を広げた鳥のごとく
前進と水夫たちは叫ぶ
王となるべき生まれの若者を乗せて
スカイ島を目指し

その歌が好きだったから、思いっ切り大声で歌った。歌い終わると、先生はピアノに向かって座ったまま、俺をじっと見た。しばらく黙り込んでから、口を開いてこう言った。

「もう一度歌ってみせて」

「はい、先生」

彼女は俺以外のクラス全員に向き直り、「さあみんな、いい、今やってることをやめて、静かにして、ロバートの歌を聴きなさい」と言った。「聴くのよ！」

何が起きているのかよくわからなかったが、先生がまた「スカイ・ボート・ソング」をピアノで弾いたので、精いっぱいの声でもう一度歌った。今度は、歌い終わると、奇妙なことが起こった。クラス全員が自然に拍手を始めたんだ。

「こっちへいらっしゃい」と先生は言って、俺を隣の教室へ連れていった。ふたりで入り、彼女が中にいた先生に話すと、彼はうなずいた。

「クラスのみなさん、ロバート・ハルフォードがこの曲を歌うのを聴いてください」と彼は言った。

何だかすごく変なことになってきたぞ。

俺は「スカイ・ボート・ソング」をまた歌った。今度はピアノ伴奏なしのアカペラで。歌い終わると、教室のみんなが拍手を始めた。クラスメートたちがそうしたように。俺はそこに立ち、彼らを見ながら、拍手喝采を浴びていた。

最高にいい気分だった！

子どもなら誰でも、愛されること、注目されることを望む。それは知っているが、俺にとって、あの出来事はそれ以上のものだった。あの瞬間、初めてこう思った。**そうか、これが俺のやりたいことなんだ！**　素晴らしい気分だった。俺のショー・ビジネスのキャリアは、あの日に始まったと思っている。冗談半分で言ってるわけじゃない。なぜなら、多くの意味で、それは事実だったから。

ビーチデール小学校の卒業式が近づき、俺はイレブン・プラス試験を受けた。11歳になったイギリスの子ども全員が受けて、賢いから地元のグラマー・スクール〔中産階級の生徒を主とする公立の進学校〕へ行けるか、セカンダリー・モダン〔労働者階級の生徒がメインの公立学校〕に放り込まれるか、振り分けるテストだ。俺は合格したが、仲間と離れたくなかったから、グラマーへ行くのは辞退した。

どっちにしろ、俺の頭はその頃、ほかのことでいっぱいだった。

年頃になるにつれて、自分がほかの男子たちと何だか違うことに気づき始めたからだ。

2 仲間には手を貸そう

俺のヴィタ・セクスアリス

10歳になる頃には、ゲイだという自覚があった。

いや、これは正確な言い方じゃない。〝ゲイである〟とはどういうことか、あの年齢では理解していなかった。だが女子と一緒にいるより男子といる方が好きなことは、ちゃんとわかっていたし、男子の方にもっと魅力を感じていた。

最初に気づいたきっかけは、ビーチデール小学校で、スティーヴンという男子にのぼせ上がったことだ。彼にすっかり夢中になり、いつもそばにいたいと願った。休み時間は校庭で彼に付いて回り、一緒に遊ぼうとした。

スティーヴンが気づいていたかどうかはわからない。もし気づいていたとしても、俺のことをちょっとしつこい、イラつく仲間ぐらいに思っていただろう。彼は何が起こっているのか、俺同様まったくわかっていなかったと思う——だがスティーヴンは確かに、俺のむき出しの幼い心を刺激し、ホルモンをかき立てた。

幸い、スティーヴンへの思いは間もなく消えた。思春期前の一時的なのぼせ上がりというのは、いつもそういうものだ。やがて上の学校へ行く時期になった。ビーチデール小学校からリチャード・C・トーマス学校へ。近くのブロクスウィッチという小さな町にある、古い歴史を持つ大規模なセカンダリー・モダン・スクールだ。

毎朝灰色のズボンをはいてブレザーを羽織り、金のストライプが入った青いネクタイを締め、通学かばんをつかんで、歩いて20分の学校に通った。鼻をつまんでG&Rトーマス社の横を駆け抜けると、パン屋にちょっと寄り道して、オーブンから出したてで熱々のコブ[*1]を半ペニーで買う。真ん中だけ食べて、あとはお楽しみに取っておいた。

土砂降りの日も、びゅうびゅう風が吹きつける日も、学校のある日は毎日同じように歩いた。あの頃は、クラス全員がずぶぬれになって登校すると、朝礼の時間に天井のスチーム暖房が稼働して、大雨でぬれた服をまとめて乾かした。全員に無料で小瓶入りの牛乳を支給されるのが救いだった。

セカンダリー・モダンにはすぐなじんだ。性的混乱の兆しを感じたことを除けば、順調に成長して、自信に満ちた少年になった。気の合う遊び仲間もできた。引っ込み思案でも、自己主張が強いやつでもなかった。ウォルソールによくいる、ごく普通の少年だった。

俺は勉強熱心な生徒だった。お気に入りの科目はイギリス文学で、イエィツみたいな詩人に傾倒した。音楽の授業が好きで、地理も得意だった。運命論の信奉者として言わせてもらうと、俺にとって、これらはすべて理にかなっている。人生を捧げて歌詞を書き、音楽を演奏して、世界中をツアーで回ってるんだからな!

製図も得意だったが、まったく興味を引かれなかった。むしろ、少し怖かった。工業に関する何もかもが、恐ろしい製鉄工場を連想させた——それに、工場で一生を過ごしたおやじには本当に申し訳ないが、俺はそこで終わりたくなかった。人生で何をしたいかは、まだ皆目わからなかったが、それじゃないことはわかっていた。

その頃、初めて海外へ行った。13歳ぐらいのとき、学校の行事で週末にベルギーを訪れた。オーステンデ

〔ドーバー海峡を渡ったイギリス対岸近くにあるリゾート都市〕へ行き、全員で海岸に程近いホステル〔青少年向けの安全・安価な宿泊施設〕の相部屋に泊まった。

海外へ行くのはすごい冒険に思えたし、とても重要なことに感じられた。何もかもがまったく違うことに圧倒されたのを覚えている。食べ物、車、服、人々、そしてもちろん、言葉。そういったものすべてが、ホテルのレストランのリネン製テーブルクロスに至るまで、ウォルソールより洗練されているように思えた。

学校でいちばんウマが合ったのは、ビーチデール育ちのトニーってやつだ。俺たちはユーモアのセンスが同じだった。歩いて家に帰りながら、ピーター・クックとダドリー・ムーアのコント『Derek and Clive（デレク＆クライヴ）』〔クックとムーアのコメディアン・コンビが脚本執筆・舞台出演。レコードも制作〕の台詞《せりふ》をまねたり、コントを自作したりした。内容はすごく下品だった。当然、思春期の男子というのはそういうものに魅了される。

思春期の男子たちを永遠に魅了し続けるもうひとつのもの、それはもちろん、セックスだ——俺の人生ではそれがどんどん大きな位置を占めるようになっていった。マスのかき方を教わったときから、すべては始まった。

俺の師匠は、ビーチデールのすぐ近所に住むひとつかふたつ年上の若者だった。ある週末、学校の友人ふたりと通りをぶらぶらしていたら、そいつが近づいてきた。

「クールなことのやり方、知りたくねえか？」と彼は俺たちに尋ねた。

「ああ、いいな！　おもしろそうだ！」

「よし。ついて来な！」

彼の家へ行くと、そいつは俺たちを1階の部屋に連れていき、ドアを閉めて……自分のコックを取り出し

＊1：ブラック・カントリーの方言で小さい丸パンのこと。

た。「こうやるんだ」と彼は言った。「こういうふうに握る」。そして自分自身をこすり始めた。上下に、どんどん激しく。「速くやればやるほど、気持ちよくなるぜ！」と付け加えた彼の顔は、少し赤くなっていた。

　どういうことなのか、まったく見当もつかなかったが、俺のふたりのダチはもうズボンを下ろしてそいつのまねを始めていた。だから俺も加わった方がいいと考えた。最初は人目が気になった――**つまり、誰だって、そうなるだろう？**――でもそのうち夢中になった。つまり、こういうことだ。彼は正しかった。速くやればやるほど、本当に気持ちよくなった！

　そいつはたぶん変質者の卵だったんだろう。だが俺たちには触らなかったし、「お前のを握らせろよ」とも言わなかった。ただ俺たちに、古来から伝わる、それほどお上品じゃないマスターベーションの技を伝授する役を、わざわざ買って出ただけだ。彼はまったく新しい快楽の世界への扉を開いてくれた。

　以来、いつでもせっせとそれに励んだ。家では、スーと共有していたベッドルームから少し前に追い出されていた。もっとスペースとプライバシーが欲しい、とスーが言い出したからだが、俺は狭い物置部屋に移るのは全然気にしなかった。理由のひとつは、マスをかくのがもっと簡単になったからだ。

　どんなチャンスも逃さず、一発抜いた。学校でも同じだった。ビーチデールでマスターベーションの授業を一緒に受けた仲間や、ほかのやつら数人と集まって……お互いに抜き合った。

　それを行うための完璧な秘密の場所があった。俺は相変わらず学校の成績はよくて、図書委員に任命され、その役目を気に入っていた。新聞販売店へ毎日行って、新聞を受け取り、図書室にセットするのは楽しかった。

　だが、いちばんの役得は、図書室に隣接した小部屋の使用を許可されたことだ。そこは床がベニヤ張りで、デューイ十進分類法に基づいたカード目録が保管してあった。誰も部屋の中を見ることはできない――そう俺たちは思っていた――だから、ムラムラしたときに忍び込んで、超特急でお互いをちょいと楽しませるのに打ってつけだった。ムラムラしたときっていうのは、つまり……いつもだ。

ある日の午後、俺はその小部屋にピート・ヒッグスっていう気の合うやつといた。すべてがいつもどおりに進んだ――英語の宿題にせっせと取り組んでいたはずが、次の瞬間には互いにこすり合っていた。ピートと俺は机の上を転がり回り、服は乱れて、ズボンは足首の辺りまでずり落ちていた。そのとき、俺は閉まっているドアにちらりと目をやった。ドアの上には、それまで気づかなかった細いガラス板がはまっていた――その小窓越しに、英語の先生のショックを受けた顔が見えた。

ヤバい！

「降りろ！」とピートにささやき、ふたりで机の下に転がり込んだ。そこでうずくまり、道向かいの工場にある蒸気ハンマーみたいに心臓をばくばくさせていた。

先生は入って来なかったが、俺の心臓は口から飛び出しそうだった。

ああ、クソ！

こいつはまずい。続きがあるはずだ。それから2日間は何も起きなかったが、俺は次の英語の授業をびくびくしながら待っていた。授業はいつもどおり進み、終了のベルが鳴って全員がぞろぞろと教室を出ていくとき、先生は俺たちを呼び留めた。

「ハルフォード！　ヒッグス！　残りなさい！」

手招きされ、重い足取りで先生の所へ行った。

「手を出しなさい！」

ふたりとも両手を差し出した。

「これが何のためか、わかっているね？」

ピートは俺を見た。俺は彼を見た。そしてふたりで先生の顔を見上げた。

「はい、先生」と俺は言って、うなずいた。

彼は俺たちふたりをステッキで打った。強く。素早い打擲《ちょうちゃく》を片手に3回ずつ。渾身《こんしん》の力がこもった6回だ。

「この学校で二度とあれをやるな！」と彼は叱責した。

「はい、先生！」

「では出ていきなさい！」

両方の手のひらには、ずきずき痛むミミズばれができ、血がにじんでいた。あまりの痛さに涙が出そうだった。だが、明らかに、それが歯止めにはならなかった。俺たちはまたやった……繰り返し……。

おかしく聞こえるかもしれないが、俺と友人たちが抜き合っていたのは、ゲイだからって理由じゃない。俺たちはただ一緒に愉快なことをしている仲間で、そう、手を貸し合っていただけだ。俺のダチたちはストレートだった。やがて父親になったし、今頃はきっと孫もいるだろう。

でもそれは彼らの話。俺の物語はまったく違っていた。

10歳では〝もしかして〟と思うだけだったかもしれないが、10代前半には自分がゲイだということを事実として知っていた。女子より男子に心を引かれる――単純な話だ。それに気づいたときにも、恐怖さえ覚えなかった。俺にとっては自然で、正常《ノーマル》に感じられた。だが本能的に、黙っているべきだとわかっていた。

どっちにしろ、ゲイのセクシュアリティについて俺が何を知ってたっていうんだ？　60年代前半のウォルソールは、セックスに関する情報の宝庫とは程遠かった！　俺は心引かれる禁断の世界について何の知識もない、混乱した子どもだった。でも時々、手掛かりを与えられることはあった。

我が家の休暇旅行は安上がりだった――海外なんてとんでもない――でも最高に楽しかった。いちばんのお気に入りはブラックプール〔イングランド北西部の海岸沿いにある保養地〕だ。海岸は体が凍りつくほど寒い。海は1マイルも先にあるように見える。砂の上を走り回り、波の中でばしゃばしゃやり、全速力で浜辺に戻ると、低体温症にならないように、おふくろがタオルでくるんでくれた。ある年は、ノース・ウェールズのリル〔同じく北西部にあり、リヴァプールに近いリゾート地〕で、線路の近くにあるおんぼろの古いトレーラーハウスを借りた。列車が通るたびに、トレーラーハウスが丸ごと揺れた。

デヴォン〔イングランド南西部〕にある海水浴場、ウエストワード・ホ！へ行ったとき、俺は13歳になっていたと思う。俺たち一家は海辺のトレーラーハウス・キャンプ場に泊まっていた。ある日の午後、暇つぶしにキャンプ場の売店へぶらぶら入っていった。

店先で、寄り添うふたりの男が表紙になっている小説を目にした。本を手に取り、何ページかぱらぱらめくってみた。好奇心を一気にそそられた。その話にはゲイのラブシーンが何ヵ所かあったので、本を買い、シャツの下に隠して、トレーラーハウスに持ち帰った。

それから休暇旅行の間ずっと、チャンスを見つけてはその本を読んだ。本はキャンプ場のトイレにこっそり隠しておいた。性的な興奮は芽生えなかったが、それまで理解できなかったいくつかの疑問が解けた。**ああ、なるほど、じゃあゲイの男たちって、こういうことをするんだ！**　それは教科書みたいだった。俺の知識にぽっかり空いていた穴をいくつも埋めてくれた。

家に帰るとき、おやじが荷物を全部車のトランクに積むのを待って、おやじが背中を向けたすきに、本を荷物の奥深く突っ込んだ。誰かに見つかるのはごめんだった――とりわけ、おやじには！　ところがおかしなことに、そんなに慎重に隠したのに、家に着いたときには、本のことをきれいさっぱり忘れていた。デヴォンからウォルソールまでは長い道のりだったから、両親は車をそのままにして、次の日に荷物を降ろし始めた。その姿を目にした瞬間、雷に打たれたように恐ろしい考えが浮かんだ。**クソ、ヤバい！　あの本！　ふたりは気づかないかも？**　俺は自分を納得させようとした。あるいは、ひょっとしたら……リビングルームでテレビを観ていたら、おやじが荒い足取りで入ってきた。そしてあの本を俺に投げつけた。

「こ、こいつはいったい、どういうことだ？」

「何？」

「わかってるだろう！　この本だ！」

「ただの本だよ」

「ああ、そうか？　じゃあ、これがどんな本か知ってるか？」

「うん」と俺は言った。

おやじは俺をぎろりとにらみつけた。「で、お前は否定するよな？」

その場で言えたことはいくつかあったと思う。「好奇心さ、父さん！　ただの気晴らしだよ！」とか。ある意味、それも真実ではあったが。でも俺はそう言わなかった。

「いや」と俺は言った。「否定しない」

こうして俺はおやじにカミングアウトした。13歳だった。おやじは俺をじっと見つめ、くるりと背を向けて、部屋を出ていき、ドアをばたんと閉めた。

おやじは二度とそれについて口にしなかった――とりあえず、俺に向かっては。だがあの本は我が家にちょっとした騒動を巻き起こした。おやじがおふくろに話したことは知っている。しばらくしてから、そのニュースはシシーばあちゃんに伝わった。彼女に会ったとき、すべてを知ってもまったく動じていない様子だった。

「心配しなさんな、坊主！」とばあちゃんは請け合った。「あんたの父さんにも同じような時期があったよ！」

何だって？ おやじが若い頃、とてもハンサムだったことは知っていた。祖母の話によれば、おふくろと出会うずっと前、どこかの男がおやじにすっかりのぼせ上り、プレゼント責めにしたらしい。ふたりは実際やったことがあったか？　それは誰にもわからない。

祖母の話を聞いてもそれほどショックを受けなかった。俺を急速に包んでいく困惑の霧がさらに濃くなっただけだ。

実は、おやじには秘密の愛読書があった。ある日、家にひとりでいたとき、おふくろとおやじのベッドルームを何気なくあさっていた。特に理由はない。衣装ダンスをのぞき込み、靴を何足かどかすと……その下に雑誌が3、4冊あった。

『Health and Efficiency（健康と効率）』。全裸主義者《ナチュリスト》向けの雑誌だ。両親は絶対そうじゃない。「こいつらはどうしてここにあるんだ？」と不思議に思った。「まさか母さんのじゃないし――父さんのに違いない！」。わいせつな内容でもポルノ雑誌でもなかったが、つまり、とても、そう、何と言うか、ナチュラルだった。でも俺は、普通の環境に裸のやつらがいる写真は、ひどく刺激的だということを発見した。

ブロクスウィッチのユース・クラブで、さらに高度な知識を与えてくれる出版物を発見した。ある日、そこのトイレへ行って、白黒のエロティックな写真集を見つけた。撮影者はボブ・マイザー。のちに、同性愛をテーマにした画期的な作品を撮るアメリカの写真家だと知った。

14歳か15歳の俺には、ボブ・マイザーが何者なのか見当もつかなかったが、彼の写真にはくぎ付けになった。その本にはマッチョでセクシーな男たちの写真が満載だった。彼らはちっぽけなソング〔うしろがT字型にデザインされたビキニ・パンツ〕をはいて、あるいは岩場の上に寝そべり、あるいは郵便ポストの隣に立っていた。トイレの個室でページをめくりながら、頭が吹っ飛ばされるほどの衝撃を受けた。

一瞬、自分の良心と闘った。盗むべきか、やめておくべきか？　どうにでもなれ《ファック・イット》！　良心に従ったらあれを絶対手に入れられない！　俺はその本をズボンと背中の間に押し込み、宿題をしなきゃと仲間にお粗末な言い訳をして、小走りでできるだけ早く家に帰った。

その本は宝の山だった！　写真で構成された物語がたくさん載っていた。ベストを着た男が、もうひとりのベスト姿の男に尋ねる。「俺のバイクが壊れちまってさ、修理できるか？」。ふたり目の男がバイクの上に身を乗り出すと、ひとり目の男が告げる。「ヘイ、いいケツしてるな！」。そして尻を触り始める。

マイザーのそういう写真は、俺にとってはこの上もなく貴重だった。それを見ながら取りつかれたようにマスをかいた。1枚の写真に飽きるまで、思春期の男子が何回抜けるかご存じだろうか。その回数は驚異的だ。本は自分の部屋に隠しておいた。おふくろが毎日そこを掃除していたから、見つからなかったのは驚きだ。

ブロクスウィッチの同じユース・クラブのトイレで、棚に置いてある張形《ディルド》を見つけた。シンクで洗ってウインドブレーカーで隠し、家にこっそり持ち帰った。それはとめどもない悦びの時間をたっぷり与えてくれた。使わないときは、クローゼットの服の下に隠しておいた。両親は疑いもしなかった。

少なくとも、俺はそう思っていた。ある夜、リビングルームでテレビを観ていたときのことだ。おやじは『エクスプレス＆スター』紙を読んでいた。新聞から顔も上げないで、おやじはひと言、俺に言った。

「あの物は処分した方がいいかもしれんな、ロブ」

俺の血は凍りついた。**どうして知ってるんだ？　いつから？**　でも、ベッドルームに戻ると、どうしても捨てることができなかった。片腕を切り落とすようなものだ！　ディルドは（それまでどおり）クローゼットに隠されたままだった。おやじは二度とそれについて口にしなかった。

俺は全開のホルモンに振り回される、混乱した十代の少年だった。情報を求めて必死で探し回ったが、何もわからなかった。俺にとってはすべてが謎だった。その頃、放課後活動で起こったことも、助けにはならなかった。

地元の小さな鉄工所がボランティアで体験プログラムを始めた。子どもたちは週に一度、放課後そこへ行き、旋盤や万力やドリルといった道具の使い方を学べる。要するに、若者を押さえておけば、やがて興味を持って、1年か2年後には弟子に志願するかもしれないっていう魂胆だったんだろう。

工場勤めにはまったく興味がなかったが――先にも書いたとおり、その考えにはぞっとした――それでも学校の友達ふたりと行った。放課後の1時間だけだし、まあ、**暇つぶしにはなる。**家で退屈しているよりはましだ。

残念ながら、ミニ体験学習を担当したやつは、〝若者を押さえる〟というアイデアをまったく違う方向に解釈していたことが、すぐ判明した。そいつは工学技術に関する細かい技を教えるのに興味はなかった。お触りごっこをしたかっただけだ。

口ひげを生やした中年のその男は、移植ごてや暖炉用の火かき棒の作り方を見せてから、俺たちにまとわりついた。ペンで線を引いた金属片を渡し、線の所までやすりをかけろと言って、俺が作業をしている間、手を俺のケツやズボンの前の部分に滑らせた。

そいつは体験学習の場所を歩き回り、男子全員を端からなで回したが、誰も何も言わなかった。そいつも、やっている最中はひと言も口にしなかった。それは毎週起こった……だが俺と仲間は、それについて話し合うことさえなかった。まるで何も起こらなかったみたいに。

　俺はその頃、自分がゲイであることを受け入れようと必死だった。そういうことをされても興奮しなかったが——汚らしくて、おぞましく、不快に感じた——ただこう思った。**なるほど、そうか、ゲイの男はこういうことをやるのか？　そういう仕組みなのか？**　さらに疑問を抱いた。**じゃあ、全部の工場でこういうことが行われてるのか？**

　おかしなことに、俺たちは通い続けた。少なくとも6週間。**理由なんか知るかよ。**ほかにどうすればいいかわからなかったんだ。そしてある週、とりわけ押しつけがましい愛撫が行われたあと、家に帰る途中、仲間のひとりに、もうこのプログラムにはちょっと飽きたと言った。

「俺もさ！」とそいつは言った。大いに助かったというような口調で。「じゃあ、行くのやめようか？」

「ああ」と俺は言った。

　それで終わり。俺たちはそのことを二度と口にしなかった。

　俺は男子に魅力を感じたが、女子とデートをしなかったわけではない。2週間に一度、定期的に開かれるダンス・パーティーがあった——ディスコが登場する前の時代だ——会場はブロクスウィッチ・プール。

　俺は小さい頃からダンスが好きで、それ以前はオールド・タイム・ダンス〔19世紀から20世紀初頭に流行したフォークダンス〕の放課後クラスまで受講していた。そこではランサー〔4組がセットになって踊るスクエア・ダンスの一種〕とゲイ・ゴードンズ〔意気盛《ゲイ》んなゴードン・ハイランダーズという意のスコットランドに伝わる踊り〕を教わった。ゲイ・ゴードンズ！　今ならそのタイトルに確かな心当たりがある！　当時はもうオールド・タイムを卒業していた。アンジェラという女の子をブロクスウィッチ・プールへ連れていったときは、ツイスト・コンクールで優勝した。賞品にはがっかりした――コミック誌『Eagle（イーグル）』が毎年出版する、赤いビニール・カバー付きの日記だった。

でもこれだけは言っておこう。俺の落胆具合は、アンジェラに比べればささいなものだった。俺が次にやったことに対して、彼女は大いに失望した。そこのＤＪはデッキの脇に、リクエストしたい曲や、読み上げてほしいメッセージを書くための紙の束を置いていた。何をとち狂ったのか、思春期の暴走がなせる技か、俺はこう書いた。

　どうかナンシー・シナトラの「にくい貴方（These Boots are Made for Walkin'）」をかけて、こう言ってください。「この曲をロブからアンジェラに捧げます。このブーツは歩くために作られてるけど、僕が持ってるモノは、ほかの目的のために作られてるよ」

いったい俺は何を考えてたんだ？　いやらしい老いぼれの変態野郎そのものの台詞じゃないか！　それがアンジェラとの最後のデートになったのは絶対確かだ……。

女の子をブロクスウィッチ・プールへ連れていくのは、結構金がかかった。だから土曜日にバイトをすることにした。たまたま祖父が中古車販売店のレジナルド・ティルズリーで働いていた。店先に並んでいた車は20台。俺と学校仲間のポールは、何ヵ月もの間、週末にそこへ行って車を片っ端から洗った。重労働だったが、気にならなかった――すごく楽しみなときもあった。大人になったような気がしたからだ。店のオーナーはバイト代として2ポンドくれた。60年代半ばとしては大金だ。だがある日、4時間しゃかりきで働いたあとで、彼は俺たちに50ポンド渡した。

「これは何です？」と俺はおずおずと尋ねた。

「おめえの金さ」

「50ポンド？　いつもは2ポンドなのに！」

「ああ、それでおめえらの稼ぎは全部だ。そいつを受け取るか、置いてくか、どっちかにしろ」

俺たちは金を受け取り、店には戻らなかった。

当時、セカンダリー・モダンでは語学教育がそれほど重視されていなかった。でも俺は生徒が数人しかいないフランス語のクラスを取った。授業は大好きだった。担当のバタースビー先生のことも気に入って、すぐ彼女のいちばんの秘蔵っ子になった。

フランス語が好きだったのは、エキゾチックに思えたからだ。〝なまりのない〟フランス語を話すのにはひどく苦労した。つまり、ウォルソールなまりじゃなくってことだ。俺が口にしたかったのは「ウーヴリー《Ouvrez》ル・ラ《la》・フネートル《fenêtre》（窓を開けてください）」であり、「オーヴレイ・ラー・フネートラー！」じゃなかった。美しいフランス語がヤムヤムなまりでめちゃくちゃにされるのなんか、誰も聞きたくないからな。

ヤムヤムとは何かって？　バーミンガム《ブラミー》のやつらがブラック・カントリーなまりをからかって呼ぶ言い方だ。「おめえ《アム・ヨウ》ウォルソールの生まれか？」「そうさ《アイ・ヤム》！」。外の連中にはブラミーのアクセントもブラック・カントリーなまりも同じに聞こえるかもしれない――だがこのふたつは、きっぱりと、まったく別物なんだ。

洗練されたフランス語が好きだったことから、ほかのジャンルへも興味が発展していった。音楽、演劇、そして……服。その学校は極めて自由な校風で、上級生たちは制服じゃなく私服を着ていた。俺はファッシヨンの流行を熱心に追いかけるようになった。ティーンエイジャーなら誰もがそう願うように、俺はクールでトレンディな格好がしたかっただけだ。スエードのローファーを履いてビーチデールをうろつき回った。すぐ汚れるから、それを履くときは毎回、革がスレないか、雨が降らないかとびくびくしていた。

グリーンのコーデュロイのジャケットはさんざん着倒し、おふくろに両ひじにつぎを当ててもらった。それに幅広ネクタイ《クラヴァット》を合わせ、だぶだぶの幅広ズボンとコーディネートした。ウォルソールに1軒だけあった、そこそこまともなブティック、ヘンリーズのおかげで、俺は最新流行の服に身を包んでいた。

ビーチデールでそんな服装をしていれば、注目の的になるのは当然だ。確かあれは15歳の頃だったと思う。ある夜、ブロクスウィッチ・プールのダンス・パーティーから歩いて家に帰る途中、チップスが食いたくなって、公営住宅のそばに駐車していたホットドッグの屋台に立ち寄った。そのときは髪をスモール・フェイセスみたいに逆立てていたから、俺のいでたちはホットドッグをむしゃむしゃ食っていたふたりのチンピラの注意を引いた。

「オイ、おめえ、何て格好してんだ、ホモかよ!」と、ひとりがこてこてのヤムヤムなまりで俺を歓迎した。

「おめえは何だ、野郎か、女子か?」

返事はしなかったが、その質問は頭にこびりつき、ある意味、俺に取りついた。その頃には自分がゲイだとわかっていたが、そのチンピラたちから女みたいに見えると言われ、心配になった。**みんな俺の格好を見てそう思うのか?　そういう部分が、俺という人間にはあるのか?**

16歳になり、試験の準備にいそしんでいた頃、ハルフォード家を揺るがす事件が起こった。もちろん俺もスーも驚いたし、おふくろとおやじもびっくり仰天した。弟のナイジェルが生まれたんだ。

ナイジェルはもちろん計画外の子だったが、いざ生まれると最高だった。家の中に赤ん坊がいると、とても心が浮き立つ。おふくろとおやじは大喜びしたし、俺とスーは弟を溺愛した。ナイジェルの誕生は魔法みたいに思えた。

それにもかかわらず、ナイジェルを生んだあと、おふくろは落ち込むようになった。気分が変動して、内にこもってほとんど口を利かなくなり、ついに医者が精神安定剤《ハッピー・ピル》を処方した。いわゆる抗鬱剤だ。何年もあと、俺自身もその憂鬱症《ブラック・ドッグ》と向き合うことになる。

だが当時は、大方のティーンエイジャーのように、自分勝手な人生を送るのに夢中だった……おかげでとびっきり奇妙な神秘体験をした。ベルギーで。とんでもなくおかしな出来事だった。

どういう理由だったか、俺と親友のトニーは、学校で行ったオーステンデの週末旅行を再現しようと決めた。バスとフェリーを乗り継ぐ安チケットを買って、その街にある下宿を予約した。5階か6階建ての建物で、女主人は最上階の部屋を俺たちに割り当てた。

トニーと俺のベッドは部屋の両端にあった。最初の夜、寝ようとした直後、俺のベッドが……揺れ始めた。

「ロブ、いったい何やってんだよ？」とトニーが聞いた。疑わしそうな声で、暗闇の向こうから。

「何も！」と俺は心臓をばくばくさせながら言った。「ベッドが揺れてるんだ！」

ベッドから抜け出して明かりをつけた。ベッドはぴくりとも動かず、どこもおかしくないように見える。明かりを消してベッドに戻ると、また始まった。そんなに長い時間続いたわけじゃないが、その夜はほとんど眠れなかった。

次の日、トニーと一緒にオーステンデをぶらぶら歩き回った。その夜はベッドに入るのがちょっと怖かった。予感は正しかった。明かりが消えた途端、俺のベッドがまた激しく揺れ始めた。あまりにも揺れが激しいので、ベッドから落ちるかと思ったほどだ。映画『エクソシスト』のあのシーンそのままだった。ベッドは狂ったみたいに揺れていて、壁に掛かった絵までがたがた鳴っていた。前日の夜よりもっと長く続いたから、すごく怖かった。

次の日の朝、朝食を出してくれた女主人に向かい、何が起こったか告げようとした。あやしげなフランス語で、ポケット辞書の助けを借りて。

「ええと、**エクスキュゼ・モワ**《excusez-moi,》、**マダム！**《Madame!》　**イエール・ソワール**《Hier soir,》、**モン・リ**《mon lit》、え〜、**トンブレイ！**《tremblait!》（ええと、すみません、マダム！　昨日の夜、僕のベッドが、え〜、揺れてました！）」

彼女は俺をじっと見つめ、首を振った。そして「それについて話すことはないね！」とどなり、歩き去った。じゃあ、そういうことだ……とにかく、俺が超常現象を強く信じるようになったのは、ベルギーで過ごしたあの週末がきっかけだったと思う。

ウォルソールに話を戻そう。俺の中に、新たなものへの強い興味が芽生えていた——そして、できればそれで身を立てたいと思い始めた。

その頃はテレビ・シリーズを山ほど観ていた。『Z Cars（Zカーズ）』〔郊外の街を舞台にした重厚な警察ドラマ〕、『Dixon of Dock Green（ドック・グリーン署のディクソン）』〔ロンドンの一巡査を主人公にした長寿シリーズ〕、『セイント 天国野郎』〔ロジャー・ムーア演じる大怪盗の活躍を描く〕、『おしゃれ㊙探偵』〔粋な英国諜報部員が活躍するアクション〕、それとBBCの『Play of the Month（今月の戯曲）』〔有名な戯曲をドラマ化し、有望な若手俳優を起用して月1回放映〕も。テレビ、映画、演劇に魅了された。そして俳優になりたいという考えに取りつかれ始めた。

これが俺の未来なのか？　学校を卒業する時期が近づいていた。Oレベル試験〔16歳で受ける義務教育修了テスト。成績が進路に大きく影響〕に備えて猛勉強し、いい結果を出せたが、そのまま第6学年に進級する気はまったくなかった。当時、労働者階級の子どもたちはそういうことはしなかったし、俺は世界へ出ていきたかった。

　両親はそれで納得した。ふたりは基本的に、俺が人生でやりたいことなら何でもサポートするという態度だった。おふくろは口癖のように俺に尋ねた。「ねえロブ、幸せ?」。「うん」と答えると、おふくろは言う。「よかった、あなたが幸せなら、あたしも幸せよ」。子どもが聞きたい魔法の言葉だった。

　そんなわけで、両親と俺はバーミンガム演劇学校から取り寄せた、光沢紙使いのパンフレットをじっくり読みながら幾晩も過ごし、卒業後の次のステップとして、これがいい選択かどうか検討した。

　パンフレットには股間にでかい詰め物《バルジ》を入れたタイツ姿の連中の写真が満載されていた。それで興味をそがれる俺じゃなかった！　だが、演技の経験がまったくないのは問題になるかもしれないと思った。幼い頃、頭蓋骨にダブルクリップを食い込ませながらキリスト降誕劇に出たことを、経験にカウントしてもらえるとは思えなかった！

　おやじにはアマチュア演劇に入れ込んでいる友人がいたので、そいつに話をつけてくれた。その友人は、グランジ・プレイハウスという地元の劇場で芝居に出ていて、新しい才能はいつでも大歓迎だ、と言った。

「ロブに来るように言えよ！　きっと気に入るぞ！」

「ＯＫ、行って様子を見てくるよ」と俺は言って、スエードの靴を履き、グリーンのコーデュロイのコートとクラヴァットでビシッと決めた。

　見学して……すごく気に入った。キッチン・シンク・ドラマ〔１９５０年代にイギリスの芸術分野で起こった社会派リアリズムの手法。労働者階級の苦境と怒れる若者を描く〕の役をもらい、崩壊した家族にとらわれた若者を演じた。ほかの俳優たちはほとんど俺より年上だったが、大歓迎してくれた。おやじの友人は特に熱心に俺を励まし、何くれとなく世話を焼いた。

週に一度、夜のリハーサルへ行くのが楽しみだった。台詞はきっちり覚えた。幕が上がり芝居が始まるとき、ステージにいるのは俺ひとりだ。手前に座り、自分の靴を磨いている。舞台監督に、磨きながらテレビのCMソングを歌ってくれと言われた。

「どのコマーシャル？」と俺は聞いた。

「何でもいい」と彼は言った。「自分で1曲選んでくれ」

ただひとつ思いついたテレビ広告は、ペプソデント〔第二次大戦前から一大キャンペーンを行い、歯磨きの習慣を世界的に広めた米ブランド〕の歯磨き粉のものだった。頭からなかなか離れない陽気な短い曲だ。だからそれを歌った。

You'll wonder where the yellow went
When you brush with Pepsodent!
その黄ばみはあっという間に消える
ペプソデントで磨けばね！

芝居は1週間上演された。『エクスプレス&スター』紙が批評家を送り込んできた。彼はレビューで俺に焦点を当て、称賛していた。「ロバート・ハルフォードは大変かわいらしく、演技の勘が鋭い……この若者に注目！」。それを読んで大感激した俺は、祖母の家の便所でケツを拭《ふ》くとき、この地元紙は使わないようにした。

もっと芝居をやりたかったから、おやじの友人がまた連絡してきたときは喜んだ。そいつはウルヴァーハンプトン〔ウォルソールの隣町〕にあるグランド・シアターにツテがあると言った。ミッドランズ〔イングランド中央部〕を代表する一流劇場だ。そこで働いているやつらとウォルソールで飲みにいくんだが――一緒に来ないか、彼らに紹介するぞ？

もちろん！　ぜひ、お願いします！　彼は飲み会の場所を教えてくれた……そこは祖父母の家の近くにあるパブだった。彼らと打ち合わせ、飲み終わったら誰かの家に泊まることにした。はるばる家まで帰る手間を省くためだ。

2日後の夜、お茶の時間のあと、おやじの友人がケルヴィン・ロードの家に迎えにきた。最初、彼はツテのある舞台衣装の倉庫に俺を連れていった。まるでアラジンの洞窟みたいだった。ずらりと並ぶきらびやかな中世の服や昔の装束を前にして圧倒された。俺は昔から素敵な衣装が大好きなんだ。

それから一緒にパブへ行った。劇場の連中は親切で、まあちょっとお上品ぶっていたかもしれないが、とにかく大酒飲みだった――おやじの友人は俺にラム&カシスをおごった。それも大量に。

俺はそれまでほとんど酒を飲んだことがなかった。祖母がシャンディ〔ビールをジンジャーエールで割った飲料〕を小さなグラスに1杯くれたりとか、クリスマスに祖母のスノーボール〔オランダ産の甘い卵酒リキュールとライム・ジュースのカクテル〕をひと口すすったりとか、そんな程度だ。でも今回はちゃんとした酒だった――**ラム！　劇場の人たちと！**――俺は舞い上がった。仲間に入りたかったから、飲み続けた。そして間もなく完全に酔っ払った。

飲み会がお開きになる頃には、部屋がぐるぐる回って見えた。「わかるよ――俺の家へ行こう！」とおやじの友人が促した。その頃には俺は何を言われても賛成する状態だったから、気づいたら、ふたりで彼のフラットにいた。

さらに1杯飲まされたかもしれない。覚えていない。彼は劇場について話していて、つけっ放しのテレビの音が聞こえた。俺はとにかく、何とか頭をはっきりさせて集中力を保とうとしていた。そして、突然、明かりが消えて彼が俺のすぐ隣に来た。

おやじの友人はもう劇場について話していなかった。彼の両手が話をしていた。彼は手を俺の全身に這《は》わせていた――腕、胸、さらに下がって股間まで。彼は黙ったままそれを行った。ひと言も口を利かず。工場の金属加工体験がイチから再現された――ただし、今回は、さらに先へ進んだ。

俺は抵抗する力を失っていた。そいつは自分が欲しいものを承知していて、目標に向かって迷わず進んだ。俺のズボンのジッパーを下ろし、コックを引っ張り出して、かがみ込むとそれを口に含んだ。俺はそこに座ったまま、凍りつき、酔っ払って、体を動かせず口も利けない状態で、生まれて初めてのフェラチオ《ブロージョブ》をされた。

何だこれは？

何が起こってるんだ？

どうしよう？

止められるか？

俺は……何もしなかった。どのくらい続いたかわからない。だが終わったとき、おやじの友人はひと言も言わずに立ち上がり、部屋を出ていった。俺は祖母の家の近くにいることを思い出し、ジャケットを見つけると、何とか外に出て、パニックになりながら、方向もわからず夜の通りをよろよろと歩いた。

今起こったことをどう考えればいいのかわからなかった。実際に何が起こったかさえ確かじゃなかった。非現実的で奇妙な感じのまま、祖母の家の客間で横になり、意識を失った。次の日の朝、生まれて初めての二日酔いでずきずき痛む頭を抱えながら、俺の考えはあちこちへ飛んだ――**あれがゲイの男たちがやること**

なのか？　ゲイであるってのはそういうことなのか？　劇場の人間はああいうことをするのか？　キャスティング・カウチ〔新人を個室に呼び、カウチ（ソファ）の上でセックスさせたら役を与える悪習〕**をさせられたのか？**

今では、もちろん、あの男が獲物を狩る性犯罪者だったとわかっている。小児性愛者だ。彼は俺の若さともろさを見て取り、それにつけ込んで、俺を食いものにした。だがそのときは、どう感じればいいかわからなかった。自分の落ち度だと思い込んだ。

その日遅く、ケルヴィン・ロードの家に帰ると、おやじが夜はうまくいったかと尋ねた。

「素晴らしかったよ」と口ごもりながら答えた。

「俺の友人はよく面倒見てくれたか？」

「ああ」と俺は言った。「うん、見てくれた」

その友人に何をされたか、おやじには決して話さなかった。知ればおやじが立ち直れないほどの衝撃を受けると思ったからだ。おやじがまだ生きていたら、この回想録に書かなかっただろう。

どんなに黒い雲の向こうにも、希望の光は必ずある。性的虐待という行為に利点を見つけることは難しいが、あの暗い夜はひとつの利点を生み出した。数日後、パブで一緒だった別の劇場関係者から連絡があった。ウルヴァーハンプトン・グランドにステージ・アシスタントの口があるんだ——興味はあるか？

もちろんあった。面接に行って劇場の支配人と話し、その場で採用された。これでとりあえず進む道は決まった——それはまさに望みどおりの進路だった。

俺は演劇界に足を踏み入れた。

3 バーレーワイン6杯とモガドン1錠

悪習の洗礼、音楽の目覚め

最初の仕事というのは重要で、人生の通過儀礼だ。16歳にしてウルヴァーハンプトン・グランドで働き始めた俺には、そんなふうに感じられた。演技と劇場に夢中だったが、大した知識もなく、何を期待すればいいかもよくわからなかった。

確かに、ウォルソール風に言えば、素晴らしかった《bostin'》。その仕事がとても気に入った。

ステージ・アシスタント兼電気技師見習い兼下っ端の雑用係を任命され、舞台主任の下で働いた。最初の数週間はお茶を入れ、ステージを掃き、使い走りをして、がらりと変わった日常の生活様式にだんだん慣れていった。

朝早くG&Rトーマス社の横を全速力で走り抜けることはなくなった。今ではウルヴァーハンプトン行きのバスに乗り、昼前にグランドへ到着して、日中から夜のショーにかけてずっと働き、夜遅いバスでウォルソールに戻り、真夜中に明かりの消えた家にもぐり込んだ。

その生活が俺には合っていた（おかげで夜型になり、今でもそれは続いている）。舞台主任とその息子の照明技師が面倒を見てくれた。俺は仕事をすぐ覚え、数ヵ月もたたないうちに、ショーの照明を全部操作するようになった。

ほとんどの劇場では、照明器具はステージ手前にある。だがグランドの照明は舞台の両袖にあった。そのせいで操作は難しかったが、すぐコツを覚えた。素晴らしいショーがわずか数メートル先で展開されるのを、何ヵ月も眺め、魅了された。あらゆるジャンルの照明を担当した。バラエティー・ショー、専属劇団の日替わり公演、バレエ、ドイリー・カート〔19世紀後半に設立されたオペラ・カンパニー〕の『天国と地獄』。俳優たちは俺の周りでステージに駆け上がり、駆け下りてきて、出番のキューを待つ。俺はすべての真っただ中にいた。

テレビでおなじみのビッグ・スターたちに近づけるのも魅力だった。有名なコメディアンのトミー・トリンダーがグランドに出演した。彼のことは『Sunday Night at the London Palladium（サンデー・ナイト・アット・ザ・ロンドン・パラディウム）』〔テレビ中継されたバラエティー・ショー〕でさんざん観ていたから、生で「あんたたちラッキーだな！《You lucky people》」という決まり文句を聞いてわくわくした。

そのバラエティー・ショーのスポンサーはウッドバイン煙草で、入場する人全員に煙草5本入りのミニパックが無料で配られた。毎晩、2000人の客が煙草をふかしながらショーが始まるのを待つ。俺がボタンを押して、幕が上がると、煙草の煙が霧のように客席からステージへ広がっていった。

驚くことではないが、俺自身も煙草を吸い始めた——ただし、ちょっとしたスノッブ気取りだったから、大衆向けのウッドバインやジョン・プレイヤーNo.6ではなく、ベンソン&ヘッジス〔当時は王室御用達で、パッケージに英国王室の紋章が印刷されていた〕を選んだ。どういうわけか、こっちの方が洗練されていると思ったんだ。とんだマヌケだよな！

ウルヴァーハンプトン・グランドでは舞台照明のノウハウをすべて学んだ。そしてもうひとつ、俺が速やかに習得したのが酒飲みのコツだ。

その劇場は〝よく働きよく遊べ〟がモットーだった。ショーがはねた10分後、スタッフ全員が付属のバーに集合するのがお決まりだ。みんなできるだけ多くの酒を、できるだけ素早くがぶ飲みする。それから俺はよろよろと店を出て、ウォルソール行きの最終バスに乗る。

バスにうんざりしたので、給料をためてホンダの原付バイクを分割払いで手に入れた。だからといって、ショーが終わったあとの飲酒を自粛するはずもなく、真夜中過ぎにA41幹線道路をふらふらと走ることになった。よく毎晩、家にたどり着けたものだ。

酒を飲むのは最高に楽しく、大いに気に入った。18歳になると、合法的に飲めるようになった。俺は喜んで英国の若者たちに伝わる偉大な伝統に身を委ね、しこたま飲んだ。仕事のない夜は、ダーティー・ダックという地元のにぎやかな酒場に繰り出した。

酒を飲むことが俺の社会生活になった……だが、俺は最初から社交のための酒飲み《ソーシャル・ドリンカー》じゃなかった。目的があった。**酔っ払うために飲んだんだ。**手っ取り早く泥酔するにはバーレーワイン〔ワイン並みにアルコール度数が高いイギリス発祥のビール〕がいちばんだとわかった。そこでそいつを2杯ほど引っ掛けてから、お気に入りのチェイサー――モガドンに手を伸ばした。

モガドンは強力な睡眠薬で、抗不安の作用もある錠剤だ。1、2杯飲んだあと1錠やれば、望みどおり心が安らいで頭がもうろうとしてくる。ダックには何錠か隠し持った怪しげな顔つきのやつがいつもひとりかふたりいて、カモに売りつけようとしていた。

「よお、兄弟《メイト》、モガドン持ってるか？」

「ああ、まあな。バーレーワインを1杯おごってくれりゃ、ひとつやるぜ！」

正体がなくなるまで飲んだ。次の日の朝は死体みたいな気分で起きるが、昼食の頃には二日酔いが治り、また準備万端になる。どのティーンエイジャーもそうだが、俺は超人的な回復力に恵まれていた。

学校を卒業して美容師の訓練を受けていた妹のスーは、自分用にグリーンのオースチン・ヒーレー100〔1953～67年に生産された英国産の人気スポーツカー。曲線美を生かしたデザインから、輸出先の北米では〝アメリカの恋人〟と呼ばれた〕を買った。スーはその車を心から誇りに思い、大切にしていた。彼女はダックの常連のひとりとつき合っていたから、よく俺を車で送ってくれた。そいつは気のいいやつで、たてがみみたいにふさふさな髪の毛にあやかり、〝ライオンのブライアン〟とみんなに呼ばれていた。

スーに刺激を受けて、俺も運転を習うことにしたが、長続きしなかった。ミニを持っていたブライアンは、ある日曜の午後、試運転させてやると言い出した。俺を乗せて祖母の家に程近い閑静な住宅街の通りへ行き、俺を運転席に座らせた。

「ギアを入れて、すごくゆっくりアクセルを踏み込んで、クラッチ・ペダルを離すんだ」と彼は説明した。

俺はぎこちなくアクセルを目いっぱい踏み込んで、早すぎるタイミングでクラッチを離した。車はファッキン・ロケットのごとく急発進した。俺たちは完全にコントロールを失ったまま通りを突っ走った。50メートルほど突き進んで、道の左側に停めてあった車に激突し、念のためとばかり、右側に駐車中の車にもぶつかった。

「**ストップ！　ストップ！　ストップ！**」とライオンのブライアンはどなった。俺はブレーキを思いっきり踏み込んで、車から飛び出し、ブライアンと素早く席を交換して、通りを突っ走って逃げた。肩越しにちらりと視線を投げると、いったい何が起こっているのか確かめようと家から出てくる人たちが見えた。

悲惨な事故現場から十分安全な距離まで離れ、車を停めてから「悪かったな、兄弟《メイト》！」とブライアンに言った。車のフロント部分はめちゃくちゃになっていた。ぜひ修理代を払わせてくれと頼んだが、彼はどうしても受け取ろうとしなかった。それ以来15年間、俺は車を運転しなかった。

ウルヴァーハンプトン・グランドのおかげで、俺はさまざまな戯曲や演劇の名作に開眼した。だが十代の終わりが近づくにつれ、別の芸術に心を引かれ始めた。音楽と熱烈な恋に落ちたんだ。

俺はテレビ番組の『Juke Box Jury（ジューク・ボックスで判定しよう）』〔BBCの音楽バラエティー番組。セレクトしたニュー・シングルを匿名で流し、セレブの審査員4人が〝ヒット〟か〝ミス〟か判定〕が大好きだった。バカみたいにお上品ぶったデヴィッド・ジェイコブスがレコードをかけて、審査員チームが良し悪しを判定する。審査員のひとりは隣町のウェンズベリー出身の女の子で、ジャニス・ニコルズという名前だった。彼女はその曲を気に入ると、決まってブラック・カントリーなまりで「すっごいじゃん！」と言う。お国言葉を全国放送のテレビ番組で耳にしたのは、そのときが初めてだった。

『トップ・オブ・ザ・ポップス』も毎週欠かさず熱心に観た。お気に入りはフレディ&ザ・ドリーマーズ、クリフ・リチャード&ザ・シャドウズ、ザ・トレメローズといったバンドだった。シングルは、ウォルソールにあったチェーン・ストアのW・H・スミスや、窓際にグランド・ピアノが置いてあるお上品なテイラーズというレコード店で買い集めた。

だが音楽との本物の恋は、数え切れないほど多くの人たちと同じように、ビートルズから始まった。初期のシングルも好きだったが、心をわしづかみにされたのは『サージェント・ペパーズ・ロンリー・ハーツ・クラブ・バンド（Sgt. Pepper's Lonely Hearts Club Band）』と『ザ・ビートルズ（The Beatles）』（通称、『ホワイト・アルバム』）だ。『ホワイト・アルバム』にはくぎ付けになった。宇宙のように無限の広がりがあると思った。何週間もそれを聴いて、歌詞を分析し、付録のコラージュ写真をベッドルームの壁にセロテープで貼った。

同じ頃、狭い物置ベッドルームに大々的な改造を施した。壁を暗い紫に塗り、ドアをヒンジから外して、明るいオレンジのカーテンを下げた。思春期らしい、クールを気取った不器用な試みだったが、そのヒップさはおふくろに通じなかった。

「ロブ！　いっ、い、いったい……どうしてベッドルームのドアを外したの⁉」

「俺の部屋だろ！　好きなようにする権利がある！」と俺は不機嫌な口調で言った。典型的なティーンエイジャーらしく。

ラジオ・ルクセンブルク〔イギリス向けにポップ・ミュージックを流したルクセンブルク大公国のラジオ局。当時ポピュラー音楽を1日45分しか流さなかった公営放送ＢＢＣに対し、若者に絶大な人気があった〕も聴いた――パチパチ雑音が入る中波放送をキャッチできたとき限定だったが――ＢＢＣが開局したラジオ１〔１９６７年に新設されたポピュラー音楽専門局〕では、ジョン・ピールがＤＪを務める『Top Gear（トップ・ギア）』も好きだった。彼が流す昔のブルース・アーティストに心を奪われた。どれも初めて聴くものばかりだった。マディ・ウォーターズ、ハウリン・ウルフ、ベッシー・スミス。

60年代末、アーティスト気取りの若者――つまり俺みたいなやつ――にとって、音楽は何よりも重要だった。俺はむさぼるように吸収した。ジミ・ヘンドリックスに衝撃を受けて、アルバムを全部買った。ローリング・ストーンズも好きだったが、いちばん引かれたのは、とてつもなく大きくてパワフルな声で歌うアーティストだ。ジョー・コッカーや歌姫ジャニス・ジョプリンみたいに。

ボブ・ディランをパワフルでエネルギッシュなヴォーカリストと呼ぶ人はいないだろう。だが俺は彼の言葉の使い方に興味を持った。ただし、彼の曲がすべて政治的に思えるところが気に入らなかった。曲に込められた主張に賛成することはあっても、音楽はそういうものから逃避できる場所であるべきだと感じた。

１９６７年に起こったサマー・オブ・ラヴもそうだ。ラヴ&ピースというアイデアは気に入った。ジョン・

レノンがそれについて語っていたから、というのも大きな理由だ。だがベトナムみたいな場所で起こっている残虐行為を目にして、ローデシア〔現ジンバブエ。１９６５年に白人少数支配者がイギリスから一方的に独立宣言。アパルトヘイト政策をとったため黒人によるゲリラ活動が激化し、近隣諸国を巻き込んだ紛争に発展。79年の終結までに数万人の死者を出した〕の状況を知ると、そういう理想主義とはるかにかけ離れているように思えた。

ブラック・カントリー気質の中には、むやみにはしゃがない、いわば気難しさのようなものがあり、それがヒッピー・ドリームやフラワー・パワーに流されるのを拒む。『ニュー・ミュージカル・エクスプレス（NME）』紙や『メロディ・メーカー』紙を買い、カリフォルニアのラヴ＆ピース・ムーヴメントに関する記事を片っ端から読んだが、俺にとっては、火星で起こっているみたいに感じられた。

俺はウォルソールの公営住宅に住み、原付で通勤していた。ダーティー・ダックでバーレーワインを飲み、しこたま酔っ払っていた。ヒッピーに関する、そういうものすべてが、手の届かない別世界のもののように思えた。

だがごくたまに、ふたつの世界が出会うときもあった。１９６８年のある日曜の午後、俺はグランドで昼公演《マチネー》の仕事をしていた。その日の担当は照明オペレーター。操作で使う狭い部屋は、いつもすごく暑くなり、まるでサウナみたいだった。

部屋には小さな窓がひとつあったから、休憩時間にちょっと涼もうと、窓を開けて頭を突き出した。下の通りから音楽が聴こえてきたので、見下ろした。長髪のカップルが手をつないで歩いている。ふたりともベルボトムのズボンをはき、ヘッドバンドをして、フリンジの付いたスエードのジャケットを着ていた。ヘイト・アシュベリー〔サンフランシスコにあるフラワー・ムーヴメント発祥の地〕をそぞろ歩く方がお似合いに見えた。彼らはトランジスタ・ラジオを持っていた。そこからうだるように暑い照明コントロール室へ漂ってきたのは、間違えようもなく、前の年にヒットしたスコット・マッケンジーの「花のサンフランシスコ（San Francisco (Be Sure to Wear Flowers in Your Hair))」だった。彼らを見て、がく然とし、こう思った。**マジかよ！　ヒッピー・ドリームってのはほんとにあるんだ！　ウルヴァーハンプトンまで届いてる！**

後年、オジー・オズボーンがまったく同じことを言っている記事を読んだ。「髪に花を挿したカリフォルニアの連中の話をしょっちゅう耳にして、こう思った。**いったいそれが俺に何の関係がある？　俺はバーミンガム生まれで、ポケットには穴が空いてるってのに！**」

最初にライヴを観たバンドは、世界を変えようと夢見るヒッピーたちとは程遠かった。当時ヒット曲を連発していたウエスト・カントリー〔イングランドの南西部地方〕出身のポップ・グループ、デイヴ・ディー、ドジー、ビーキー、ミック＆ティッチ〔日本ではデイヴ・ディー・グループとして知られる〕だ。好みではなかったが、ウルヴァーハンプトンのシルヴァー・ウェブというクラブで演奏しているのを見かけ、観てみることにした。

「ちっとばかし若く見えるな」と店の用心棒が言い、俺をじろじろ眺め回した。

「い〜や、そんなことないぜ、兄弟《メイト》、何たってグランド・シアターで働いてるんだからな！」

はったりが効いて、中に入れてもらえた。ギグは最高だった。初期のグラムがちょっと入っていて、店にはバーがあったからご機嫌に酔っ払えたし、本物のバンドが登場して、『トップ・オブ・ザ・ポップス』で観た曲をすぐ目の前で演奏するのも大いに気に入った。

クレイジー・ワールド・オブ・アーサー・ブラウンを観に、ウォルソールのおかしな小さいクラブへも行った。彼は一発屋だったが、それがとんでもない一発だった。『トップ・オブ・ザ・ポップス』に出演したときは、炎を上げるヘルメットをかぶり、そのヒット曲「ファイヤー（Fire）」をパフォーマンスしたのだ。ウォルソールのギグには客が100人しかいなかったが、ブラウンは一切手を抜かず、演劇仕立てのショーを披露した。張りぼてのガレオン船まであった。

彼らのショーは楽しかったが、デイヴ・ディー、ドジー、ビーキー、ミック&ティッチもクレイジー・ワールド・オブ・アーサー・ブラウンも、俺の心を動かし、魂の底まで響くことはなかった。それが起こったのは70年代に入る頃、レッド・ツェッペリンやディープ・パープルみたいなバンドを聴いたときだ。

生まれ育った土地柄と、生まれ持った性格のせいで、俺はいつも、よりヘヴィな音楽を夢中になって求めた。俺にとってはタイミングもよかった。60年代末、すべてがどんどん大音量になり、ヘヴィ・メタルへ続くプロセスがすでに始まっていたのだ。

ジム・マーシャルが開発した巨大なアンプのおかげで、ギターの音が大きくなる。するとドラマーは自分の音が聴こえるようにドラムをもっと強く叩く。女の子たちはもっと大きな声で叫ぶ。ビートルズのシェイ・スタジアム公演では、叫び声があまりに大きくて、メンバーは自分たちの演奏が聴こえなかった。あらゆるものの音量がどんどん大きくなっていった。

ギターとドラムの音が大きくなると、シンガーもそれにならった。俺はドでかい声が大好きで、ロバート・プラントやイアン・ギランがシャウトするのを聴くと、魂が打ち震えた。

彼らの声は信じられないほどエキサイティングだった。その歌声を聴いて、俺は悟った。**これだ。これが俺の作りたい音楽だ。**

レッド・ツェッペリンには圧倒された。ビーチデールの自宅のベッドに寝転がり、2台のスピーカーに挟まれて、初めて「胸いっぱいの愛を（Whole Lotta Love）」を聴いたときのことは一生忘れない。ロバート・プラントとジミー・ペイジの交わすインタープレイが、左―右、左―右と両側のスピーカーを行ったり来たりする。これには驚嘆した。

ツェッペリンとパープルは俺の中にある何かを目覚めさせた……そして考え方も変えた。彼らを聴く前、俺はまだ俳優を目指していた。毎晩グランドの舞台袖に立ち、俳優やコメディアンが客席総立ちの拍手喝采を受けるのを見ながら、世界一いい気分なんだろうと想像していた。でもプラントとギランがそれを変えた。突然、シンガーになりたくなった。

学校の音楽の先生の誘いで、俺は2年ほど前から地元のバンドに遊び半分で足を突っ込んでいた。その先生から自分のバンド、サーク――変な名前だ！〔イギリスには1920年代に書かれた同名（Thark）の喜劇がある〕――と一緒に歌ってほしいと頼まれたから、リハーサルへ行って、何曲かがなり立てた。ただのお遊びで、そこから何かにつながるんじゃないかなんて、まったく考えていなかった。

ウォルソールの周りには、ミュージシャンたちが緩やかにかかわり合うシーンが形成されていた。サークを通じて、アブラキシスというバンドと知り合った。そいつらの練習にも顔を出して、カヴァー曲を歌った。バンドはやがてアシンズ・ウッド〔アテネの森の意。ちなみにシェイクスピアの戯曲『真夏の夜の夢』の舞台は〝アテネ近郊の森〟〕に発展した。メンバーは俺のほかに、マイク・ケイン、バリー・シャール、フィル・バトラーの3人。俺たちはブルージーなプログレをちょっとシリアスにアレンジして演奏した。

おもしろいことに、俺はギターとか、ほかの楽器を弾こうとはまったく思わなかった。重いドラム・キットを引きずって歩く気もなかった。シンガーでいることが、ただしっくり来た。[*1] **これが俺だ。俺が楽器なんだ。**やりたいのは、できるだけでかい声でシャウトすること、それだけだった。

音楽が人生の中心になりつつあったが、相変わらず毎日、目的もなくだらだらとグランドへ仕事に行った。学校で芽生え、俺を悩ませた性的混乱は収まっていなかった――むしろ悪化していた。

劇場という場所はドロシーのお友達〔ゲイを示す隠語。映画『オズの魔法使』で主役のドロシーを演じたジュディ・ガーランドが、性的マイノリティの人々を支持し、ゲイ・アイコンと称えられたことから〕に事欠かない。グランドも例外じゃなかった。そこで働いていたロイっていうやつが、俺の初めて会ったゲイの男だ（俺を餌食にした変質者たちを除けば）。ロイからボーイフレンドのダニーを紹介された。彼はプロのドラァグ・クイーンだった。

ダニーがスケッグネスのバトリンズ〔イングランド北東部の海辺にある総合レジャー施設〕でショーをするというので、3人で週末を楽しむことにして、ベッドが1台のトレーラーに一緒に泊まった。俺が寝たのは真ん中。サンドイッチの肉だ。3人でちょっとしたお触りごっこはしたが、それより先には行かなかった。

というか、十分先まで行ったと言うべきだろう。1週間後、ケルヴィン・ロードの家のベッドルームに戻っていた俺は、股間にかゆみを感じ、ズボンを下ろして確かめた。陰毛にびっしりと、ぴょんぴょんはねる生き物が群がっている。**ああ、クソ！　いったいこりゃ何だ？**　正体にまったく見当もつかなかったから、おやじを探しにいった。

「父さん、俺さ……ちっとばかし困ったことになってて」と俺は口ごもりながら言った。

「何だ？」

ズボンを下ろしておやじに見せた。おやじはひと目見て、何の問題か正確にわかった。

「毛じらみにやられてる！」とおやじは言った。「誰とつるんでるんだ？」

「どういう意味？」と俺は恐る恐る尋ねた。おやじの言葉の意味は正確にわかっていたが。

「つまりだな、毛じらみは必ずほかの人間からうつる」とおやじは言った。そして俺を哀れに思ったんだろう。「トイレの便座ってこともあるがな」と付け加えた。

「ああ、きっとそうだ！」と俺は熱心に同意した。「トイレの便座からうつったんだ！」。だが言葉にできな

＊1：このフレーズを回想録のタイトルにしようかとも思った。『ロブ・ハルフォード：俺が楽器だ』。だがしばらくして考え直した。

いほど恥ずかしかった。

おやじが医者へ相談に行き、牛乳のようなものが入った瓶を抱えて戻ってきた。そして、それを綿の布に染み込ませて毎日陰毛に塗るように、と医者の指示を伝えた。ひりひりと猛烈にしみた。クソッタレな毛じらみは何ヵ月も居座った。やつらは頑として出ていかなかった。ロイに打ち明ける勇気はなかった。

俺の性的混乱はさらに深まった。俺にとって、ゲイ・ワールドは相変わらず謎の世界だった。知りたいと思っていたが――**好奇心を持たずにいられるか?**――恐れてもいた。それまでに何度もひどい体験をしたからだ。俺は道に迷った小さな男の子だったが、その世界に足を踏み入れたい、誰かと関係を持ちたいと狂おしく願っていた。

新聞に「友情と、あるいはそれ以上」の関係になれる男性求む、という小さな広告が載っていた。名義は男の名前だ。なるほど! 彼の私書箱に手紙を送ると、返事が来た。やり取りをして、俺がサリー州のレッドヒル〔ロンドンの南。ウォルソールからは200キロ近く離れている〕へ訪ねていくことになった。

南へ向かう電車に乗りながら、自分が何を期待していたのかはよくわからない。必ずしもセックスを望んでいたわけじゃない……でも可能性はあった。**これが初体験になるのか?** そうはならなかった。彼は同じ年頃の気さくなやつだったが、お互いにぴんと来なかった。一緒にロンドンへ出て買い物をしたあと、俺は帰りの電車に乗った。

グランドではパントマイムの連続公演が行われ、俺たちはフル・オーケストラ付きの大規模で豪華なステージを演出した。音楽監督は俺に首ったけで、まとわり付いて離れようとせず、その態度を隠そうともしなかった。俺よりかなり年上だった。工場の男や、おやじの気色悪い友人よりはましだと思った。俺に触ろうとしたり、性的な行為を強要したりしなかったからだ。尊敬できる人物だったが、俺にちょっかいを出そうとするのを決してやめなかった。

すごく嫌だった。今では、彼が何を企んでいたのか、何を求めていたのかわかる。だが彼に魅力を感じなかったし、その行為をどうしてもやめてほしかった。おかげで頭がおかしくなりそうだった。ある日、彼からまた粉をかけられたあと、もうがまんの限界だと思った。何かをしなきゃならない……でも何を？

すると、この上なく奇妙なことが起こった。どんなわけで、どこからそんなアイデアを思いついたのか、さっぱりわからない。だが切羽詰まった考えが頭に浮かんだ。**教会に行かなくちゃ。**

だから、そうした。その日の昼休みに、グランドを出てリッチフィールド・ストリートの先にあるセント・ピーターズ協同教会へ歩いていった。市の中心街にある古くて壮麗な造りの大きなカトリック教会だが、俺が中に入ったときは誰もいなかった。聖母マリア像に近づいて……**彼女と交信した。**自分が思いをはっきり口にしたのか、強く念じただけなのかもわからない。でもこれが、俺がルルドの聖母〔聖母マリアの別称〕に語り掛けた言葉だ。

どうしても助けが欲しいんです。自分の感じ方に戸惑い、これからどんな試練が待っているかを考えて、とても混乱しています。それが正しいのか、罪深いのか、邪悪なのか、問題ないのか、俺にはわかりません。どうすればいいかわからないんです！

すると驚くべきことが起こった。その言葉を口にするうちに——あるいは考えるうちに？——心の休まる波に全身を洗われた。あらゆる不安といら立ちが消え去っていくようだった。かぐわしいバラの香りがした。教会の中を見回したが、花は一輪も見当たらなかった。

あの日の昼休みに、ウルヴァーハンプトンの教会で何が起こったのか？　俺は本当に聖母マリアから祝福を受けたのか？　確かに、これがどんなにバカバカしく聞こえるかわかっている。だが50年たった今でも、あのことを考えると鳥肌が立つ。それに、少しの間だが、俺の不安は消えた。

音楽が救いだった。ツェッペリンのようなバンドに多くのなぐさめを見いだした。混乱して、本当の自分でいたくないと思ったり、自分自身や己の欲望に怒りを感じたりしたときは、音楽を大音量でかけた。ゼップと聖母マリアの間で、俺はただ宙ぶらりんになっていた。

1970年、ヘンドリックスを観るためにワイト島フェスティヴァルへ行った。前年にはウッドストックが開かれ、アメリカでヒッピー・ムーヴメントが最高潮に達していた。友人と一緒にワイト島行きのフェリーに乗りながら、今度は俺たちの番だと考えていた。**これがそうだ！　これが俺たちのウッドストックだ！**

フェスティヴァルには圧倒された。ザ・フーがセットの出だしで会場をサーチライトで照らし、観客の目をくらませた。夜が更けてヘンドリックスが登場したとき、俺はぐでんぐでんに酔っ払っていたが、彼のすごさに度肝を抜かれた。俺たちはキャンプをした……というか、テントは持っていなかったから、友人と地面に寝転がって気絶した。

音楽が俺を呼んでいた。そろそろグランドを離れる時期だ。劇場では素晴らしい時間を過ごしたが、俺の中で優先順位が変わっていた。そこに就職したのは俳優にどうしてもなりたかったからだ……そして今、俺はそう望んでいなかった。バンドのシンガーになりたかった。

アシンズ・ウッドは夜にリハーサルをしたが、週に7日毎晩、発熱する劇場の照明に縛り付けられていたら、参加できない。日中勤務の仕事が必要だった。そこで1970年、グランドで2年近く働いたあと、その劇場に別れを告げて、気がついたら……ファッションの小売業界に足を突っ込んでいた。

当時はハリー・フェントンという紳士服のチェーン・ストアがあって、全国に店舗を展開していた。ウォルソールの中心街のパーク・ストリートにある支店で、店員募集の広告を見つけた。**これだ**、と思った。電話をかけて面接を受け、採用された。

間もなく店長になった。グランドでの仕事を愛していたのと違い、服を売るのが大好きというわけではなかったが、仕事にはそこそこ満足した。時間帯が俺に合っていたし、それなりの給料がもらえたし、客と軽いジョークを交わすのも好きだった。俺について決して変わらないもののひとつ、それは無駄話が大好きなことだ。

フェントンはそれまで、昔ながらのすごく堅苦しい紳士服を扱っていたが、会社が方針を変えて、普段はブティックで買い物をするような若い男性をターゲットにし始めた。突然、流行の先端を行く服が大量に入荷された。ポリエステルのスーツ、フレア・ズボン、キッパー・タイ〔幅広のネクタイ〕、積み上げヒールの靴。

この新しい仕入れ方針は俺にぴったり合っていた。ちょろまかせる服が一気に選び放題になったからだ。いや、正確にはちょろまかすではなく、借りる。豚みたいにどん欲に、その行為に夢中になった。新しいスーツやクールなシャツやベルボトムのズボンをつかみ、それを着て週末に街へ繰り出した。

週明けの月曜の朝は、二日酔いの頭を抱えて、酒と煙草とデオドラントのオールド・スパイスのにおいがぷんぷんするスーツをラックに戻し、シャツの襟にピンを通してセロファンに包み直し、未使用に見せかけようとした。**あのピンにはマジで手こずった！**

店長になると、店で好きな音楽を何でもかけられるようになったから、アリス・クーパーの「スクールズ・アウト（School's Out）」を大音量で流した。苦情が数件来たが……**俺が店長だ！　好きな曲をかけるさ！**

アシンズ・ウッドは地元のパブで1回か2回、何とかギグを取りつけた。**ライヴで演奏する！**　それが俺の望みだった。だがそのギグに、俺は自信と恐怖が入り混じった奇妙な心持ちで臨んだ。

初めてのショーが始まる前、客がひとりもいないんじゃないか、1曲目を聴いて客が帰ってしまうんじゃないか、という恐怖に駆られた。その予感はほぼ的中した。正体をなくした酔っ払いの小集団がバーに陣取り、黙って成り行きを見守っていた。誰かが席を立つたびに、心の中で祈った。[*2]**どうかトイレに行ってくれ！ 家に帰らないでくれ！** だが俺にとってもっと重要だったのは、ショーが進行するにつれて、それを心から気に入ったという事実だ。ステージを跳ね回り、見知らぬ人たちに向かってシャウトするのはすごく簡単だった。ステージを練り歩くと、いつもの自分より自信にあふれ、社交的になれることにすぐ気づいた。うぬぼれていたわけじゃないが、自信を失ってもいなかった。

　ステージの正面、ギタリストとベーシストの間の位置が、俺にはしっくり来た。自然に感じられた。ここが俺のいるべき場所だ。

　あいにくアシンズ・ウッドは芽が出なかった。やがて、だんだんと活動しなくなり、別れてそれぞれの道を行くことになった。俺はその頃もうヘヴィ・メタルに傾倒していたから、ロード・ルシファーというブルージーなハードロック・バンドに入った。前のバンドと比べると、そこの方針は大いに気に入った。そこで求められる役に俺はぴったりはまった。原付を卒業してＢＳＡ〔イギリスの老舗バイク・メーカー、バーミンガム・スモール・アームズ〕のバイクを手に入れ、燃え上がる炎で飾ったバンドの名前をガソリン・タンクの表面に描いた。最高にかっこよく見えた——だがロード・ルシファーは一度もギグをしないまま終わった。

　バンド活動をしていないときは、できるだけ多くのグループを観にいった。ウォルソールの中心街にメソジスト派の古い教会のホールがあって、その中にあるウィスキー・ヴィラというロック・クラブの常連になった。そこで音楽に目覚めた頃に憧れたひとり、ロリー・ギャラガーを観た。最初のバンド、テイストを率いていた時代だ。

　夜に自由な時間ができたから、バーミンガムまで遠征して、ヘンリーズ・ブルースハウスといった店でギグを観た。パブより大きい会場だ。そこでは素晴らしいブルースのステージをいくつか体験した。ある夜は、マディ・ウォーターズを観た。彼がそこに、目の前に、バーミンガム《ブラム》にいるなんて信じられなかった。モーツァルトを観ているみたいだった！

妹のスーと一緒に、バーミンガムのアーディントン地区にあるマザーズにも通った。ロンドンにあるマーキーのミッドランズ版だ。そこでツェッペリンとピンク・フロイドを観た。べろんべろんに酔っ払ったある夜、確かアースも見たと思う。ブラック・サバスに改名する前だ。

オフの夜には、ダーティー・ダックへ行って、しこたま酔っ払った。**前後不覚になるまで。**その頃には立派な大酒飲みになっていたから、バーレーワインを次々にあおり、モガドンでキメてはなぜいけないのか、理由を思いつかなかった。店から放り出される時間になると、伝書鳩の本能が発動して、よろよろと家へ向かった。

ある金曜の夜、帰りのドライバーをスーに頼み、バーレーワイン6杯とモガドン1錠を流し込んだ。家へ向かう途中、スーの愛車の助手席の窓から吐いた。次の日の朝起きたときは、何も覚えていなかった。1階でスーが激怒して、おやじに懇願する声が聞こえた。

「父さん、昨日の夜、ダックにロブを迎えにいったら、車のドア一面にゲロを吐かれたのよ！　あいつったらまだ気絶してるし、あたしは仕事に遅刻しそうだし――掃除をお願いできる？」

おやじは言われたとおりにした。どうして俺をベッドから引きずり出して掃除させなかったのか、理由はわからない。

おわかりのとおり、スーは天使じゃなかった。妹は反抗期を迎えていた。美容師の勉強以外に、地元で写

＊2：今も同じように感じる。チケット完売のアリーナ公演のステージにいて、誰かが出口に向かうのを目にすると、心底がっかりする。俺たちパフォーマーは、自分に自信がない生き物なんだ。

真のモデルを始め、ふくれっ面の達人になり、ホットパンツをはくようになった。

その頃、俺はかなりたくさんのレコードを集めていた。ある夜、ダックに併設されたロック・ディスコのＤＪの具合が悪くなったので、代役を買って出た。店に到着すると、ゴーゴー・ダンサーの出番の合い間にレコードを回せと言われた。そのダンサーとは――スーだ！　妹を守らなくてはと感じたが、男どもが彼女をいやらしい目つきで見るのを前にして、[*3]どう感じていいかわからなかった。

ダーティー・ダックの閉店後も居残ったり、誰かの家にしけ込んだりしたときは、ひと晩中起きていて、酔っ払ったまま次の日の朝ハリー・フェントンによろよろと出勤した。幸い、俺がボスだったから、誰にも文句を言われなかった。店の経営は順調に見えた。

俺について長く語り継がれてきた都市伝説のひとつに、シンガーになる前、ポルノ映画館で働いていたっていうのがある。このちょっとしたネタはウィキペディアにさえ載っている。誰もが知っているとおり、そこに書かれた言葉はすべて絶対的な真実ってわけだ、そうだよな？　ところが、違うときもある。これが真実の物語だ。

歩いて仕事へ行く途中、俺はいつもヴィクトリア朝時代のタウンハウス〔レンガ造りの棟割住宅〕を改造した、寂れた商店街の前を通っていた。何年も前からそこにあり、ほとんどが雑貨屋か電気掃除機の修理店で……だが、薄汚れてペンキもはがれた、あるいかがわしいドアの奥に、ポルノ・ショップがあった。

休暇旅行でゲイの小説を読み、ボブ・マイザーの写真集を見た俺は、ポルノに興味を持つようになって、仕事のあと時々そこに寄っていた。店はリビングルームぐらいの広さで、アムステルダムから輸入したエロ本やポルノ雑誌がレジ袋に入れられ、壁からぶら下がっていた。

ゲイ雑誌もいくつか置いてあった。奇妙な話だが、俺はそういうのを1冊も買わなかった。でもカウンター係のやつと仲よくなり、たわいもない音楽話でよく盛り上がった。ある夜、仕事から帰る途中、そいつに店へ呼び込まれて、用事を頼まれた。

「ヘイ、ロブ、俺これから2週間ほど、週末忙しくてさ――店番を頼んでもいいか？　金は払う！」

「ああ、いいよ、引き受けた！」

そんなわけで、俺は2週間、週末にポルノ・ショップの店長を務めた。最高だった。ディルドや性具も売っていたから女の客も何人か来たが、ほとんどは男のひとり客だった。俺はたちまち、男がドアを入ってきた瞬間に、そいつが何を探しているのか当てられるようになった。**ははん、こいつは巨乳雑誌が目当てだな！**　俺の読みはほとんど外れなかった。

ハリー・フェントンの店からの帰宅経路では、健康にいい立ち寄り場所もいくつか確保していた。ポルノ・ショップ同様、よく吸い込まれていったのが、男あさり《クルージング》を求めて行った公衆トイレだ（俺は昔から英国流の〝コテージング〟という言い方を好む）。

ウォルソールの中心街にあるデパート、ブリティッシュ・ホーム・ストアズのすぐ隣に、ヴィクトリア朝時代に造られた古い地下トイレがあって、入り口は柵で囲ってあった。辺りをぶらぶらして、好みのルックスの男が中に入ると、こっそりあとをつけて階段を下りる。

そして、彼が小便をしたいだけなのか、あるいはほかの目的があるのか、見極めようとする。100回に99回は、もちろん前者だった。だがその男に少しでも興味がありそうな気配をかぎつけると、目で合図をしてほほえみかけようとする。

俺はとんでもないリスクを冒していた。当時、同性愛嫌悪《ホモフォビア》に根差す暴力は日常茶飯事で、ゲイ叩きに遭う

＊3：おやじはもちろん、予想どおりの感想を抱いた――拒否反応を示したんだ！

危険に身をさらしているのはわかっていた。**だが、本当に、ほかにどうすればよかったっていうんだ?** 俺はちょっとしたお相手を手に入れるために、危険を冒さなければならないという事実を嫌悪した。

危害を加えられたことは一度もない。ただ、いぶかしげな視線を向けられたり、「**いったい何が目的なんだよ?**」と聞かれたりしたぐらいだ。ごくまれにだが、幸運に恵まれて、焦ったまま慌ただしく触り合うこともあった。だがほとんどの場合、落胆を抱え、ビーチデールの家にとぼとぼと歩いて帰った。小舟《コック》を一艘《いっそう》も停泊できなかった漁師ってとこだ。

欲求不満が募った……音楽の方でまったく芽が出ないことにもいら立った。BSAのガソリン・タンクに描いた燃え上がる炎は、ロード・ルシファーに火をつけるのに失敗した。バンドは解散した。だが俺は、次の計画としてもっと高い望みを抱いていた。

地元でクラブ回りをするうちに、数人のやつらと仲よくなっていた。そこで一緒にヒロシマというバンドを結成した。ギターはポール・ワッツ、ベースはイアン・チャールズ。でもいちばんウマが合ったのはドラマーで、気さくだがいつもぴりぴりしているジョン・ヒンチってやつだった。

ヒロシマは俺がいつも聴いているような曲をプレイした。大音量でプログレッシヴなブルース・ロック。昔のブルースのレコードを何枚も聴き――そしてブラムでマディ・ウォーターズを観て――ハーモニカに興味を持ち、1本買って、俺たちみたいな音楽《ミューゾウ》かぶれが呼ぶところの〝ハープ〟を即興で吹き鳴らした。腕はそんなに悪くなかった。

ジョン・ヒンチはリッチフィールドに住んでいた。ウォルソールと違って中流階級の人間が住む新興住宅地だ。俺たちは夜、ヒンチの家の先にある教会のホールに集まってリハーサルをした。ヒロシマはカヴァー曲はやらなかったが、俺たちの〝自作〟がちゃんとした構成になっていたとは思えない。フリーフォームのジャムを気の向くまま、だらだらやるのが専門だった。

ギグをした1、2軒のパブで、バンドの演奏が客の注意を引かなかったのは、そのせいかもしれない。覚えているのは、ビールのパイント・グラスを持った連中が、俺たちをちらりと見て、肩をすくめてバーへ戻ったことぐらいだ。

そんなわけで、ヒロシマは音楽で成功するための特急切符じゃないことがだんだんわかってきた……そのとき、人生最大のチャンスが舞い込んだ。

話はとんとん拍子に進んだ。

スーはライオンのブライアンといちゃつくのをやめて、その頃はダックで知り合ったイアン・ヒルという気のいいやつとデートをしていた。イアンはしばらく前から地元のクラブ回りをしているバンド、ジューダス・プリーストのベーシストだった。

彼らには最近いくつか問題が持ち上がっていた。シンガーとドラマーが脱退して、後任を探していたのだ。

スーがある日、この話を俺にしていて——ふと口を閉じ、俺をじっと見た。

「ねえ、ロブ、あなたがプリーストのオーディションを受けるべきよ」とスーは提案した。

スーの顔を見返すうちに、その可能性が俺の頭をよぎった。

ふ〜む。

「そうだな」とスーに言った。「ああ、そうするべきかもしれない」

4 司祭《プリーストフッド》に任命される

新生プリースト始動

たまたま、ジューダス・プリーストについてはちょっとした知識があった。

バンドが結成されたのは3、4年前。イアンとつき合っていたスーから、浮き沈みを経てきたバンドの歴史を何となく聞いていた。結成メンバーのギタリスト、ジョン・ペリーが車の衝突事故で死亡し、バンドに付き物のメンバー交代劇がいくつかあり、これまで運に恵まれなかった。結成当初にレコード契約を結んだが、何もリリースしないうちに、そのレーベルが倒産した。プリーストは解散し、ほとんど新メンバーで再結成した。

1年ほど前、バーミンガムのどこかで、彼らのライヴを観たことが一度あった。いちばんよく覚えているのは、新任ギタリストのケン・ダウニングと、棒のように細くて髪を腰まで伸ばしたベーシストのイアンが素晴らしく見えたことだ。彼らには確かに何かがあると思ったのを覚えていた。

バンドはミッドランズを精力的に回っていたが、当時はまた困難に直面していた。結成メンバーのシンガー、アル・アトキンスが、抜けなきゃならないと宣言したからだ。彼は結婚していて子どもたちがいた。バンドの稼ぎでは家族を養えなかった。

彼らの状況がすべてバラ色というわけではなかったが、ジューダス・プリーストのサウンドとルックスが気に入っていたし、芽が出ないとわかり切っているヒロシマよりもプロっぽいグループに見えた。ＯＫ、と俺はスーに言った。イアンとケンに俺の話をしてくれないか？

　１週間ほどあと、ふたりがビーチデール公営住宅を訪ねてきた。ここで公平を期して言っておくべきだろう。この最初の出会いについて、ケンと俺の記憶は食い違っている。ケンによれば、スーがケルヴィン・ロードの家のドアを開けてふたりを迎え、俺を呼んだとき、俺はハーモニカを手にして階段を下りてきたという。これはもっともらしく聞こえる。その頃は、いつもハーモニカを吹き鳴らしていたからだ。俺たちの説が異なるのは次の点だ。ケンは、俺が階段を下りながら、ドリス・デイの曲を歌っていたと主張する。**ドリス・デイ？　いったい全体《ホワイ・ザ・ファック》、何で俺がドリス・デイの曲なんか歌うんだ？**　ちなみにイアンは、エラ・フィッツジェラルドの曲だったと言っている。そっちの方がよっぽどましだ……。

　真相はともかく、ケンとイアンと俺はリビングルームのソファに座って、たわいない話をした。ふたりとは最初からすっかり意気投合した。ケンはヘンドリックスを崇拝していたから、俺も大ファンだと告げ、大いに盛り上がった。実際、俺たちは音楽の趣味が何から何までほとんど一緒だった。

　ケンはジューダス・プリーストの成功を目指し、本気で取り組んでいた。その姿勢に感銘を受けた。彼はシンガーを失ってもへこたれたようには見えず、バンドで成し遂げたいことについて、楽観的な言葉で語っていた。イアンはいつもどおり、もっとゆったり構えていた。

　プリーストはヴォーカリストを失っただけではない。コンゴ・キャンベルというドラマーも抜けたいと言い出していた。だからケンとイアンからジャム——あるいは当時の言い方をそのまま使えば〝ノック〟——に誘われたとき、ジョン・ヒンチも連れていくと提案した。

「いいよ」とケンは言った。「もちろん」

ふたりの説明によれば、ジューダス・プリーストはたいていホリー・ジョーズ〔ジョー神父の場所の意〕という学生ホールでリハーサルしているという。ウォルソールから2キロ足らず離れたウェンズリーにある教会の付属施設だ。そんなわけで、2日ほどあと、ヒンチー〔ジョン・ヒンチのニックネーム〕を連れてそこへ出向いた。

ケン、イアン、ジョン、俺は3時間かそれ以上、ただリフを弾いたりジャムったりした。みんなすごく気さくな感じだったから、緊張はしなかった。実際、ノりにノって、がんがんシャウトし、「お〜う、あ〜あ、ベイビー！」と叫びまくって、俺にできる最高のプランティ／ジョプリン風パフォーマンスを披露した。最初からいい感触だった。

もしオーディションを受けた場所がロサンゼルスだったら、もちろん、イアンとケンはこう言っただろう。「ワオ、お前マジ最高！　お前の声とうちらのギターがあれば、世界を支配できるぜ！」。[*1]だが堅実なウォルソールっ子の流儀は違う。その代わり、リハが終わると、ケンは満足げにうなずいた。

「今の、よかったよな？」と彼は講評した。「今週またどっかでノックをやりたいか？」

それで決まり。話は淡々と順調に進み、俺は今やジューダス・プリーストのシンガーになった。すごく幸せな気分で家に帰った。

俺たちはすぐ、週末と週半ばの夜にリハーサルするようになった。ホリー・ジョーズでのノックは奇妙な儀式付きだった。ホリー・ジョー自身——隣の教会に務める年配の助任司祭、ジョー神父——が同じ敷地に住んでいて、ひょっこり現れてはホールの賃貸料を集金していったのだ。

ジョー神父は酒を大いにたしなむ司祭らしく、本人もその事実をまったく隠そうとしなかった。「さあさあ、ボーイズ、私はのどがカラカラじゃよ！」と言われるたびに、俺たちはジーンズのポケットを探って、何枚か紙幣を渡す。金を手に入れると、神父はごきげんな様子で通りの角にあるパブに姿を消した。

ホリー・ジョーズでカヴァー曲をジャムったりもしたが、俺たちの狙いは最初からオリジナル曲を書くことだった。俺が入ったとき、プリーストはすでに荒削りな曲の素材をいくつか持っていた。昔のラインナップの置き土産だ。正直に言わせてもらえば、オリジナル曲はそれほど出来がいいとは思わなかったが、バンドのサウンドとフィーリングは大いに気に入った。

それについてバンドで特に話し合ったりはしなかったが、カヴァー曲を山ほどやれば、カヴァー・バンドとして知られるようになるだろう、とみんな本能的にわかっていた。クラブ回りの連中にはそういうのが大勢いた。それが悪いわけではないが……俺たちには向いていなかった。俺たちは何物にも属さない、オリジナルな存在になりたかった。

俺がメインの作詞家になるべきだ、と話し合ったこともない。だが、そうするのが理にかなっていた。何しろ俺は学校とグランド劇場で文学を愛好し、言葉に強く引かれていた。それに、バンドのシンガーは歌詞を書くものだ。**そういうことになっている。**それが俺にとって、自分自身を芸術的なやり方で表現しようとする、初めての本格的なチャンスだった。

初期のソングライティング・セッションは、たいていバーミンガム郊外のハンズワース・ウッド地区でやった。その一角にメイナール・ハウスという建物があり、中のおんぼろフラットにイアンが住んでいた。ベッドルームはひとつしかなかったが、疲れ果てたプリーストのメンバーの大半が仲間を引き連れ、しょっちゅう押し掛けて泊まった。それに、もちろん、スーもそこに入り浸っていた。

このみすぼらしいフラットは、半ばヒッピーのコミューン、半ばロックンローラーのねぐらになっていて、俺はそこでたくさんの時間を過ごした。本当に、とてもたくさん。夜も更けてから、座ってだらだら過

＊1：ウォルソールに街の標語があるとしたら、こんなふうになるだろう。「俺たちゃ大騒ぎするのが好きじゃねえ」

ごし、煙草を吸って、ジャムりながらクールなリフを見つけようとした。「ちょっと待てよ、ケン、今のプレイは何だ？　もう一度やれよ！」。近隣の住人は俺たちを大いに気に入っていたに違いない。

もうひとつ、俺が長い時間を過ごした場所は、ブロクスウィッチでケンがガールフレンドのキャロルと同居していたフラットだ。ハリー・フェントンの店から家に帰り、お茶を飲んだあと、ケンの部屋へ行って、テレビを観たりレコードを聴いたりした。

その頃は、少し伸びた髪をなびかせ、ヘリンボーン生地の七分丈のヒッピー風コートを着てうろつき回っていた。ある夜、真夜中近くにケンの部屋から家へ歩いて戻る途中、G&Rトーマス社の工場を通り過ぎた時、パトカーがキキーッと音を立てて俺のすぐそばに停車した。**いったい何だ……？**

おまわりがふたり飛び降りて、俺をいきなりつかんだ。「よし、この野郎、捕まえたぞ！　逃げられるとでも思ったか？」と片方の警官が言った。俺はショックを受けた……そして恐怖を感じた。

「はあ？　いったい何だよ？」と俺は聞いた。

「口答えするんじゃない！　何をやったか自分でわかってるだろうが！」

「何もしてないよ！　ダチの家から歩いて帰るところで……」

「ははん、そうか？　お前がたった今盗みに入った家に連れ戻すからな！　さあ、黙れ！」。ふたりは俺をパトカーの後部座席に押し込み、おまけとばかり頭をひっぱたいてから、車を発進させた。

車に乗っていたのは10分ほどだったが、そこがどこかまったく見当もつかなかった。おまわりたちはパトカーを1軒の家の外に停めると、俺を車から引きずり出し、玄関へ続く小道をこづきながら歩かせた。ふたりがベルを鳴らすと、中年の女性がドアを開けた。

「お宅に入った泥棒を捕まえましたよ、奥さん」と警官のひとりが言った。「この男で間違いないですね？」

その女性は俺をちらりと見た。肩まである髪とヘリンボーンのコートのせいで、俺は誰とも見間違えようがなかった。

「全然似てません！」と彼女は言って、くるりとうしろを向き、ドアを閉めた。

ふたりのおまわりは顔を見合わせて肩をすくめ、俺から手を離して小道を戻っていった。俺はあとに付いていった。彼らはパトカーの前部座席のドアを開けた。

「おい！　俺のことはどうすんだよ？」と俺は尋ねた。

「お前をどうするかって？」

「ここがどこか知らねえんだ。俺を見つけた所まで送ってくれないか？」

「俺たちには関係ないね、兄弟《メイト》」と片方が言い、ふたりは車に乗り込んで走り去った。俺は道に迷ってさまよい歩いた。30分もたった頃、やっとどこにいるかわかり、夜中の2時に家へたどり着いた。**これが70年代流のコミュニティ・ポリシング**〔地域住民に参加と協力を求め、一体となって警察活動を行う政策〕**ってやつだ！**

ゲイだという自覚があっても、しばらくの間、俺の一部はそれを否定していた。ゲイの人たちに何か間違ったところがあると思っていたわけではない。ただその仲間入りをしたくなかった——痛みを覚え、混乱していたせいで、まだその時期ではないと感じたのだろう。

そんなわけで、当時はまだ時々女の子といちゃついたりもした。マージーという素敵な娘《こ》がいた。スーの友達の姉妹だ。俺がケンの家に入り浸っていた頃、マージーもよくそこに顔を出した。彼女はかわいらしく、物静かで、プリーストの大ファンだった。

マージーと俺はよくソファの上で抱き合いながらキスし、濃厚なペッティングをした。俺は楽しんだし、興奮もしたが、同時にそれで満たされたと感じたことは一度もなかった。行為を進めていく間、いつも頭の中で声がした。**おい、いったい何やってんだ？　お前はゲイなんだぞ！**

ある夜、マージーと一緒にケンの家の予備部屋に泊まる段取りをつけた。そこへ行く途中、一大決心をした。**ＯＫ、じゃあきっと今夜が、女を相手に童貞を失う夜になるんだ！**　みんなでいつものようにだらだら過ごしていたが、やがて寝る時間になると、ケンが俺を脇に引っ張っていった。

「ベッドルームへ行ったら、枕の下を見ろ！」と彼はささやいた。

マージーがトイレに入っている間に、言われたとおりにした。ケンが俺のために置いたのは、デュレックス社製のコンドームだった。それをどう解釈すればいいのかわからなかった。余計なおせっかいだと思う反面、良き友の気遣いをありがたく感じるべきだとも思った。マージーがベッドに来たので、もう少しペッティングをした……だがそれだけだった。デュレックスは未開封。これからもずっとそのままだろうと思った。

そして気づいた。マージーに気を持たせるのは間違っている。**俺はゲイだ、それはどうやっても変わらない。**マージーが好きだったし、彼女を傷つけたくなかったが、俺はホルモン面でも感情面でも哀れなほど混乱していて、その事実を彼女に伝えることがどうしてもできなかった。

だから、たいていのやつらがやるように、最低な別れ方をした。一緒に夜を過ごしてから少しあとの日曜の午後、俺はケルヴィン・ロードの自室のベッドに座り、ハーモニカを吹き鳴らしていた。ドアのベルが鳴り、スーが1階から俺を呼んだ。

「ロブ！　マージーが会いにきてるわよ！」

クソ！　どうしよう？

パニックを起こした俺は「会いたくない！」と下に向かって叫んだ。

「はあ？　ロブ、バカなこと言わないで。彼女、今ここにいるんだから！　下りてくるよね？」

「いや、下りていかない！　会いたくないんだ！」

俺は22歳だというのに、情けないティーンエイジャーのように振る舞っていた。幸い、マージーは俺にはもったいない、とても気立てのいい娘《こ》で、そのあともずっと友達だった。だが俺は自分の体と心が掲げるサインを感じ取った。女とつき合おうと努力したのは、それが最後だ。気が遠くなるほど長い間、努力を続けた果てに。

*

バーミンガムのメイナール・ハウスに話を戻そう。バンドのねぐらのフラットでイアンと同居していたのが、とんでもない変人で、やがてジューダス・プリーストの物語においてとても重要な登場人物になる男、デイヴ・〝コーキー〟・コークだ。

コーキーはプリーストのマネージャーだったが、どういう経緯でそうなったのか、詳しいことは誰も知らなかった。バンドのメンバーとつるんでいるうちに、いつの間にか自分でその任務を買って出たらしい。とにかく、彼がその役割を思い切り満喫していることは、誰も否定できなかった。

コーキーは生まれながらのはったり屋だった。どのバンドも始動するとき必要とするような剛腕マネージャーだ。ウエスト・ブロムウィッチ育ちで、背が低く、ずんぐりした落ち着きのない男で、髪はくせ毛、おかしな口ひげを生やしていたが伸びる様子はまったくなく、視力が極端に悪いので瓶底眼鏡をかけていた。

コーキーは立て板に水のようにしゃべることができた。ならず者だが愛嬌たっぷりで、彼のおしゃべりの才能が、固く閉まっていた扉を次々に開けてくれた。彼はバーミンガムにオフィスをいくつか構えていると言った。実際は違った。彼が持っていたのは車1台で、それをグレート・バー地区のパブ、ビーコンの外にある電話ボックスの隣に停めていた。ボックスの番号を自分のオフィスの番号として教え、車の窓を開けて中に座って待機し、連絡の電話が来るのを待った。

やがてコーキーは出世階段を上がった——文字どおり！　ブラムの中心地にある事務所ビルに入り込み、エレベーターの電話（緊急事態の際、中の人がエンジニアと話せるように設置されていた）をどうにかして配線し直し、外線も、さらに国際電話もかけられるようにした。そして上下の階を行ったり来たりしながら、すべての仕事を切り盛りした。

バンドの代理人としてかけた電話で、コーキーがはったりをかますのを耳にして、開いた口がふさがらなかったことも何度かある。「こちらはバーミンガムのDCAです。国際的なアーティスト、ジューダス・プリーストの代理でお電話しました！」と彼は始める。「彼らは英国一のロック・バンドで、ファンも山ほどいます！」

コーキーは俺たちについてとめどもなく話し続ける。受話器の向こうの哀れなやつは、ついに長話に耐え切れなくなり、降参する。「OK！　わかった！　来週の火曜にプレイしていい。出演料は10ポンドだ！」。最初の頃のギグのほとんどは、コーキーの電話を相手が何とかして切りたがったせいで、取れたと確信している。

だがその点では、コーキーを評価しなくてはならない——彼のやり方はうまくいった。コーキーはイギリスのあらゆる大都市や街、さらには数え切れないほどの小さな町のプロモーターと知り合いのようだった。

おかげで、プリーストはまだ無名で契約もしていないバンドだったが、大量のギグをこなした。

みんなでなけなしの金をかき集め、フォード・トランジットのバンを買った。行動範囲が広がった。移動手段と、コーキーの大口を手に入れた俺たちは、本格的なビジネスに乗り出した。

最初の数ヵ月間、あのバンの中で何時間――何日間！――過ごしたかわからない。遠征ではマンチェスター、ニューカースル、カーディフ、ハル〔いずれもウォルソールから100キロほど離れた都市〕まで行った。北部のパブや社交クラブでたくさんプレイした。リヴァプールのキャヴァーンでもやって、客席は大騒ぎになった。セント・オールバンズ〔ロンドン北西部の郊外都市〕ではいつも受けがよかった。

セント・オールバンズへ行ったある夜、俺はトランジットの外装を台なしにした。ギグからの帰り道、べろんべろんに酔っ払っていて、突然異物を除去したい感覚に襲われた。窓から頭を突き出して……バンの外側一面にゲロを吐きかけた。

「ああクソ、何飲んだんだよ、ロブ？」とケンが聞いた。

「ボージョレ・ワイン1本とヴァリウム3錠だけさ」と俺はもごもご答えた。

次の日、バンを洗いにいってみると、俺のゲロはペンキ除去剤のように車体に跡を残していた。そのしみはどうやっても取れず、トランジットのトレードマークになった。ナイス！

俺たちは下積みを重ねていった。ビールを飲むためだけに店にいて、俺たちの名前を聞いたことさえない酔っ払いの集団に向かってプレイした。どういう反応があるかは、毎回見当もつかなかった。客をノックアウトする夜もあれば、1曲終わると会場は静まり返っているか……拍手の音がひとつだけという夜もあった。

拍手がひとつ。俺は不思議に思ったものだ。**あれは称賛の意味なのか？　皮肉か？　憤慨か？　いったいどういう種類の拍手なんだ!?**

金に余裕があったらB&B〔一泊朝食付きの民宿〕に泊まったが、たいていは金欠だったから、夜通しドライブして戻るか、トランジットの中で寝た。ギターやアンプを詰め込んだすき間で寝ようとするのは、クソみたいな体験だった。おまけにみんな煙草を吸ったから、バンの中にはよどんだ空気が立ち込めていた。そんなときはさんざん酔っ払って気絶することで乗り切った。

だが、そういったギグは俺たちの糧になった。客に受けても、悲惨な結果でも、俺たちは学び続けていた。お互いのプレイをもっとよく理解するようになり、バンドとしても仲間としても絆を深めていった。順調に腕を上げ、ぐんぐん上達していった。

俺はまた、シンガーとして目覚め、アーティストたちから受けた影響を卒業して、自分自身の声を作り上げようと努力した。音楽にとっておもしろい時代だった。プラントとギランへの崇拝は揺るがなかったが、俺は昔からちょっとしたポップ愛好家でもあり、チャートをにぎわす曲の中にも、大好きな曲がたくさんあった。

70年代初期はグラム・ロックの全盛期だった。俺はそのジャンルの荒っぽいリフやショーマンシップを丸ごと愛していた。音楽そのものと同じくらい、ヴィジュアル面が気に入った。ポップ・スターはポップ・スターらしいルックスと衣装であるべきだ、というのが俺の考えだ。グラムはそれにすべて当てはまった。『トップ・オブ・ザ・ポップス』に出演したマーク・ボランとT・レックスに心を奪われた。デヴィッド・ボウイにはノックアウトされた。この2組のアーティスト、そしてロキシー・ミュージックは、俺の目には魔法のように素晴らしく、別世界から来たもののように映った。とてつもなく重大なことが起こっているように思えた。限界に挑んでいるような彼らに、真剣に注目した。

グラムが全部それほど高尚だったわけではない。もっとスラップスティックなバンドもあり、そちらも好きだった。スウィートのキャンプ〔ゲイらしさを強調した仕草〕な面は大いに気に入った。しゃなりしゃなりと気取って歩くポップ・アーティストが『トップ・オブ・ザ・ポップス』のカメラにキスをする様子は見ものだった。ゲイリー・グリッターはお笑い漫画みたいだった。その後の事件で彼の曲を聴くことはできなくなってしまったが〔90年代後半、児童ポルノをダウンロードした罪により逮捕。2015年、少女に対する一連の性的虐待により16年の懲役判決〕。

地元にもグラム・ロックのヒーローがいた。スレイドはメンバーのほとんどがウルヴァーハンプトン出身だが、ノディ・ホルダーはウォルソールっ子でビーチデール育ち。実家は俺の家から通り2本挟んだ所にあった。会ったことは一度もなく[*2]、彼はスレイドが有名になると引っ越していったが、時々母親に会いにきた彼の白いロールス・ロイスが団地に停めてあるのを目にした。

だが当時、何よりも圧倒されたバンドがいた。今もそれは変わらない——クイーンだ。

最初にクイーンを聴いたのは、DJのアラン・フリーマンがBBCラジオ1で彼らの曲をかけたときだ。続いてケニー・エヴェレット〔のちの1975年にはリリース前の「ボヘミアン・ラプソディ（Bohemian Rhapsody）」を繰り返しオンエアし、ヒットに貢献〕も同じことをやった。サウンドもよかったが、『トップ・オブ・ザ・ポップス』に出演した彼らを見て心をわしづかみにされた。それ以来、フレディ・マーキュリーは俺にとって神になった。

彼がゲイだったからではない——そうと気づきさえしなかった。グラムのグループを観て、いいいい、もしかしたらと思うことはあったが、明らかにノディはゲイではなかった。スウィートのブライアン・コノリーも違った。でもボランとボウイはどうなのか確信が持てなかった。フレディについては、疑問を抱きさえしなかった。ファンタスティックで、華やかで、きらびやかなパフォーマーだと思っただけだ。

結成間もないクイーンのライヴをバーミンガムのタウン・ホールで観た。メンバーは全員ザンドラ・ロー

*2：あれから50年近くたつが、まだノディに会えていない。そんなバカなことあるか!?　一度か二度セッティングはしたんだが、実現しなかった。いつか会えるといい——きっと一緒にバカ話で大笑いできるだろう。

ズ作の白い衣装をまとっていた。目を奪われた。1曲目の「ナウ・アイム・ヒア（Now I'm Here)」が始まる。そこにフレディがいた。シルエット姿で、ステージの左側でスポットライトを浴びて。

「Now I'm here（今、僕はここにいる）……」と彼は歌った……。

その照明が消えると、ステージの右側に誰かが現れた――そこにはフレディがいて、歌っていた。同じ歌詞を！

「Now I'm here（今、僕はここにいる）……」

どうやったらあんなことができるんだ？

双子みたいにそっくりなメンバーがいる？　段ボールから切り出したパネル？　照明係の経験がある俺にもまったく見当がつかなかった。目が離せなかった。スポットライトが交互にともり、フレディが両側にいる……そして突然ふたりが消え、**そこに彼がいた。**ステージの中央で、その曲を熱く歌い上げている。信じられない！

俺のフレディに対する執着が、バンドのマネージャー、コーキーの暴挙の引き金になったのかもしれない。彼はバンドのフォト・セッションを設定した。撮影に備え、妹のスーがイカしたソフトパーマを当ててくれた。数日後、コーキーがリハ会場のホリー・ジョーズに現れた。興奮して、それぞれのメンバーのモノクロ写真を振り回しながら。

「ヘイ、みんなにニックネームをつけたよ！」と彼は宣言した。「これでちょっとはマスコミの注意を引けるだろう！」

コーキーはひとりひとりに写真を手渡した。イアンは今やイアン・〝ザ・頭蓋骨《スカル》〟・ヒル。彼はいつもどおり、特に気にもしない様子でそれをすんなり受け入れた。ケンの新しい名前はケン・〝K・K〟・ダウニング。

本人は大いに気に入ったようだった。次にコーキーは俺が写っている写真を差し出した。無意識にキャンプなポーズを取っている俺の写真の下に、こう書いてあった。

ロブ・〝ザ・クイーン〟・ハルフォード

いったい《ホワット》、こりゃ《ザ》、何だ《ファック》？

とりあえず、皮肉交じりに笑い飛ばそうとした。いちばん大きな理由は、恥ずかしかったからだ……だが

侮辱されたとも感じていた。

「いったいマジで何をやってるつもりだ、コーキー？」と問いただした。

「注目されるためさ！」。彼はニヤリと笑った。眼鏡の分厚いレンズの奥で、両目がきらきら輝いていた。

「なあ、それにしてもこんなやり方はマジないだろ」

屈辱を感じた。写真を家に持ち帰ると、それを見たおやじは激怒した。見事にカンカンに怒った。「そのクソいまいましい物を破れ――今すぐ！」とどなった。ありがたいことに、ロブ・〝ザ・クイーン〟・ハルフォードという呼び名は、K・K・ダウニングのようには定着しなかった。

ケンによれば、俺がゲイだということは、バンドが始動したときからジューダス・プリーストの全員が知っていたそうだ。彼がそう言うなら、そのとおりかもしれないが、俺は今も心のどこかで混乱している。自分の性的指向は、彼らの目にはそんなにあからさまだったのか。

あの頃、世間が思い浮かべるゲイといえば、テレビ番組の『Are You Being Served?（ご用は承っておりますでしょうか？）』［老舗デパートを舞台に、店員たちが起こす騒動を描いたシットコム］でジョン・インマンが演じるミス

ター・ハンフリーズのような男だった。金切り声を上げ、しゃなりしゃなりと気取って歩き、キャンプな仕草をして、出会った男全員にのぼせ上がる。「僕はフリーよ！」[*3]みたいなバカげたキャッチフレーズを背負ったお笑いキャラだ。

俺は全然違った。ゲイだという自覚はあったが、表面的には、典型的なウォルソールの男で、ケン、イアン、ジョンと同じくらい無骨だった。俺たちは同じレベルで話し、同じネタで笑った。相手にむかっ腹も立てる、そういうただの仲間だ。自分が違っているとは感じなかった。

それでもプリーストのみんなは明らかに知っていた。そして、まったく気にしないだけでなく、俺の前で一度もそれについて口にしたことさえなかった。とても感謝している。70年代初期にしては、信じられないほど偏見のない態度だった——ミッドランズの労働者階級の連中は、大半が同じように振る舞わなかっただろう。

グラムのイメージに魅了されたものの、俺自身のステージ衣装はセンスが皆無だった。ブラムのオアシス古着市場で一式揃え、これでボウイみたいにミステリアスに見えると思い込んでいた。だがそうはならなかった。俺は積み上げヒールのブーツを履いたクリケット選手みたいに見えた。今でも疑わし気に俺を眺め回すケンの姿が目に浮かぶ。

俺はそれまで何年にもわたってヘアスタイルを変えてきた——短髪、パーマ、前髪を下ろしたフリンジ——そのとき夢中になっているものの影響だが、今度は長く伸ばす時期のように感じた。やっとこれを実現できたのは、ハリー・フェントンの店に辞めると告げてからだ。

プリーストのギグを終えて朝4時に帰宅し、体を引きずるようにして9時までに服屋に出勤するのがどんどんつらくなっていた。それは賭けだった。定期的な収入を捨てて、暗闇の中に飛び込む。だが自分ではそう感じなかった。バンドで成功したい、それだけだった。

プリーストは汗水たらして国中を回り続けた。コーキーの達者なしゃべりの効果も相変わらず健在で、73年夏にはウェールズのカーディフ出身のブルージーなハードロック・トリオ、バッジーのツアー・サポート枠を確保した。

俺たちはバッジーに感銘を受けた。彼らはずっと先を行っていた。大手レーベルと契約して、アルバムを何枚も出し、テレビに出演して『メロディ・メーカー』紙にも取り上げられていた。それなのに、とても気さくで、ツアー中に俺たちの面倒をとてもよく見てくれた。

セント・オールバンズでは確かにいつもすごく受けたが、プリーストが真剣に成功したいなら、ロンドンのギグが正念場だとみんなわかっていた。そこで、A&Rのスカウトたちが新たな才能を見いだし、ジャーナリストたちがレビューを書くのだ。そここそ、俺たちがいるべき場所だ。

幸い、バッジーはツアー中のある1日、大規模なライヴでヘッドライナーを務めることになっていた——会場はソーホーのウォーダー・ストリートにある伝説的なクラブ、マーキーだ。ヘンドリックス、ゼップ、ストーンズがプレイしたステージに上がると思うと胸が高鳴った。だが楽屋へ行ってみると、落書きだらけの狭苦しい部屋だったのでショックを受けた。当然、俺たちも自分の名前を壁に書き足した。

コーキーはギグの話を取ってくるだけでなく、エレベーターで建物の1階と6階を行ったり来たりしながら、レコード・レーベルのボスたち相手にしゃべり倒し、俺たちの契約を取りつけようとした。そうこうするうちに自分の就職口も見つけた——ガル・レコードというロンドンの新興レーベルだ。

コーキーはレーベルのボス、デヴィッド・ハウェルズというやつを説得してマーキーに送り込み、俺たち

＊3：最近の人たちは、ミスター・ハンフリーズを不愉快なステレオタイプだと激しく非難するが、俺は一度もそう思わなかった。彼は気のいいやつに見えたし、デパートの同僚全員が——あのミセス・スロコム〔店員のひとり。ブラックプールの労働者階級出身〕さえ——ありのままの彼を受け入れている点にも好感を持った。

をチェックさせた。サポート・アクトとして出た俺たちは、大喝采を浴びたあと、ハウェルズに会った。スーツを着込んだ人当たりのいい男で、話す内容がしっかりしているように思えたし、俺たちを甘言でごまかそうともしなかった。俺たちはそれが気に入った。

その夜、ハウェルズは踏み込んだ話はしなかったが、コーキーにこう言った。「彼らの見た目がどうだろうと全然気にしない。だがサウンドは大いに気に入ったよ」。全力は尽くした。あとは彼の決断を待つしかない。それはそれとして、俺たちには重要なミッションがあった。

ジューダス・プリーストにとって、初めての海外遠征だ。

コーキーのはったりは現実になり、実際にプリーストを国際的なアーティストに仕立て上げた。オランダとドイツを2週間かけて回る話を取りつけたのだ。フェリーでフランスのカレーに渡り、車でオランダへ向かう俺たちは期待で胸を膨らませていた。初めて海外に遠征する若いバンドなら誰でも感じるように、俺たちは侵略軍になった気分だった。**ロックして、征服するために、ここへ来たんだ！**

ショーは大成功だった。ヨーロッパのファンは、母国の人々より俺たちの音楽を理解しているという印象を受けた。俺たちは歓迎された。特にヘヴィ・メタル大国のドイツでは熱狂的に迎えられた。俺たちは現地の言葉が上達し、「フィーア・アイア・ウント・ポメス」と注文できるようになった——エッグ・アンド・チップス4人分。

数週間後の74年3月下旬にはノルウェーを2週間回った。まずニューカースルからスタヴァンゲルまで、夜行フェリーで移動。船室を予約できるなんて、最初から期待していなかった。その代わり、俺たちはひと晩じゅうデッキで過ごし、北大西洋の烈風を受けて震えながら、命の火を絶やさないためにぐでんぐでんになるまで酔っ払った。最高だった！

このツアーは実地訓練の意味があった。誰かに頼らず、これまでの経験と勘を頼りにやり抜くのだ。コーキーはイギリスに残り、ツアー中も相変わらずギグのブッキングにいそしんでいた。携帯電話が発明される何十年も前の話だから、俺たちは毎回おかしなやり方で、次の目的地を探すはめになった。

コーキーが、電話してほしい時間をあらかじめ指定する。こちらからかけると、彼が受話器を取ってどなる。「ペンを持ってるか？　急げ、これが次の3つのギグだ！」。彼はちゃんとしたオフィスで働くようになっていたが、電話口でまくし立てる癖は相変わらずだった。電話ボックスの順番を待っている人にせかされたり、エレベーターの中で警察に捕まったりする前に、というわけだ。

ノルウェーからコーキーにかけた電話の中でも、ある1本はとりわけエキサイティングだった。その日の午後、俺たちはサウンドチェックの直前に会場から電話をかけた。彼の声はいつもよりさらに熱を帯びていた。

「なあ、みんな、聞いてくれ、何だと思う？」とコーキーはまくし立てた。「レコード契約を取りつけたぞ！」

5 クソッタレな5ポンドさえ!

新人バンドの悲喜こもごも『ロッカ・ローラ』『運命の翼』

契約先はコーキーの新しい雇い主、ガル・レコードだった。新興の小さなインデペンデント・レーベルだが、作品はパイとデッカから配給されていたので、俺たちは興奮した。このふたつは世界最大のレーベルだ。みんなの頭はこんな考えでいっぱいになった。**イエイ! やったぜ! 俺たちはやり遂げたんだ!**

コーキーによれば、ガルは前金２０００ポンドを提示し、ファースト・レコード制作のためにスタジオを押さえたという。１９７４年でさえ、２０００ポンドは少々しみったれた金額だ。だが俺たちにとっては大金のように思えた。２００万ポンドのように感じた。何しろ本物のアルバムを録音する機会が与えられたんだ!

ノルウェーから帰国すると、ロンドンに直行して契約を結んだ。その前にコーキーが細かい条項についてくどくど説明したかもしれないが、覚えていない。とにかく俺たちはみんな、さっさと話を決めたかった。

「ああ、わかったよ、何でもいいさ、コーキー! どこにサインすればいい?」

今や俺たちのレーベルのボスになったデヴィッド・ハウェルズは、ちょっとした……興味深いアイデアをバンドのために思いついた。無骨な4ピースのロック・バンドは少々退屈だと感じたらしく、5人目のメンバーを入れるべきだと提案した。キーボード・プレイヤーは? サックス吹きは?

俺たちはそういう浮ついた考えを頑としてはねつけた。だが彼の示したあるアイデアについては、すぐ却下せず検討してみた。セカンド・ギタリストはどうだ?

ふ〜む、彼の提案はもっともかもしれない……。

俺たちはたくさん音楽を聴いていた。全員が夢中になったバンドのひとつがウィッシュボーン・アッシュだ。アンディ・パウエルとテッド・ターナーというふたりのギタリストを擁し、『百眼の巨人アーガス(Argus)』といったアルバムに収められたツイン・リード・ギターのハーモニーは驚異的に素晴らしかった。特にケンは彼らのサウンドの大ファンだった。

これは重要な案件だった。セカンド・ギタリストを入れれば、いちばん影響を受けるのは明らかにケンだ。そして縄張り意識が非常に強いギタリストは多い。だが、見上げたことに、ケンはそのアイデアを気に入り、喜んで試してみようと言った。

そこで、コーキーがグレン・ティプトンの名を挙げた。

グレンと個人的な知り合いではなかったが、存在は知っていた。彼がギターを弾いているバーミンガムのハードロック・トリオ、フライング・ハット・バンドは、地元でショーを精力的に行い、熱心なファンもついていた。以前彼らのステージを観たことがあり、なかなかいいバンドだと思っていた。そこで俺たちは彼にアプローチすることにした。

ケンと俺がフライング・ハット・バンドのギグに行き、じっくり吟味した。グレンには少し特別なものを感じた。数日後、ケンとイアンと一緒にブラムのワスプ・レコードというレコード店にいたとき、偶然グレンが入ってきた。ケンはイアンにも俺にも何も言わず、グレンに大股で近づき、自己紹介してから単刀直入に切り出した。

「やあ、グレン。俺たちはジューダス・プリーストだ。レコード契約を結んでる。よかったらバンドに入らないか？」

それからグレンと軽い立ち話をした。彼はおとなしく話を聞き、自分ではあまりしゃべらなかった。だが、あるフレーズが彼の関心を引いたと確信した。**レコード契約を結んでる。**フライング・ハット・バンドに欠けているものだ。グレンは、興味を持ってくれてありがとう、考えてみるよ、と言った。

折よく、その頃フライング・ハット・バンドは自然消滅した。だから数日後、コーキーが例の緊急回線からフォローアップの電話をかけると、グレンは話を受けた。これでメンバーに決定。グレンがやって来て一緒に〝ノック〟をやり、つるんでみんなと親交を深めた。

バックグラウンドの面で、グレンは俺たちと少し違っていた。俺たちはみんな公営住宅育ちだったが、彼はバーミンガムのもっと上品な地区の出身で、中流階級と言ってもよかった。思慮深い男のように見え、俺たちと少し距離を置いて、胸のうちを明かさなかった。

だがみんな意気投合して、音楽面では最初からうまくいった。グレンは間違いなく桁外れの才能に恵まれたギタリストだった。彼とケンが一緒にリフを弾き始めると、プリーストはたちまち別のレベルに押し上げられた。重みが一気に増し、駆動力が大幅に強化され、切迫感が高まった。驚異的な効果だった。

突然、俺たちのサウンドは最高にエキサイティングになった。

6月になじみのバッジーとシン・リジィのイギリス・ツアーに同行した。これがグレンとよく知り合う機会になった。リジィはそのしばらく前に「ウィスキー・イン・ザ・ジャー（Whiskey in the Jar)」を大ヒットさせていたが、とても気さくで親しみやすかった。彼らはすごいバンドだと思ったし、ツアーは大いに盛り上がった。

次はスタジオ入りしてアルバムを作る番だ。デヴィッド・ハウエルズはベーシング・ストリートを押さえていた。ウエスト・ロンドンにあるスタジオで、設立者はアイランド・レコードを立ち上げたクリス・ブラックウェル。ハウエルズはプロデューサーも準備していた。ロジャー・ベインだ。

ロジャーは超大物プロデューサーだった。少なくとも最初のうち、俺たちは彼に畏敬の念を抱いていた。ロジャーはそれまでにブラック・サバスの初期アルバム３枚〔『黒い安息日（Black Sabbath）』（70年）、『パラノイド（Paranoid）』（70年）、『マスター・オブ・リアリティ（Master of Reality）』（71年）〕をプロデュースし、バッジーのレコードも２枚〔ファースト・アルバム『バッジー（Budgie）』（71年）とセカンド『スクォーク（Squawk）』（72年）〕手掛け、ヘヴィ・メタルのプロデューサーとして名声を確立していた。

圧倒されて怖気づいた。何しろベーシング・ストリートにいるのだ。最新鋭の機材が揃った、ちゃんとしたプロ用のスタジオ。『スター・トレック』に出てくるファッキン・エンタープライズ号みたいに見えた。だがロジャーは気さくな男で、俺たちのアイデアに喜んで耳を傾けた。俺たちはその環境になじみ、だんだんリラックスしていった。

俺たちはそのアルバムを、いわば、困難な状況で制作していた。ベーシング・ストリートの日中のセッション代は高すぎてガルには払えなかったので、夜間の枠を使うしかなかった。メジャー・レーベルと契約しているもっとビッグなバンドが帰ってから、夜８時に仕事開始。夜明けまで録音を続ける。俺たちは吸血鬼だった。

ヴァンパイアの頭を休ませる棺桶《かんおけ》代さえ払えなかった。Ｂ＆Ｂに泊まる金はないから、スタジオの外に停めたトランジットにぎゅうぎゅう詰めになった。焼けるように暑い夏の１週間で、スタジオのあるノッティング・ヒルはロンドンの中でも活気に満ちた騒がしい一角だったから、みんなろくに眠れなかった。

スタジオの中にいるとプレッシャーを感じた。それはライヴでプレイしているときよりはるかに強かった。最初は、録音中を知らせる赤いライトがつくたびにパニックになった。**今が勝負だ！**と自分に言い聞かせた。**あとはないぞ！　一発でキメるしかない！**

これはバカげていた。何回も録り直しできたからだ。だが俺はそういうことをするのが絶対に嫌だった。ロジャーとプリーストの仲間が、スタジオの窓ガラスの向こうから俺をじっと見つめていた。その視線を受けて、自分が落伍者のように感じた——もっとも、初めてスタジオに入るとき、多くのミュージシャンが同じように感じると思う。

ひとついいことがあった。グレンはフライング・ハット・バンド時代に経験を積んだソングライターで、たくさんのアイデアを持っていた。[*1]彼はすぐ俺とケンに合流し、グループのソングライティング・チームとして、息がぴったりのグルーヴを生み出し始めた。

俺は歌詞をイチから書き上げた。「ラン・オブ・ザ・ミル（Run of the Mill）」〔原題は〝ありふれた、つまらない〟の意〕の出来には満足した。年老いた男が平凡な人生を振り返る曲だ。俺はこの哀れな年寄りの偏屈者について、とても辛辣な書き方をしている。本当だ。

What have you achieved now you're old?
Did you fulfil ambition, do as you were told?
年老いた今、お前は何を成し遂げた？
野望は果たしたか、かつて言われたように？

今になって、不思議に思う。**ああいう言葉はどこから出てきたんだ、書いたのは22歳の若僧だっていうのに？**　自分も同じ道をたどって、人生を無為に過ごすのを恐れたのかもしれない。自分の周りで、あまりにもたくさんの人が毎日同じことをしているように。

「ダイイング・トゥ・ミート・ユー（Dying to Meet You）」も怒りに満ちた曲だ。戦争の無益さと、戦争の名において犯された合法的殺人について歌っている。徹底的平和主義とヒッピーの視点に基づいて書いた。

Killer, killer, you keep your thoughts at bay
Maiming, destroying every day…
人殺し、人殺し、お前は自分の心にふたをしたまま
重傷を負わせ　破壊している　来る日も来る日も……

ヘヴィ・メタルという音楽は生まれたばかりだったので、自分たちがゼロからそれを創造しているように感じた。パープルやツェッペリン、サバスの仲間なのはわかっていたが、俺たちだけの独自性が欲しかった。だから思い描くサウンドをとことん突き詰めていった。

ロジャー・ベインはおおらかな人間だった。少しおおらかすぎたかもしれない。最後の夜、全速力ですべてをやり終えようとする俺たちのそばで、彼はぐっすり眠り込んでいた。ソファでいびきをかきながら。夜が明け、外で鳥がさえずる頃になって、彼は目を覚まし、体を起こして尋ねた。「終わったか？」

＊1：ベーシング・ストリートにいる間、グレンに対する評価が少々下がったときがある。彼はうっかりして、パイント・グラス1杯分のビールをスタインウェイのグランド・ピアノにこぼしたんだ！　見つかって弁償を迫られたら、俺たちは破産していただろう。

「ああ、たぶん」と俺たちは言った。

「よし、じゃあ、ちょっと行って編集するかな」とロジャーは言い、のんびりした足取りで2階へ上がって行った。

俺たちはあっけにとられて顔を見合わせた。アルバムを1枚マスタリングするのは、長い時間をかけた慎重な作業だと思っていた。目を覚ましたばかりで、1時間以内にやっつける？　だが、ロジャーは実績がある。**自分が何をやっているか、わかっているはずだ。**俺たちはバンに乗り込み、ウォルソールへ戻った。

アルバムには多くの意味で失望した。俺たちは『ロッカ・ローラ(Rocka Rolla)』というタイトルが気に入らなかった。でもそれが先行発売されたファースト・シングルの名前だったから仕方ない。当時はそういう仕組みだった。そして俺たちは断固としてジャケットが気に入らなかった。瓶の先端に付いたコカ・コーラのロゴのパロディだ。クソみたいに見えたし、全然ヘヴィ・メタルっぽくなかった。

だが、いちばんがっかりしたのは、アルバムのサウンドだ。あらためて聴いてみると、薄っぺらくて弱々しく感じた。自分たちで作っているレコードはこう聴こえるだろう、と思っていた音とは違った。俺たちはこれに全力を注いだ。スタジオで、俺はシャウトしまくり、ケンとグレンは2丁マシンガンが火を噴くようにリフを繰り出した。だがロジャーのプロデュースのせいでそのパワーは失われ、残ったサウンドは……生ぬるかった。

とはいえアルバムを出したことに変わりはない。胸が躍った。ケルヴィン・ロードの家のポストにレコードがたった1枚（さすが太っ腹だな、ガル！）届いたことを覚えている。おふくろとおやじがそれを手に取り、誇らしさを隠そうともしないのを見て、とても嬉しかった。俺も誇らしかった……だがチャンスを逃がしたようにも感じていた。

その印象が正しかったことは、アルバムがコケたときに証明された。とりあえずは解放《リリース》されたものの、ロック界へ潜り込む《エスケープする》ことさえできなかった。チャートをかすりもせず、ラジオでもほとんどオンエアされなかった。

いくつかインタビューを受けたが、何の役にも立たなかった。『サウンズ（Sounds）』誌のレビューでは「昼間の仕事を辞めるな」と書かれた。残念なことに、俺はもう実行していたが。ある女性のインタビュアーは、俺たちの名前をジュディス・プリーストだと思い込んでいた。生真面目な女性シンガー・ソングライターに会えると期待していたのかもしれない。

どのインタビューでされる質問も、中身のない退屈なものばかりだった。**バンド名の由来は？　誰に影響を受けましたか？**　俺たちは音楽ジャーナリストたちに、プリーストの仲間うちだけで通じる軽蔑的な新しいニックネームを進呈した。**小手先商売人**。それを表す非常に表情豊かなハンド・ジェスチャーまで考案した！

私生活でも大きな変化があった。ビーチデール・エステートにオ・ルヴォワール《別れ》（ヤムヤムなまりではなく美しい発音で）を告げたんだ。スーはもう家を出てメイナール・ハウスでイアンと同居していた。それに引き換え俺は、22歳でまだ実家暮らしだった。出ていく時期だ。

バンドのローディーをしていた仲間のニックが、うまい話を持ってきた。彼はバーミンガム方面へ8キロほど行った所にあるユー・ツリー・エステート公営住宅に住んでいた。ラーチウッド・ロードの家で何人かと同居していて、空き部屋があるという。

「え、マジ？　俺がそこに住めると思うか？」と聞いた。

「ああ、家賃さえ払えばな！」

ニックはウエスト・ブロムウィッチにある病院の看護師で、ほかの2部屋も看護師が借りていた。デニスとマイケルだ。俺たちは4人とも20代前半の独り身で、酒と薬に目がなかった。その家はたちまち最高にブッ飛んだパーティー・ハウスになった。

俺たちはみんな、自分はまともな社会と無縁だと思っていた。やれやれ。そこでその家をできるだけボヘミアン風に仕立て上げた。1974年のウォルソールにおいて、それはばらまいたクッションと、ビーズ・チェア（椅子はブルジョワっぽいからな！）と、大地に近づくため床に敷いたマットレスで寝ることを意味した。家の中はいつもお香とハーブのパチョリの香りがぷんぷんしていた。

ニックとマイケルはふたりともゲイだった。カミングアウトはしていなかったし（当時は誰もそんなことはしなかった）、それについて話し合ったことはなかったが、3人ともゲイだとお互いに知っていた。言葉には出さなくても、心強く感じた。***フゥ！　やっとお仲間を見つけたぞ！***

ニックとマイケルに連れられて、初めてゲイ・バーへ行った。店はバーミンガムのハグリー・ロードに建つグロヴナー・ホテルの中にあった。とても上品な店で、フラシ天の赤いベルベットのカーテンが至る所に掛かり、男たちは目立たないように寄り添っていた。出会いはなかったが、その店には大いに感銘を受けた。

ふたりはもっとにぎやかなゲイ・バーにも連れていってくれた。バーミンガムの一角、その名も（おい、笑うなよ！）キャンプ・ヒルにあったナイチンゲールだ。そこでジェイソンに出会った。

俺がジェイソンに気づいたとき、彼は何人かの友人と一緒に、バーに設けられたちょっとしたフード・エリアにいた。ハンサムだった。彼がひとりになるのを待って、勇気を振り絞り、近づいて自己紹介した。ふたりとも完全に素面《しらふ》のまま、会話が弾んだ。

また会う約束をして、何度か会ううちに、ゆっくりと、俺たちはカップルになった。彼はクール・ガイだった——すごく男らしいが、少しヒッピーな面もあり、画家のモネに傾倒して、野の花を育てていた。そして何より、バーブラ・ストライサンドの大ファンだった。

ジェイソンと俺はすごく気楽な関係だった。彼はロックもヘヴィ・メタルも好きではなかったが、一緒に楽しめることはたくさんあった。ジェイソンは酒も煙草もやらなくて、ふたりとも一文無しだったから、外出はあまりしなかった。たいていは家にいて、テレビを観て……バーブラ・ストライサンドのアルバムを聴いた。

もちろん、ジェイソンのことは秘密にしなければならなかった。同居人たちはふたりの関係を知っていたが、家族やバンドに彼を紹介するなんてことは夢にも思わなかった。誰かとつき合うのはいい感じだったし、ゲイであるということにもっと納得がいった。**ああ、なるほどね、じゃあこれがそういうことだったんだ！**

俺たちの関係はとても快適だったが、互いにそこまで真剣な思いを抱いていたかどうかはわからない。ジェイソンの家には一度も行かなかった——彼はまだ実家暮らしだったと思う。向こうがユー・ツリーの俺の部屋に泊まったが、セックスに関しては、何とも不器用で、せいぜい触り合うぐらいだった。

ジェイソンとは数ヵ月、おそらく1年つき合ったが、やがて……関係は自然消滅した。修羅場を演じたわけではない——つき合っている間、口喧嘩をしたことさえなかったと思う。情熱に駆られた関係ではなかった。だが少なくともその体験は、ボーイフレンドを持つとはどういうことかを教えてくれた。

パートナーとは何かを。

74年秋、ジューダス・プリーストは『ロッカ・ローラ』のプロモーション・ツアーを敢行した。山場はいくつかあった。再びマーキーに出演し、さらにバーミンガムの伝説的なクラブ、バーバレラズのステージを踏んだのだ。

アルバムが全然売れなかったから、失望がつきまとうツアーだった。75年初めに再びヨーロッパを訪れたときは、『ロッカ・ローラ』が棚に置いていないかと期待を抱き、みんなで地元のレコード店をしらみつぶしに回った。どこの店にもなかった。

ガルは真剣にやってんのかよ?

このヨーロッパ・ミニ・ツアーは、これでもかというほどの不運続きだった。その一例。イアンと俺は、ドイツで霰《あられ》交じりの暴風雨に巻き込まれ、死にかけた。ヤワなやつ向きの話じゃない。

その頃までに、俺たちはトランジットを下取りに出して、中古のメルセデスを何とか手に入れ、ツアー用バンとして使っていた。確かなグレードアップだ……だがそれも、凍えるように寒い2月のある午後までだった。ジョン・ヒンチが果敢にもブリザードを縫って運転を試みた。外の気温はマイナス30度だった。

俺たちはシュトゥットガルトのギグへ向かっていた。中東のゴタゴタ〔1973年に始まった第一次石油危機〕のせいで石油が輸出禁止になったため、高速道路《アウトバーン》を走れるのは重量物を載せたトラックと作業車のみに規制されていた。一般道はアイススケートのリンクみたいになっていた。俺たちは雪の吹きだまりをかき分けるようにして、時速30キロでのろのろ進んだ。

あまりの寒さにディーゼル・エンジンの中の軽油が凍結した。バンは凍りついた道でスリップしたのを最後に、まったく動かなくなった。**クソ《ファック》!　いいかい、これからどうすりゃいいんだ?**

ケン、グレン、ジョンが勇敢にもオーツ大尉〔イギリスでは自己犠牲の象徴とされる。1912～13年、スコット率いる南極遠征に参加。ほかの4人とともに南極点に達するが、いちばん乗り争いではノルウェーのアムンセン隊に敗れ、帰途に遭難、負傷。猛吹雪・

食料欠如という極限状態にあって、足手まといにならないため自らブリザードの中へ姿を消す。その自己犠牲も虚しく隊は全滅した〕の役を買って出て、助けを求めるために、氷点下を下回る外界へと足を踏み出した。イアンと俺はバンに残って、機材の面倒を見ながら彼らを待った。

3人は一向に戻ってこなかった。イアンと俺は前部座席に移動して、車を取り囲む雪嵐を見つめていた。寒くてたまらなかったから、ふたりでバンの後部に這《は》っていき、2枚のマットレスの上に山のように毛布を積んで、その中に潜り込んだ。

何時間も過ぎた。さらに何時間も。俺たちは食う物も飲み物もなく、おまけに低体温症になりそうだった。ふたりで気絶するように眠った。目が覚めたときは、イグルー〔カナダの先住民イヌイットが伝統的に作る雪の家〕の中にいるみたいだった。バンの中には霜柱が突き出ていた。俺はまだ眠っているイアンを見た。彼の長い毛は凍りつき、顔に張り付いていた。

いったいあいつら、どこ行きやがった？　雪嵐の中で遭難したのか？

イアンが目を覚まし、俺たちはまたバンの前部へ這っていった……やがて、やつらの姿が見えた。雪で霞んだ道の彼方に3人のシルエットが現れ、こっちに向かってよろよろと戻ってくる。何か荷物を持っているように見えた。あれは……箱？　それと瓶？

ケン、グレン、ジョンはバンのドアを開けて中に転がり込んできた。酒のにおいをぷんぷんさせた彼らが運んできたのは、スコッチ1本とチョコレート1箱だった。

「ヒッピーのカフェを見つけたんだ！」とケンは幸せそうに説明した。「そこのやつらが、すげえクールでさ――最高だったね！　食い物をもらって、何杯かごちそうになって、ちょっとしたパーティーを開いたってわけ。俺たち寝込んじまったみたいで……気づいたら朝だった！　ま、とにかく、ご帰還です！　お前らふたりは、大丈夫だったか？」

俺たちに絞め殺されなくて、ケンはありがたいと思うべきだろう。

その事件では俺に何の罪もなかったが、ツアーで続いて起こった大惨事は、ほとんど俺の責任だ——いや、というより、俺の厄介なケツの責任だ。正直に言って、人生最高の経験ではなかった。

車でアムステルダムを移動中、猛烈にクソがしたくなった。そしてオランダというのは、もちろん素晴らしい国だが、公衆トイレがどこにも見当たらないという事実は否定できなかった。俺はパンツの中に少し漏らしそうだった。ウォルソールにはこういう言い回しがある——**やらなきゃなんねえときは、さっさとやんな！** 俺は緊急対策を取ることにした。

ヒンチーが運転するバンの中で、後部座席へ這っていくと、マニラ封筒〔マニラ麻で作られた防水性のある封筒〕が目に入った。その上にしゃがみ込み、音を立てないようにクソをした。幸い、俺は笛吹き《ホイッスラー》〔ブロージョブをする人〕だから、トイレットペーパーすら必要なかった。それはスタートラインから走り出すオリンピックの短距離走選手みたいに、一気に飛び出した。

ふう、うまくいった……ただし、今や自分のクソがいっぱい詰まったマニラ封筒を手にして危うい立場にいる、という事実を除けば。バンの前部座席まで這い戻って、窓を開け、その包みをこっそりアムステルダム名物の運河に投げ込んだ。

ほかのメンバーは俺がやったことに気づかなかったかも？ もちろん、そううまくはいかなかった！ 俺が発生させた悪臭が突然バンに立ち込めた。彼らは俺に食ってかかり、「おええ、ロブ、汚ねえやつだな！」とうめいた。その間にも俺のクソは幸せそうにぷかぷかとアムステルダムの運河を流れていった。

このツアー中、テレビに初出演した。場所は懐かしの地、オーステンデ。家族向けのバラエティー・ショーだったが、コーキーはプロデューサーに、うちのバンドはクリフ・リチャード＆シャドウズみたいだと言って、まんまと話をつけた。俺たちは「ネヴァー・サティスファイド（Never Satisfied）」をブチかました。音の猛攻にさらされた、しゃれた服を着た中年のベルギー人たちは、訳もわからずぽかんとしていた。

イギリスへ戻ると、もっとエキサイティングなテレビ出演の機会が待っていた。『Old Grey Whistle Test（オールド・グレイ・ホイッスル・テスト）』に呼ばれたのだ。俺は十代の初めから、ＢＢＣ２が毎週放映するこの音楽番組の熱心な視聴者だった。シングル・チャートをにぎわす曲に固執する『トップ・オブ・ザ・ポップス』と違い、アルバムに焦点を当てた番組で、取り上げる曲も、取り上げ方も、より真剣に思えた。

俺たちはてっきりロンドンまで行って、ホワイト・シティにあるＢＢＣテレビジョン・センターで録画するものだと思い込んでいた。期待で胸が膨らんだ。ショーの伝説的な司会者で、いつも神聖なる秘密を共有しているように話す〝ウィスパリング（ささやき）〟・ボブ・ハリスについに会えるんだ。

だからコーキーに、ブラムにあるビーブズ・ペブル・ミル・スタジオ〔ＢＢＣのミッドランズの拠点スタジオ〕で撮ると知らされたときはがっかりした。そこに着いてみると、積み上げたスピーカーには長いカーペットが掛けられていた。聴くに耐え難いほど大きいヘヴィ・メタルの音量を抑えるためだ。

俺たちはまず、そのカーペットをはがしたいという衝動に駆られた。だが残念！　当時は音楽家組合がそのねぐらを取り仕切っていて、俺たちは何にも触ることができなかった。そばの机の上に段ボール箱が置いてあり、制作スタッフに向けた注意書きが貼ってあった。

ここで耳栓を装着のこと

イギリスのテレビ初出演に臨み、何を着たらいいかまったく見当がつかなかった。そこでスーが持っている服を引っ掛き回し、プリーツの入ったピンクのブラウスを借りた。ベルト付きのこの服を、スパンコールをちりばめた黒いフレア・パンツと合わせた。俺はジム・モリソンの安物版みたいに見えた。

バンドの衣装はばらばらだった。ケンはガールフレンドのキャロルお手製の鮮やかなペイズリー柄のシャツに、タイトなベルボトム・パンツ、白いフェルトの中折れ帽子。イアンはやせ衰えたキリストみたいに全身真っ白〔実際は白のタイト・ズボンに黄色いジャケット〕。俺たちは3つのバンドをごちゃ混ぜにしたみたいに見えた――ヘヴィ・メタル風クオリティ・ストリートの缶〔英マッキントッシュ製のお菓子の詰め合わせ〕ってわけだ。

演奏したのは2曲。ガルに指示された『ロッカ・ローラ』のタイトル・トラックと「夢想家I（Dreamer Deceiver）」だ。これは6分間あるツェッペリン風の哀愁を帯びたプログレ・ナンバーで、ヘンドリックスに敬意を払った〝purple hazy clouds（紫に霞む雲）〟という歌詞もある。シリアスな大曲だから、俺は自分の――失礼、スーの――ブラウスのボタンを外し、熱唱した。

撮影はあっという間に終わったが、楽しかった。ユーチューブと言う現代の奇跡のおかげで、今では俺たちの演奏をいつでも観ることができる。俺はスーに借りた派手なシャツを着てポーズを決め、真ん中分けしたふさふさした髪（懐かしき日々よ！）の間からカメラを見つめている。

だが俺は自分のパフォーマンスを観返すのが大嫌いだった。パフォーマーとして、内面をさらけ出すのだ。自分の録画を観なければならないときは、いつもこう思った。**俺はマジでこんなことをやってたのか？** 今でも、テレビで自分の映像を観るのに耐えられない。

放映された番組を観て、よかったことがひとつある。出っ歯であごひげを生やし、いつもどおり誠実な愛すべきウィスパリング・ボブが「ご紹介します、ジューダス・プリースト！」とつぶやいたのだ。3キロ先を吹き渡るそよ風のような声で。少なくとも彼は、俺たちを一度もジュディスと呼ばなかった。

75年の夏はツアー三昧《ざんまい》だった。クリーソープス〔イングランド北西部の海岸沿いの街〕のウィンター・ガーデンズから、ハイ・ウィッカム〔ロンドンに近いバッキンガムシャー州の街〕にあるナグズ・ヘッドまで。ビールとバンド活動に明け暮れる、70年代の典型的なロック・サーキットだ。金欠だったにもかかわらず、俺たちはスペクタクルな要素をライヴのショーに取り入れようと頑張った。

俺はマイク本体を手で持たずにステージを気取って歩き回りたかったから、ほうきの柄を短く切って赤く塗り、クリップ式マイクをその先端に接着剤で付けた。**じゃじゃーん！** マイク付きのポーズ用スティックだ！　そこに長方形の小さな鏡を何個かボスティック〔接着剤のブランド〕でくっ付けた。『トップ・オブ・ザ・ポップス』に出演したノディ・ホルダーの帽子〔ノディ本人によれば、この帽子はケンジントンの古着屋でフレディという男から買ったという――のちのフレディ・マーキュリーである〕を参考にした。作業に何時間もかかった。

原始的なドライアイスも試してみた。陸海軍専門ミリタリー・ショップで手に入れた、人の健康も安全性もまったく考慮していない発煙筒だ。時々ローディーを務めていたコーシャという仲間が、ジョンのドラムのうしろにセットしたトレイ入りの火薬に点火すると、ステージ中に煙が立ち込めた。

あの頃ケンのご自慢だったのが、テレビ出演でもかぶった白いフェルトの中折れ帽子だ。移動中にそれを入れる専用ボックスもバンに用意してあった。あるギグで、演奏の最中に、突然ケンが激怒して叫ぶ声がした。辺りを見回すと、彼はコーシャを思い切りどなりつけていた。

コーシャはガスをステージに広げるために、ケンの中折れ帽子であおっていたのだ。いかにも働き者のローディーらしく、コーシャは何日も手を洗っていなかった。薄汚れた手で触ったせいで、ケンのピカピカの帽子は今やしみだらけ、おまけにくしゃくしゃだった。俺はまじめな顔を保とうとしたが、失敗した。

この一連のギグの間に、俺たちはブッたまげるようなニュースを知らされた。レディング・フェスティヴァルでプレイすることになったのだ。

この出演のオファーは、ちょっとした裏ルートから舞い込んだ。だから本書ではとても慎重に話す必要がある。北部で行ったショーで、ツアーに同行した仲間のひとりが、ある観客と知り合った。その男は、レディング・フェスティヴァルのプロモーターから、いい新人バンドを推薦してほしいと頼まれている、と言った。ギグを終えてバンで帰宅中に、我らが友人はやっと、湿地にある会場に出演する契約を結んだと明かした。

「いいか？　お前ら、レディング・フェスティヴァルで演奏するんだぜ」と彼は言った。

何だって？　俺たちは固まり、がく然として、信じられない気持ちだった。バンの中は歓声であふれ返った。騒ぎが静まったとき、メンバーのひとりが「どうやってそんなことやってのけたんだ？」と聞いた。

「しゃぶらせてくれれば、レディングに出演させてやるって言われたから、そのとおりにしたのさ！」

コホン。まあとにかく、どんな手を使ってでも幸運はつかむものだ……枕営業をしてでも！

レディングでどんな服を着るか、という考えで俺の頭はすぐいっぱいになり、街で衣装を探し回った。あるクラブで会って以来、フィドというファッション・デザイナーと親しくしていた。彼女はロンドンのキングス・ロードにあるワンルーム・アパートに住んでいた。マルコム・マクラーレン〔セックス・ピストルズのマネージャーとしても知られるデザイナー〕とヴィヴィアン・ウエストウッド〔マクラーレンとともにパンク・ファッションの仕掛け人〕が共同経営するブティック、セックスの向かいだ。俺はよくフィドの家に行き、ソファに寝かせてもらっていた。

フィドはロッド・スチュワートやエルトン・ジョンの衣装を手掛けていて、俺にもとびっ切りクールな服を作ってくれた。俺は昔から、ロック・ミュージシャンが中世の吟遊詩人みたいな格好をするというアイデアが気に入っていた——街から街へ旅をする、**ヘヴィ・メタルの吟遊詩人！** そして中世のリュート弾きについて書かれたある本で、長い袖のジャーキン〔襟と袖がない腰丈の上着〕を着た挿絵を見た。フィドにこういうのを作ってくれと頼んだ。

彼女は目を見張るばかりに素晴らしい赤のジャーキンと、黒と金のストライプのズボンを作ってくれた。[*2]

レディング・フェスティヴァルの観客は、これから何が待ち受けているのか、予想もしなかっただろう。

我が家に代々伝わる家宝を仕上げに使おうと思いついた。おやじが持っている、持ち手が銀のしゃれたステッキだ。古い品で、もともとはおやじのじいさんの持ち物だった。大規模なフェスティヴァルのステージでのし歩きながら、それを振り回している自分の姿が想像できた。だから貸してくれないかと頼んだ。

「何に使うんだ？」とおやじは尋ねた。

「ステージのちょっとした小道具だよ、父さん」

おやじは俺を見て、しばらく考えた。

「じゃあ、使っていい。でも壊すなよ！」

レディング・フェスティヴァルは最高だった。俺たちは初日のメイン・ステージでオープニングを務めた。明るい日の光の下、午後の2時に。日中に演奏するのは大嫌いだったが——今でもそうだ——いざというときになるとアドレナリンが駆け巡り、演奏に没頭した。

正直に言うと、アドレナリンだけではない。楽屋として与えられたおんぼろのトレーラーハウスの中で、何杯か急いで引っ掛けたのだ。ステージに上がる頃にはほろ酔い気分だった。そんなわけで、雲ひとつない

＊2：フィドは同時に……何というか、毛むくじゃらのズボンとしか呼べない物を作ってくれた。これから大流行するわよと請け合ったが、それをはくと下半身が熊みたいに見えた。身に着ける度胸はなかった。

明るい青空の下、俺は観客に向かい「いい夜だな！」とあいさつした。

酔っ払いの空元気が効いたせいか、俺はフィドが作ったきらびやかな衣装をまとい、つま先立ちでステージをくるくる踊り回った。胸をはだけ、目に見えないオーケストラを指揮するようにおやじのステッキを振りながら。ステージは大いに受けて、大喝采を浴びた。俺たちにはその日、たくさんの友人ができた。

またしても、ユーチューブの奇跡のおかげで、このプリーストのパフォーマンスは後世に伝えられている。45年たった今観ると、イカれているとしか思えない。観客のひとりがスーパー8〔米コダック製のスーパー8㎜フィルム〕で録画したその映像は、コマ落ちがひどく、俺はまるでコカインとマリファナ煙草でキメたパントマイムのデイム〔男性が演じる滑稽な中年女性〕のように、ステージをがくがくと歩き回っている。キメているという点では、当たらずとも遠からずだったが。

俺は強い印象を与えようと必死だった。セットが終盤に差し掛かった頃、何の理由もなく、温かい声援を送ってくれている観客をあおり始めた。「この曲は楽しめるだろ？　お前らが腕から注射針を引っこ抜く気になったらな！」。**はあ？　これぞ若さゆえの傲慢ってやつか？**

出番が終わると、俺はがんがん飲んでぐでんぐでんに酔っ払った。その週末はずっと酔ったままだった。盛大なパーティー騒ぎをして、UFO、ホークウィンド、ウィッシュボーン・アッシュ、イエスといったグループのステージを観た。ずっと昔から憧れて、記事を読みあさったバンドとバックステージを共有するのは、素晴らしい体験だった。

これだ！と俺は思った。***これが俺たちの目指す場所だ！***

フェスティヴァルはいいことばかりではなかった。俺は底抜けのマヌケみたいに、その週末いっぱい、おやじのステッキを気取って持ち歩いていた。ある夜、誰かと言い争いになり、酔っ払った勢いに任せて、ステッキをトレーラーハウスのドアに強く叩きつけた。ステッキは真っ二つに折れた。

うわ、マジやばい《ファッキン・ヘル》**！**　と思った。**今度は、俺は何をしちまったんだ？**　おやじに恐る恐るその件を打ち明けた。話を聞いたおやじは、ただため息をついて、がっかりした顔をした。小言を言われた方がましな気分だった。

そんなこともあったが、レディングのあと、俺たちはあの1回のパフォーマンスで飛躍的に成長したように感じていた。それまではパブや安酒場、小さなクラブでプレイしていたが、今やフェスティヴァルの大観衆をノックアウトしたんだ。俺たちは成功に向かって、じりじりと前進していた。

プリーストとツアーに出ていないときは、ユー・ツリー・エステートの新居にいて、そこでの生活にだんだん慣れていった。最高に愉快な暮らしだった。ラーチウッド・ロードにあるその家では、大量の飲酒が行われ——ほとんどがウォッカトニックだ——大量のマリファナ煙草がふかされた。俺はそれまでそんなにヤクに夢中じゃなかったが、間もなくとりこになりつつあることに気づいた。

あるときは〝あえて異端者になれ〟というテーマで盛大なパーティーを開いた。遊び仲間全員に、イカれたファンシーな服を着てこい、クレイジーであればあるほどいい、と指示した——ただしどこか異端であること。俺は警官の衣装を借りた。ヘルメット、制服、警棒、手錠、警笛。だがそれでは異端と呼べない。ただの警官のコスプレだ。

そこで、アクセサリーを着けることにした……フリフリの女性用パンティ、黒いレースのタイツ、かかとがぐっと高いスティレット・ヒール。これはぜひとも言っておこう。俺はその結果に大満足した。パーティーはイカれた乱痴気騒ぎになった。

ユー・ツリーは閑静な住宅地で、ラーチウッド・ロードのほとんどの家は車を外に停めていた。そのせいで俺たちの仲間は駐車スペースを見つけられなかった。彼らが一角を車でぐるぐる回る間、たくさんのクラクションとどなり声が響き渡った。

もう酔っ払っていた俺は考えた。**この状況を解決するのに、交通巡査ほどうってつけのやつはいないだろう?** そこで、外へ走り出た。警官の制服を着て、レースのタイツと6インチ・ヒールの靴を履いたまま。そして交通整理を始め、警笛を吹き鳴らした。通りにあるすべての家のレース・カーテンがちらちら揺れていた。

パーティーが始まると、マリファナ煙草《ジョイント》の煙が家に満ちた。そのときまで、マリファナが自家栽培製だとは知らなかった。ニックが共同の温室で大麻を育てていたのだ。

ニックがそれをオーブンで乾かしている現場を発見して、初めて知った。「なあ、何の料理してんだ?」と聞いた。「ジョイントみたいなにおいがする!」

「ガーデニングをしてるのさ」と言ってニックはニヤリと笑った。それでようやく腑《ふ》に落ちた。

最初は心配だった。マリファナ栽培は重大な犯罪だ。全員が刑務所送りになりかねない。だが青い制服(スティレットを履いているかどうかはともかく)のボーイズは、一度もドアをノックしなかった。俺は至極便利な供給ラインがだんだん気に入った。

ニックはジョイントを愛煙していた。お気に入りのやり方はこうだ。ひと塊のハシシに車のバッテリーのワイヤーを2本差し、病院用のでかいベル型ガラス瓶に入れる。てっぺんに穴が空いていて、ゴーンというとんでもなく大きい音が出るやつだ。マリファナに火をつけ、瓶がスモークで満たされるのを待ち、ストローを穴に突っ込んで、ひと塊分を一気に吸う。ニックはせきさえしなかった。俺は勇気を出して挑戦したことはほとんどない——試したときは息が詰まり、肺病患者みたいにゲホゲホとせき込んだ。

デニス、ニック、マイケルは病院の看護師だったから、家でくつろいでいるときもよく電話で呼び出された。ある土曜の深夜2時頃のことだ。俺たちはみんなリビングルームでだらしなく寝そべり、酒を飲んでジョイントを吸っていた。そのとき電話が鳴った。

デニスが出た。病院からだった。「あたしたち行かなくちゃ」と彼女はほかのふたりに言った。「交通事故があって、何件か手術するんだって」。彼らはため息をつき、ビーズ・クッションからよろよろと立ち上がった。今夜はもうお開きだという残念な思いが、俺の顔に出ていたに違いない。

デニスは俺を見た。「ロブ、よかったら一緒に来る？」と彼女は提案した。

「ああ、じゃあ行くよ！」

病院へ向かう途中、俺はジョイントと酒と期待感でご機嫌だった。**何を見るんだろう？**　到着すると、彼らは俺に徹底的な手洗いの方法を教え、制服を渡し、外科用手術マスクもおまけにつけて、手術室へ連れていった。

俺は部屋の隅に立って、彼らが手術のサポートをする様子を見ていた。車の衝突事故の犠牲者の片脚を救うための手術だった。脚はめちゃくちゃに押しつぶされ、折り重なったようになっていたが、俺は全然気分が悪くならなかった。**こういうのが大好きなんだ。**　ＢＢＣが手術シーンのあるテレビ番組を放映するたびに、熱心に観ていた。

ひとり離れて立ち、少しふらつきながら、目の前の光景に魅せられていた。外科医が俺に目を留めて――酒とドラッグで酔っ払った部外者は手術室で目立ったんだろう――「あれは誰だ？」と尋ねた。デニスが「ええと、あたしたちの連れです」と言うと、医者は俺を無視して、男の脚を救う手術を続けた。

『ロッカ・ローラ』ツアーは大成功だったが、アルバムはポシャったという事実は否定できなかった——そして、最悪なことに、俺たちは一文無しだった。

あの前金2000ポンドはとっくの昔になくなり、レコードの売り上げから入る金は雀の涙だった。俺はハリー・フェントンに勤めていた頃の貯金を取り崩した。秘蔵のレコード・コレクションを仲間に二束三文で叩き売った。バンドの何人かは家賃を払うために日雇い仕事を見つけた。

ケンは工場で奇妙なパートの仕事に就いた。タイムカードを押したあとは、トランプ遊びをするほか、まったく何もしなくてよかった。イアンはオフィス用の家具を作り、1日に5ポンドもらった。グレンはバーミンガム・タウン・ホールの外でミスター・シズル〔じゅうじゅう焼き立て氏の意〕印のホットドッグを売った。俺はそこで一度、彼にばったり会ったことがある。あのしみったれ野郎は、ソーセージ1本さえおごってくれなかった。

こんなのバカげてる。俺たちはガルと話をして、週給制にしてもらえないか聞くことにした。ガルにはその夏、思いがけない大金が転がり込んでいた——ティピカリー・トロピカルというデュオが歌うお子様向けのえせレゲエ、「南国へようこそ!!(Barbados)」がシングル・チャート1位になったおかげだ。だから俺たちは、太っ腹になった彼らが一時金を貸してくれるかもしれないと期待した。

みんなでバンに乗り込み、ロンドンへ出て、カーナビー・ストリートにあるオフィスでデヴィッド・ハウエルズに会い、言葉巧みに口説きにかかった。

「ひとりに週5ポンドずつくれたら、最高なんだけどな」と俺たちは話した。「合計しても週にたった25ポンドだろ。それで何とか生きていける、まあぎりぎりだけどさ。そうすれば曲を書いて、リハーサルをして、ギグをやる時間がもっとできて、バンド活動に全力投球できると思うんだ」

「すまないね、君たち」とハウェルズは言った。「それはできない。そんな金がないんだ」。それで話は終わりだった。

彼らはクソッタレな5ポンドさえ出し惜しみした。俺たちはそれが信じられなかった。ブラムへ戻る途中、バンの中でさんざんグチを言い合い、やがてどんよりした沈黙が広がって、みんなただそこに座っていた。

クソッタレな5ポンドさえ。

唯一の救いは、『ロッカ・ローラ』が失敗してもガルは俺たちをクビにする気はなく、セカンド・アルバムの制作費をしぶしぶ出したことだ。前金はファーストと同じ2000ポンド。その頃には、俺たちはこんなのバカげてるとわかっていた――みんなでガルとの契約を〝雀の涙も枯れ果てた！〟と呼んだ――しかしほかに選択肢はなかった。

再びスタジオ入りする前に、ラインナップ変更が必要だとみんな理解していた。バンドの音楽は進化していたから、自分たちがやっていることを補完できる、もっと冒険的なドラマーが欲しかった。そしてジョン・ヒンチが適任だとは思えなかった。

リハーサルではみんながいら立ちを募らせるようになっていた。ジョンが代わり映えのしない同じリズムを刻むと、俺たちは「ジョン、なあ、もうちょっと違うものをやれないか？」と聞く。「こんな感じとか？それともこうとか？」。彼は精いっぱい頑張るが、俺たちが望むようには叩いていないし、正直に言って、これからもまったく見込みがないような音に聴こえた。

ジョンを失うのは残念だった。ヒロシマ時代からずっと一緒だったからだ。バンドは家族みたいなものだ。しかし、最終的には、音楽が何よりも優先される。俺たちはそれをやらなければならないとわかっていた。

グレンが貧乏くじを引き、リッチフィールドのヒンチーの家へ車で行って、悪い知らせを告げた。

グレンはすごい土産話とともに戻ってきた。訪問をジョンに伝えていなかったので、グレンがドアをノックしたとき、ジョンは彼を見て驚いた。「やあ、グレン！　いったいここで何してるんだ？」

「ちょっと話があるんだ」とグレンは言った。

グレンによれば、この時点で、ジョンは突然顔をゆがめ、ショックを受けたように見えた。これから何が起こるかわかっているようだった。事情を察したに違いない。というのも、グレンが家の中に入ろうとすると、ジョンは何も言わずに階段を駆け上がった。ひとりで心を落ち着かせるためだ。

数分後に1階へ戻ってきた彼に向かい、グレンは単刀直入に言った。「残念だけど、悪い知らせがある。みんなで話し合った結果、抜けてもらうことになった」

ジョンは大工仕事が得意で、ロードに出たときバンドのケーブルを収めておける便利な小箱を作っていた。それがリビングルームの床に置いてあった。グレンが悪い知らせを告げるやいなや、ジョンはその箱を蹴り飛ばしながら部屋の中をぐるぐる歩き始めた。

「じゃあ、もうこいつはお前らの物じゃない！」とジョンはグレンに宣言した。そしてケーブル・ボックスのすそ板に強烈なキックを数発食らわせ、わっと泣きだして、2階へ駆け戻っていった。グレンには彼のすすり泣く声が聞こえた。「え〜と、じゃあ俺行くわ、ジョン！」とホールから叫び、急いで退散した。

悲しい話だった。それを聞いたときは、ジョンを思って胸が痛くなった。バンドから追い出されるのはクソみたいな体験だ。

後任を急いで探さなければならなかった。幸い、身近にひとりいた。アラン・〝スキップ〟・ムーア——俺がプリーストに入る前、オリジナルのドラマーだった彼が再加入した。[3]スキップと会うのは初めてだったが、おおらかで、のんびり構えた素晴らしい男だった。彼はバンドにすんなりなじんだ。

これでよし。次はセカンド・アルバムを作る番だ——という段になって、俺たちは爆弾ニュースを知らされた。デヴィッド・ハウェルズがこう告げたのだ。レコードのプロデュースは、彼らに任せたいと思ってね……ティピカリー・トロピカルに。その夏、ガルから斬新なレゲエ・ナンバーを出して、チャート1位を獲得した彼らだ！

最初、俺たちはこのイカれた提案を聞いて激怒した。**俺たちはヘヴィ・メタル・バンドだ！　クソッタレなカリビアン風のお笑いポップなんかやらない！**　だが冷静になってみると、思ったより理にかなっていることに気づいた。

ティピカリー・トロピカルというのは、実際にはふたりのスタジオ・プロデューサー兼エンジニア、マックス・ウエストとジェフリー・カルヴァートのコンビだった。ウェールズのモンマスシャーへ出向き、アルバムを録音することになっているロックフィールド・スタジオで会ったとき、ふたりは正直に打ち明けた。

僕らはメタルのことはまったく知らない、でもアルバムを作る技術は知っている。どこにマイクを置くか、どうやって卓ミキサーを操作するか、などなど。それはありがたい、と俺たちは言った。どういうサウンドにしたいかは、俺たちが知っていたからだ。

ロック・フィールドは宿泊型のスタジオだった。俺たちは『運命の翼（Sad Wings of Destiny）』を作る間そこに滞在した。建物を一度も離れなかった。一文無しでどこへも行けなかったせいだ。レコードをミックスするために、ロンドンのモーガン・スタジオへ移ったあと、ガルは付属の食堂の食事代として、俺たちに1日50ペンスを払った。**50ペンス！　みんなオリヴァー・ツイストになった気分だった！**〔チャールズ・ディケン

＊3：どうして俺たちがアラン・ムーアを〝スキップ〟と呼んだのか、まったくわからない。彼は本当に正確なドラマーで、1拍でもスキップするのを聴いたためしがなかった！

ズ作『オリヴァー・ツイスト』の主人公。薄い粥のお代わりを求めたせいで救貧院を追い出され、運命に翻弄される」。1日1食分の食費にしかならなかった。

だがアルバム作りは素晴らしい体験だった。マックスとジェフリーはいいやつで、口にしたことはきちんと実行し、俺たちにアルバムの音作りをやらせてくれた。スタジオにいると、『ロッカ・ローラ』を制作していたときより、はるかに強い自信を感じた。そして自分が録音しているヴォーカルにも満足した。

歌詞には全力で取り組んだ。当時へヴィ・ロックの曲といえば、酔っ払うことや女とファックすることを歌ったものばかりで、それがどうしても嫌だったのだ。お粗末で、陳腐な歌詞だ。アイザック・アシモフみたいな作家が書いたSF小説をたくさん読んでいたから、その影響を「暴虐の島（Island of Domination）」のような曲に取り入れるのは、自分でも大いに気に入った。

俺たちは名曲をふたつ思いついた。「生け贄（Victims of Changes）」は今でもプリーストの代表曲のひとつだ。しかしこの曲が生まれた経緯はとても奇妙なものだった。俺たちはふたつの曲をいじっていた——俺が入る前のプリーストの曲「Whiskey Woman」と、俺が書き上げたばかりの「Red Light Lady」だ。

両方をジャムってみたが、どちらもしっくり来ない。「それぞれの曲からちょっともらって、くっ付けたらどうだ？」とグレンが提案した。

「はあ？　そんなことできねえよ！」と俺は言った。「ふたつの別々の曲なんだからさ」。でもやってみると、素晴らしく聴こえた。

スタジオにいたある日、ガルから小包が届いた。デヴィッド・ハウェルズがそのアルバムで俺たちにカヴァーしてほしいシングルが入っていた。「ダイヤモンズ・アンド・ラスト（Diamonds and Rust）」。アメリカのフォーク・シンガー、ジョーン・バエズがボブ・ディランについて歌った曲で、その年の前半にアメリカで大ヒットしていた。

俺たちは笑い転げた。**あいつら、からかってんのか？　俺たちはジューダス・ファッキン・プリーストだぜ！　こんなの俺たちじゃねえ！**　それからひとまず落ち着いて、じっくり聴いてみると、繊細な名曲だと気づいた。「ＯＫ」と俺たちは決断した。「あいつらに、俺たちがこれをどう料理できるか見せてやろう……」。結局、この曲はアルバムに収録されなかった。雰囲気に合わなかったからだ。そこで、いつか使うために取っておいた。

『運命の翼』を聴き直して、俺たちは出来に満足した。そしてアルバムにはとても重要なクレジットが書かれていた。〝共同プロデュース：ジューダス・プリースト〟。それ以来、すべてのプリーストのアルバムにそうクレジットされている。

『運命の翼』のレコーディングが終わるとすぐ、ユー・ツリー・エステートに戻った。１９７５年クリスマスの直前だ。そして、あるテレビ映画を観て完全に圧倒された。

『The Naked Civil Servant（裸の公僕）』はドラマ仕立ての自伝で、主役のクウェンティン・クリスプ〔１９０８年生まれの文化人。スティングの「イングリッシュマン・イン・ニューヨーク（Englishman in New York）」のミュージック・ビデオに出演〕をジョン・ハートが演じている。クウェンティンは華やかな服に身を包んだ同性愛者で、イギリスの郊外で生まれ育ち、男性モデルになり、レント・ボーイ〔若い男娼《だんしょう》〕も経験した。オスカー・ワイルドのような社交界の有名人で、享楽主義者《ボン・ヴィヴァール》だった。自分のセクシュアリティをまったく隠そうとせず、ほとんど毎日のようにひどい目に遭った〔イギリスでは19世紀末以来、同性愛は違法だった。〝成人男性同士〟の〝私的〟な同性愛が合法化されたのは１９６７年〕。

この映画はクウェンティンが抱えるトラウマ、痛み、心の傷、そして何者にも屈せず胸を張って生きる喜びをとらえている。彼の正直さと勇気に心を打たれ、画面にくぎ付けになった。**ゲイであることを、こんなにも堂々と公表している！** 想像もできなかった。俺の限られた生活からは100万マイル離れた話のように思えた。

クウェンティンはストレートの男性と制服を着た男が好きだった。それは俺の中に芽生え始めた好みといくつか共通点があった。『The Naked Civil Servant』は忘れ難い台詞《せりふ》に満ちていた。俺の胸にいちばん響いたのは、なぜゲイ・バッシングに遭っても決して反応しないのか、という説明だ。「愛は決してあなたの手を閉じない。愛は決してこぶしを作らない」

1976年、イアン・ヒルが俺の義弟になった。妹のスーと彼はブロクスウィッチの教会で結婚した。当時、結婚式の前夜はバチェラー・パーティーと決まっていた。イアンのパーティーは暴動騒ぎになった。みんなでバーミンガムにあるボガーツという店に繰り出した。スキップは前後不覚に酔っ払い、トイレで眠り込んだ。スキップがいないことに俺たちは全然気づかなかった。

スキップは真夜中過ぎに目を覚まし、クラブが閉店していて辺りが真っ暗なことに気づいた。何とか店から出ようとするうちに、警報ベルを鳴らしてしまい、警察に逮捕された。警官はスキップが店に押し入ろうとしていると思ったんだ！　彼はその夜を拘置所で過ごし、結婚式には出席できなかった。

俺がイアンの花婿付添人《ベストマン》を務めたが、あの日のことはほとんど覚えていない。せいぜい記憶にあるのは、最悪の二日酔いになったことと、キッパー・タイを締めたことぐらいだ。いざベストマンのスピーチをするというときになり、俺は怖気づいた——結局のところ、結婚式でスピーチをするより、ステージを跳ね回る方が楽だとわかった！

『The Old Grey Whistle Test（オールド・グレイ・ホイッスル・テスト）』やレディング・フェスティヴァルのおかげで、ジューダス・プリーストの名前は徐々に広まっていった。76年春に『運命の翼』がリリースされると、アルバム・チャートに食い込んで……1週だけ48位を記録した。驚異的な大成功とはとても言えなかったが、これで自信が高まった。**おいスゲえぞ《ファッキン・ヘル》！　俺たちチャートに入ったんだ！**

その年の長く暑い夏は、アルバムのプロモーション・ツアーに全力投球した。ギグはいつもどおり素晴らしい出来だったが、俺たちは相変わらず一文無しで、全員がこの状況を打破する何かが必要だと感じていた。ガルとはもうこれまでだ——じゃあ、いったい今、何をすればいい？

幸い、すぐ答えが向こうからやって来た。ジューダス・プリーストはちゃんとした、実績のあるメジャー・レーベルとレコード契約を結ぼうとしていた。

6 毛皮のコートを着たスーパーマン

メジャー契約、アメリカ進出『背信の門』

俺たちはガルとコーキーと組んでいればくすぶったままだとわかっていた。このレコード会社はバンドを前進させる経営資源もアイデアも持っていなかった。コーキーが詐欺師まがいの手腕を振るってしてくれたことすべてには感謝していたが、俺たちを次のレベルへ引き上げてくれる男には思えなかった。

俺たちは決別しなければならない……それは驚くほど簡単に実現した。グレンの知り合いにバーミンガム出身のデヴィッド・ヘミングスという男がいて、ロンドンのマネージメント会社、アーナカタに就職したばかりだった。ヘミングスとそのボスたちが俺たちのステージを観にきて、アーナカタでプリーストを引き受けよう、という話になった。それをコーキーに伝えるのはつらかった。彼はその知らせを聞き、大いに取り乱した。

アーナカタは名字の異なる兄弟ふたりが運営していた——マイク・ドランとジム・ドーソンだ。それはちょっと奇妙に思えたし、アーナカタがメタルを受け入れるかどうかも完全には納得していなかった。その音楽にどっぷり浸かって、俺たちがやっていることを理解するかどうかも疑問だった。

それでも、アーナカタは明らかに、俺たちにそれまで欠けていたコネと影響力とプロフェッショナリズムを持っていた。彼らはCBSレコードのA&Rマン、ロビー・ブランチフラワーにツテがあった。この男が俺たちのやっていることを気に入り、会長のモーリス・〝オビー〟・オバースタインに推薦した。オビーはアメリカ人で、のちに音楽業界のレジェンドになる人物だ。彼はサウサンプトンまでプリーストのギグを観にきて、俺たちを気に入り、契約を申し出た。だが俺たちをパンク・ロッカーだと思っているようで、デヴィッド・ヘミングスに向かい「つばを吐きかけられなくて驚いたね！」と言ったそうだ。

残念なことに、ガルは俺たちの離脱についてコーキーと同じくらい腹を立て、彼らのレーベルから出した2枚のアルバムの権利を買い戻したいと言っても、それを拒否した。アーナカタとCBSの双方が俺たちの代わりに交渉しようとしたが、話は平行線をたどるだけだった。

それからというもの、俺たちは何度もデヴィッド・ハウェルズの元を訪れ、『ロッカ・ローラ』と『運命の翼』を買い戻そうとした。提示額をどんどん上げていったが、答えはいつも〝断固として断る〟だった。残念だ。あの最初の2枚のアルバムは、プリーストの歴史に欠かせない一部なのに、俺たちはまったく手が出せない。

CBSと契約してから、今や俺たちは大物と取り引きしていることがわかった。ガルは最初の2枚のレコードの制作費として、それぞれ前金2000ポンドを寄越したが、CBSは次作のためにポンと6万ポンドくれた。**ガチャガチャ、チリーン、毎度！**

実際のところ、最新鋭の機材を揃えた使用料の高いスタジオで、アルバムをレコーディングする5人グループにとって、6万ポンドはそれほどの大金ではなかっただろう。だが俺たちにはちょっとしたひと財産のように思えた。それに、メジャー・レーベルがこれだけの金を喜んで俺たちに払うんだと思うと、自信は一気に高まった。

自分たちはそういう待遇に値するとも感じていた。バンドというものは、サード・アルバム作りで本領を発揮する。今や俺たちは、目指すものがわかっていたし、自分たちの技量を存分に使いこなせるようになっていた。仲間の絆は固く、特にグレンは新鮮ないいアイデアをいくつも提案した。

そんなわけで1977年初頭、のちに『背信の門（Sin After Sin）』と名づけるアルバムを作るために、サウス・ロンドンのラムポート・スタジオに入ったとき、俺たちの胸は期待で高鳴っていた……とりわけ、プロデューサーが何者か知っていたからだ。

CBSが起用したのはロジャー・グローヴァーだった。俺たちが大好きなバンドのひとつ、ディープ・パープルの元ベーシストで、「スモーク・オン・ザ・ウォーター（Smoke on the Water）」のタイトルを思いついた男だ。彼の最初の任務は、俺たちの個人的な問題の解決に手を貸すことだった。

アラン・ムーアは『運命の翼』でいい仕事をしたが、俺たちはまだ完全には満足していなかった。だからサード・アルバムはドラマーなしで行くことになった。ロジャー・グローヴァーはサイモン・フィリップスという神童を抜擢し、俺たちを窮地から救ってくれた。サイモンは基本的にセッション・プレイヤーだが、傑出した才能を持つドラマーで、どの曲でも最初から俺たちの望みを正確に理解して、一発でキメた。おまけに誰にでも好かれ、分別があって、一緒に仕事をするには夢のような人材だった。ただし……弱冠15歳だという点を除けば〔実際には19歳〕。

「今の、もう1回やってほしい？」とサイモンが聞く。ある曲でまたもや非の打ちどころがないファースト・テイクを提供したあとで。「いや、大丈夫だ、兄弟《メイト》、あれでいい！」と俺たちは言う。サイモンはあのスタジオにいる中で、ミュージシャンとして――そして人間として――誰よりも大人だった。

『背信の門』のセッションを開始したとき、俺たちはロジャー・グローヴァーに大きな畏敬の念を抱き、彼と仕事をするチャンスに恵まれたことを光栄に思っていた。1週間もしないうちに、俺たちは彼をクビにした。

ロジャーのせいではない。彼は何も悪いことはしていなかった。だが俺たちは『運命の翼』をティピカリー・トロピカルと共同プロデュースした経験から、バンドのサウンドをどうやってとらえるか、いちばんよく知っているのは自分たちだと感じていた。特にグレンはこの件で積極的に動いた。

とはいえ、自分たちで思うほど、よく知らなかったのかもしれない。その証拠に、３週間か４週間、成果のないままスタジオで無駄な時間を過ごしたあと、俺たちはロジャーに、どうか戻ってきて指揮を執ってくださいと頼むことになった。彼が根に持つタイプの男ではなくてラッキーだった。

ロジャーが復帰して共同プロデュースを始め、バンドは全力で取り組んだ。俺はこのアルバムのために、自分史上最高の歌詞を書こうと決心した……この決意のせいで、ロジャーは俺に対して誤った第一印象を抱くことになる。

ヴォーカル録りをしていないとき、俺はスタジオではおとなしくしていて、たいていは部屋の隅にひとりで座り、ある本を読んで研究にいそしんでいた。ロジャーはどうやら好奇心を抱いたらしく、数日後にぶらぶらと寄ってきて、俺に話し掛けた。

「その本にずいぶん夢中だね、ロブ」と彼は言った。「それは……聖書かな？」

「まさか！」と俺は笑って、本を見せた。「『Roget's Thesaurus（ロジェ類語辞典）』〔英語の代表的な類語辞典。イギリスの医師ピーター・マーク・ロジェ氏が編纂《へんさん》し、１８５７年に初版発行。装丁も厚みも、法廷の宣誓などで使われる聖書に似ている〕さ！」。ロジャーは心からほっとした顔をした。

ミスター・ロジェと俺は予想以上の成果を挙げていた。俺は昔から歌詞の語彙《ごい》を広げることに熱心で、今でもその大著を持っている。『背信の門』の歌詞は満足のいく出来だった。自分本来のスタイルに磨きをかけて、精神的・哲学的トラウマに取り組み、神々と悪魔と戦士たちが壮大な戦いを繰り広げるドラマチックで黙示録的な物語に昇華させた。その中で〝善〟は――そしてヘヴィ・メタルも！――必ず〝悪〟に打ち勝つ。

その素晴らしい例が「罪業人（Sinner）」だ。俺は言葉を使って生き生きと描写するのが大好きで、ここで少しばかりうぬぼれるのをお許しいただけるなら、最初の歌詞の数行では、ほとんどブレイク風〔ウィリアム・ブレイク。1757年生まれの英詩人、画家、預言者。神とサタン／善と悪の対立をテーマに、聖書や神話を題材にした神秘的な作品を残す〕の壮麗な破滅を描けているのではないだろうか。

Sinner rider, rides in with the storm
The devil rides beside him
The devil is his god, God help you mourn
罪負う騎手　嵐を連れて馬を駆る
寄り添うは騎乗の悪魔
悪魔は彼の神　神は汝の嘆きを助く

だが、疑うまでもなく、『背信の門』の中で俺にとって最も重要な曲は、個人的にという意味だが、「不当なる弾圧（Raw Deal）」だった。

これはニューヨークのすぐ沖合いにある同性愛者のヒップなたまり場、ファイヤー・アイランドのゲイ・バー巡りをする曲だ。その島へ実際に行ったことはなかったし、ゲイ・バーをはしごした経験もなかった。せいぜいバーミンガムのナイチンゲールでおかしなドリー・ポップ（ダンスすることをそう呼んでいた）をするぐらいだった。歌詞は俺の好色な想像力の純粋な（あるいは不純な）産物だ。

All eyes hit me as I walked into the bar
Them steely leather guys were fooling with the denim dudes
A coupla colts played rough stuff
New York, Fire Island
バーに入っていくと　すべての目がくぎ付け
レザーのたくましいやつらが　デニムの男たちといちゃついてた
雄の子馬同士は乱暴な遊び
ニューヨーク　ファイヤー・アイランド

これは明々白々、すぐわかるだろうと思った。〝heavy bodies ducking, stealing, eager for some action(反応を熱く求めて 素早く ひそかに動く たくましい体たち)〟を求める俺の性的欲求をあけすけに宣言しているのだ。だがこの曲にはハードでダークなエッジも効いている。最後の1行では情け容赦なく、人生はただの〝goddamn, rotten, steaming, raw deal（クソッタレな 腐り切った 怒りに満ちた 不当な仕打ちさ)〟と切り捨てる。

「不当なる弾圧」はカミングアウトの曲だった。セクシュアリティを隠しているゲイの男として、胸に抱える苦悩を吐き出した。やりすぎたかもしれない、人々は歌詞にぴんと来て、あれこれ考え合わせて正しい結論に至るだろう、と思った。そうなれば俺のためにドアが開かれるかも。あるいは、もっとありそうなのは、目の前でドアがばたんと閉まるか。

だが……何も起こらなかった。バンドは言葉について何も言わなかった——彼らはいつも俺の歌詞に大いなる敬意を払っていて、すべて任せてくれている。たぶん俺が物語を語っているだけだと思ったんだろう。批評家たちもファンも何ひとつ気づかなかった。誰の耳にも届かない憤怒の遠吠《とおぼ》えだった。

がっかりしたのか、ほっとしたのか、自分でもわからなかった。

それが憤怒の遠吠えだとしたら、「孤立の涙（Here Come the Tears)」は助けを求める叫びだった。傷ついた心をしっとり歌い上げるこの曲はグレンとの共作だ。俺にとってはカタルシス効果があった。ままならない自分の人生を思い、孤独な心を注ぎ込んだからだ。

Once I dreamed that life would come and sweep me up away,
Now it seems life's passed me by, I'm still alone today
Here come the tears
かつては夢見ていた　いつか人生がやって来て　連れ去ってくれると
今では人生がそばを通り過ぎてくようだ　独りぼっちのまま
涙があふれ出る

またもや、誰も気づかなかった！　難解すぎて理解されなかったのだ。批評家たちは『運命の翼』に入れなかったジョーン・バエズのカヴァー曲、「ダイヤモンズ・アンド・ラスト」を収録したことの方に興味を持った。

出来上がった『背信の門』をCBSのスーツ組に聴かせたときは、身の縮む思いがした。よくわからない理由により、ロジャー・グローヴァーは音量を最大まで上げ、俺たちの新たなレーベルのボスたちに轟音のノイズをぶち当てた。俺は両手を耳で覆った。自分のニュー・アルバムを聴いているときに、いい光景じゃないよな！

いったい全体何《ホワット・ザ・ファック》やってんだよ、ロジャー？　CBSは逃げ腰になると確信したが、聴き終わった重役陣は、おめでとう君たち、素晴らしい出来だよ、と言っただけだった。彼らはパワー全開の轟音を響かせる暴力的なヘヴィ・メタルが欲しかったに違いない。それこそ、俺たちが与えたものだった。

ロジャーは今に至るまで、このアルバムのプロデュース料を払ってもらっていないと文句を言っている。どうしてそんなことになるのか見当もつかないが、当時の俺たちとは何の関係もない話だ。50年たった今でも、彼は時々冗談交じりに、小切手を送ってくれとぼやく。

『背信の門』が世に出たとき、俺たちがいちばん恐れたのは、誰も聴かないんじゃないかということだった——パンク・ロックが世界を牛耳っていたからだ。1977年、パンクはそこらじゅうにあふれていた。音楽紙は彼らの記事一色で、ほかのものはどうでもいいように見えた——ヘヴィ・メタルも含めて。

それはバカげているように思えた。好きなパンク・バンドはいくつかあったし、この頃ウルヴァーハンプトンにセックス・ピストルズを観にいったりもした。シークレット・ギグで、彼らはスポッツという偽名でプレイしなければならなかった。タブロイド紙の記者たちが暴動を起こすことを恐れ、国中の会場がバンドを出入り禁止にしていたからだ。

ジョニー・ロットンが登場して、つばの海におぼれながら、こう言った。「お前らのためにプレイするかどうかなんて、俺にはわからねえ！　お前らのファッキン・マネーはいただいたからな。だから全員出てっていいぞ！　俺たちは気にしねえ！」。彼らはプレイした。俺は彼らが気に入った。俺の耳にはヘヴィ・メタルのように聴こえた。だがパンクはマスコミに騒ぎ立てられているだけのこけおどしだ、長続きはしないだろうと思った……実際、続かなかった。

まあとにかく、ジョニー・ロットンは俺が1977年にやったことを知ったら、嫌悪したに違いない！　6歳のとき、ウォルソール樹木園で女王を見て以来、俺は筋金入りの王党派だった。即位25周年記念式典にはウィンザー城へ行った。女王は城を出て観衆に囲まれながら長いパレードをした。そして、いつものように、俺だけに手を振ってくれた。というか、そう想像したんだ、とにかく〔セックス・ピストルズの「ゴッド・セイヴ・ザ・クイーン（God Save the Queen）」は式典の前月（1977年5月）にリリースされ大ヒット。式典当日、バンドはテムズ川の船上でこの曲を演奏し、逮捕者が出る騒ぎになった〕。

リリースしてみると、『背信の門』はよく売れた。パンクの信奉者じゃない雑誌には好評で、トップ30に入った。強力なアルバムだったし、バックについたCBSによるプロモーションとマーケティングの効果も大きかった。得体の知れない男がエレベーターから緊急電話をかけるのとは違った。さあ次は、ロードに出る番だ。

サイモン・フィリップスは同行したがらなかった――義務教育修了のOレベル試験を受けるとか、そういう用事があったんだろう――そこでロンドンでドラマーのオーディションをした。俺たちが選んだのはアイルランドのベルファスト出身のレス・ビンクスだ。素晴らしいプレイヤーで、気さくな性格で……そしてすぐにでも始める準備ができていた。

ツアーのリハーサルは、ウエスト・ロンドンにある有名なパインウッド・スタジオ〔映画・テレビ番組の老舗撮影スタジオ。『ジェームズ・ボンド』や『スター・ウォーズ』のシリーズもここで撮影〕でやった。初日、機材をセットアップしたあと、みんなでホテルを探しに出掛けた。夜10時頃、気づいたらゴシック・ハマー・ホラー・マンションの真ん前にいた〔ハマー・フィルムはイギリスの老舗映画プロダクション。怪奇・ゴシック・ホラーの名作を１９５０年代末から70年代初頭にかけて制作〕。

ええ？　ここなのかよ？

ベルを鳴らすと……小柄な尼僧がドアを開けた。**ヤベ！**　俺たちは場所を間違えたと思って謝り始めたが、彼女は俺たちを止めて、にっこりほほえんだ。**いや、俺たちはここに泊まるし、彼女は俺たちを待ってたんだ。**尼さんはギイギイ鳴る階段を上がって俺たちを部屋に案内した。

次の日の朝、低くハミングする声で5時に起こされた。実は俺たちが泊まっていたのはスウェーデンの尼僧たちが営む療養所で——なるほど、宿代が安いからな——彼女たちが朝の詠唱を始めていたのだ。１週間、毎日それが聴こえた。

毎朝7時に尼さんたちと朝食。夕食も一緒で毎晩8時。メシはうまかったが、俺たちは尼僧たちに少々恐れをなしていたので、座って黙ったまま食事をした。部屋のいちばん奥には尊敬すべき高齢の尼僧が座っていた。彼女は１００歳ぐらいに見えた。

ある夜、彼女は俺たちを身振りで示し、「あの方たちはどなた？」と尋ねた。

「音楽のグループです」と尼僧のひとりが説明した。

「あまりお話しにならないようですが」と年老いた尼僧は言った。「うぬぼれ屋の集まりなのですか？」。それはとてもいい質問だった。

パインウッドにいる間、『スーパーマン』の第1作が撮影中だった。ある日、俺はセットをぽかんと眺めていた。『デイリー・プラネット』紙社屋の屋上でヘリコプターが離陸に失敗し、超高層ビルから落下するロイス・レインをスーパーマンが助ける有名なシーンの撮影準備中だった。

防音スタジオに戻る途中、何かがこちらに向かってくるのが見えた。**鳥か？　飛行機か？**　いや、それは巨人だった。近づいてくる彼を見たら、クリストファー・リーヴだった。寒い日なので、彼は毛皮のコートを着ていた……スーパーマンのコスチュームの上から。

俺は思わず、いつものようにべらべらしゃべり始めた。「ああ、ハロー、スーパーマン！」

「ヘイ！」と鋼鉄の男は言った。「何してるんだ？」

「ここでうちのバンドとリハーサル中でさ」と話した。

「へえ、そうか。バンドの名前は？」

「ジューダス・プリースト」

「かっこいいな！　じゃあ、バンドの幸運を祈ってるよ！」

「ありがとう！」。そして、その会話のあと、クラーク・ケントは俺のそばを大股で通り過ぎた。毛皮のコートから変身して、墜落したヘリコプターからロイス・レインを救うために。


プリーストは今やメジャー・レーベル所属となったので、ツアーの移動手段も一段階レベルアップした。さらば、くさいメルセデスのバン。ようこそ、明るいオレンジの中古のボルボ。ツアー・スタッフ（これも新規お目見えだ！）がバンで現地へ先行し、俺たちはボルボであとからギグに向かった。いいね！　前に進んでいる、すべてがそう感じられた。

ボルボは俺たちに使われ始めた頃、中身の一部をごっそり失った。レコード・レーベルと打ち合わせるためにロンドンへ向かう途中のことだ。イアンがみんなを乗せて、ソーホーのウォーダー・ストリートを運転していた。グレンはサンドイッチをむしゃむしゃ食っていたが、信号待ちをしている間に、腹いっぱいになった。

グレンは窓を開けて、昼飯を道に放り投げた。俺たち全員がそれを見ていた。スローモーションのように、食いかけのサンドが放物線を描いて飛び、マッチョなバイク乗りのうなじにぶち当たる光景を。そのバイク乗りはくるりとこちらを向いて、俺たちをにらみつけた。

信号が変わった。「行け、行け！」と俺たちはイアンにどなり、彼はスピードを上げた。俺たちは笑いながら、うまく逃げ切ったと思っていたが、1分後には——**クソ！**——そのバイク乗りが並走して、こっちに向かってわめきながら、ボルボをメタルのチェーンでめった打ちにしていた。そいつがトランクにつけた大きなへこみは、いつまでもそのままだった。

イギリスの部は成功だった。今や俺たちは広い会場でプレイして——そしてチケットも完売して——いた。バーミンガム・タウン・ホールでヘッドライナーを務めたのがハイライトだった。ロンドンのアポロ・ヴィクトリア劇場もそうだ。だが俺たちは期待で胸をはち切れんばかりにして、6月を心待ちにしていた。アメリカへ行くことになっていたのだ。

飛行機に乗っている間も、これが実際に起こっているとは信じられなかった。俺は子どもの頃からアメリカに取りつかれていた。音楽、映画、ぱっと目に浮かぶイメージ、場所そのもの。実際にそこへ向かっているなんて、夢のようだった。

ＪＦＫ空港からマンハッタンへ向かうドライブで、完全に圧倒された。生まれてからこれまでテレビのスクリーン越しにぽかんと眺めていた光景がすべてそこにあった。空高くそびえる超高層ビル、クラクションを鳴らす黄色いタクシー、歩道の排水溝から立ち昇る蒸気。映画のシーンの中にさまよい込んだみたいだった。

1977年のニューヨークは、どこよりも緊張感に満ち、ぴりぴりして、エキサイティングだった。うだるように暑い夏で、誰もがセントラル・パークを避けていた。のちにサムの息子として知られるシリアル・キラーが、街を徘徊していたからだ。彼は6人を射殺した末、その年の8月に逮捕された。近所の犬に命じられて実行したと言ったそうだ。

俺たちはセントラル・パークに隣接するコロンビア・サークル近くのホテルに車で乗りつけた。同室の相手はいつもどおりケンだ。みんな時差ぼけでふらふらのまま、バッグを床に置いて、すぐさまニューヨーク・シティの空気を吸いに繰り出した。

圧巻だった。その街はあまりにもワイルドで、巨大で、圧倒的で、俺の理解をほとんど超えていた。みんなでアメリカのレーベル、HQへ行った。すごい契約に思えた。タイムズ・スクエアに立ち、周りを見回して、すべてを吸い込んだ。**ワオ！　俺が今いるのはウォルソールじゃない！**

ニューヨークのその一角は、当時もまだ薄汚れたポルノ・ショップやポルノ映画館が建ち並んでいた。自分が『タクシードライバー』のロバート・デニーロになったような気がした。ただし、俺はこの人間動物園〔1950年代のビート詩人、アレン・ギンズバーグの言葉。90年にニューヨークで乗ったタクシーを降りるとき、レシートの裏に書きつけた短い詩の一節〕にいるすべての動物、娼婦、クイーン《ゲイ》を愛した。ケンと俺は大評判になっていた『ディープ・スロート』〔リンダ・ラヴレース主演のポルノ映画（米1972年）。のどの奥にも性感帯がある女性が主人公〕を観にいった。とても刺激的だった。

ニューヨーカーは地球のほかの誰とも違っていた。俺たちは食い物を買いに、あるデリに行った。メニューの選択肢が多すぎて頭がぐるぐるした。列の先頭になったとき、まだ何を注文するか決めていなかった。店主が俺に向かってどなり――「おい、ぐずぐずすんな！　こっから出てけ！」――うしろに並んでいたやつの注文を取った。

次の日の夜はひとりでスタジオ54へ行った。この何でもありの伝説的なナイトクラブについてさんざん話を聞いていたから、男同士の行為を成立させられるかも、とひそかに期待していたんだと思う。実際には何もなかったが、刺激的で快楽主義的なディスコのヴァイブはすごく気に入った。自分はきっとまた来るとわかっていた。

NYCで至福を数日味わったあとは、ツアー開始だ。移動距離が長いときは飛行機に乗り、それ以外はレンタカーを借りた。アメリカは広大なので、時間帯《タイムゾーン》〔アメリカ本土には4つのタイムゾーンがある〕を越えるのには、慣れるまで少しかかった。

俺たちはREOスピードワゴンとフォリナーのオープニング・アクトだった。ふたつともアメリカのビッグなバンドだが、俺はどちらにもそれほど興奮を覚えなかった。その感触は明らかにお互い様だった。ステージを下りたら、ほとんど彼らと顔を合わせなかったし、言葉も交わさなかった。サポート・アクトは彼らの優先順位リストのはるか下で、それが見え見えだった。いくつかのギグでは、ステージのスペースが限られて、機材の半分しか使えなかった。俺たちは食物連鎖の最下層にいた。

いいさ――クソ食らえ！　俺たちは気にしない！　俺たちはジューダス・プリーストだ。アメリカをツアーで回ってるんだ！

最初の5日間はテキサスだった。そこにはもう俺たちのファンがいた。大きな理由は、地元のラジオ局のDJ、ジョー・アンソニー〔アメリカではほぼ無名だったブラック・サバス、AC／DC、アイアン・メイデンらを紹介。彼の貢献でテキサス州サンアントニオは〝アメリカのヘヴィ・メタルの首都〟と呼ばれるようになった）が『運命の翼』を大いに気に入って、アルバムをがんがんかけたからだ。インタビューを受けるため番組に出演すると、彼は俺たちがビートルズみたいに興奮した。

ほとんどの街で、俺たちは死んだような静けさに迎えられた。プラグインして、観客の頭を吹き飛ばそうと懸命になった。水を打ったような静寂の中、彼らの頭にもやもやとある考えが浮かんでくる——いったい《ホワット・ザ・》全体《ファック》こいつら何者だ？——そして俺たちは有無を言わさない力業と大音量で彼らの心をつかむ。

REOスピードワゴンとフォリナーは大物だったので、俺たちは巨大な会場でもやった。セントルイスではスタジアムで4万5000人を前に演奏した。ヘッドライナーはテッド・ニュージェントだった。テッドは弓と火をつけた矢を持ってステージを練り歩いた。ターザンみたいに、なぜなら……何というか、なぜならそれがテッド・ニュージェントのやりそうなことだったからだ。

俺が見るかぎり、観客は最高に盛り上がっているようだった……だが俺はそのショーを楽しめなかった。緊張していて、前日の夜まったく眠れず、おまけにぎらぎらした日差しがあまりにも暑くて、つま先をスチールで補強したレザー・ブーツの中で足が燃えるようだった。幻覚を起こしているような気分だった。

だがこういうことは乗り越えられる。ウルヴァーハンプトン・グランドで学んだことを思い返した。**ショーをやっているときは、いちばんうしろのやつに届くようにやれ**。だから一瞬々々、ジャンプして手を大きく振って大げさにパフォーマンスした。これがうまくいったようだった。

アメリカ横断の旅をみんな大いに楽しんだが、俺はニューヨークへ戻るのが待ち切れなかった。ツアーの山場、2日間の公演だ。1977年7月13日に飛行機で向かい、市の歴史に残る悪名高い夜の騒動に巻き込まれた。

セントラル・パークに近いぼろホテルに戻った途端、窓のない21階の部屋の照明が消えた。**はあ？**　非常階段へ走っていくと、イアンに出くわし、一緒に外をのぞいた。街全体が真っ暗になっている。**俺はシュールな夢でも見てるのか？**

足元を確かめるためマッチに火をつけて、イアンとふたりで非常階段を危なっかしい足取りで下りた。1階に到着すると、ホテルのバーは客でぎゅうぎゅう詰めだった。何人かが歩道に車を乗り上げ、ヘッドライトを最高光度にして、部屋を照らしていた。やがてみんなが参加する大宴会になった。

これはとてもニューヨークらしい気がした。大惨事をパーティーに変える。

サムの息子のせいで、ニューヨークはすでに極度の緊張状態にあった。それに加えて街じゅうで暴動や略奪が起こり、事態は悪化した。ひと晩じゅう銃声が聞こえた。次の日、ブロードウェイの一角が放火されて丸ごと焼け落ち、4000人を超える暴徒が逮捕されたと知った。

俺たちより遅い飛行機に乗ったグレンは、真っ青な顔でホテルに到着した。JFKで乗ったタクシーの窓から、野球のバットを持った暴徒たちが空港を離れる車をトンネルの中で襲い、フロントガラスを叩き割って運転手から金を奪うのを目撃したという。彼は無傷で逃れたが、心の底から震え上がっていた。

停電は翌日に復旧し、俺たちはニューヨークのパラディウムでツアー最終日を迎えた。最高に盛り上がった。さらに興奮する出来事があった。ロンドンのアーナカタから電話があり、クレイジーなメッセージを伝えられたのだ。ロバート・プラントが、ジューダス・プリーストがアメリカをツアー中だと聞きつけたという。

その気があったら、レッド・ツェッペリンの2公演でオープニングを務めないか？

その気があったら……？　クソ、あいつらどんな答えが返ってくると思ってるんだ？　俺たちは興奮のあまり我を忘れた。アメリカでレッド・ゼップをサポートする……まったく、まるでおとぎ話じゃないか！

唯一の難点は、移動問題だった。

そのギグはデイ・オン・ザ・グリーン・フェスティヴァルでやることになっていた。会場はカリフォルニアのオークランド・アラメダ・カウンティ・コロシアムだ。ショーまで1週間近くあり、俺たちは一文無しも同然だった。そこで、飛行機でカリフォルニアへ飛び、スタジアムに近い薄汚れた安ホテルの一室にみんなで泊まった。

フェスティヴァルを企画したのはビル・グレアムだ。伝説的なツアー・プロモーターに会えるかもしれないと思っていたら、実際に会った！ ショーの初日、みんなでバックステージのホスピタリティ・エリアでくつろいでいたときだ。グレンは無作法にも両足をテーブルに載せていた。ビル・グレアムが現れ、俺たちが座っている所に大股で近づいてきて、グレンの脚をテーブルから払い落とした。「いったい全体お前たちはここで何をしてるんだ？」と彼は聞いた。俺たちをただの怠け者の集団だと思ったんだ（彼は明らかに人の性格を見分ける確かな目の持ち主だった）。

「こちらはジューダス・プリーストです、サー《クライスト》！」と警備員のひとりが説明した。ビルは謝罪を述べ、そのあとはとても丁重な態度を取った。やがて俺たちはビルのことをよく知るようになり、彼はいつもアメリカでバンドの面倒をとてもよく見てくれた。

ショーは最高に盛り上がった。本当に現実とは思えない体験だった。フェスティヴァルは夕方早い時間に終わることになっていたから、俺たちはとんでもなく早い時間に演奏した。オークランドに霧が押し寄せてきて、ステージに上がると、前列の客しか見えなかった。スタジアムの後方は霧に包まれていた。

持ち時間は20分だけだったが、その間に霧は急速に晴れていった。演奏が終わる頃には、遠くの観客席の端まで埋め尽くす8万の人の海が見えた。驚異に満ちたアメリカ・デビュー・ツアーの締めくくりとして、衝撃的で心が浮き立つ、忘れ難い体験だった。

とても重要で権威あるギグを務めたおかげで、プリーストの名はアメリカで大々的に知られるようになった。悲しいことに、レッド・ツェッペリンがアメリカでショーを行うのはそれが最後になった。ロバートの幼い息子、カラックがウィルス性の疾患で急死したのだ。ゼップは残りのツアー日程をキャンセルして母国へ飛行機で戻った。

デイ・オン・ザ・グリーンの翌日の朝、ジューダス・プリーストもイギリスへ向かった。アメリカにいたのは6週間だが、どういうわけか、まるですべてが変わったように感じた。バンドの人生は決定的に変わった……そして俺の人生も。

7 シャーリー・バッシー・レザー・イヤーズ

俺たちがヘヴィ・メタルだ『ステンド・クラス』

鮮やかで生き生きとした夢から目覚めたら、退屈な現実を前にしてすっかり意気消沈してしまうだろう。アメリカ・ツアーは熱狂的な夢を生きているようなものだった——というか、正直に言えば、淫夢《いんむ》だった！イギリスへ戻ってから数日間、俺は重症のスランプに陥った。

何週間もかけてアメリカを横断し、目を丸くしてタイムズ・スクエアの娯楽街を駆け回り、8万人のゼップのファンのために跳ね回ったあとでは、そぼ降る雨の中でダーティー・ダック行きのバスを待つことが、退屈に思えて仕方なかった。俺はここを出て世界を見てきたんだ。ウォルソールのユー・ツリー・エステートが突然とても狭く感じられた。

ツアーから戻ると、反動で一気にがっくり来る。観客を大いに沸かせ、サインをして、ラジオのインタビューを受けていたと思ったら、次の瞬間には、街角にある商店へとぼとぼ歩いて向かい、戻ったら同居人にリズラ製の煙草巻き紙を買い忘れたと小言を言われる。

自分が成し遂げたすべてを人々に話したいが、彼らがいつも聞きたがるとはかぎらない。「アメリカはどうだった、ロブ？」とダックで仲間が尋ねる。

「ああ、そりゃもう、素晴らしかった！」と俺は言う。「ニューヨークは最高でさ、セントルイスもそうだった、それからロバート・プラントはほんとに偉大な人で……」

「ああ、そう？　そりゃよかった！」と彼らは言う。「車検だから、明日あのバイク持ってくよ……」

俺は若くて、早熟だったから、いら立ちを感じた……だが年を重ねた今にして思えば、地に足のついた実直なブラック・カントリー気質が、そして誰のご機嫌取りも絶対するもんかという頑固さが、俺にとって幸いだったとわかる。なぜなら、それがなければ、俺はとんでもないマヌケ野郎になっていただろう。

だが自己憐憫に浸っている時間はあまりなかった――プリーストは次のアルバムを作ることになっていたからだ。

CBSはのちに『ステンド・クラス（Stained Class）』と名づけるアルバムのために、新しいプロデューサーを起用した。デニス・マッケイ。カーヴド・エアやゴング、トミー・ボーリンなど、幅広いジャンルを手掛けた実績があった。俺たちはコッツウォルズにある宿泊型施設、チッピング・ノートン・レコーディング・スタジオで作業に取り掛かった。

このセッションで初めて、我らが最強ツイン・ギター・コンビ、グレンとケンの仲がぎすぎすしていることに気づいた。ふたりはたいてい、少なくとも表面上は、何とかうまくやっていたが、性格が正反対であることは否定できなかった。

グレンは――あの頃はもちろん、今に至るまでずっと――自信にあふれ、迷いがなく、断固とした決意の持ち主だ。自分がやりたいことと、どうやってそれをやりたいかを心得ている。最初から、彼はバンドのサウンドをどうしたいか、とてもはっきりしたヴィジョンを持っていた。それが『ステンド・クラス』で前面に押し出された。

グレンと俺はタイトル・トラックと「エキサイター（Exciter）」を共作した。「白光、赤熱（White Heat,

Red Hot)」は彼がひとりで作った。だがおそらく、あのアルバムで俺がいちばん気に入ったのは、レス・ビンクスと一緒に書いた曲だ。

その頃にはプリーストのドラマーとしてしっくりなじんでいたレスと一緒に「死の国の彼方に（Beyond the Realms of Death)」を作った（『ロジェ類語辞典』は万金に値した！）。あがきながら世界を放浪するうちに、ついに限界を迎えた男が主人公だ。とても個人的な歌詞もある。

I'm safe here in my mind
I'm free to speak with my own kind
ここでは心安らかだ
同類と自由に話せる

同類と。なぜなら１９７８年当時、不道徳の烙印を押されずに、堂々と自由にほかのゲイの男性と言葉を交わすことは、棒高跳びで火星に行くぐらい不可能に思えたからだ。俺にはただわかっていた。**そういうことは絶対に起こらない。**

デニス・マッケイはこのアルバムで実際にいい仕事をした。俺たちはまだプログレに傾きがちだったが、彼は俺たちの曲をもう少し前進させられると判断した。音楽で語る必要はないと指摘し、その言葉を繰り返した。**無駄をそぎ落とせ！　研ぎ澄ました先端で人々をノックアウトするんだ！**

ＣＢＳはアメリカのロック専門ラジオ局で頻繁にオンエアされるような曲をどうしても入れたがり、スプーキー・トゥースの「ベター・バイ・ユー、ベター・ザン・ミー（Better by You, Better than Me)」を提案してきた。ミキシングの最終段階で追加することになった。デニス・マッケイは都合がつかず、CBSが推薦したジェイムス・ガスリーがプロデュースした。

1978年初頭にリリースした『ステンド・クラス』は好評で、レコーディングしてから2ヵ月もたたないうちにツアーに出た。会場はまたもやひとつレベルアップした――ハロー、ハマースミス・オデオン！　こんばんは、バーミンガム・オデオン！――さらに劇的に変化したものがほかにもあった。

プリーストはビッグになり始め、曲がラジオでがんがんかかるようになったので、観客の構成が変わり始めた。ヘッドバンギングをする熱狂的な男どもが俺たちのコアなファンで、彼らは相変わらず忠実だったが、女性のファンも増え始めた……そして最初のグルーピーがついた。

正確に言えば、俺にはつかなかった。あの時点で、もちろん、ファンは誰も俺がゲイだと知らなかった。勘違いした女の子たちにモーションをかけられても、理由があるから礼儀正しく断れた。だがロードに出ている間に何らかのアクションが欲しければ――本当に、心から、そう願った――いったいどうやってやればいい？

ストレートのやつらなら、やり方は簡単だ。女の子をバックステージに呼べばいい。1杯飲む？　ホテルに来る？　俺の部屋、見たい？

俺はそのどれもできなかった。観客の中に好みの男がいても、どうすればいい？　たまたま彼がゲイの可能性はあるだろうか（だとしても、相手がそう認めるチャンスは）？　もし俺が勘違いをして、判断を誤ったまま言い寄り、顔に一発食らったら？　そして、もちろん、何よりも重大な恐怖を抱えていた。そのせいで何十年もの間、自分の存在の一部を押し殺して生きることになった。

もしゲイだとばれて、クィアがフロントマンのバンドからファンが離れ、ジューダス・プリーストがバン

ド生命を完全に絶たれたら？

プリーストは俺の人生でいちばん大事なものだ。もし喜んで、自分のセクシュアリティのためにバンドを犠牲にしても——そうはしなかったが——単純にケン、グレン、イアンにそんな仕打ちはできない。彼らにとってフェアじゃない。これは俺の問題であり、彼らの問題じゃない。

いや、いちばん安全な、そして唯一の方法は、ゲイであることをひた隠しにすることだ。バンドのファンが立ち入れない領域にするんだ。

1978年にもうひとつ、プリースト・ワールドで起こった大きな変化がある。バンドのイメージを完全に根本から刷新したのだ。ケンがアイデアを思いつき、俺はすぐその話に乗った。一緒にロンドンまで出て、レザーの衣装を特注した。ケンは男性店員が俺の股下を計ったとき、すぐ俺がやる気満々だと気づいたという。だが俺は、自分がそんなに安っぽいとは考えたくない。

まあ、ある程度はそうかもしれないが。

ウォルソールに戻り、ほかのメンバーに黒いレザーの新しいカットオフ・シャツとズボンを見せたところ、みんなもそのアイデアを気に入った。そこで、今度は全員ではるばるロンドンまで出掛け、衣装を注文した。

訪ねた紳士服店のなかには、最高に愉快な店がいくつかあった。ソーホーのある店は、背が高く、すごくキャンプな中年のクイーン《ゲイ》が経営していた。彼は髪を長く伸ばし、ガイ・フォークス〔1605年に国会議事堂爆破を企て、処刑されたカトリック教徒。イギリスでは毎年、テロが未遂に終わった11月5日に、ガイ・フォークスを模した人形をかがり火で燃やし、花火を打ち上げて国家の平和を祝う〕みたいなヤギひげを生やしていた。その店へ行くたびに、彼は興奮のあまりつま先でくるりと回り、両手を打った。

「あ〜ら！　来たわね、マイ・ボーイズ！」と店主は金切り声を上げる。彼のパーティー芸は、ティラー・

ガールズ〔1890年から続くイギリスのラインダンス・グループ〕張りの見事な足上げだった――片脚が頭の上まで上がった。「58歳の男にしては悪くないでしょ、ね、ボーイズ？」と聞かれると、認めざるを得なかった。彼の体はとても柔軟だった……きっと二重関節だったんだろう。

アーナカタで働いていたカナダ人のスジ・ワトキンスが、ロンドンのワンズワースにあるS&Mフェティッシュ・ショップへ連れていってくれた。レザーのズボン、キャップ、ブーツ、リスト・バンドのほかに、コック・リング、チェーン、鞭まで売っていた！　プリーストの仲間のひとりかふたりは、店で少々居心地が悪そうだった。

それから数週間かけて、俺たちのレザー&鋲《スタッド》のイメージはだんだん固まり、とても自然に感じられるようになった。俺たちはマッチョな文化から俳優のマーロン・ブランドまで、あらゆるものをまねていたんだと思う。その結果、突然俺たちはヘヴィ・メタル・バンドらしく見えるようになった。

このステージ衣装については数々の神話が語られている。いちばんもっともらしいのは、俺がどうにかしてこのイメージを隠れみのにしようと企て、自分のセクシュアリティをゆがんだ形で表明している、というものだ。街やベッドルームで着たい服をステージでまとい、スリルを感じているのだと。これはとんでもないタワ言だ。

俺はS&Mにも支配にも、レザー&チェーンの倒錯的なサブカルチャーにもまったく興味がなかった。ただピンと来なかった。確かに、性的指向は男性だったが、俺はその頃――そして今も――すごく普通だった。これまでの人生において、寝室《ブードワール》で鞭を使ったことは一度もない。

いや、使ったことはあるか？　待てよ、少し考えさせてくれ……。

新しいルックスに賛同するのにいちばん時間がかかったのはレスだ。彼はこの話を知らされていなかったらしい。フォト・シュートの現場に赴くと、ケン、グレン、イアン、俺は頭のてっぺんからつま先までレザーで決めていたが、レスはジーンズとみすぼらしいカウボーイ・シャツでニカッと笑っていた。

腹が立った。**レス！　俺たちはここで共通のイメージを打ち出そうとしてるんだぞ！**　だが彼にどうやってこの話題を切り出せばいいかわからなかった。**少なくとも、あいつはドラムのうしろに隠れてる**、と思った。最終的に、レスはしぶしぶみんなに同調し、自腹でバイカー・ジャケットを買った。

バンドのファンは、男性も女性も、俺たちの新しいイメージに秘密の暗号めいたゲイの要素が隠されているとは、もちろん全然気づかなかった。マッチョで筋骨たくましいアルファ雄っぽく見えると思っただけだ。俺たちをまねた衣装を着る観客が突然増え始めた。このルックスが成功だったという確かな兆候だった。

ここで認めなくてはならない。今もあの70年代後半のプリーストの写真を時折見返しては、これは俺たちのシャーリー・バッシー・レザー・イヤーズ〔シャーリー・バッシーは映画『007／ゴールドフィンガー』のテーマ曲を歌い大ブレイクした英シンガー。その頃からイメージ・チェンジをして、ゴージャスな毛皮のコートをまとうようになった〕だったんじゃないかと思う。だがそれはおそらく今、俺があるがままの自分でいるからそう感じるんだろう。

俺はどうしてもアメリカへ戻りたかった。そして晴れ舞台の日程が決まった。3月から2ヵ月間のツアーだ。再び飛行機でJFK空港へ飛んだ。キック・オフはユニオン・スクエア近くのパラディウムというそこそこ広い劇場。ここでふた晩ヘッドライナーを務めた。最高のスタートを切ったとは言えなかった。

1回目のショーが始まる前、CBSがリムジンをホテルに寄越す手はずになっていたが、一向に現れない。ロビーにいる俺たちは焦りを募らせていった。開幕時間がどんどん迫っていた。辺りにタクシーが1台も見当たらないので、フロント係に会場へ行くいちばん早い方法を尋ねた。

「そうですね、バスがちょうどあそこから発車いたしますが……」

ほかに選択肢はない。俺たちは仕方なく満員の通勤バスに乗り込んだ。多少のことでは動じないニューヨーカーだが、汗まみれでパニックを起こし、スタッド&レザーをまとって、聞き慣れない奇妙な言葉――(ウォルソールなまりで)「ぜってえ間に合わねえよお!」――をしゃべるイギリス人一行と帰路をともにして、あっけにとられていた。

ニューヨーク公演では2日目の前に1日休みがあったので、再びこっそりタイムズ・スクエアを訪れて、セックス・ショップでゲイ向けのポルノ雑誌を何冊か手に入れた。イギリスでは絶対目にしないようなものが載っていて、目の玉が飛び出しそうだった。実際、あらゆるものが堂々と掲載されていた!

ツアーが終わってから、雑誌をフライト・ケースに隠してイギリスに持ち帰った。雑誌が実際に違法だったとは思わないが、税関でこれ見よがしに振りかざされたら恥ずかしかっただろう。罪悪感を抱くのはとても嫌だったが……まあ、とにかく、そういうものなんだ。

パラディウムの2公演のあと、再び全米ツアーに出発した。今回はフォガットとバックマン・ターナー・オーヴァードライヴと一緒だ。最初のアメリカ・ツアーと同じだった――ヘッドライナーたちと接触はなく、クソみたいに扱われた。あるショーでは、照明をたったひとつしか使わせてもらえず、それを俺に当てたので、バンドは暗闇の中で演奏した。

会場から会場へはツアー・バスで移動した。最初、俺たちはでかくてピカピカの長距離バスに大いに感銘を受けた。2段ベッドだけでなく、ラウンジ・エリアまで付いていた。**ワオ! こいつが未来ってやつだ!** 狭苦しかったが、酔っ払って自分のベッドに倒れ込むのはいい気分だった。

テキサスを経てカリフォルニアへと旅を進めた。俺の個人的なカレンダーに、赤丸で囲んだ特別な1日がある。サンフランシスコへ向かった日だ。そこはゲイ・カルチャーと同性愛者のコミュニティーが盛んな街として有名だった。俺はあらゆる者の欲望が満たされるユートピアだと想像していた。

母国ブラムのゲイ・バー、ナイチンゲールに置いてあった何冊かの雑誌で知って以来ずっと、『The Advocate（ジ・アドヴォケート）』を手に入れたかった。サンフランシスコで出版されているゲイ向けの情報紙だ。プリーストはフィッシャーマンズ・ワーフのホリデイ・インに泊まっていた。俺はホテルを抜け出して、エントランスのすぐ外にある自動販売機を見にいった。そこには新聞各紙が並んでいた。『ニューヨーク・タイムズ』に『ワシントン・ポスト』……待てよ、あった！『The Advocate』だ！

聖杯を発見したような気分だった！　その箱を開けて1部手に入れるには、25セント硬貨が必要だった。レザー・パンツのポケットの中を必死で探った。クソ！　1ドル札しかない！

身なりのいい中年の女性がちょうど通り掛かった。興奮状態の俺は、彼女に飛びついた。「シッレーですが1どると25せんとコウカ4マイをリョーガエしていただけませんカ？」と俺はどもりながら言った。

彼女は両眉を上げて俺をじっと見つめた。「何ておっしゃいまして？」。この時点で、北カリフォルニアの人たちは流れるような早口のヤムヤムなまりで話さないんだろうということに思い当たった。今度はゆっくり話すことにして、もう一度試みた。「大変失礼しました。もしよければ1ドルと25セント硬貨4枚を両替していただけないでしょうか？」

彼女は了承し、俺は『The Advocate』をホテルの部屋へ持ち帰って、隅から隅までなめるように読んだ。ゲイのイベント、投稿欄、ディスコとデートの広告があった。それをウォルソールのくすんだ人生と比べてみた。びくびくしながら公衆トイレに足早に入っていく日々。**俺は約束の地にいるんだ！**

サンフランシスコでも特にカストロという地区はゲイの聖地とされていた。ぜひそこを見たかったが……実際には行かなかった。いつもの恐怖に取りつかれたからだ。俺たちはアメリカでどんどんビッグになり、時々俺の正体に気づかれることもあった——もしファンが俺を見て、ロブ・ハルフォードがゲイ・エリアをこそこそ歩いていたという話が広まったらどうしよう？

サンフランシスコで手に入れたゲイに関する文献がもうひとつある。『Bob Damron's Address Book（ボブ・ダムロンの住所録）』だ。スリムで目立たない本で、ちょうどジーンズのうしろのポケットに入るぐらいのサイズ。アメリカ全土の無数の都市や町にあるゲイ・バーやサウナ、ハッテン場のリストが掲載されていた。

ツアー・バスが夜じゅう走っている間、自分のベッドに横になり、ライトをつけてカーテンを閉め、リストの情報を頭に叩き込んだ。それによれば、アラバマ州バーミンガムでいちばんイケてるゲイ・バーはファイヤー・ピットだった。ケンタッキー州コヴィントンにいたら、ジョシュ・ボーズは絶対はずせない。ハリウッドに寄ったら、メルローズのアネックス・ウエストをぜひのぞくべきだ。

俺はそういう店のどこにも行かなかった。思い切ってやったのは、せいぜいバンドの宿泊先のホテルにたまたま近いゲイ・エリアをうろつくか、ゲイ・クラブの窓にさっと鼻先を押しつけるぐらいだ。[*1]まるでディケンズの小説に出てくる浮浪児が、決して手の届かないケーキを切なげに眺めるみたいに。

大きな会場でサポートを務めるときは、わざと大げさなパフォーマンスを心掛けた。そしてマイク・スタンドを使った派手な動きをいくつか編み出した。それがオハイオ州クリーヴランドのアゴラ・ボールルームでは裏目に出た。スタンドで天井を突き破り、大量のしっくいが頭上に降り注いだ。

クリーヴランドのあと、ひと晩だけニューヨークへ戻り、ザ・ボトム・ラインでプレイすることになっていた。俺はその日を心待ちにしていた……そのあとに待っているかもしれない出来事があったからだ。CB

*1：〝ケーキ〟というのはアメリカのゲイ・スラングで尻の山を指す。だから俺の例えは極めて正確だ。

Sの社員で事情を知っているゲイの男から、〝俺に会いたい〟という友人たちを紹介されていたのだ。

俺たちはショーのあとに合流した。彼らは俺をセントラル・パークに近い豪邸へ連れていった。いい気分だった——そこへ着くやいなや、酒のグラスを渡され、連中にさんざんおだてられた。どんなにプリーストが好きか、ステージの俺はどんなに素晴らしいか。

誰かが酒のお代わりを注ぎ、俺は頭がもうろうとしてきた。それからとてもクラクラした。**いったい全体《ホワット・ザ・ファック》、何が起こってるんだ?** ふたりの男に別の部屋へ連れていかれた。そのあと覚えているのは、体じゅうをいくつもの手が這《は》い回ったことと……年かさの男にしゃぶられたことだけだ。

年かさだとわかったのは、俺をイカせるために入れ歯を外したからだ。

よろめきながらホテルへ戻った。翌日になってやっと、酒に何か混ぜてあったんだと気づいた。だまされたと感じた。動揺して、怒りを覚えた……そしておやじの〝劇場好きな〟友人の恐ろしい思い出がしつこくよみがえった。

*

メジャー・レーベルと契約した今、世界は一気にプリーストの前に開けた。その実感はどんどん強くなっていった。アメリカ・ツアーのあとは、2ヵ月だけミッドランズに戻り、すぐ次の大きな冒険に乗り出した——初の日本遠征だ。

最高にエキサイティングで度肝を抜かれた。最初から日本の社会と恋に落ちた。ニューヨークの初訪問も目を見張ることばかりで素晴らしかったが、あの街は不気味なほどなじみがあるように感じた。テレビ番組や映画でさんざん観ていたからだ。東京に降り立つと、まるで見知らぬ惑星に着陸したような気がした。

この初ツアーで、CBSは俺たち用にこぢんまりしたホテルを予約した。基本的には日本のビジネスマン向けの宿だ。部屋は切手1枚ほどの広さだった。真ん中に立って腕を伸ばせば、両側の壁に手が届いた。

あの頃、俺は大荷物を引きずって旅行していた。まったく不可解な理由から、ステージ用も私服も、持っている衣装すべてを持ち歩いた。1日に3回か4回着替えた。どうしてかって、そんなの知るか。**それがロック・スターのやることだろう？**　一切合切をドでかいアルミニウム製のトランクに詰め込んでいた。まるで映画『タイタニック』に出てくる人たちみたいに。

1日目の夜、ルームサービスで3皿コースの食事を注文した。半開きになっていたドアから、料理を満載したトレイをふたつ抱えたウェイターが、重みでよろよろしながら入ってきた。彼は巨大なトランクが部屋に入ってすぐの所にあるのに気づかなかった。

バン！　バシャーン！

その男は空中を飛んだ。どたばた喜劇そのものだった。彼は俺の荷物の上に大の字で寝そべり、皿いっぱいの日本料理は弧を描いて空を飛んで、辺り一面に着地した。ベッド、壁、床、テレビ。そして俺の全身にも！

これはコントだ。俺は腹の皮がよじれるほど大笑いしていた……その哀れな男がどれほど恥じ入っているか気づくまでは。彼は腰から体を折り、ぺこぺことお辞儀をした。その仕草があまりにも速いので、胴体がぼやけて見えた。彼は必死に謝罪の言葉を繰り返していた。

俺はすぐさま、漫画に出てくるような〝海外にいるイギリス人〟になり切った。「**イッツOK！**」と彼に向かってどなった。いつもの声の3倍の大きさで。それが明らかに俺に対する彼の理解を促したようだ。俺は歯を見せてニカッと笑い、安心させるために親指を立てた。「ノー・プロブレム！」その男はこれっぽっちも安心しなかった。まだ謝りながら、ドアの方にあとじさり、クリーニング・スタッフを見つけるために小走りで姿を消した。

そのホテルが設けた尊敬と礼儀正しさの基準に、自分は見合った人間だったと言えたらいいのだが……あいにく違った。日本のショーはすべて夕方6時スタート。つまり俺たちは数杯引っ掛けて9時にはホテルに戻り、あとは時間をつぶすだけだ。大惨事を招く組み合わせだった。

俺はホテルの部屋を破壊するようなタイプじゃない——労働者階級の育ちだから、誰かのかわいそうなおふくろさんがその惨状を掃除しなければならないと知っていた——だが消火器については一時期、ひと騒動起こしたことがある。

『ステンド・クラス』ツアー中のことだ。俺は1本持って空っぽのエレベーターに乗り、噴射させて、全部の階のボタンを押し、閉まりかけのドアから走り出た。コントロールを失って暴れ回る消火器は、ホテルの最上階と1階を行ったり来たりして、各階で止まるたびに、外でエレベーターを待っている人たちをずぶぬれにした。エレベーターにまつわる体験としては、コーキーと彼の電話以来、誰にとっても最高に愉快な体験だった。

プリーストはいつもすきを見てはツアー・スタッフにいたずらを仕掛けた。京都公演で、スタッフのひとりが俺の隣の隣の部屋に泊まっていることを発見した。一発お見舞いするのに絶好の機会だ——そして俺の消火器に対する愛を国際的に知らしめるためにも。

壁から消火器をもぎ取り、ノズルをスタッフの部屋のドアの下に向け、てっぺんを叩いて、自分の部屋に急いで逃げ込んだ。愉快な光景を眺めようと、ドアを少し開けてのぞいていたとき、突然怒り狂った叫び声が立て続けに聞こえた……日本語の？

部屋を間違えた！　ドアがばたんと開き、頭のてっぺんからつま先までピンクの粉に覆われた日本のビジネスマンがよろめきながら出てきた。同じ粉が、彼のうしろの壁にもカーペットにも一面に飛び散っているのが見えた。消火器には水が入っているのが普通だと思ったが、日本の物は違ったらしい！

俺はドアをそっと閉めた。腹を立てたピンク色の男はどなり続けた。叫び声が聞こえ、人々が廊下を右往左往する音がして、それから5分後、サイレンが鳴った。窓越しにパトカーが1階に横づけするのが見えた。

クソ！

人々が俺のいる階の廊下へやって来て、ドアを片っ端からノックする音を聞き、急いで備え付けのキモノを着て、髪をくしゃくしゃにした。そして彼らが俺の部屋のドアをばんばん叩いたとき、こう尋ねた。「誰だ？」

「警察だ！　警察だ！」という声がした。「ちょっと話がある！」

俺はドアを開け、大げさにあくびをしてみせた。「それで？」

ふたりの警官と、英語を話せるホテルの上司のひとりがそこにいた。「誰かが消火器を噴射したんです！」と彼は言った。「何かご存じですか？」

「それはひどい！」と俺は言った。「いや、何も知らないね。ぐっすり寝てたから。悪いけど、もうベッドに戻らなくちゃ。明日ショーがあるんだ」

「お騒がせして申し訳ございません！」とマネージャーは言った。お辞儀を交わし、ベッドに戻って、シーツの下で死ぬほど笑い転げた。

実際のショーは最高に素晴らしかった。初日は中野サンプラザという劇場だ。ウルヴァーハンプトン・グランドの2倍は広かった。日本にはもうプリーストのファンが少しいると知り、心底驚いた。謙虚な気持ちになったし、ほとんど信じられなかった。

俺は以前からセットのオープニング用にちょっとした演出を思いついていた。その頃はイントロで、ムソルグスキーの「キエフの大門」を使っていた。クラシックの美しい曲だ。そして、幕が上がると……。「しょっぱなから、客席に背中を向けてたら、かっこいいんじゃないか？」と俺はバンドに提案した。「いったい全体何のためにそんなことやるんだ？」と彼らは質問した。その気持ちもわからなくはない。

俺は壮大なコンセプトを説明した。観客はイントロが始まると興奮するだろう。幕が上がって、俺たちのうしろ姿がドライアイス越しにちらりと見えたら、もっと興奮するはずだ……そして俺たちが振り返って客と向き合ったら、興奮は最高潮に達するに違いない！　スリルのトリプル攻撃だ！

ほかのメンバーは完全に納得したようには見えなかったが、まあやってみようということになった。そこで、初日の夜、立ち位置に立ち、荘厳なムソルグスキーの調べが劇場いっぱいに響き渡り、幕が上がると……俺たちの背後でビートルマニアが勃発した。というか、正確には、プリーストマニアが。

驚嘆した。70年代後半、西洋のポップとロックは日本でブレイクし始めたばかりだった。この国では、こういう音楽は女子向け専門だと認識されていたから、観客の4分の3は女性だった。そして彼女たちは絶叫していた。

ほかの意味でもビートルマニアだった。最初の曲に突入すると、小さい物体が次々に俺の頭の横を音を立てて飛び始めた。ビートルズが結成間もない頃、ジョージ・ハリスンがメンバーはジェリー・ビーンズが好物だと言ったところ、ファンたちはギグでバンドに向かってびゅんびゅん投げ始めた。

そんなわけで、俺たちはそこにいて、２０００人の日本の女子がクレイジーにきゃあきゃあ叫び、食べ物やら菓子やらぬいぐるみやら、とにかくそういうささやかな贈り物が俺たちの周りやドライアイスに降り注ぐなか、「切り裂きジャック（The Ripper）」をプレイしようと懸命になっていた。何て経験だったんだ！

日本はそういうイカれた冒険に満ちていた。洗練されてモダンな東京だけでなく、見事な史跡が建ち並ぶ古都、京都も見た。そこでは民族衣装を着た小さな人形をおふくろの土産用に買った。ツアーに出ると、いつも人形を持ち帰った。おふくろはそれらをビーチデールの家のキャビネットに誇らしげに飾っていた。

プリーストにとっては信じられないような1年だった。俺たちはジェット機でヒースロー空港に戻った。賢明なのは、しばらく休みを取って、心配事を忘れ、リラックスして、それまでに起こったことすべてをじっくり吟味することだ。俺たちは当然休暇を取ってもいいはずだった。

そこで、俺たちは真っすぐスタジオへ戻り、次のアルバム作りに取り掛かった。

8 マリー・オズモンドに鞭の洗礼を

成功へのチェックメイト『殺人機械』

70年代後半、ジューダス・プリーストは殺人的なスケジュールで働いていた。何ヵ月もかけてアメリカやヨーロッパを大規模なツアーで回り、家に帰って1週間足らずの休暇を取り、スタジオに戻ってニュー・アルバムを作る。それをおかしいとも思わなかった。

レーベルにけしかけられたせいもある。「君たちは今、大きな波に乗ってる！」とCBSは言った。「ビッグなバンドたちと張り合ってるんだ。だから足を止めたり、このまま尻すぼみに終わるわけにはいかない。ペースを落とす時間はないぞ。はしごから下りるな！」

きつい仕事だった……だが苦労だとは感じなかった。俺たちは全身全霊で打ち込んだ。厳しいスケジュールは試練であり、バンドとしての不屈の決意を試されているのだと思った。ツアーのあと、スタジオに直行するのはとても自然に感じられたし、正しいことをしていると思った。

そんなわけで、日本から飛行機で帰国し、時差ぼけでふらふらしながら、1978年で2枚目となるアルバムを作るためにロンドンへ向かった。プロデューサーはジェイムス・ガスリー。前作の最終段階で入れたスプーキー・トゥースのカヴァーで、彼の仕事が気に入ったからだ。スタジオに入ると、俺たちはすぐ全力で取り組んだ。レコーディングとツアーの過酷なノンストップ・スケジュールがもたらした利点のひとつだと思う。俺たちはいつも一緒にいて、仕事を離れなかった。それが俺たちを、たっぷり油を差したメタル・マシーンに仕立て上げたのだ。

それに、俺たちは成功の手応えを確かに感じていた。絆をもっと固め、自信を強めて、できるだけバンドをパワフルにすることに完全に集中していた。今では、あの頃の仕事量を考えるだけでベッドに横にならないといけない。だが当時は、それが当たり前になっていた。

プリーストはロードに出ている間、決して曲を書かなかった。だからスタジオ入りするときはいつも、何の準備もしないで、ゼロから始めた。それで苦労したことは一度もなかったし、あの頃は曲が驚くほど早く形になっていった。俺たちは絶好調で、そのチャンスを最大限に生かそうとしていた。

ほかのバンドに〝影響された〟と〝インスパイアされた〟は微妙に違う。〝影響された〟は、たいていの場合、ただほかのアーティストをコピーして、サウンドをまねしようとすることだ。だが俺は間違いなくクイーンの「伝説のチャンピオン（We Are the Champions）」に〝インスパイアされた〟。俺たちが「テイク・オン・ザ・ワールド（Take on the World）」を書いたときだ。

グレンが思いついた必殺のリフを聴き、クイーンと同じような歌詞を、プリーストのクラシックなテーマに沿って書けばぴったりだと感じた。希望に満ち、自信にあふれ、不利な戦いに挑んで勝利を収める。だが「テイク・オン・ザ・ワールド」にはそれ以上の意味もあった。俺たちはこの曲で、ファンと強い絆を結び、彼らに誓いを捧げたのだ。当時、メタルは相変わらず日々冷笑されていた。この曲は、俺たちが、そしてファンが、信念を捧げる音楽の価値を、俺たちは信じると宣言するアンセムだった。**俺たちはともにここにいる。**

Put yourself in our hands, so our voices can be heard
And together we will take on all the world!
俺たちの手に身を委ねろ　俺たちの声が聴こえるように
そして一緒に全世界をつかむんだ！

みんなで1曲完成させると、いつも俺の頭の中では、それをライヴでプレイしたときのサウンドが鳴り響く。この曲をレコーディングしたときは、何千人ものファンが俺たちと一緒に大合唱する声がもう聴こえた。その光景を思い描いてぞくぞくした。

グレンは絶好調で、のちにプリーストの不朽の名曲となる曲を思いついた。俺がスタジオで、今回も頼りになる類語辞典にしがみついていたところ、あるフレーズが目に飛び込んできた。「ヘイ、みんな、これ聞いてくれ。ヘル・ベント・フォー・レザー〔〝不退転の覚悟で突き進む〟の意。曲の邦題は「殺戮の聖典《バイブル》」〕！　ワオ！　いかにもプリーストらしいだろ？」。グレンが同意して、残りを作った――何てリフだ！

ある夜、俺たちはレコーディングをひと休みして、スタジオのバーにあるテレビで、モハメド・アリ対レオン・スピンクスの世界ヘビー級王者決定戦〔1978年9月15日〕を観ることにした。バンドはまだ仕事があったから、試合前の前口上を観ている俺に、試合が始まりそうになったら呼んでくれと頼んだ。

アリとスピンクスがリングに上がったので、コントロール・ルームへ走っていき、興奮状態で、ぴょんぴょんジャンプしながらドアを通り抜けた。「ヘイ、みんな《ラッズ》、試合が始ま――」

ごつん！　俺は高く跳びすぎた。頭のてっぺんを防音加工した金属製ドアのフレームに思いっ切りぶつけ、大の字になって伸びた。アリ本人にいきなりパンチを食らったように。**イテッ！**

「大丈夫、ただのかすり傷さ」と思い、意識がもうろうとしたまま、よろよろ立つと、血が顔をしたたり落ちた。

「いや、全然大丈夫じゃない！」とグレンが言った。「頭蓋骨が見えてるぜ、兄弟《メイト》！」。こうして俺は、救急外来室で2時間過ごし、数針縫われて、ビッグ・ファイトを見逃した。だが、少なくともアリの勝利を思い出す傷ができた。

グレンが「殺人機械（Killing Machine）」という曲を書き上げてあったので、アルバムのタイトルはこれでいこうということになった。その曲はバンドとしての俺たちの立ち位置を的確にとらえていたからだ。滑らかに磨き上げられ、情け容赦なく動き続ける、メタリック・マシーン。俺たちにとっては、完全に理にかなっている……だがそこへアーナカタから電話がかかってきた。

マネージメントによれば、CBSはイギリス盤はそのタイトルで問題ないと言っているが、アメリカのレーベルが難色を示しているという。アメリカではここ数ヵ月で立て続けに銃乱射事件が起こっていた。そのためレーベルは、過激なタイトルは物議を醸し、否定的な評判を巻き起こすだろう、と感じていた。

いちばん腹を立てたのはグレンだ。「これは俺たち自身を指してるんだ——俺たちがキリング・マシーンなんだ！」と文句を言った。「俺たちは人々を殺しちゃいない。マシーンは俺たちの音楽だ。ジューダス・プリーストが、メタルのパワーを備えたキリング・マシーンなんだ。それがわからないのか？」

皮肉なのは、もちろん、アメリカのレーベルが代わりのタイトルとして『ヘル・ベント・フォー・レザー』を選んだことだ。結果的にあちらもこちらも得をする、レーベルの英断だった。

『殺人機械』がリリースされると、イギリスでは好評を得て、前2作に続きトップ40入りを果たした。俺たちはいつも自分たちのチャート順位に目を光らせていた。アーティストはみんなそうだ。そんなの気にしないというバンドは……みんな嘘をついている、基本的にな！

　そんなわけで、俺たちは続いて起こったことにあ然とした。それまでに出したシングルはどれもチャートをかすりもしなかった。そもそも、そんな期待はしたことがなかった。俺たちはメタル・バンドだ、世界が違う。だがこのアルバムからカットしたファースト・シングルは別の話だった。

「テイク・オン・ザ・ワールド」がトップ40の31位になったとき、俺たちは驚いて言葉もなかった。曲がチャートを上昇し続け、14位まで上がったときは信じられない思いだった。14位！　だが何よりもいちばん驚いたのは、そのおまけだ。『トップ・オブ・ザ・ポップス』への出演〔1979年1月25日放映〕を依頼されたんだ。**ワオ！**　こいつはすごいぞ！　それまでテレビに出たことは少しあったし、ラジオにはたくさん出演した。でも……『トップ・オブ・ザ・ポップス』？　子どもの頃、毎週欠かさず観て、ヘンドリックスやボランやボウイやクイーンに見とれた、あのショー？　俺たち本当についにここまで来たんだ！

　ロンドンのシェパーズ・ブッシュの一角にあるBBCテレビジョン・センターへ向かう車の中で、俺は大興奮していた。おふくろ、おやじ、スー、ナイジェルも、俺がテレビに出るというので大騒ぎだった。人はアルバムを作れるし、ギグもやれるし、アメリカ・ツアーにだって行ける。だが『トップ・オブ・ザ・ポップス』に出演してやっと、家族や友人たちに成功しているとわかってもらえるんだ！

　ショーは少々期待外れだった。スタジオは狭苦しくて、観客は30人足らずのキッズしかいなかった。当日一緒に出演したのは、ドクター・フィールグッド。このバンドは気に入った。それからダニー＆マリー・オズモンド。こちらにはそれほど感心しなかった。

　バンドのレザーのイメージはまだ固まり切っていなかったが、俺は完全にこの路線でキメた。足先からひさし付きのケピ帽まで全身ブラックのレザー。弾帯、鋲《スタッド》付きの長い腕飾り《アームレット》、そしてワンズワースの専門店のおかげで、ワードローブに加わった最新ファッション——牛追い鞭《ブルウイップ》だ。

この最後の小物が問題になった。こちらがマリー・オズモンドに大した関心を抱かなかったとしても、彼女の方は俺にもっと興味を抱いたようだ。プリーストがリハーサルの合い間に楽屋でひと息入れていると、番組のプロデューサーのひとりが悪い知らせを告げにきた。

「ロブ、鞭はなしにしてくれ、申し訳ないが」と彼は言った。

「はあ？　何でだよ？」と俺は尋ねた。「あれは俺の演出の一部だぜ！」

「マリー・オズモンドが文句を言ってる。そいつをあまり気に入らないらしい」

何だって？　俺は昔から対立を嫌い、基本的には誰とでもうまくやっていける性格だが、この知らせには本気で腹を立てた。

「ちょっと待てよ！　俺たちはブリティッシュ・ヘヴィ・メタル・バンドで、イギリスのテレビ番組に出るのに、どっかのアメリカのアーティストがあれこれ指図するってのか？」

「ああ、ええと……」とプロデューサーは口ごもった。「ただ、その……」

「失せやがれ！」

オズモンド兄妹の楽屋を見つけるのは難しくなかった。俺がブルウィップを手に、足取りも荒く入っていくと、でかいヘアロールを髪に付けて、ごてごて化粧をしたマリーがいた。俺はあんまり腹を立てていたから、紙のバラ〔「Paper Roses（邦題：幸せのバラ）」はマリー・オズモンドが1973年にヒットさせたカントリー・ソング〕があるかどうかも気づかなかった。

「マリー、俺はジューダス・プリーストのロブだ！」と俺は自己紹介した。

「あら！　ハイ、ロブ！」

「俺に鞭を使わせたくないってどういうことだ？」

「あら、ええと、その……」

俺は彼女の答えを途中でさえぎった。

「俺が鞭を使ってるのは、それが俺たちのショーの一部だからだ。それが**俺たちのやることだ!**」。反論は一切受けつけないという口調で宣言した。マリーはぎこちなくほほえんで、うなずいた。プリースト1点、オズモンズ0点。

BBCのバーで2杯ほど引っ掛けてから、レコードに合わせて当てぶりするバンドをバックに、声を限りに熱唱した。皮肉だったのは、結局、ブルウィップをぴしゃりと鳴らすのを忘れてしまったことだ。でもあのショーでプレイするのはとてもいい気分だった。自分たちがメタルの伝道師のように感じられた。

硬派のプリースト・ファンの一部は違う意見だった。彼らは『トップ・オブ・ザ・ポップス』を、軽薄なポップのクズを詰め込んだ、甘ったるい軟弱な番組だと考え、それに出演したことはバンドの信条を裏切る行為同然だとみなした。〝売り尽くした《ソールド・アウト》〟というあいまいな表現の不満もいくつか耳にした。

俺にはこの議論にかかわっている暇はなかった。俺はいつだって、バンドと音楽をプロモートするためなら——そしてメタル全体を広めるためなら——俺たちは何でもやるべきだと思っている。『トップ・オブ・ザ・ポップス』が喜んで、俺たちのシングルをBBCで1500万人に向けて紹介してくれる？　素晴らしい——やってやろうじゃないか！

それまで俺たちがやった中でダントツにメインストリームなことだった。人前に顔をさらすことで、日常生活が変わるんじゃないかと思った。有名人に、セレブになって、次から次へとサインを書き飛ばし、ウォルソールを歩けばもみくちゃにされる？

心配する必要はなかった。**誰も気にしなかった。**アメリカでは今でも呼び止められて一緒に自撮りしてくださいと言われるが、ウォルソールでそう頼まれたことは一度もない。人々は俺に気づくが、こう考える。**ああ、あいつのことはほっといてやれ！　非番だからな――ひとりにしといてやろう！**　これは美しい行為だし、俺はその心遣いに感謝している。

どっちにしろ、俺は新しく手にした（エヘン）ポップ・スターの地位を満喫する時間はまったくなかった。１９７９年、俺たちは実質的にほぼ丸1年間をツアーに費やすことになっていた。カレンダーを見ると、１４０近いライヴの予定が詰まっていた。

79年にニュー・アルバムを作る時間がないので、ＣＢＳは緊急の代替案を思いついた。彼らはツアーを開始する日本で、東京の2公演を録音し、ミックスして1枚のライヴ・アルバムに仕立てる手はずを整えた。この『イン・ジ・イースト（Unleashed in the East）』は年の後半にリリースされることになった。

ライヴ・アルバムを出すことに反対するつもりはまったくなかったが、タイミングについて不安を抱いた。日本での俺の声はベストの状態ではなかった。眠れなかったせいもある。俺は慢性の不眠症で、あの旅ではおそらく人生最悪の時差ぼけに苦しんだ。

あるショーの前は、1分間も目を閉じることができず、文字どおりひと晩じゅう起きていた。ベテラン俳優のように、パフォーマンスは何とかこなしたが、テープに録音したらどう聴こえるか、少々警戒していた。

そのあとはアメリカへ戻り、2ヵ月かけて全国を回った。ショーの大部分はＵＦＯのサポートだった。彼らは、控えめに言って、とんでもない暴徒の群れだった。俺たちは毎晩欠かさずＵＦＯとパーティーをした。**盛大に。**プリーストもパーティー・アニマルになるときはあったが、ＵＦＯの連中はイカれていた。

ステージでは、芝居がかった演出を強調していった。プリーストの音楽はとてつもなく大音量でパワフルで強力でダイナミックだから、それに見合うパフォーマンスをして、一体化したかった。つまり、肉体的に。ステージを駆け回り、両腕を大きく振り、俺の代名詞的な動きもいくつか考案し始めた。

毎晩ブルウィップを振り回し、最前列の客を打つふりをした。商売上手なCBSとアーナカタは、間もなく挑発的なTシャツとバッジの叩き売りを始めた。

ボブ・ハルフォードに鞭で打たれた！

ステージの武器庫をさらに充実させてマシンガンを手に入れ、客席に向かって空砲を放った。たいていは「虐殺（Genocide）」のフィナーレに。この曲を毎晩やるわけではなかったが、演奏した日は熱狂的に盛り上がった。その騒ぎが15分近く続く夜もあった。

ケン、グレン、俺は一列に並んで、動きをシンクロさせて頭を激しく振り、セットのキメの瞬間にポーズを取るようにもなった。これはすべてプリーストの経験から生まれたものだ。俺たちは人々を吹き飛ばす音楽を持っていることを知っていた。だが同時に、ショーを披露したかった。

この演出がさらにレベルアップしたのは、5月に母国へ戻り全英ツアーをやったときだ。皮切りはミッドランズ。この数日のショーで、俺たちはライヴ・パフォーマンスの限界をさらに少し押し広げた。あれは確かダービー公演だったと思う。

午後のサウンドチェックのため会場に到着し、作業車両に乗ったスタッフが、劇場の脇にある狭い路地を通って機材を運んでいくく様子を眺めていた。路地の奥にはバイクが数台停めてあった。**ピカリ！** 頭上で電球が光った。

「なあ、みんな《ラッズ》！」と俺は言った。「今夜『殺戮の聖典《バイブル》』をやるとき、俺がバイクに乗ってステージに登場したらすごいと思わないか？」

「マジ、イカれてるな、お前！」というのが大多数の反応だった。「やろうぜ！」

外でぶらぶらしていて、ひとりのバイク乗りが愛車をチェックしに現れると、自分の計画を話し、バイクを貸してもらえないかと頼んだ。彼はプリーストの大ファンだったから、大乗り気だった。一緒に会場まで転がしていって、ステージの袖に停めた。

効果は絶大だった。曲のオープニングで、俺がバイクに乗りアクセルを全開にすると、観客は何が起こったのかわからなかった。ぼう然とした顔が広がる海に向かい、俺はバイクで乗り出した。

「ええ？　あのでかい音は何だ？　まるで……マジかよ、あいつバイクでステージに乗り上げたぜ！」

会場は狂乱のるつぼと化した。その瞬間から、バイクは俺たちの定番になり、ファンも大いに気に入って、その演出を期待するようになった。これがアーナカタの頭痛の種になった。ひとつひとつの会場と交渉して実行の許可をもらわなければならなかったからだ。だがその価値はあった――最高の見せ場になった。

「テイク・オン・ザ・ワールド」の成功を受け、CBSはそれに続くシングルとして、『殺人機械』から「イヴニング・スター（Evening Star）」をカットした。リリースされると、また『トップ・オブ・ザ・ポップス』から出演依頼が来た。同じ日にバーミンガム・オデオンでギグがあったが、両方問題なくこなせるだろうと俺たちは甘く見ていた。

それは間違いだった。

当日、『トップ・オブ・ザ・ポップス』ではうんざりすることが山のようにあった。

何時間もじりじりと待たされた。サウンド・リハーサルがあり、ドレス・リハーサルがあり、ライヴの通しリハがあった。技術的な問題が発生した。どんなトラブルかは知るもんか。時間は刻々と過ぎていった。

俺たちはどんどん心配になっていった。「おいクソ、時間をチェックしてるか？」

俺は通り掛かったプロデューサーをひっつかまえた。「なあ、兄弟《メイト》、俺たちの出番は何時になる？　行かなきゃならないギグがあるんだ！」

「はい、はい、すぐだよ！」と彼は請け合い、姿を消した。さらに30分が経過した。

6時になった。ラッシュアワーのロンドンの道路を抜け、高速道路のM1とM6を通って、予定時間までにブラムへ着くのは無理だろう。アーナカタの女性スタッフがスタジオにいて、電話にかじりついていた。飛行機は借りられる？　ヘリコプターは？　警官の先導は？　全部ハズレだった。

結局俺たちはギグでプレイしたが、バーミンガム・オデオンに着いた頃には、開演予定から1時間過ぎていた。一部のファンは、俺たちがショーをやらないと思い、あきらめて家に帰っていた。やっと俺たちが登場すると、まばらなブーイングが聞こえた。**俺たちの故郷で！**　すべての失態について、最悪だと感じた。

イギリスの部のあと、珍しく1ヵ月ギグがなかった。これで『イン・ジ・イースト』をミックスする時間ができた。東京のショーの録音を聴き直すと、俺がいちばん恐れていたことが現実になった。

CBSはアルバムのプロデューサーにトム・アロムという男を起用した。続く数年間、俺たちは兄弟の絆を結び、長く幸せで生産的な関係をトムと続けることになる——お互いの第一印象からは予想もできなかったが。

俺より何歳か年上のトム・アロムは、完璧な上流階級のアクセントで話し、俺がそれまで会ったなかでいちばんお上品ぶった人間だった。王室の遠縁か、軍人といっても通用しただろう——ついたあだ名は〝大佐《コロネル》〟だ。

だがいったん貴族ぶった振る舞いに慣れてしまうと、トムは素晴らしいやつで、とてもロックンロールな男だった。彼はプリーストに夢中になり、メタルにのめり込んで、バンドを最初から受け入れた。一部のプロデューサーと違い、楽譜が読めてピアノも弾けた。俺たちは大いに感銘を受けた。

トムは最初の打ち合わせからプリースト・ファミリーの一員になったが、彼は『イン・ジ・イースト』のミックス作業という困難な課題を抱えていた。バンドは完璧だったが、俺のヴォーカルは悲惨だった。正しい音程で歌おうとして失敗する声には、時差ぼけと疲労がにじみ出ていた。

ティッテンハースト・パークにあるリンゴ・スターのスタジオでリミックス作業をした。アスコット郊外にある豪華なジョージ王朝式のカントリー・ハウスだ。リンゴはジョン・レノンとヨーコ・オノからこの地所を買った〔ジョン・レノンの『イマジン（Imagine）』もここでレコーディングされた〕。そこにいると思うと胸が躍った――だが俺たちには口をぽかんと開けて見ている時間はなかった。大惨事が待ち構えていたからだ。

トムはベストを尽くしたが、彼でさえクソを磨き上げることはできなかった。こんなに調子が悪くて音程が外れている俺の声をプリーストのファンが聴くと思うと耐えられなかった。顔をしかめながらテープを聴き直して、決断した。

「聞いてくれ、みんな《ラッズ》」と俺は言った。「俺はマイクを持ってフロント・ルームに行って、アルバムを最初から最後まで歌う。それを録音して、それで何かできないか見てみよう」

俺は言ったとおりのことをやった。ヴォーカルは比べものにならないくらいよかった。トムがそれを東京公演のバンドの演奏とミックスした。そのことは何年も秘密にしていたが、真相が明らかになると――なぜならここにいるおしゃべり野郎がインタビューで口を滑らせたからだ！――ファンはこのアルバムを『Unleashed in the Studio』〔〝スタジオで大爆発〟の意。原題『Unleashed in the East』は〝東洋で大爆発〟〕と呼ぶようになった。

ヴォーカルを録り直したことは、しばらく物議を醸した——だが俺たちにやましい気持ちは一切なかった。ファンをだまそうとしたんじゃない。質の悪いプリーストの作品をリリースしたくなかっただけだ。それこそ、はるかにファンをだますことになるからだ。

長いツアーの1年が再開した。アイルランドに初遠征し、ダブリンのフェスティヴァルでステイタス・クォーと共演した。俺たちは以前クォーに会ったことがあり、気のいい連中だったが、実際には彼らをサポートする出番はほとんどなかった。その日が暴動と化したからだ。

アイルランドのプロモーターたちと警察は、バイクでステージに乗り入れるのは厳禁だと言った。実行すれば観客が暴徒と化すと考えているようだった。そんなのクソみたいなタワ言だと思った。ファンはバイクを期待している。彼らをがっかりさせたくなかった。

プリーストのメンバーはひとりとして、これまで気まぐれなプリマドンナのようにわがままを押し通したことはない。俺でさえ。だがこのとき、俺たちは断固として抵抗した。**バイクが使えないなら、俺たちは出演しない。**ショー・タイムの直前まで、こう着状態は続いた……そして突然、主催者側が折れた。俺がブルンブルンと音を立ててステージに登場し、俺たちが正しいことをやったと見せつけると、客席は歓声の嵐に包まれた。

ダブリンはレス・ビンクスが俺たちとやる最後のショーになった。突然、俺たちのドラマーは消えた。驚いたし、裏にどういう事情があるのかもはっきりわからなかった。レスが後年ケンに話したところによれば、金をめぐってアーナカタと言い争ったのが原因らしい。

俺はレスが好きだった。彼は最後にはカウボーイ・シャツだって脱ぎ捨ててくれた。だが正直に言って、彼が去ってもそれほど残念ではなかった。レスは少々ドラマーズ・ドラマーなところがあると思っていたからだ。つまり、プリーストの音楽の心と魂に入れ込むより、自分のテクニックを見せつける方に関心を持つ傾向があった。

後任のデイヴ・ホランドは、トラピーズという俺たちのお気に入りのバンドでプレイしていたが、打診すると喜んでこちらに移った。彼が到着してすぐ、レスとの違いがよくわかった。レスは確かに複雑さをもたらしたが、デイヴはシンプルさ、ドライヴ感、そしてパワーをもたらした——それこそ俺たちに必要なものだった。

デイヴが正式に加入したのはその年の秋、再びアメリカの部に乗り出したときだ。今回は『イン・ジ・イースト』を引っ提げてのツアーだった。最初のいくつかのショーはアリーナや奇妙なスタジアムでサポートを務めた。ヘッドライナーはアメリカン・ロックの帝王、キッスだ。

このサポートのオファーを受けたとき、俺たちはじっくり考えた。キッスはメタルのバンドじゃないし、俺たちの音楽のソウルメイトでもない。だがジーン・シモンズとポール・スタンレーがプリーストをすごく気に入ってくれて、個人的に依頼が来た。身に余る光栄だったし、何十万人もの新しいファンと通じ合うチャンスを、見逃すわけにはいかなかった。

キッス軍団は喜ばせるのが難しいことで有名だが、俺たちのステージは彼らに受けた。持ち時間は毎晩わずか30分。だから俺たちは全力を尽くし、メタル・パワー全開で暴れ回った。観客が俺たちを受け入れたのは、凶暴で、ありったけの情熱を注ぎ、強烈なイメージを持っていたからだ。

ジーンとポールは俺たちの音楽を気に入ったかもしれないが、ステージ以外で会うことはほとんどなかった。とはいえ、ジーンがシェールとつき合っていると知り、俺は大興奮した。彼女はゲイの男性たちが慕う大物のゲイ・アイコンだったからだ。俺は怪しげな言い訳をでっち上げて彼女の周りをうろつき、「ハイ！」とあいさつできるチャンスを待った。

ツアーでキッスと共演している間、ＣＢＳが『イン・ジ・イースト』をリリースした。どれだけ売れるか見当がつかなかったから――判断基準として比較できるものがなかった――全英トップ10入りしたときはとても驚いた。さらに、アメリカのビルボード・チャート２００に食い込んだ！

何だって？　ライヴ・アルバムが？　マジか？　俺たちが手を触れた物がすべて黄金に変わるように感じた。ほとんど理解を超えていた。

俺は間もなく、もっと理解を超えた経験をする。キッスとのツアーが終わり、テキサス、カナダ、西部の劇場やアリーナでヘッドライナーを何日か務めたあと、おなじみの場所でフィナーレを迎えた。ニューヨークのパラディウムだ。

ＣＢＳが音楽業界人を集めた打ち上げパーティーを企画していた。場所はマッド・クラブというナイトクラブだ。ここはすでにツアーで訪れたことがあった。真夜中過ぎに短いセットをやったが、声を限りに熱唱している間、俺の真ん前で写真を撮っている男に気づかないわけにはいかなかった。

脱色した白髪の小柄な年配の男だ。ちっぽけなオリンパス製カメラを持っている。ちょっと似ているぞ……。

待て、似てるんじゃない、本人だ！　アンディ・ウォーホルだ！

俺はウォーホルのことなら何でも知っていた。彼が制作するポップ・アートや前衛的な映画の大ファンだった。俺にとって、彼こそが最も純粋かつ芸術的な意味で、ニューヨークそのものだった。白状すると、セットのあと彼に紹介されたときは、スターを前にしてすっかりのぼせ上がってしまった。

「やあ、アンディ!」と俺はべらべらしゃべり始めた。「来てくれてありがとう! ここはいい所だよな? 俺たち、前にもマッド・クラブでプレイしたことがあるんだ!」

「ああ、そう?」とアンディはゆっくりした口調で言い、会話を続けながらまだ俺の写真を撮っていた。**パチリ!**

「そうなんだ! 今夜はここに来る前、パラディウムでチケット完売のショーもやってきたぜ!」

「ああ、そう?」。**パチリ!**

「うん。それと俺、あんたの作品の大ファンなんだ! すごく気に入ってる!」

「ああ、そう?」。**パチリ!**

俺は2杯ほど引っ掛けていたから、彼の単調な会話スタイルにだんだんイライラし始めた。ウォーホルは人づきあいがとても苦手で、ひどく無口だと聞いていたが、これはまさにその典型的な例だった。だがそれでも……**俺はファッキン・アンディ・ウォーホルと話してる!**

俺は会話の新たな糸口を探そうとした。

「ニューヨークへ来るのはいつも最高だよ!」

「ああ、そう?」。**パチリ!**

わかった。これでおしまい、もううんざりだ! 俺は少し前、ステージの小物としてブルウィップに加え手錠を導入していた。それが1組、スタッド付きのベルトからぶら下がっていた。何を思ったのか、俺はそれを外し、片方を自分の手首に、もう片方をウォーホルの手首にはめた。

彼は俺を見て、神経質に笑った。

「悪いニュースがあるんだ、アンディ」と俺は告げた。

「ああ、そう？」

「鍵をなくしちまったのさ！」

「**ああ、そう？**」。それまでと同じ言葉だったが、今回その声は明らかにトーンが上がり、激しい口調だった！

「な〜んてね、からかってただけだよ、兄弟《メイト》！ ちゃんとここにある！」と俺は言って、ポケットからそれらを取り出した。ウォーホルはとても安堵したように見えた。

「ああ、そう！」と言ってにっこり笑った。

そこからウォーホルは会話のレパートリーを一気に増やし、スタジオ54へ一緒に行くべきだと提案した。ふたりで外へ出て、イエロー・キャブを拾い、一緒に後部座席に座って、車が行き交う未明のマンハッタンの道を縫うように進んでいった。

窓の外をのぞいたとき、自分がどこにいて、誰と一緒にいるのか、ふいにすとんと理解した。**これは現実の出来事なのか？** 俺はもう、カンザスにも、ブロクスウィッチにもいない！ スタジオ54に着くと、アンディ・ウォーホルは2分間俺とぶらぶらして……それからいなくなった。人込みの中に姿を消した。それ以来、彼とは二度と会っていない。

あの有名な夜の写真は今でも持っている。あらためて見ると、ある物に目を引かれる。俺のTシャツだ。そこには有名なゲイのエロティック・アーティスト、トム・オブ・フィンランド〔本名トーク・ラークソネン。第二次大戦後、まだ同性愛が重罪だったフィンランドで、美しくマッチョな男性を描き続け、やがてその絵はゲイ男性の希望のイメージとして世界に広まっていった〕によるイラストがプリントされている。同性愛者が盛大な乱交パーティーを繰り広げている場面だ。勃起したコック、尻の山、フェラチオ、アナル挿入。

今はただ不思議に思う。**俺はいったい何を考えてたんだ？** 当時はゲイであることをひた隠しに隠し、カミングアウトを恐れていた。だがあのＴシャツは、頭の上にネオンサインを掲げているようなものじゃないか。「**アイ・アム・ゲイ！**」というキャッチフレーズを光らせて！

プリーストに何十年もいる間、俺をとらえて離さなかった苦悩と混乱のイメージを、何よりもよく切り取っているのが、ウォーホルと一緒に写っているあの写真だ。カミングアウトをしたい、偽りの生き方をやめたいと切実に願いながら、それは決して実現しないとわかっていた。

酒におぼれていたのも無理はない……。

ロード回りの1年が終わろうとしていた。ラーチウッド・ロードの家に帰ったのは1週間足らず。ニック、マイケル、デニスとおしゃべりを楽しみ、シェールに会ったこと、アンディ・ウォーホルと自分を手錠でつないだことを話した。次はいよいよ、長旅の最後の部。『地獄のハイウェイ（Highway to Hell）』を引っ提げたＡＣ／ＤＣのサポートとして、ヨーロッパへ行くことになっていた。

これはでかい話だった。俺たちはこのオーストラリアのロッカーたちの大ファンだったし、彼らはすでに超ビッグになっていたから、キッスのツアーのように、俺たちをまだ知らないだろう何千、何万人ものメタル・ファンに、バンドの存在を知ってもらうチャンスだとわかっていた。きっちりキメないといけない。

このツアーでは、ホテル代で金を無駄遣いするのはやめて、ツアー・バスをレンタルすることにした。回るのはベルギー、オランダ、ドイツ——ドイツでは山ほどの日数——そしてフランスだ。バンドのメンバー、ツアー・スタッフ、すべての機材を積める巨大な車にした。

公平を期するなら、この決断は結局高くついたと説明するべきだろう。そういうふうに旅をするのは、2、3日ならＯＫだ。だが重なり合うようにして何週間も延々と暮らしていると、さすがにイライラしてくる。

俺たちはあのバスに詰め込まれて逃げられない動物みたいだった。やがてみんな正気を失い始めた。

俺たちはあのファッキン・バスを憎んだ。

俺たちのステージはＡＣ／ＤＣのファンに受けたが、ヘッドライナーとはあまり顔を合わせなかった。自分たちのセットを終えたら、たいていは夜通しバスを走らせて次の町に向かわなければならなかった。そういうことを何日かやったあと、アンガス・ヤングが俺たちを探しにきた。

「あんたら、俺たちが気に入らないのか？」と彼は尋ねた。

「はあ？　どういう意味だ？」

「俺たちと全然つるまないからさ！」

「ああ、ぜひそうしたいね！」と俺たちは彼に請け合った。「悪気はないんだ！　役立たずでクソッタレなバスに乗ってるから、ショーのあとすぐ出発しなきゃならないんだ！」

「なんだ、そんなこと！」とアンガスは言った。「俺たちのバスで一緒に移動して、ビールでも飲もうぜ！」

彼らの〝バス〟というのは最高級の豪華な長距離バスで、エアコンやら何やらの最新設備を備えていると知ったとき、俺たちは進んでその刑務所にぶち込まれることにした。

そんなわけで、ほとんど毎晩、俺たちはそういうふうに移動を始めた。ＡＣ／ＤＣはみんな愛すべきやつらで、本当に気前がよく、素晴らしい旅仲間だった。ボン・スコットと俺はすぐ意気投合した。（俺たちのよりはるかに豪華な）ツアー・バスに乗り、ふたりのメタル・シンガーの話は尽きなかった。

アンガス・ヤングはほとんど酒を飲まなかった。どうして一滴も口にしないのか尋ねると、「１杯飲んだら、べろんべろんに酔っ払っちまうからさ」と説明した。ジョークを言っているのかもしれないと思ったが、ある夜、現場を目撃して、ジョークじゃないとわかった。彼は文字どおり、シャンパンを１杯飲むと、数秒で完全に足が立たなくなった。彼は俺の目の前で変身した。

ボン・スコットはその正反対だった。彼はいつも飲んでいた。酒に関しては底なしだった。さんざん飲んだ挙句ベッドに倒れ込んで気絶し、次の日はねぐらから出てきてステージに直行した。それが彼の仕事の流儀だった。

ボンは疲れた顔も決して見せなかった。超人のようだった。『地獄のハイウェイ』ツアーが終わると、AC／DCとプリーストのメンバーは全員ハグを交わし、また一緒にツアーをやろうと約束した。4週間後、ボンは過剰摂取《オーヴァードーズ》のせいで死んだ。俺たちは全員言葉にならないほどのショックを受けた。

プリーストは燃え尽きた状態で79年を終えたが、結果には大満足だった。**何て1年だったんだ！** アルバムを1枚とシングルを何枚もヒットさせ、世界最大のロック・バンドたちと各国を回り、数え切れないほどの新たなファンを獲得し……アンディ・ウォーホルと自分を手錠でつないだ。

これよりよくなるなんて想像できないと思ったのを覚えている。それは大間違いだった。なぜなら俺たちは間もなく、バンドを新天地に押し上げるアルバムを作るからだ。

9 我が目は栄光なる穴を見た

金字塔『ブリティッシュ・スティール』

ときには、田舎にケツを落ち着けるのも悪くない。

1979年のクリスマスをウォルソールとブラムでのんびり過ごしたあとは、いつもどおり、またスタジオ入りした。嬉しいことに、俺たちは再びトム・アロムと組み、ティッテンハースト・パークへ真っすぐ向かった。リンゴ・スターが所有するカントリー・ハウスで、『イン・ジ・イースト』をミックスした場所だ。

前回そこへ行ったときは、とんぼ帰りの滞在だったし、俺は東京公演のヴォーカルを何とかしようと焦りまくっていたから、その家をちゃんと見るチャンスがほとんどなかった。今回は1ヵ月の滞在なので、じっくり眺め回して――目にしたものを大いに気に入った。

グレンも俺もビートルマニアだったから、リンゴがそこをジョンとヨーコから買ったということは俺たちにとってすごく大きな意味があった。何しろふたりはそこに住んでいたのだ。手分けしてその豪邸の中を偵察し、合流しては息せき切ってお互いの発見を報告し合った。

そこで過ごした初日、グレンが言った。「とにかく来て、見てみろよ」。彼に連れていかれたのは、これといった特徴もないベッドルームだ――だが驚くべきは、ベッドルームと続きになっているバスルームだった。トイレがふたつ、60センチほど離れて横並びに置かれ、それぞれの背後にネームプレートが掲げられていた。

JOHN　YOKO

ふたりが並んで座り、手をつないで、クソをしている姿を想像しようとした。まったく、愛はときに限界を知らないものだ。

ジョンとヨーコが「イマジン」のビデオを撮影した広い部屋で、メシを食ったり曲を書いたりしているわけだから、俺たちはとんでもなく興奮した。ジョンが弾いた白いスタインウェイのピアノはとっくの昔になくなっていたが、ヨーコがビデオの中で開けた床から天井まであるよろい戸はまだそこにあった。

ある日、バンドのメンバーとトムが揃《そろ》ってその部屋に座り、テレビを観ながらメシを食っていたら、そのビデオが映った。映像が流れるなか、周りを見て、**ワオ！ 俺はまさにその部屋にいるんだ！** と思い、圧倒された。ほら、単細胞は何でも喜ぶっていうからな……。

リンゴはその家に一切、手を加えていないようだった。ただひとつ、メインのリビングルームは別だ。彼は歴史様式〔西洋で時代を通して受け継がれてきたインテリア様式〕の暖炉を取り外し、巨大なステンレス製のこんろ《リング》に見えるような物と取り換えていた。[*1]まったく場違いに見えた……だが彼はきっと気に入っていたに違いない。

俺はそのベッドルームを誰にも取られないうちにいただいた。「イマジン」の部屋ではなくそちらを選んだのは、ジョンとヨーコが「ジェラス・ガイ（Jealous Guy）」のビデオでボートをこいでいる湖が見渡せたからだ。俺はフィットネスにはまっていたので、ほとんど毎朝、湖の周りをジョギングした。毎回、水上に

＊1：リンゴは人々がこう言うのを期待したのかもしれない。「こんろ《リング》だ——びっくり！」〔ビートルズが主演した映画『HELP! 四人はアイドル』は、リンゴ・スターがはめている指輪《リング》をめぐる冒険活劇〕。

いるふたりの姿を思い浮かべた。

のちに『ブリティッシュ・スティール (British Steel)』となるアルバムの制作は、初日から夢のようだった。幸運の星が巡ってきた。トム・アロムはプロデューサーとして非常に有能で、ものごとをすべて把握していた上、とても理解が早く、プリーストの強みと感性を生かしてくれた。

トムは、ライヴでプレイすることがプリーストの強みであり、そこから多くの優れたアイデアが飛び出すとわかっていた。それまでのアルバムでは、まずドラムを録音して、その上にすべてを重ねていた。トムはそれを封印し、スタジオで全員一緒に演奏させた。そんなことをやるのは初めてだったが、効果は驚異的だった。

トムは優れたプロデューサーであると同時に、凄腕のオーディオ・エンジニアでもあり、スペースをどう使えば最大効果が引き出せるかを心得ていた。俺はヴォーカルのほとんどを掃除道具用ロッカーの中でやった。ここで認めなければならない。自分がクローゼットの中《イン・ザ・クローゼット》〔ゲイであることを隠しているの意〕で歌うことに、ある種の皮肉を見いださざるを得なかった。

ケン、グレン、俺は初めてチームとして曲を書いた。これは飛躍的な進歩をもたらした。それ以前は、ひとり、あるいはふたりが曲のアイデアを出し、それに応じてソングライティングのクレジットを分けていた。今回は、すべてのクレジットがこうなった。ティプトン／ハルフォード／ダウニング。バンドの誰かひとりが、自分のアイデアは無視されたり軽んじられたりしていると考えれば、衝突が起こる。その可能性を排除するという意味で、このクレジットは重要だった。バンドが解散するいちばん大きな理由は、ソングライティングのロイヤルティーをめぐる恨みではないだろうか。

プリーストはずっと、周りでどんな音楽の動きがあるのか把握していた。俺たちはパンク・ムーヴメントとは完全に距離を置いていたが、動向には注意を払っていた。ほんの短い時間で苛烈を極めて爆発する、パンクの2分半か3分の曲が『ブリティッシュ・スティール』の種をまいたんだと思う。

トムの助けを得て、俺たちは『背信の門』で始めたプロセスに磨きをかけていった。曲の余分な要素をそぎ落とし、生々しく、ギラギラ光る、メタリックな核《コア》を取り出す。すべてをぎりぎりまで削り落とした。俺たちの信条は〝最小限こそ最大限《ミニマル・イズ・マキシマル》〟だった。

最初の頃、その場で書いたすごくパンクっぽく聴こえる曲が「ブレイキング・ザ・ロウ（Breaking the Law）」だ。ジューダス・プリーストは政治的なテーマを扱うバンドじゃない——興味がないからだ——だがこの曲は、疑いようもなく、社会への痛烈な批判を切り取っている。

俺は政治に無関心な人間だから、マーガレット・サッチャーが前年に政権の座を握ったときは、ほとんど興味を持たなかったし、女性が首相になるのは一大事だというぼんやりした認識しかなかった。だが政権が数ヵ月続くと、悪いことがたくさん起こっていることがはっきりしてきた。

ミッドランズをはじめとする国中の重工業や自動車メーカーは苦境に陥っていた。工場閉鎖の噂もすでにささやかれていた。失業者の数は飛躍的に増加しつつあった。なかでも最悪なのは、何百万人もの若者が、希望を持てず、世の中から無視されていると感じていることだった〔保守党のサッチャー首相はサッチャリズムと呼ばれる社会・経済政策を推進。自由競争による経済成長を目指した。経済は復活したが、大規模な炭鉱ストなどが起こり失業率が増大、不況が長引いた〕。

「ブレイキング・ザ・ロウ」の歌詞は、仕事もなく途方に暮れた若い連中になったつもりで書こうとした。

There I was completely wasted, out of work and down,

All inside it's so frustrating as I drift from town to town,
Feel as though nobody cares if I live or die
見ろよ　俺は疲れ果てていた　失業して　落ち込んで
町から町へさまよう俺の心は　いら立ちではち切れそうだ
俺が生きようが死のうが　誰も気にしないんじゃないか

何かの主張の代弁者になろうとしてたわけじゃない。そんなこと、これまで一度もしたことがない。だが権利のはく奪や怒りや政治的混乱を間近でいやというほど目にして、それを記録し、反映させたいと思った。「グラインダー（Grinder）」〔肉ひき機の意。〝強くこすりつける者〟とも解釈できる〕も社会的な主張がテーマだ。人々がだまされ、操り人形のように使われ、資本主義というマシーンに放り込まれて、反対側から吐き出される。歌詞にはさらに性的な緊張感も取り入れた。[*2]〝Grinder, looking for meat... (グラインダー、肉を探している……)〟。

ある運命的な夜、早朝4時に、俺は何とか寝ようと努力していた。下の「イマジン」ルームではグレンがアンプをセットアップして、いくつかのリフに取り組んでいた。俺はため息をつき、ドレッシング・ガウンを羽織って、ひと言文句を言うために下りていった。

「いったい何やってんだよ、グレン？」と俺は問いただした。

「ああ、悪い、起こしちまったか？」

「ああ。寝ようとしてたとこだ！」

「音量を下げるよ」と彼は言い、アンプをいじくった。

背中を向けて部屋を出ようとしながら、グレンに向かって捨て台詞《ぜりふ》を吐いた。「お前は真夜中過ぎにここで生きてるんだな、まったく！（You're living after midnight down here, you are!）」

俺はぴたりと立ち止まった。そしてグレンと顔を見合わせてニヤリと笑った。「そいつはこの曲用にクソ最高なタイトルだな！」と彼は言った。次の日、俺は歌詞を書いた。パーティーをしてごきげんな時間を過ごす、という内容だ。トムはそのフィーリングを即座に理解し、お茶の時間までには曲を完成させた。

「メタル・ゴッズ（Metal Gods）」については、クイーンの『世界に捧ぐ（News of the World）』のジャケットに描かれた巨大なロボットにインスピレーションを受けた。『宇宙戦争』〔火星人による地球侵略を描いたH・G・ウェルズの小説（1898年）。邦訳は中村融訳、創元SF文庫、2005年ほか〕や、その頃もまだ夢中で読んでいたSF小説から影響を受けた。金属《メタル》製のモンスターたちが人類を全滅させる曲だ。それが俺のニックネームになるなんて、誰が予想しただろう？

あのレコードでは幅広いテーマを扱った。「リヴィング・アフター・ミッドナイト（Living After Midnight）」のようなロックンロールのパーティー・ソングから、社会への抗議を込めた曲、さらに「ユナイテッド（United）」のように団結して世界に抵抗する人々のアンセムまで。とても包括的なアルバムになったので大満足した。

トム・アロムは俺たちに音の実験をしろとけしかけた。「ブレイキング・ザ・ロウ」のバックで聴こえるガラスが割れる音は、グレンが牛乳とビールの瓶をスタジオの外壁に投げつけて割ったものだ。「メタル・ゴッズ」では、俺が引き出しひとつ分のナイフとフォークをマイクのそばで揺らして、行進するロボットたちを召喚した。ひと仕事だったが、遊びのように感じられた。

＊2：どうしてゲイ向けのデート・アプリから、広告にこの曲を使いたいという依頼が今までに一度もないのか、さっぱりわからない！

プレイバックを聴いて、すべてがうまくいったとわかった。「ああクソ《ブラッディ・ヘル》、マジで《ブラッディ》最高だ！」とトムはお上品ぶった声で絶賛した。俺たちも同じ感触だった。みんな、これが特別だとわかっていた。

あと必要なのはアルバムのタイトルだけだ――そして俺は、自分の望みを正確にわかっていた。少し前、北部のギグへ向かう途中で、車の窓から外を見ると、工場の巨大な看板が目に入った。**ブリティッシュ・スティール**〔1967年、労働党政権の旗振りで、14の民間鉄鋼会社が合併して設立された国営会社〕。あらゆる意味で、俺たちのアルバムを総括しているように思えた。

ポーランド人のデザイナーで『ステンド・クラス』や『殺人機械』を手掛けたロスワヴ・シャイボが、ジャケットをデザインした。バンドの名前とアルバムのタイトルが刻まれたかみそりを、片手が握っている。最初の案では、かみそりの歯が指に食い込み、そこから血がしたたっていた。でも俺たちは、血がないほうがタフなイメージに見えると考えた。

俺たちはヘヴィ・メタル・バンドだ！　とんでもなくタフだから、血なんか流さない！

俺たちは『ブリティッシュ・スティール』の作曲、レコーディング、プロデュース、ミックス、マスタリングを30日もかからずやってのけた！　自然発生的に生まれたパフォーマンスだが、やっつけ仕事には全然感じられなかった。制作にはそれだけの時間があればよかった。

プリーストがティッテンハースト・パークを離れるときが来た。みんな新しいベイビーの出来に最高に満足していた――そして俺は、ジョンとヨーコの愛の巣で過ごした時間を記念するために、ちょっとしたお土産をいただいていく誘惑に勝てなかった。

俺が鬱屈《うっくつ》を吐き出してヴォーカルを録音したクローゼットには、ビートルズとレノンが置いていったあらゆる種類の身の回り品が保管されていた。写真、ゴールド・ディスク、さらにマスター・テープまで――そしてすぐそれだと気づいた物があった。

オブジェだ。パースペックス〔透明な合成樹脂〕製で高さ50センチくらいのオベリスク……「イマジン」のビデオに映っていた。ジョンがピアノを弾き、ヨーコが彼のうしろでよろい戸を開けているとき、そばの台座の上に置いてあった。

ワオ！　じゃあ、ここにあったんだ！

自分の目がほとんど信じられなかった。それを手に取ると、まるで音楽史の一片を両手で抱いているように感じた。正直に言おう。俺はそれを邸宅からこっそり持ち出して、ウォルソールへ戻り、何人かの遊び仲間に見せびらかした。40年[*3]たった今でも、どうやらまだ手元にあるようだ。

『ブリティッシュ・スティール』を迎えたのは、それまでと異なるメディア環境だった。俺たちは過去の経験から、音楽誌の売文屋たちがお決まりのようにヘヴィ・メタルをあざ笑い、辛辣な言葉でバカにするのに慣れていた。ところが今や、驚いたことに、彼らはヘヴィ・メタルを褒め称えるシーンをでっち上げていたのだ。

ニュー・ウェイヴ・オブ・ブリティッシュ・ヘヴィ・メタル（NWOBHM）の主な仕掛け人は『サウンズ』紙だ。同紙がブームの旗手として期待しているバンドは、アイアン・メイデン、デフ・レパード、モーターヘッド、サクソン、サムソン……そしてジューダス・プリースト。

近頃では、音楽ジャーナリストたちが作り上げたムーヴメントに便乗して、おとなしく枠に押し込められるのを嫌うバンドが多い。だが俺はニュー・ウェイヴというアイデアが気に入った。メタルは何年も無視されてきたから、変化をつけるために、少しばかり注目を浴びるのはいいことだろう、と思った。俺たちは正

＊3：本当にいつか返さなくてはならないと思っている。

しい、と証明されたように感じた。

『ブリティッシュ・スティール』ツアーのイギリスの部で、サポートを務めるのはアイアン・メイデンに決まった。『サウンズ』誌イチ推しの新人バンドのひとつだ。ツアー直前、彼らは音楽誌のインタビューを受けた。そのなかで当時のシンガー、ポール・ディアノは、毎晩ジューダス・プリーストをステージから吹き飛ばしてやると言った。

　俺はその発言を知ってもまったく気に留めなかった。なぜなら、理由1：彼らにそんなことはできない。そして理由2：生意気な若いバンドがいかにも言いそうなことだったから！　自分たちも、それまでにサポートしたあらゆるメジャー・バンドに、同じことをしようとしてきた。だから、彼らがやって何が悪い？俺は愉快だと思った。

　ケンの意見は違った。そのコメントを聞いて気分を害し、怒り狂って、メイデンをツアーから蹴り出せと主張した。ほかのメンバーは、ただの軽口なのにバカげた過剰反応だと言ったが、彼の怒りは収まらなかった。

　俺は心の底からケンを愛しているが、彼は決して恨みを忘れない男だ。彼はアイアン・メイデンに対する怒りをかなり長い間引きずっていた。ツアー序盤のあるギグで、彼らが座り、俺たちのサウンドチェックを見物していたことがある。ケンはそれを自分に対する侮辱だととらえた。俺にはさっぱり理解できそうもない理由で。

　あのツアーでは、しょっちゅうメイデンとつるんだり、気さくに冗談を言い合ったりしたわけではない。だが俺は、プリーストをステージから吹き飛ばすというディアノのコメントを、文字どおりに解釈しすぎたんだろう……なぜならある夜、一緒に酒を飲んで、彼を誘惑しようとしたからだ！　もっと飲もうということになり、一緒に俺の部屋へ行ったが、俺は酔っ払いすぎて何かをする気力がなかったし、ディアノも酔っ払いすぎて、俺が何をしたがっているかさえ気づかなかった。

それで本当によかったと思う。

ツアー中、ＣＢＳが『ブリティッシュ・スティール』からのファースト・シングルとして「リヴィング・アフター・ミッドナイト」をリリースした。シングル・チャートに入ったおかげで、再び『トップ・オブ・ザ・ポップス』からお声が掛かり、3月下旬に出演することになった。**やったね！**　ひとつ問題があった。同じ夜にギグが入っていたのだ……バーミンガム・オデオンで。

マジかよ!?

絶対にだめだ！　前の年、ショーに1時間遅刻している。また大惨事を引き起こす危険を冒すわけにはいかない！　アーナカタを通して、ビーブ《BBC》に伝えようとした。「ありがたい話ですが辞退します。ツアー中なので出演できません」

これがうまくいかなかった。『トップ・オブ・ザ・ポップス』の出演を断るやつは誰もいない！　ＣＢＳとマネージメントは俺たちの態度に震え上がり、すぐさま手練手管を尽くして、思い直すよう説得にかかった。出演すれば『ブリティッシュ・スティール』のすごい宣伝になるってわからないのか？　プロデューサー側には君たちの状況を伝えておく。6時にはそこを出られるよ、遅くともね。

あんなこと、また起こるわけないだろう、絶対に。

ＣＢＳとアーナカタは一歩も譲らなかった。俺たちは彼らよりいい判断をしたにもかかわらず、甘い言葉を並べ立てられ、説得に負けた。**わかった！　わかった！　やるよ！**　１９８０年3月27日、俺たちはＢＢＣテレビジョン・センターを再び訪れた。

そしてそれはまた起こった。

完全な悪夢だった。展開は前とまったく同じだ。時間を浪費する無能なプロデューサーたち、技術的な問題。楽屋で何時間も待たされ、不安を募らせて、パニック状態になり、頭をかきむしる。**どうしてこんなことがまた起こるんだ？　誰をクビにすればいい？　誰を殺せばいい？**　しかも前回よりひどかった。俺たちがやっとシェパーズ・ブッシュを出発したのは夜の9時だったからだ。バーミンガム・オデオンに着く頃には、11時になっていた——ステージから下りるはずの時間だ。クソ！

俺たちの乗った車が会場に横づけすると、何人かのプリースト・ファンが外で煙草を吸っていた。彼らは俺たちに容赦ない言葉を浴びせた。

「あらら、ついにご到着だ！　やっとかよ！」

「俺たちにこんな仕打ちをするのはこれで二度目だ！　**二度目だぞ！**」

「ファンのことなんかどうでもいいんだろ——『トップ・オブ・ザ・ポップス』の方が俺たちよりクソ大切だって思ってるんだ！」

俺たちにできるのは、繰り返し謝り、クソみたいに最低な気分になることぐらいだった。その場でバンドのルールを決めた。ギグがある日はもう絶対『トップ・オブ・ザ・ポップス』に出演しない。そのルールを破ったことは一度もない。

2週間後に『ブリティッシュ・スティール』が発売されると、各誌はレビューでそれまでになく褒めちぎった。アルバムを大いに気に入ったのは批評家だけじゃない。リリースした週に、レコードはアルバム・チャートを急上昇して……4位になった。

ワオ！　こんなことになるなんて、予想してなかった！　俺たちはアルバムが成功するかもしれないとは思っていたが、これはそういう次元の話じゃない！　俺の目は『メロディ・メーカー』紙のチャートにくぎ付けになった。プリーストの周りに、トップ10入りしたアーティストたちが並んでいる。ジェネシス、ステイタス・クォー、そして、あ〜、ボニーM〔ドイツ出身のディスコ・バンド。メンバーは全員アフリカ・中南米出身〕。間違いない。これは大物ぞろいだ。

続いて、次から次へと新たな経験が待っていた――そのひとつがビデオの制作だ。「リヴィング・アフター・ミッドナイト」がトップ10に迫ったあと、CBSはそれに続くシングルとして「ブレイキング・ザ・ロウ」をリリースしていた。彼らがビデオ監督として起用したのがジュリアン・テンプルだ。テンプルはすでに「リヴィング・アフター・ミッドナイト」のライヴ・ビデオを撮影していたが、ほとんどパンク風の仕上がりだった。セックス・ピストルズの「ゴッド・セイヴ・ザ・クイーン」も制作し、彼らの長編映画『セックス・ピストルズ／グレート・ロックンロール・スウィンドル』を完成させたばかりだった。トム・アロムに少し似たところがあり、上流階級出身で、自分がやっていることを正確に理解し、仕事仲間として素晴らしい相手だった。彼は俺たちに「ブレイキング・ザ・ロウ」の絵コンテを見せた。俺たちはならず者になり、銀行を襲う。武器は頼もしい相棒のギターとメタル・パワーだけだ。

最高に素晴らしかった。ジュリアンの撮影指示により、俺は屋根を開けたブラウンのキャデラックの後部座席に座って、ロンドンへ向かうウエストウェイを走り抜けながら、音楽に合わせてリップシンクする。それからバンドがマシンガンのようにギターを振りかざし、当時は閉鎖されていたバークレイズ銀行ソーホー支店の客を脅す。

このビデオ撮影は、そもそもウルヴァーハンプトン・グランド劇場に俺を導いた役者魂に再び火をつけた。

俺はケレン味たっぷりに演技した《ハム・イット・アップ》。悪趣味《チーズ》になるのを恐れず――ハムと、サイドオーダーにチーズを！

「ブレイキング・ザ・ロウ」はトップ10のぎりぎり圏外をうろうろしていた――いまいましいことに、これが習慣になりかけていた！――春には日程をぎっしり詰め込んだヨーロッパ・ツアーを実施した。プリーストがどこよりも愛されている大陸の国々で成功するのは難しくなかった。ショーは11回。そのうち9回はドイツだった。

母国ではものごとがとてもうまくいっていたが、その頃でさえ俺たちは、アメリカを征服してこそ真の成功だとわかっていた。劇場回りの日々は終わり、今やアリーナが俺たちの会場で、『ブリティッシュ・スティール』は『イン・ジ・イースト』に続きビルボード２００に入った。

その年の夏、アメリカへ飛んで10週間ギグをやった――そのおかげで、俺はより過激な性的指向のひとつを満足させるチャンスを手に入れた。

１９８０年、俺は奇妙な立場にいた。プリーストのメンバーでいることを何よりも愛し、光栄に思っていた。心から傑作だと思えるアルバムをみんなで作り上げた。大西洋の両側で大成功しつつあった。俺たちのキャリアはこれ以上よくなりようがなかった。

だが何枚ものゴールド・ディスクや満員の観客を離れると……毎晩、明かりを消してベッドに（酔っ払って、いつも泥酔して）倒れ込むとき――またもや名も知らないホテルの部屋か、あるいは（時々）ユー・ツリー・エステートのベッドルームに――フラストレーションを抱え、不幸だった。そして孤独だった。

ジェイソンとつき合い始めてから5年たっていた。ときおり慌ただしくまさぐり合う以外、俺はずっと独りだった……独りなだけじゃない。俺の渇望、俺の欲求、俺自身を無理やり抑え込んでいた。息が詰まるような嘘の人生を生きなければいけなかった。そうしなければ、愛するバンドを殺すことになる。

ベッドルームのドアの外では、俺はジューダス・プリーストのロブ・ハルフォードだった。マッチョな守護神《タリスマン》にして、降臨したメタル・ゴッド。だがドアの中では、ロバート・ジョン・アーサー・ハルフォードだった。みじめで、混乱した20代後半のブラック・カントリーっ子で、親密な男性の相手という禁断の果実を切実に求めていた。

ノーマルな一般人の異性愛者のようにパートナーを持つことは、俺には不可能だった——それはわかっていた。せいぜい望めるのは、見知らぬ相手と時々密会することぐらいだ。そろそろ狩りに乗り出す時期だった。

アメリカ・ツアーの最初の10日間は、またテキサスだった。いくつもの会場でヘッドライナーを務め、心から楽しんだ。フォートワースのウィル・ロジャース・オーディトリアム、オースティン・オペラ・ハウス、エル・パソ・カントリー・コロシアム。だがそれと同じくらい楽しみにしていたのが、テキサスのトラックストップ〔主に長距離トラック運転手が利用する大規模なドライブイン〕のトイレを訪れることだ。

トラックストップのトイレは、行きずりの関係を求めるゲイたちにとって狩りの場だ。アメリカの連中がそこで相手をあさるのは、人里離れた場所にあり、友人や妻や家族（妻子のいるゲイは珍しくない）にばれる心配がないからだ。誰かに見つかったり気づかれたりする恐れはほとんどない。

自分がしゃぶっている、あるいは自分をしゃぶっている男の顔を一度も見なければ、その危険はもっと少なくなる！　トイレ巡りは究極のジップレス・ファック〔刹那的なセックス〕だ、とエリカ・ジョング〔米詩人、作家。前述のたとえは女性の自由な性的冒険を描き、大ベストセラーになった処女作『Fear of Flying』（１９７３年）より。邦訳は『飛ぶのが怖い』柳瀬尚樹訳、河出文庫、２００５年〕は呼んだ。当時、血気盛んな気風のテキサスにあってゲイでいるのは、世間的に許されないことだったに違いない。だからこそ——『Bob Damron's Address Book（ボブ・ダムロンの住所録)』で読んで知っていたように——その地のトラックストップはとりわけ盛んなハッテン場だったのだ。

ロマンチックとは程遠い。しかしそれが俺に示された選択肢の中でベストのように思えた。実際、唯一の選択肢だった。

試行錯誤を繰り返し、ウォルソールのブリティッシュ・ホーム・ストア百貨店の隣にある公衆トイレをそこそ訪れた経験から、俺はトイレ巡りの手順を学んでいた。まず、栄光の穴《グローリー・ホール》のある個室を見つける。この小さな穴は股間の高さに開けられ、隣の個室に通じていている。ドアのボルトをスライドさせて鍵をかけ、便座に座って、待つ。

待って、待って、さらに待つ。ついに、ひとりの男が入ってきて隣の個室へ向かう。彼が腰を下ろすまで数秒間待ってから、片足をそっと踏み鳴らす。ごくひそやかな音で。

コツ——コツ——コツ。

たいていは、何の反応も返ってこない。だが相手の男が同じことをしたら——**コツ——コツ——コツ**——片足をさらにほんの少し隣の個室に近づけて、繰り返す。それを3回か4回やれば、両足が間仕切りの下にくっ付く。これで準備完了だ。

立ち上がってコックをグローリー・ホールに差し入れる。相手の男がそれをつかみ、固くして、口でイカせる。こっちが達したら、彼が自分のディックを穴に入れてくるから、お返しに同じことをする。

すべての取り引きが行われる間、沈黙を保たなくてはならない(誓って言うが、それはまさに取り引きだ)。いつ何時《なんどき》、たまたま通り掛かった人たちが、何の疑いもなく、小便をしにトイレに入ってくるかわからない。もしそうなったら、疑われないようにぴたりと動きを止める。そして彼らが警官じゃないことを祈る。

エチケットがひとつ。お互いに口でイカせ合ったら、どちらかが個室を出て、手を洗い、トイレから出ていくまで、もう片方は個室にとどまること。人間らしい触れ合いは一切ない、究極の人との触れ合いだ。

だが、飢えた者は料理の皿を選べない……。

あのツアーでは、プリーストが昼飯を食べるためにトラックストップでひと休みすると、俺はトイレへ直行した。俺の目的を、ほかのメンバーが気づいていたかどうかはわからない。疑いは持ったかもしれない。俺は何も言わなかったし、彼らは何も尋ねなかった。ちゃんとした仲間らしく、余計な干渉をしてこなかった。

そういう場所では、夜になるとさらなる行為が期待できる。一度か二度、プリーストのギグのあと、タクシーをつかまえてストップに行ったことさえある。ほかのメンバーがバックステージでビール（あるいは群がるグルーピーのひとり）をしっかりつかんでいる間、俺はホテルへ戻ると言い訳して……夜の中へと向かった。

タクシーの中で、よくこう思った。プリーストのファンはどう思うだろう——ついさっきステージを所狭しと練り歩き、客席をあおって「テイク・オン・ザ・ワールド」のコーラスを一緒に大合唱したばかりの俺が、これから何をしにいくか知ったら、ぞっとするに違いない。**どうか神様、彼らに見つかりませんように。**

人里離れた場所にあるストップに着くと、心臓をばくばくさせながら、トイレの冷たい便座に座る。たいていは、何も起こらず、そのまま戻る。だが時々、ごくたまに、誰かが隣の個室に座る。俺と同じように孤独な探求の旅をしている、哀れなお仲間だ。

コツ——コツ——コツ。

それが起こると……**なかなかすごかった。**感情を吐き出せるわけではなかったが、少なくとも肉体的には解放された。自分が期待できるのはこれが関の山だと感じていた。

『ブリティッシュ・スティール』のアメリカ・ツアーは成功だった。会場はどこもチケット完売で、最高に楽しい日々を過ごした。最後の数回のショーで共演したデフ・レパードとはすっかり意気投合した。同じく出演したスコーピオンズも、気のいい連中だった。

当時、プリーストのイギリス担当広報係を務めていたのが、トニー・ブレインズビーという男だ。マスコミに取り上げられるためなら、どんな強引な手段もいとわないやつだった。いつもアイデアを思いついては、新しい話を大々的に宣伝した。それらが真実かどうかは大して気にしなかった。

トニーは『ブリティッシュ・スティール』ツアー中、俺が過去にポルノ映画を作ったという話をマスコミに流そうと提案した。それは少々バカげてるんじゃないかと思った。アルバムもツアーも大成功しているから、過剰な宣伝なんて必要ない。だが同意した。「OK、それじゃあ、やってくれ……」

トニーはその話を発表したが、記事で取り上げたのは『ニューズ・オブ・ザ・ワールド』紙だけだった。今や廃刊となった日曜版タブロイド紙で……あいにく、俺が子どもの頃から両親が愛読していたクズ新聞だ。世界中どこにいても、俺は日曜日になると必ずおふくろとおやじに電話していた。中西部のどこかから家に電話をかけた日曜日には、トニーがでっち上げた話のことなどすっかり忘れていた。

リン！　リン！　おやじが受話器を取った。

「やあ、父さん！　ロブだよ！」

「やあ」。その口調はいつになく素っ気なく、不愛想だった。

「何かあった？　大丈夫、父さん？」

「俺はな、ああ」とおやじは言った。「でも母さんはそうじゃない」

「どうして？」

「『ニューズ・オブ・ザ・ワールド』だよ」

まだわけがわからなかった。「はあ？　それの何が？」

「お前のポルノ映画だ」

ああ、クソ《ファック》！　おやじの説明によれば、おふくろと一緒にその新聞を広げたら、同紙の予想に基づく俺のいかがわしい雄姿と対面した。おふくろはその少し前から地元の学校でパートの仕事を始めていたから、次の日、同僚に合わせる顔がないという。

「俺はやってないよ！」とおやじに請け合った。「全部いまいましいでっち上げだ！」。おやじは信じてくれたと思う。なぜなら、30年間愛読し続けた『ニューズ・オブ・ザ・スクリューズ〔セックス《スクリュー》・スキャンダルをメインにした同紙に対する蔑称〕』紙を、おやじとおふくろは二度と取らなかったからだ。そんなわけで、この騒ぎも、少なくとも何かいいことにはつながった。

ツアーに明け暮れたその年、プリーストは大規模なイベントで最後を飾った。ドイツのニュルンベルクで開かれたヘヴィ・ロック・フェスティヴァルへの出演だ……そのあと、自分に何が必要か正確にわかっていた。休暇だ。

俺がゲイであることを隠さなくてもいいのは、ラーチウッド・ロードの同居人であるマイケル、ニック、デニスといるときだけだった。１９８０年夏、マイケルはあるホテルに自分を売り込んで、フロント係に収まっていた。場所はギリシャのミコノス島。ゲイたちが太陽と海とセックスを求めて行く場所だ。俺は島へ行き、彼に合流しようと決めた。

ミコノス島行きの船に乗る前、アテネで一泊した。以前読んだことのあるゲイ・バーへ行くためだ。店はとんでもなく混んでいた。隅で飲んでいたら、ちょうど俺の真正面、バーの向かい側に、ある人の姿を見かけた……フレディ・マーキュリーだ。

　奇妙な話だが、フレディに憧れてはいても、当時は彼に対して複雑な思いを抱いていた。クイーンはちょうど「愛という名の欲望（Crazy Little Thing Called Love)」を大ヒットさせたばかりだった。そのビデオの中でフレディは、バイクから降り立ち、全身黒のレザーで決めた姿で、バイカーズ・キャップを放り投げる。それが少々引っ掛かっていた。俺をパクってるのか？

　クイーンはヘヴィ・メタル・バンドですかと聞かれ、フレディは否定した、というインタビュー記事もひとつかふたつ目にしていた。それが気になった。今ではまったく筋が通らないバカげたことに聞こえるし、実際そうなのだが、フレディの姿が目に入ったとき、そういう思いが俺の胸にはあった。

　フレディはバーの向こう側から俺を見て、手を振りウィンクをした。店の中を横切って彼と言葉を交わしたかったが、バーの中では身動きが取れず、それに正直言って、怖気づいていた。勇気を振り絞った頃には、彼はいなくなっていた。

　マイケルと一緒にミコノス島で素晴らしい時間を過ごした。毎日ボートに乗り、スーパー・パラダイスと呼ばれるゲイのヌーディスト・ビーチに出掛けた。乗船時間はわずか15分だったが、ホットな男たちが全員ボートの上で服を脱ぎ、素っ裸になった。自分がすでに死んでいて、素晴らしき楽園《スーパー・パラダイス》に召されたのかと思った！

　ビーチにいる間、もう一度フレディを見かけた。彼のような人間は見逃しようがない。フレディは大きなヨットを持っていて、ピンクの風船を花綱のようにして船を飾り立て、島の周りを何度も繰り返し廻っていた。ソングだけ着けたゲイの男たちを大勢乗せ、デッキにいる自分の周りに廷臣のようにはべらせて。**すご**

い見ものだった！

フレディ・マーキュリーは、のちに解放されたいと歌った（「ブレイク・フリー（自由への旅立ち）（I Want to Break Free)」）。あのボートで起こっていた出来事から判断すると、彼は極めてうまくやってのけていたと思う。

ウォルソールに戻ってから、両親に新居を買おうと思った。ビーチデール・エステートに住んで30年近くがたつ。とりわけおふくろは、団地住まいに飽き飽きして、外に出たがっていた。その家が嫌いだったわけではない。ただどうしても変化が欲しかったのだ。

地元の不動産業者を通じて、樹木園に程近いバーミンガム・ロードにいい物件を見つけた。ウォルソールではちょっとした高級住宅街だ。スーと俺はおふくろとおやじに、日曜日の午後だからドライブに行こうと話し、スーの車に乗り込んで、その家の外に停めた。

「ふたりはあの売り家、気に入った？」と俺は聞いた。

「ええ！」とおふくろが言った。「素敵ね、そうじゃない？」

「あのさ、あれをふたりのために手に入れたいんだ」と俺は言った。「ふたりのものだよ、もしよければだけど」

両親は俺をじっと見つめ、恐れおののいて、頭を横に振った。「バカなこと言わないで、ロブ！」とおふくろは言った。「あんたにそんなことさせられないわ！」。おやじも同じくらい頑固だった。彼は誇り高い男だ。おやじから見れば、子どもたちを養うのは自分の役割で、子どもたちに養ってもらうなどあり得なかった。

「でも、ふたりは俺の面倒を20年も見てきたじゃないか――今度は俺がふたりのために何かしたいんだ！」と抗議した。両親は聞き入れなかった。スーと俺はふたりをケルヴィン・ロードへ送り、みんなでお茶を飲んだ。**これで終わりじゃないぞ、**と俺は思った……。

おふくろとおやじは家を買わせてくれそうもなかったが、俺は少なくとも自分用の家を買うことはできた。俺は6年間、働くミュージシャンとして旅に明け暮れた。人口の90パーセントの人々にとってはおそらく破天荒で奇妙に見える、その日暮らしのライフスタイルの繰り返しが、俺にとっては当たり前になっていた。**スタジオで数週間。インタビューの日々。何ヵ月も何ヵ月も、身の回りの品を詰めたスーツケース（というか、俺の場合はトランク）を1個引きずってあちこちを転々とし、ホテルかバスで眠り、世界を股にかける。それに伴うあらゆる乱痴気騒ぎ。数日のオフ。スタジオで数週間……。**

その繰り返し。

不満があるわけではなかった。そういう人生を俺はずっと望んでいたし、メタルの言葉を広める布教活動のように感じてもいた。だが滅多に取れないオフの数日を、公営団地のシェアハウスの物置に閉じこもらず過ごすのは、素敵だろうとひらめいた。

ニック、マイケル、デニスのことは愛していたし、彼らと同居して素晴らしい時間を過ごした。ふたりのゲイの男性と同居するのは、俺にとって心の支えだった。自分自身と、自分のセクシュアリティについて、最も自信が持てず、傷つきやすかったときに、とても頼りになった。

だが『ブリティッシュ・スティール』が成功した今、俺はそれまでの人生で見たこともないほど多額の小切手を受け取るようになっていた。だからといって調子に乗ったり、舞い上がったりはしなかったが、金欠の学生みたいな暮らしを続ける必要もないと思った。

誰もが願うように、オフの日に羽を伸ばしてのんびりできる自分だけの場所がどうしても欲しかった。ミコノス島から戻って間もないある日、仕事を終えたニックが家に帰ってきた。「こぢんまりした素敵な家が、売りに出てたよ」と彼は言った。「俺が買いたいぐらいさ。お前にぴったりかもな？」

ふたりで彼の車に飛び乗り、見学に行った。とてもかわいらしい物件だった。古いコーチ・ハウス〔かつての馬車小屋を改築したコテージ〕で、ウォルソールの中心街から歩いて10分ほどの雰囲気のいい地区にあり、フェンスに囲まれてひっそりと建っていた。たくさん手を加える必要があったが、まあ、少なくとも俺は今ではちょっとした金持ちだった。

そのコーチ・ハウスを見た瞬間、買うことになるとわかった。そして実行した。現金で3万ポンド。いい投資だったか？　そうだな、それから40年間、俺は毎年そこでかなりの時間を過ごしている。だから、そう、いい投資だったと思う。

ウォルソールに家を買おうとずっと考えていた。ロンドンの物件を手に入れようかと思ったこともある。仕事をしてさらに遊ぶために、その街で多くの時間を過ごしていたからだ。だがすぐ思い直した。

ウォルソールこそ、俺が生まれ育ち、家族が住んでいて、俺がいたいと願う場所だ。**俺はあそこに属している。**単純な話だった。

10 フェニックスに着く頃には……

一歩後退『黄金のスペクトル』

『ブリティッシュ・スティール』に続くアルバム作りに取り掛かる時期だった。今回の制作方法はそれまでと大きく違った。1980年10月、プリーストはスペインのバレアレス諸島にあるリゾート地、イビサ島に飛び、イビサ・サウンド・スタジオに入って、再招集された〝コロネル〟・トム・アロムとタッグを組んだ。

これは間違いだったとやがて証明される——今から思うと、正直に言えば、俺たちはリンゴの家に戻るべきだった。ティッテンハースト・パークにいれば、みんな全力で取り掛かり、集中して最高のアルバムを作れただろう。だがイビサ島には誘惑が多すぎた。

島はまだバレアリック・ビート〔1980年代半ばにイビサ島のディスコ／クラブ文化から生まれたサウンドおよびDJスタイル〕やアシッド・ハウス、ドラッグのエクスタシーの時代が到来する前で、60年代のヒッピーの隠れ家風なのんびりした雰囲気がいまだに漂っていた。だが休日の行楽客も相変わらず集まってきたし、オールナイト営業のバーやクラブが星の数ほどあった。とにかくイビサ島には、あまりにも誘惑が多すぎた。

バンドのメンバー全員が同意するかどうかはわからないが、俺の目から見れば、プリーストはのちに『黄金のスペクトル（Point of Entry）』となるアルバムの制作方法を見失っていた。それも取り返しがつかないほど。前作のレコードが大ヒットしたから、俺たちはそれに匹敵するか、あるいはそれ以上のものを作る必要があった。そして単純に、そうしなかったのだ。

俺たちは作曲スケジュール、というかそれらしきものを手にして、午後か夕方にトムとスタジオに入る。だがいちばん重要なのは、さっさと仕上げてイビサ・タウンに繰り出し、大宴会を開くことのように思えた。そして俺たちは実際、数え切れないほどそれを実行した。

スタジオの近くにもこぢんまりしたバーは何軒かあったが、俺たちはたいてい最後には街にあるパチャになだれ込んだ。この巨大なクラブは週7日、毎晩最高に盛り上がっていた。会員カードを持っていれば、ポイントが加算された。

夜通しパーティーを繰り広げ、よろめきながらヴィラに戻る頃には、太陽が昇っていた。不眠症がますます悪化していたので、スタジオのいちばん端の部屋を割り当ててくれと頼んでいた。みんなが集まる場所から離れた所に。1室もらったが、食器棚くらいの広さしかなかった。

残念ながら、部屋のすぐそばにプールがあった！　酔っ払って夜明けにベッドに倒れ込み、何とか寝ようとしても、深い眠りは訪れず、寝汗にまみれて数時間うとうとするだけだ。そしてバンドのほかのメンバーやスタッフがプールで笑いながらバシャバシャやっている音でハッと目覚める。

勘弁しろよ！　こっちは眠ろうとしてるんだ！　自分勝手で、やかましいクソども……！

そしてアラーム時計を見る。午後の4時半だ。

ほかの誘惑もあった。俺たちはよくブルタコ〔オフロード・タイプのバイクを製造・販売していたスペインのメーカー〕のモトクロス用バイクを借りて、島の丘や山を乗り回した。あるツアー・スタッフはひどい衝突事故を起こし、俺たちは彼を永遠に失うところだった。

レンタカーも借りて、クラッチ・ペダルを使わずにギアをチェンジしようと躍起になった。驚くべきことではないが、車はエンストしまくり、そのたびに車を返して交換しなくてはならなかった。それが延々と続いた挙句、ある日、レンタカー屋の店長がヴィラに現れた。

「もう車は貸しません！　あんたたちには1台だってね！」と彼は叫んだ。プール・サイドに置かれたテーブルを囲み、ビールを飲んでいる俺たちに向かって。

「はあ？　どうしてさ？」

その男は1通の封筒を持っていた。それを開き、中身をテーブルの上に空けた。アスベストに似た灰色のほこりがこぼれ落ちて山になった。それは彼の車のギア・チェンジに必須の部品で、俺たちがすり減らしたせいで金属の粉になってしまったのだ。

「このせいだ！」と店長は宣言した。反論する余地はないようだった。

その男がキレたからといって責めることはできなかった。ある日など、延々と酒を飲んだあと、イアンは店のレンタカーを運転していて、うっかりヴィラの外にある深い沼に突っ込んだ。車はそこに放置された。2、3日後にやっと哀れな店長が来て、ロープで引っ張り上げた。

どういうわけか、この惨劇のなかから、1枚のアルバムが生まれた。強力な曲もあった。今でも「嵐のハイウェイ（Heading Out to the Highway）」は気に入っている。バイク乗りの正当なアンセムだ。「雷鳴（Desert Plains）」や「ホット・ロッキン（Hot Rocking）」もなかなかいい出来だ。努力しなくても、俺たちには時々魔法のようなアイデアが降ってきた。

だが基準に達していない曲が多すぎた。俺たちは『ブリティッシュ・スティール』の成功に基づくべきだったのに、今聴くと、「ドント・ゴー（Don't Go）」や「ユー・セイ・イエス（You Say Yes）」、「オール・ザ・ウェイ（All the Way）」といった曲は、クオリティという点において大きく期待値を下回っている。俺たちは当時、そのことを何となくわかっていたと思う……だがみんな何も言わず、そのまま制作を進めた。
アルバムを完成させたばかりの12月初め、ジョン・レノンが撃ち殺されたことを知った。ひどい衝撃を受けた。十代の頃、ケルヴィン・ロードの家のベッドルームで、『ホワイト・アルバム』を夢中になって聴いて過ごした時間が、一気に脳裏によみがえった。

バカな！　どうして!?　ビートルズのひとりを殺すなんて、どんなマヌケ野郎だ？

深い哀しみを持て余し、スタジオの屋上にひとりで上がった……すると、とてつもなく奇妙なことが起こった。地平線の上に小さな嵐が起こり、風が吹き始めたと思った途端に消えて、虹が現れ、スタジオの真上にかかったのだ。

それがジョン・レノンからのメッセージだった、なんてバカげたことを言うつもりはない。だが重要なのは、俺がそう感じたことだ。そのメッセージはこういうことだったと思う。

次は、もっとマシなアルバムを作れよ！

『黄金のスペクトル』はプリーストが惰性で作った作品だ。タイトルとジャケットさえ、いい加減に決めた。そもそも『Point of Entry』〔入国地点の意〕ってのはどういう意味だ？　俺はこれまでに、プリーストのアルバム・タイトルの大部分を思いついたが、あれについては考えたことすら覚えていない！　飛行機の翼をデザインしたジャケットも最悪だ。ピンク・フロイドのお粗末なパクりみたいだ。

イビサからイギリスへ帰る飛行機の中では、ニュー・アルバムが悲惨な失敗作だとは考えていなかった。ただ、『ブリティッシュ・スティール』を完成させたあとのような満足感を感じていないことは、自分でわかっていた。俺たちは一歩前に進んだんじゃない。後退したんだ。

『黄金のスペクトル』は１９８１年2月にリリースされた。レビューも出来にふさわしいものだった。インパクトに欠ける、やや期待外れ。俺たちは年末まで、アルバムのプロモーション・ツアーに明け暮れた。

最初のサポート・バンドはサクソンだった。『ワールド・ワイド・ブリッツ』〔全世界を猛攻撃の意〕と名づけたツアーのヨーロッパの部で共演した。地に足がしっかり着いた、バーンズリー〔イングランド中部にあり、かつて石炭産業で栄えた都市〕出身の気骨のある連中で、ヨークシャー版の俺たちのようだった。このとき築いた親密な友情は今も続いている。

アメリカの部に突入し、中西部からツアーを開始した。今では1万から8万席のアリーナの常連だった。こちらのコンベンション・センター、あちらのシヴィック・オーディトリアム。ツアーではこういった飛行機の格納庫のような会場を使うのが普通だった。ショーで〝満員〟というサインを見ないのはまれだった。

マネージメントから、ガードマンを雇う必要があるとアドバイスされた。俺たちはそれを聞いて大はしゃぎした。**クールだぜ！　俺たちはガードマンが必要なくらいビッグになったんだ！**　元ニューヨーク市警のジム・シルヴィアという男を推薦された。シークレット・サービスに人脈があり、面接にやって来るという。

夜の7時半にホテルのバーで会うように言われた。みんなでビールをがんがん飲みながら、戦闘装備に身を固めたゴリラみたいなやつを探して、周りを見回していた。そのとき、小ざっぱりとしたスーツ姿の小柄な男が足音も立てず近寄ってきた。

「あんた方がジューダス・プリーストだな？」と彼は尋ねた。俺がそれまで聞いたなかでいちばんぶっきらぼうなノー・ヤーク〔〝ニューヨーク〟の労働者階級なまり〕のアクセントで。彼の声はまるでハドソン川の底からわき上がってきたように聞こえた。

予想していたタイプではなかったが、俺たちはジム・シルヴィアとすぐ意気投合した。彼はチームに加わり、ガードマンからツアー・マネージャーに速攻で昇格し、鉄の杖を振るって俺たちを支配した。彼はその後35年間にわたり、ジューダス・プリースト・ファミリーの一員になる。

ツアーを開始して1ヵ月後、6月の初めに、アイアン・メイデンがサポートとして加わった。ケンは断然大喜びした。共演の初日はラスベガスのアラジン・シアター。ベガスを訪れるのは初めてだった。けばけばしい悪趣味さに気おされ、俺たちは言葉も出なかった。

俺の手元には、イギリスを発つ前にウォルソールのスーパーマーケット、アーゴスで買ったプラスチック製で安物の映画用カメラがあった。ツアー・バスがベガス・ストリップ〔ラスベガスを代表する繁華街〕を進む間、ネオンに彩られた噴水や、カジノの劇場へといざなう昔懐かしいスターたちの巨大な看板を撮影した。フランク・シナトラ、ディーン・マーティン、サミー・デイヴィス・ジュニア……。

明らかに、ジューダス・プリーストはそのお仲間にしっくりなじんでいた。画質の粗い映像を収めたカートリッジは、今もどこかにしまい込んである。いつかぜひ観直さなくては。

ベガスから夜通し車で移動して、アリゾナ州フェニックスへ向かった。翌日の夜のショーの開催地だ。街に着いたのは朝4時。すでに気温は38度近くになっていた。フェニックスの酷暑は有名で、バスから降りると、早朝の熱気がサウナに足を踏み入れたかドライヤーを顔に吹きつけられたみたいに襲ってきた。

クソ、マジかよ！　信じられない！　次の日の朝、ヴァレー〔フェニックスの愛称は〝太陽の谷《Valley of the Sun》〟〕に停めたバスの中で目を覚まし、手つかずの自然を目にしてぼう然とした。山々、砂漠、巨大なサボテン。広大な景色をサウンドトラックのように彩る、姿の見えないコオロギたちの鳴き声。その頃にはアメリカのあちこちを目にしていたが、これは何かが違った。とても特別な感じがした。

まさにその瞬間、俺の中で何かがふっと腑《ふ》に落ちた。どこか奇妙な、本能的なレベルで、この州に、俺はいつまでも引き戻されるだろうと思った。その直感がどれほど正しかったか、当時は知る由もなかったが……。

その日の午後、プリーストはアリゾナ退役軍人記念館のギグを前に、レコード店でサイン会を開いた。こういうイベントは今や俺たちにとって習慣のようなものだった。いつもどおり、長いテーブルのうしろに一列になって座り、ファンとおしゃべりをしてアルバムやシャツや腕、とにかく彼らが差し出す物なら何にでも自分の名前を書いた。

ジム・シルヴィアが並ばせていたファンの列から、ひとりの男が離れ、ゆっくりした足取りで近づいてきて『背信の門』を差し出した。サインをしていると、彼はテーブルの上に身をかがめて、俺の耳元でささやいた。「このレコードに入ってる『不当なる弾圧』って曲は、ゲイの男たちについて歌ってるのか?」

何だって!? 彼の言葉はハンマーのように俺を打ちのめした。この男は、俺がゲイであるストレスを爆発させた曲、ファイヤー・アイランドで男あさりをする曲を聴いて、この4年間、ファンも批評家も誰もが見過ごしてきたことに気づいた? 俺は、生まれて初めて、アメリカのゲイ・ガイと心がつながったのか?

顔を上げてその男を見た。俺より数歳若く、おそらく20代前半で、たくましい顔つきのハンサムで、瞳をきらきらと輝かせていた。そして答えを待っていた。

「あ〜……ちょっとその辺で時間をつぶしてもらって、あとで話そうじゃないか?」と提案した。

彼はそのとおりにした。その辺をぶらぶらして、プリーストのサウンドチェックが終わると、俺たちのホテルまでついて来て、バーで軽い会話を交わした。彼の名前はデヴィッド・ジョンソン。カリフォルニアからフェニックスへ引っ越してきて、今は金物屋で働いているという。

デヴィッドのことはすぐ好きになった。ルックスがいいのはもちろん、つまり、いかにもアメリカ的なハンサムで、頭の回転が速く、ユーモアのセンスがあり、話題が豊富だった。ホテルのバーですっかり意気投合し、俺は「不当なる弾圧」について彼が正しいと話した。ショーのあとで、また彼に会った。

デヴィッドはスポーツマンだった。野球をするのが大好きなんだ、と語った。彼がゲイかどうかはわからなかったが、会話は誘いを含んだとてもきわどい流れに思えたので、俺は厚かましくも思い出になるような記念の品が欲しいと頼んだ。

実際には「局部サポーター《ジョックストラップ》はどうかな？」と指定した（当時はそれがちょっとしたマイブームだった）。次の日の朝、バンドのバスがエル・パソを発つ前、デヴィッドがホテルに立ち寄った。少し気まずそうで、たぶん恥ずかしさも感じていたんだろう。でも誰にも見られていないとき、エレベーターの中でジョックストラップを俺の手の中に滑り込ませた。

やった！　これは見込みがあるぞ……。

ツアーでアメリカを南下し、東に転進してニューヨークへ向かう間、デヴィッドとは手紙で連絡を取り合った。書く内容は親密ではなかったが、思いやりと愛情にあふれ、心がこもっていた。俺たちは確かに絆を結んだのだ。

ツアーが終わり、ウォルソールへ戻って新居に落ち着いてからも、デヴィッドとは連絡を取り続けた。彼からのエアメールを待ち望むようになった。癖のある字で宛名が書かれたエアメールが、郵便受けに届くのが楽しみだった。

俺はよく、フェニックスへの愛を書きつづった。どれほど圧倒されたか。蒸し暑い気候と、手つかずで荒涼とした、ほとんど月面のような風景をどんなに愛しているか。デヴィッドの返事を読んで、俺はぴたりと動きを止めた。「じゃあ、こっちに引っ越してくれれば？」

あの頃、俺はとても衝動的だった。デヴィッドの提案を読んですぐ、それは完全に理にかなっているように思えた。

ああ、いいな！

俺はあの街を、アメリカを愛している。プリーストはあそこでどんどんビッグになっているから、拠点を持つのは便利だろう。実行するだけの金があるし、きっと素晴らしい体験になるはずだ……それに、もしそうすることで、デヴィッドとの関係が情熱的な恋愛に発展するなら、ますます結構じゃないか！

深く考えずに大西洋を横断するなんて、たいていの人にとってはとんでもない話に聞こえるだろう。だが当時、俺は毎週のように旅をしていたから、飛行機でアメリカへ行くのは、いつもどおりブラム行きのバスに乗るくらい気軽に感じられた。移住だとは思っていなかった。時間を分けてふたつの新居に住めばいい。

ああ、OKだ、とデヴィッドに返事を書いた。**その話、乗った！**

デヴィッドが物件探しを手伝ってくれることになった。間もなく電話をかけてきて、フェニックス北部にクールなタウンハウスを見つけたと言った。すべて手はずを整えるよ、数週間後にこっちへ来られるかな、それまでに準備しておく。

やった！　発車オーライ！　俺は元来、地にしっかり足の着いた男だが、それから数日間は幸せで目がくらみ、ふわふわ浮いているような心地だった。これは最高に素晴らしい新生活になるぞ――ウォルソールの美しいコーチ・ハウス、フェニックスの家（と、もしかしたら男？）。好きなときに2軒の間を高度1万メートルで飛び回る。そのアイデアは異国情緒にあふれ、洗練されているように思えた。

1981年の末、『ワールド・ワイド・ブリッツ』ツアーはイギリスとヨーロッパを回り幕を閉じた。プリーストをはじめとするすべてのヘヴィ・メタル・バンドは、いつも真冬でいちばん暗い、最も荒涼とした風景の中をツアーしているようだった。そういう環境で音楽がいちばんよく聴こえ、いちばんしっくり来たんだろう。

イギリスの部は成功だった。バーミンガム・オデオンで2公演。今回はどちらも正確な時間に始まった。さらにハマースミスで2日。ヨーロッパの部も大いに盛り上がった。特にドイツでは、以前訪れたときより大きな会場を満員にすることができた。

だがツアーの間じゅう、心の奥底では、フェニックスで冒険を始めるのが待ち切れなかった。デヴィッドの手紙は相変わらず心がこもっていて、タウンハウスの写真も同封してくれた。しゃれた家に見えた。12月半ばにツアーが終わると、すぐアメリカへ飛んだ。

素晴らしかった。少なくともクリスマスのアリゾナは巨大なサウナみたいには感じられなかったし、タウンハウスはデヴィッドが書いてきたとおりこぎれいな建物だった。1階にメインルームがふたつ、2階にベッドルームがふたつあり、近くにはタパティオ・クリフズというクールなリゾート地があった。ハッピーに暮らせる場所に見えた。

デヴィッドとの関係は、期待したようにはいかなかった。相変わらず親しみのこもった態度で、友人づき合いが続いた。こちらから会いにいくこともあったし、彼がタウンハウスで長い時間を過ごすこともあった。数杯飲んだら、デヴィッドは酔いつぶれてしまう。一度か二度、夜が更けて一緒にベッドに寝ることさえあったが、そこでは大したことは起こらなかった。

だから何だっていうんだ？　これでいいじゃないか……とにかく、今のところは。真実を言えば、俺はデヴィッドにのぼせ上がっていたんだと思う。まさに好みどおりの男だったからだ。俺は満足していた。つるんで出掛けて愉快な時間を過ごしていたし、もしデヴィッドがゆっくり進めたいと望むなら、俺はそれでいい。絆を深める時間はたっぷりある。あとは彼の心の準備ができるのを待つだけだ。

とはいえ、フェニックスへの最初の旅で、デヴィッドと一緒にいたのは1ヵ月足らずだった——プリーストがスタジオへ入り、レコーディングのキャリアを軌道に戻す時期が来たからだ。

11　制服の男が好き

アメリカ制覇『復讐の叫び』

１９８２年1月、プリーストは〝コロネル〟・トムとともにイビサ島のサウンド・スタジオに再集結した。『黄金のスペクトル』ではずさんな仕事をしていたから、イビサ島へ戻るのは、犯行現場に舞い戻るようなものだ。だが、今回はそうならない、違うはずだ、という決意があった。『黄金のスペクトル』ではみんな制作に集中していなかった。誰もがそれをわかっていて、同じ轍《てつ》は踏まないと覚悟を決めていた。かといって苦行僧のように過ごしたわけじゃない。イビサ島ではたっぷり遊んで楽しんだ。だが今回は、みんなで毎晩パーティーへ向かうとき、今日はスタジオで真剣に取り組んでいい成果を挙げた、とわかっていた。

俺たちの計画はうまくいった。レコード会社は以前から、俺たちはアメリカで大ブレイク寸前だ、絶対間違いないと言い続けていた。もしあの国のファンが高く評価して共感できるアルバムを作れば、アメリカはすぐ手が届く黄金の杯になるだろう。

俺たちは『復讐の叫び（Screaming for Vengeance）』でまさにそれをやった。トムは少しばかり鞭を打ち鳴らして（ステージでは俺の役、ステージを下りたら彼の役！）みんなを追い立て、俺たちは『ブリティッシュ・スティール』のときと同じくらい真剣に作詞作曲に打ち込んだ。全力を注ぎ、すべての曲が出来上がった。

タイトル・トラックは、最初に形になった曲のひとつだ。堕落し切った世界で嫌悪の叫びを上げるというアイデアが気に入った。

We are screaming for vengeance
The world is a manacled place
俺たちは復讐を求めて叫んでいる
この世は生き地獄だ

ケンとグレンはこの曲で嵐のようにリフを弾きまくった。エンディングでは、グレンがワミー・バーを駆使して、クレイジーな悲鳴をこれでもかとばかり繰り出す。最高にファンタスティックに聴こえる。実はこれは思いがけない幸運の賜物だ。というのも、グレンは意図さえしていなかったからだ。1月だというのに、イビサ島には血を吸う蚊がはびこっていた。グレンはあの曲のフィニッシュに来た瞬間、襲い掛かってくる1匹の蚊の恐ろしい羽音を聞いた。あの見事なワミー・バー・マジックは、グレンが蚊にかまれまいとして、必死で身をよじる努力から生まれた。

「ジョウブレイカー（Jawbreaker)」はゲイっぽい歌詞をまたもやアルバムにこっそり忍ばせたおふざけの曲で、巨大なコックについて歌っている。そろそろ到達しそうで、ビンビンに怒張しているから、まあはっきり言えば、それをくわえる男なら誰でもあごが外れる、という内容だ。

Deadly as the viper, peering from its coil
The poison there is coming to the boil
毒蛇のごとく死をもたらす　とぐろの中からのぞいている
そこにある毒は沸騰寸前だ

このことはバンドには言わなかった。もしスタジオで突然大声を上げ、「これはデカいコックについての曲なんだ、ああそうさ、みんな！」と言ったら、どういうふうに受け止められるか、まったく見当もつかなかった。[*1]自分だけの胸にしまっておくのがいちばんいいこともある、とあの頃の俺は思ったんだろう。収録曲のほとんどをイビサ島でレコーディングしてから、フロリダのスタジオに移り、トムが泊まり込んで、アルバムを完成させミックスした。

俺たちはイビサ島で「ユーヴ・ガット・アナザー・シング・カミング（You've Got Another Thing Coming）」という曲をあれこれいじっていたが、出来にはなかなか納得できなかった。この曲はアルバムのB面に押し込まれた。一時は収録曲から外そうかという話さえ出た。プリーストのクラシックなテーマを歌った曲だ。決意、決してあきらめないこと、自分を信じること。それをフロリダの陽光の下で聴き返すうちに、この曲には俺たちが思っていた以上のものがあると気づいた。「ふ～む」とみんなで言い合った。「これはすごくいいドライブ向きの曲じゃないか、なあ？」

フロリダでアルバムの仕上げをしている間、俺はユル・ヴァスケスとガールフレンドのジジ・フレディと親しくなった。ユルはのちに『アメリカン・ギャングスター』といった映画に出演してハリウッドの大スタ

＊1：近年になって、ほかのみんなに「ジョウブレイカー」は何を歌っているか話した。彼らは大笑いして、こう言った。「やれやれ、それを聞いて、やっと納得だ！」

ーになるが、当時はロックスという地元のバンドでプレイしていた。彼らはセットにプリーストのカヴァーを何曲か取り入れていた。

俺は深夜にさっさと録音を終わらせ、フォート・ローダデール〔フロリダを代表するビーチ・リゾート都市〕の近くにあるツリーハウスというロック・クラブへ行く。店は午前3時には満員になる。地元のストリップ・クラブが閉店して、そこで働いている女の子たちが押し寄せるからだ。ロックスが演奏すると、俺は立ち上がって、プリーストの曲を彼らと一緒にがなり立てる。

ツリーハウスではとことん酔っ払った。俺の得意技の宴会芸は、ジジかストリッパーのハイヒールを脱がせ、そこに注いだビールやシャンパンを一気飲みすることだった。店はいつも朝6時まで開いていた。俺はいつも閉店時間ぎりぎりまでそこにいた。かわいそうなジジが足をぬらさず家に帰れたことはなかったと思う。

『復讐の叫び』が完成したとき、俺たちはこれが強烈なアルバムだと思った。パワフルで、中身が凝縮されていて、1曲目から最後まで磨き上げられている。テーマが一貫していて、曲同士のつながりがある。要するに『ブリティッシュ・スティール』のあとに作るべきだったアルバムだ。

各音楽誌も同じ意見で、筆を振るって俺たちを称賛し、『復讐の叫び』を激賞した。イギリスでプロモーションを行っている間、ジュリアン・テンプルが「ユーヴ・ガット・アナザー・シング・カミング」のビデオを撮影した。場所はケンプトン・パーク・ウォーターワークス〔ロンドン近郊にある国定史跡。かつての揚水式蒸気機関を保存した博物館〕。みんなで当てぶりをしてポーズを取り、俺はヘヴィ・メタルのパワーで山高帽の役人の頭を爆発させる。さすがジュリアン！

アルバムを引っ提げ、いざツアーというときになり――俺たちはこの小旅行を『ワールド・ヴェンジェンス』〔世界の復讐の意〕ツアーと名づけた――レーベルがどれだけアメリカ攻略に集中しているか判明した。彼らは100日以上の日程を組んでいた。そしてイギリスもヨーロッパもその中には入っていなかった。

俺たちはもろ手を上げて賛成する気にはなれなかった。イギリスのファンを裏切ることになるんじゃないか？　俺たちはヘヴィ・メタルの伝道師を自認していたし、アメリカ制覇はイギリスのメタル全体にとって偉業になるだろう。でも故国のファンは結成当初から一緒にいてくれた。彼らを裏切りたくなかった。

だが、結局のところ、選択肢はなかった。アメリカのレーベルは、イギリスで1ヵ月ショーをやるのは待てない、今すぐアメリカに来てほしいと言い、アーナカタはそれに同意していた。だから、俺たちはマネージメントを信じた。

ツアーが始まる前、何とか数日休みを取ってフェニックスで過ごした。デヴィッドとの再会を楽しみにしていたが、向こうも俺と同じ気持ちなのかどうか、だんだん疑わしくなってきた。

自分がデヴィッドにのぼせ上がっているのはわかっていた――フェニックスを愛していたのは事実だが、結局のところ、彼こそアメリカに引っ越してきた第一の理由だ。引っ越しはデヴィッドの提案ではあったが、それ以上の励ましはいらなかった。だがここにきて、彼が正確に何を俺に求めているのか、よくわからなくなっていた。

デヴィッドは俺に気があるように見えた。愛情を示し、故郷を遠く離れたこの見知らぬ土地で、生活に慣れる手助けを熱心にしてくれた。俺を守ってくれたと言ってもいい……それでも親密な関係とは程遠かった。

とはいえ、一緒に愉快な時間を過ごした。デヴィッドはフェニックスに数年前から住んでいたので、つるんで遊ぶのに最高なバーやクラブをすべて知っていて、自分の社交仲間に喜んで俺を紹介した。彼らはみんないいやつで、俺たちと同じくらい、とことん酔っ払うのが好きだった。

遊び終わってデヴィッドと一緒にタウンハウスへ戻ったときは、一緒にワインかウイスキーのボトルを開けながら、ほろ酔い加減で言い寄ろうとするが、彼は丁重に断って予備のベッドルームに向かうか、俺を無視して何も起きなかったふりをした。俺はこういう性格だから、彼の拒否に対し、静かに正体がなくなるまで酔っ払うことで応えた。

ごくまれに、そろそろ寝ようという段階で、実際に一緒にベッドに入ることになっても、デヴィッドは居心地が悪そうで、たいていはこちらに背中を向け、すぐに寝入ってしまう。俺は疑い始めた。

もしかして彼は本当はストレートなのか？

ふたりの関係に彼は何を望んでいるんだろう？　実はただのプリーストのファンで、バンドのリード・シンガーとつるむ仲になって舞い上がり、俺と一緒のところを街で見せびらかして喜んでいる？

わからなかった。わかっていたのは、この状況は感情的にも肉体的にも混乱をもたらし、フラストレーションがたまるということだ。フェニックスへの引っ越しに何を期待していたのか、自分でも正確にはわからなかったが、恋人になってほしいと願う男性のすぐそばにいるのに、手を伸ばして触れることもできない、という状況では絶対にないかった。

だがいくつかの点では、デヴィッドは俺たちが実際のカップルのように振る舞った。所有欲を見せることもあった——それとも俺の願望がそう思わせただけなのか？　『ワールド・ヴェンジェンス』ツアーに発つとき、彼が心から別れを惜しんでくれたので、俺はひどく混乱した。

プリーストはアメリカに熱狂の渦を巻き起こしつつあった。1982年8月、バンドがペンシルベニアに結集し、7ヵ月に及ぶツアーに出る頃、『復讐の叫び』はレコード店で飛ぶように売れていた。それまでのどの作品のセールス記録もはるかに上回る成績だった。

ツアー開始に合わせて「ユーヴ・ガット・アナザー・シング・カミング」をシングル・リリースすると、売り上げはさらに伸びた。当時は開局したばかりのＭＴＶが音楽界を支配していた。彼らはジュリアンが撮ったクレイジーなビデオを大いに気に入り、がんがんオンエアした。

シングルがビルボードのロック・チャートを駆け上がり4位になる頃には、ラジオをつけてダイヤルを回すたびに、ＦＭのロック専門局からその曲が大音量で流れてくるような気がした。曲は大きな波に乗り、その勢いは止められなかった――そして俺たちも。

ついに俺たちは大ブレイクした。5年間、汗水たらしてアメリカじゅうを回り、地道にファンを増やしてきた。そして突然、ヒット曲が生まれ、テレビやドライブ時間帯に放送されるラジオ番組が大音量でかけるようになった。俺たちは大きな一歩を踏み出したのだ。

俺たちはもはや、カルト的な人気を誇るイギリスのヘヴィ・メタル・バンドではなかった。新たな聴衆を獲得した、エネルギー全開の、アリーナを満席にできるハードロック・バンドだった。ジューダス・プリーストはアメリカに君臨する時代を迎えていた。

とはいえ、ツアーでは災難にも見舞われた。契約したバスのレンタル会社が寄越したのは、ニュー・モデルのプロトタイプだった。実質的には2台のバスを連結した代物で、中央部には蛇腹状の接続部分が付いていた。イギリスでは連接《ベンディ》バスと呼ぶやつだ。うしろのバスには作り付けの2段ベッドがあり、前のバスはリビングルームと社交場の役割を果たしていた。

万事順調だったが、それもツアー開始から2週間たったレイバー・デイ〔労働者を称える米国民の祝日。9月の第1月曜日〕までだった。サンアントニオへ向かう途中、エアコンが機能しなくなった。気温は38度を優に超えていた。信じられなかった。みんなですべての窓を開け放った。俺はバスの床に寝転び、テキサスの高速道路を猛スピードで走り抜ける間、何とか涼もうとしていた。誰もが事態はこれ以上悪くならないだろうと思った瞬間……バスが故障した。

俺たちはバスを路肩に寄せた。会場のサンアントニオ・コンヴェンション・センターまで80キロ。ジム・シルヴィアが素早く行動に移った。バスのレンタル会社に舌鋒《ぜっぽう》鋭く苦情をまくしたてた結果、修理スタッフが急きょ派遣された……間違った部品を持って。この時点で、ジムはどうやったのか魔法のごとくヘリコプターを召喚した。

ヘリコプターはすぐそばの高速道路に着陸した。みんな我先にと乗り込んだが……ヘリは離陸しなかった。パイロットが無線で、エンジニアを乗せて別のヘリを寄越せと要請したが、なかなか現れない。サイレンが鳴り響き、警官たちが高速道路を猛スピードで飛ばして、いったい何が起こっているのか確認しにきた。故障した大型連結バス1台、ヘリコプター2機、ロック・バンド1組……野次馬根性丸出しのドライバーたちが車のスピードを落としたのも無理はない。**俺たちはここから出られるのか？**　バーミンガム・オデオンに遅れて到着したときの悪夢がよみがえった——だが今回はその5倍のファンが待っている。チケット完売のアリーナで！

エンジニアがどうにかこうにかヘリコプターを修理して、俺たちはみんな団子になって乗り込んだ。パイロットは、アリーナに隣接する超高層ビルの屋上のヘリポートに着陸できると言った。**ふう、やれやれ！**　ところが、ヘリが離陸してから、そのヘリパッドがふさがっているので、回り道してサンアントニオ空港に降りなければならないと知らされた。

ヘリはその空港に着陸した……そして武装したガードマンたちに囲まれた。俺たちはメキシコのドラッグ密輸業者だと思われたのだ。警官に先導されてアリーナに到着し、バックステージへ走って、レザーの衣装を着て、1分後にはステージに乗っていた。歓声を上げる1万5000のテキサスの人々は、俺たちがたった今どんな試練をくぐり抜けてきたか、まったく知らなかった。

ファン層の変化は続いた。アメリカのショーで最前列にいるのは、もはやヘッドバンギングをする男たちだけではなかった。突然、ガムをかみ、指のないレースの手袋をはめた、マドンナのようなルックスの女たちが現れた。彼女たちはムースで盛り上げた髪にリボンを結び、俺たちに向かってウィンクして、乳房を揺らして見せびらかした。

バンドのほかのメンバーは、この進歩を素直に喜び、新たにできた女性のファンたちをできるだけ多くつかまえ、個人的に親しくなるのを自分たちの使命とした。彼らが大いに楽しんでいる間、俺の性的なフラストレーションは相変わらず爆発寸前だった。

心の中でこう思っていた。プリーストがビッグになればなるほど――そして俺たちは今や巨大になっていた――俺がゲイだと知られれば、バンドにも、俺たちのキャリアにも、与えるダメージはどんどん深刻になる。苦労して獲得した中西部やテキサスのファンたちが大合唱するのを想像した。**くたばれ《ファック》！　ホモ野郎《ファゴット》のシンガーがいるバンドなんて、絶対観にいかねえぞ！**

デヴィッドとは穏やかで人目につかない関係を築き、そこに心の安らぎと満足感を見いだしたいと願っていた。だがプラトニックな友人関係をぼんやりと続けているうちに、それはますますありそうもないように思えてきた。

じゃあ、彼は友達になりたいだけってことか、そうなんだな？と推測した。**それなら、少なくとも俺は自分がやりたいことをやっていいわけだ……。**

プランBに移るときだった。

俺は当時もまだひそかな愛読書、『Bob Damron's Address Book（ボブ・ダムロンの住所録）』を持ち歩いていた。それを参考に、シカゴやデトロイトといった大きな街のエロ本屋を訪れ始めた。そういう店の奥にはいくつか個室があり、中ではゲイ向けのビデオを見ながら一発抜くことができた――あるいは、もしラッキーなら、誰かに会って一発抜くのを手伝ってもらえた。

俺はほとんど幸運に恵まれなかった。実際、幸運だった回数は、ねばねばする片手の指《スティッキー・フィンガーズ》で数えられるほどだった。

もっと大胆に、さらに危険を冒して、ステージで大々的にセックスのパートナーを探し始めた。俺はバンダナの暗号に精通していた。ゲイの男たちは体にハンカチを結び、その結び方で性的な好みのメッセージを送って、相手を募集するのだ。

ハンカチかバンダナを体の左側に着ければ、当方〝タチ〟すなわち責め。右側なら〝ネコ〟すなわち受け。色はさらなる手掛かりになる。明るいブルーは、喜んでフェラチオ《ブロージョブ》します。濃いブルーはアナル・セックス。オレンジは何でも喜んで挑戦。**俺もやってみよう、**と思った。**やってみなきゃわからないさ！**

グレン、ケン、イアン、デイヴはまったく知らなかっただろう。俺がヒューストンやセントルイスで5000人を前にして、ステージを跳ね回り「生け贄（Victim of Changes）」を歌いながら、鋲《スタッド》付きのレザー製レッグ・ガードに結び付けたバンダナで、専門知識のあるお仲間に向かい、当方ちょっとした聖水[*2]遊びまたはフィストファックが得意と告げているなんて。

これもまたもやコック釣りの旅の話だ――そして俺はまたもや、フラストレーションを抱えたまま、ツアー・バスの2段ベッドかホテルの部屋にすごすごと戻る。網は空っぽのまま。

少なくとも、個人的な悩みでもんもんとしていたことを除けば、ツアーはとてもうまくいっていた。プリーストは破竹の勢いだった。延々と続くツアー日程をこなしながら、俺は1982年10月2日になるのを指折り数えて待っていた。その夜はマディソン・スクエア・ガーデンでプレイすることになっていた。

ビーチデールに住んでいた少年時代、カーテンの裏のベッドルームで、『NME』紙や『メロディ・メーカー』紙を目を丸くしながら読んでいた頃から、このニューヨークのアイコニックな会場のことは知っていた。**マディソン・スクエア・ガーデン！** ローリング・ストーンズがプレイした場所だ。ヘンドリックスもレッド・ツェッペリンも……そのステージに今度は、ジューダス・プリーストが上がる！

俺はせっかくの機会を思いっ切り楽しむつもりだった。その頃はおふくろとおやじに定期的に電話をかけていたから、ニューヨークのショーの2日前に電話をすると、おやじはそんなに有名な会場でヘッドライナーを務めるなんて、とても誇らしく思うと言った。**おやじでさえこの会場のことを知ってる！** 誇りに思ってもらえて、心が揺さぶられた……そして突然、おやじにその場にいてほしくなった。

招待するから明日、家族で飛行機でこっちに来ないか、ショーを観て、ホテルに泊まって、次の日の飛行機で帰ったらいい、と誘った。おやじは興奮した様子で、おふくろと相談しにいった。10分後にかけ直すよ、と俺は言った。

電話をするとおふくろは、2日間の旅行は慌ただしすぎるわ、ツアーが終わってから、もっとのんびりフェニックスを訪問したい、と返事をした。妹のスーは、最近イアンの連れとしてツアーに同行したばかりだから、今回は遠慮しとくわと言った。だからおやじと弟のナイジェルの分の飛行機のチケットを手配した。

ふたりともアメリカに来るのは初めてだった。子どものようにニューヨークを走り回り、エンパイア・ステート・ビルと自由の女神像とセントラル・パークを観光した。その日の午後だけでふたりが訪れた名所は、

＊2：結局どちらにも挑戦しなかったが、興味はあった。やってみなきゃわからないだろ、と思った。おもしろいかもしれないじゃないか！

俺が10回の訪問で行った数よりも多かった！

そして、ふたりがそんなことをしている間に、バンドは存続の危機に直面していた。

アーナカタのボスのひとり、ジム・ドーソンはその頃までに拠点を完全にニューヨークに移していた。彼は俺たちが泊まっているホテルでメンバーを招集した。ショーに向かう直前に。珍しいことだったが、短い激励演説で俺たちの士気を上げたいのか、ちょっとした祝辞を述べたいんだろうと思った。それは最悪の大間違いだった。

ホテルに到着したジムは汗をかき、動揺しているようで、唇には何度もかみしめた跡があった。そしてそわそわしながら俺たちに告げた。

「みんな、私は君たちのマネージャーを辞めなきゃならない！」と彼は言った。「申し訳ないが、個人的な事情があるんだ。君たちは本当にビッグになったから、とにかく、私はもうこれ以上続けられない！」

俺たちは全員、驚いて言葉を失い、顔を見合わせた。

おいマジかよ《ファッキン・ヘル》！　タイミングってものを考えたっていいだろ？

ギグ前の爆弾発言にもかかわらず、マディソン・スクエア・ガーデンのショーは信じられないほどの大成功だった。ステージで俺がハーレーのエンジンをふかすと、夜空を吹き飛ばすほどの喝采が起こった。ショーを終えてガーデンを見渡し、２万人の熱狂したファンが上げる嵐のような歓声を浴びている間、とても現実とは思えなかった。

これは夢なのか？　もしそうなら、どうか覚めないでくれ。

まるで俺たちが積んできたキャリアすべてが、この瞬間につながっているように感じられた。すべてが報われたのだ。俺たちは頂点に昇りつめた――そしてこれからは、昇り続けなければならない。

毎晩、毎日、毎週、俺たちはツアーでアメリカじゅうを回った。すべてが素晴らしくうまくいっていた。巨大な会場でプレイし、観客は熱狂した。だがステージを下りると、話は違った。酒量はますます増え、意識がなくなるまで飲んだ。汚らわしい秘密の性的関係を求め続け……そして（ほとんどの場合）失敗する、そのフラストレーションを和らげるためだ。

ただし失敗しなかった夜もある……。

ピッツバーグでのことだ。ツアーの一夜、例によって例のごとく、俺は結局ひとりでホテルのバーにしけ込み、酒を飲んでいた。そこには軍人が何人かいた。前にも書いたとおり、俺は制服姿の男がすごく好みで――彼らの制服を脱がそうと試み、これまでの人生で何度もトラブルに巻き込まれてきた。だがその夜バーにいたひとりの兵士はあまりにもホットだった。それはもう抜群にイケていた。

その男は襟カラーを付けたカトリック教会の司祭たちと酒を飲んでいた。みんなで笑ってジョークを言い合いながらも、その兵士はずっと俺の方をちらちら見ていた。俺たちは何度かアイコンタクトを交わした。**交わしたよな？　それとも俺の妄想なのか？**

兵士がトイレに向かったので、あとを追った。彼は用を足していた。俺は隣の便器の前に立った。

「ヘイ！」と俺は声を掛けた。

「ヘイ、調子はどうだい？」と彼は尋ねた。

「すごくいいよ。そっちはどう？」

「最高さ！」と彼は言った。「あのカトリックの坊さんたちが、俺にいたずらしようとしてしつこいのを除けばな」

「ああ、そう？」と俺は答えた。アンディ・ウォーホルを召喚しながら。

「マジ！　あいつら、いっつも危ないお遊びをしたがってるんだ！」

「お遊びをするのは全然悪いことじゃないさ……」と俺はほほえんだ。

彼はほほえみ返した。「あんたの言うとおりだな！　ヘイ、俺と遊ぶか？」

それで話は決まり。**契約成立**！　ゲイの男あさりとはそういうものだ。何時間も必死で相手を探しながら孤独のまま終わるか、このときみたいにいとも簡単に素早くことが起こるか。彼は俺に部屋の番号を教えた。俺たちは別々にバーへ戻った。

20分後、その男がバーを離れて、去り際にウィンクを寄越した。間もなく俺は彼を追ってバーを出た。ノックすると、兵士はすぐドアを開けた。まだ制服姿だ――**やったね**！　食べかけの食事とバラの花束がダイニング・テーブルに載っているのに気づいた。

「えっと、連れがいるなんて知らなかったけど？」と尋ねた。

「ガールフレンドがさっきまでそこにいたんだ」

制服は間もなく脱ぎ捨てられ、俺たちは精力的な1時間を過ごした。2時間後、疲れ果てて、でも大満足しながら自分のベッドに倒れ込んだ。何よりも最高に嬉しかったのは、たまたま軍人と性的関係を持ったチャンスを利用して、彼の中に眠っていたゲイ人魂〔映画『ゲイ人大尉と兵隊ヤクシャ（Privates on Parade)』（1982年、英）より。隊長の少佐は部隊を厳しく鍛えようとするが、実は部下のほとんどがゲイで、女装を楽しみ始める。モンティ・パイソンのジョン・クリーズ主演〕を呼び覚ませたことだ。

ジム・ドーソンが急に辞めたので、プリーストは新しいマネージャーが必要になった。アメリカでアリー

ナ・ツアーを行い、MTVではビデオがひっきりなしに流れていた俺たちは、今や優良株のバンドだったから、マネージャーをぜひやりたいという人間は何人かいた。だが俺たちに必要なのは、ちゃんとしたロックのマネージャーだった。というわけで〝ワイルド〟・ビル・カービシュリーが登場する。

ビルはアメリカ・ツアー終盤のあるショーを観るために、ロンドンから飛行機で来た。すでにザ・フーを担当していた彼は、初めての顔合わせで鋭い評価を下し、俺たちはバンドとして今どこにいるか、そして次に何をしなければならないか、率直に自分の考えを述べた。

タワ言はやめろと言わんばかりの態度から、ビルは〝俺をコケにするやつは誰であろうと許さない〟人間だとはっきりわかった。俺は昔からずっと、タフなバンド・マネージャー連中をひそかに尊敬している。たとえばレッド・ツェッペリンのマネージャー、ピーター・グラントのような。そしてビルは、何というか、必要条件を満たしているように思えた。俺たちは彼に感銘を受け、雇うことが全員一致で決まった。

俺たちは当時、ビルの波乱に富んだ来歴について何も知らなかった。武装強盗の罪で服役していたこと（自分では無罪だと言っている）。クレイ・ツインズ〔1950年代から60年代にかけてロンドンで暗躍したロニーとレジーの双子のギャング〕と親しいこと。でもそれがわかったところで、俺たちが思いとどまるわけがなかった。

ビルの指が一部欠けていることに気づいて、イースト・エンドのギャングの闘争で失ったのかと思った。実は子どもの頃、昔爆撃された場所を囲む鉄条網によじ登っていたときの事故だと判明した。

1983年5月、『ヴェンジェンス』ツアーを終える頃、ビルはすでにマネージャーに就任していた。ツアーの最後を飾るのは、大規模なヘヴィ・メタル・イベント――カリフォルニア州サンバーナーディーノで開かれたUSフェスティヴァルだ。

これはでかい仕事だった。前年にこのフェスを立ち上げたのはアップルの共同創業者、スティーヴ・ウォズニアック。プロモーターはビル・グレアム。メモリアル・デー〔戦没者を追悼するアメリカの公休日。5月30日または最終月曜日〕を挟んだ週末の4日間、ニュー・ウェイヴ・デー、ロック・デー、カントリー・デー——ヘッドライナーはそれぞれクラッシュ、デヴィッド・ボウイ、ウィリー・ネルソン——そしてヘヴィ・メタル・デーだ。日曜日に開かれたヘヴィ・メタル・デーは、ほかの3日間を合わせたよりも多くの観客を動員した。共演はモトリー・クルー、オジー、スコーピオンズ、クワイエット・ライオット。ヘッドライナーはヴァン・ヘイレンで、その年のうちに「ジャンプ（Jump）」をリリースしてチャート1位を獲得、人気が爆発する。

観客数？　大したことはない。ざっと30万人だ……。

USフェスティヴァルはヘヴィ・メタルのウッドストックと呼ばれた。それも無理はない。特設円形競技場の周囲の道路がバカバカしいほどの渋滞になったので、人々は車を乗り捨てて歩いていた。どのバンドもヘリコプターで現地入りし、ヘリで離陸していた。

俺たちが泊まっていたホテルからは、ヘリでほんの少しの時間だったが、あのときのことは一生忘れない。会場に近づくにつれ、目に飛び込んできたのは、おびただしい数の車だった。アメリカでは誰もが車を持っていて、そのうちの15万人がサンバーナーディーノに向かっていた。ピカピカのアメ車の列が地平線の彼方まで伸びていた。

次に目にしたのは人間だ——数え切れないほどの人の群れ。**何だ、こりゃ！**　まるでウッドストックと1970年のワイト島を一緒にしたみたいだった。あんなに大勢の人は生まれて初めて見た。そして深く心を揺さぶられた。彼らはみんな、たったひとつの目的のためにそこにいる。俺にもわかっている最高の理由——ヘヴィ・メタルを求めて。

ジューダス・プリーストはそこにいる資格があった。これまでの努力が、ついに報われたのだ。ここここそ、俺たちがいるべき場所だ。このとてつもなく大きなチャンスをものにしなければならない。俺たちはそれをわかっていて、実行した。

焼けつくような日差しを浴びて、俺はステージでハーレーのエンジンを空ぶかしした。そしてバンドは「エレクトリック・アイ」に突入した〔実際にはバックステージから同曲を歌いながら歩いて登場。ハーレーでステージに乗り入れるのは、アンコールの「殺戮の聖典」〕。会場ははるか先まで人で埋め尽くされているので、誰かひとり、あるいはグループにさえ集中するのは不可能だった。大きなスクリーンにバンドの姿が映っているのはわかっていたから、俺たちはパワー全開で暴れ回り、全員の頭を吹き飛ばそうとした。

出番はあっという間に終わったように感じたが、それでもあの20分間〔実際は約1時間〕は信じられないほど素晴らしかった。現実とは思えない、忘れ難い経験だった。西海岸でジューダス・プリーストの人気を確立するという意味では、オークランドでツェッペリンをサポートしたときと同じくらい重要な意味があった。**すごい1日だった！**　あの興奮は一生忘れないだろう。

俺たちはヘリコプターでホテルに戻った。次の日の朝、プリーストはいつもどおり、ツアー終了を祝うハグを交わし、それぞれの方向に散っていった。ツアーは輝かしい成功を収め、バンドのほかのメンバーは――おそらくスーと離婚したばかりの哀れなイアンを除けば――家に戻って愛する人たちに会い、ほっとひと息つくのが待ち切れなかった。

俺はといえば、深いため息をついて、フェニックスへ戻る飛行機に乗った。愛を込めて抱きしめてくれるパートナーがいたら、喜んで家に帰っただろう――だがデヴィッドがその男になるつもりは絶対ないことは、いまいましいが確かなようだった。

12 レディース・アンド・ジェントルメン、お座りください！

征服王『背徳の掟』

性的な欲求不満を抱えたまま家に戻ったが、少なくとも周りの環境はもっと豪華になっていた。フェニックスのことが少しはわかってきたので、生活環境をアップグレードしようと考えた。タウンハウスはごく普通の家だった。俺はパラダイス・ヴァレーという一角の風景が気に入った。街から少し離れた大自然のど真ん中にあり、最初に俺の心をつかんでアリゾナへと引き寄せた、手つかずの荒々しい光景が広がっていた。

自分で大きなランチ・スタイル〔質素な装飾の少ない平屋建て〕の家を見つけた。プール付きで、高くそびえるマミー・マウンテンのふもと近くにある。毎月の家賃は山の標高と同じくらい高かったが、その物件が気に入った。USフェスティヴァルから戻る頃には、その家は俺のものになっていた。

デヴィッドと俺は、以前とまったく同じ関係に戻った……つまり大したことのない関係に。つるんで、買い物をして、メシを食って、そして何よりも、毎日一緒に大酒を飲んだ——だが肉体的に親密になるような兆しは何もなかった。その頃には、デヴィッドとヤろうと努力することさえあきらめていた。実質的に、俺は欲情とフラストレーションを抱えた若いゲイで、セクシュアリティを隠し……宦官のような人生を送っていた。

こんなの絶対に俺が求める人生じゃない！

幸い、デヴィッドと俺はまだちゃんとした社会生活を送っていた。フェニックスは当時、アメリカのロックとメタル・バンドの中心地だった。ＬＡには野心満々のグループがあふれ、誰もがサンセット・ストリップにある限られた数のクラブへの出演を狙っていたので、いくつかのバンドは代わりの地を求め、フェニックスに流れてきていた。

フェニックスのシーンの中心になっていたのが、メイソン・ジャーというロック・クラブだ。そこでデヴィッドと俺は数え切れないほど多くのバンドを観て、星の数ほどの夜、ぐでんぐでんに酔っ払った。このメイソン・ジャーで、俺たちはサージカル・スティールというバンドと親しくなる。

フェニックスではよく知られていたが、ほかでは無名のサージカル・スティールは、当時アメリカの田舎の街によくいるハード・ロック／メタル・バンドだった。地元のヒーローで、熱心にリハーサルを重ね、精力的にギグを行っていた。必死で努力したが、ブレイクは果たせなかった。

サージカル・スティールのメンバーは気のいい愛すべき連中で、シンガーのジェフ・マーティンとギタリストのジム・ケラーとはしょっちゅう飲むようになった。ジェフは筋金入りの銃マニアで、俺をアリゾナの大自然の中へ連れていき、狩猟と釣りの楽しみを教えてくれた。

みんなとよく飲みにいった店がほかにもある。フェニックスの西側にあったロッカーズというバーだ。俺はそこが大のお気に入りだった。いちばんの理由は、中に入っていって腰を下ろすとすぐ、店を経営している兄弟ふたりが、いつもビールのピッチャーを目の前のテーブルに置いてくれたからだ。毎晩そのバーに通った週もある。

ロッカーズではいつも何かが起こっていた。あるときは、巨大なニシキヘビを首に巻いた男がそこに座っていた。俺はどんな動物も怖くないから、頼んだ。「よう兄弟《メイト》、あんたのヘビに触らせてもらえないか?」(俺がその台詞《せりふ》を言ったのは、彼に対してが初めてじゃない!)

「もちろん!」とその男は返事をして、ニシキヘビを俺の肩にかけた。ずっしりと重かった……やがてヘビは俺ののどに巻き付いてゆっくりと締め始めた。息ができない。締め付けをほどこうとしたが、ヘビの力はあまりにも強かった。

「俺はこいつを何年も飼ってるんだ! ネズミを食わせて……」とヘビの飼い主が説明を始めた。

「へえ、そりゃすごい」と言って俺はあえいだ。「でもこいつを離してくれないかな? 空気の供給《エア・サプライ》ができない、ちなみにバンドの名前じゃないぜ!」。男とその連れは、俺が窒息するのを防ぐために、首に巻き付いているヘビを文字どおりもぎ取らなければならなかった。そのあとは、ビールのピッチャーがもう1杯必要だった!

サージカル・スティールの連中は、俺のマミー・マウンテンの新居にしょっちゅうやって来た。その家ではあっと言う間に、プール・サイドでワイルドな酒とドラッグのパーティーが繰り広げられるようになった。彼らが俺とデヴィッドの関係をどう思っていたのかはわからない。カップル? それともただの気の合う仲間?

彼らは尋ねなかったし、俺はそれをありがたく思った。なぜなら、いつかはロマンチックな関係になれるかもしれないと期待するのが、だんだんバカらしくなってきたからだ。


プリーストはその年の9月、イビサ島へ飛んで『復讐の叫び』の次作をレコーディングすることになって

いた。その前に、ウォルソールで過ごしている間……両親がやっと新居を買ってプレゼントするのを許してくれた。俺がマディソン・スクエア・ガーデンでヘッドライナーを務めるのを見て、おやじはついに折れ、そこまで言うなら息子からちょっとした援助を受けてもいいと承諾した。

以前見せたような高級な家じゃなかったが、おふくろとおやじは俺の言葉を聞き入れ、ビーチデールを出て、路地の行き止まりにある平屋建て《バンガロー》へ引っ越した。俺のコーチ・ハウスのすぐそばで、俺が故郷にいるときは、5分で会える距離だ。みんなにとって完璧だった。

おやじは新車を贈るのも許してくれた。何でも買うつもりだったが、おやじはウォルソールの男だから、フェラーリやランボルギーニが欲しいとは言わなかった。MGアストンマーティンのスポーツカーさえ望まなかった。その代わり、俺はおやじに……フィアット・ウーノ〔イタリア製小型大衆車〕を贈った。**実用的な車だ。**

いざプリーストがイビサに到着すると、俺たちは酒を飲んで日光浴する以外、まったくやることがなかった……スタジオが空っぽだったからだ。機材がひとつ残らず撤去されていた。卓、マイク、スピーカー、リード線、すべて丸ごと。食堂にはナイフ1本、フォーク1本すらなかった。**はあ？**

どうやらスタジオのオーナー、フリッツ〔1980年にスタジオを設立したドイツ人のビジネスマン、フリッツ・アーレントラウト〕がいくつか資金繰りの問題を抱え、借金のかたとして所有物を債権者たちに持っていかれたらしい。いつもどおり、アルバム制作の締め切りは厳しかったから、俺たちはレコーディングの前金を少々使って、この問題を解決した。

次の日かその翌日、荷台にコンソールを積んだトラックがやって来た。**ハレルヤ！**　ちゃんとした大型ユニットで、ずっしり重い機材だ。俺たちはふたりの配達員を手伝って、そいつをトラックから道路へ注意深く下ろした。ここまでやって、配達員たちはトラックに戻り……車で走り去った。

ありがとよ、ふたりとも！

重すぎて建物の中へ運べないから、代替案を考えなければならなかった。道路脇に丸太が何本かあるのを見つけ、それを空港のX線検査装置のローラーみたいに敷いて、汗だくになりながら、ゆっくりと、コンソールをスタジオへ転がしていった。

そんなわけで、ヘリコプターで会場に乗りつけ、アメリカのメタル・ファン25万人を圧倒した3ヵ月後、今や俺たちは只働《ただばたら》きの肉体労働者で、自分たちが使うレコーディング・スタジオの構築を手伝っている！俺たちがわがままなプリマドンナじゃなくてラッキーだったな！と心の中で思った。**キッスがこんなことしてる姿は絶対拝めないだろうよ……。**

のちに『背徳の掟（Defenders of the Faith）』と名づけるアルバムは、とてもすんなりと形になった。『復讐の叫び』を作ったとき、何か特別なものに突き当たったとわかっていた。俺たちはそこでやったことを引き継ぎ、その上に新たな作品を築こうという熱意にあふれていた。

俺は歌詞にとても真剣に向き合っているから、いつも素面《しらふ》の状態で、集中して書く。頭が冴えわたったたまま、ベストを尽くす必要がある。だが『背徳の掟』の1曲は例外だ。

ある夜、みんなで地元のバーへ繰り出して、前後不覚に酔っ払い、よろめきながらスタジオへ戻った。みんなでその曲について音楽の基本的なプロットは仕上げてあったが、俺はまだ歌詞を書いていなかった。酔った頭で、ショーをここでやろう、今すぐに、と決意した。

トムがスタジオのスピーカーから音楽を大音量で流し、俺はペンをかみながら、いくつかの言葉を書きつけた。ビールとワインをしこたま飲んでいた俺は、その「イート・ミー・アライヴ（Eat Me Alive）」で、上手なフェラチオ《ブロージョブ》をしてもらう喜びを歌うべきだと決めた。

Wrapped tight around me,
Like a second hot skin,
Cling to my body,
As the ecstasy begins
俺の周りにきつく巻き付く
熱い第2の肌のように
俺の体にまとわりつく
エクスタシーの始まりとともに

俺はそれまでにも、いくつかの曲の意味をほかのメンバーに隠していたが、この曲が何を歌っているかは誰でも一発でわかった！　何しろ、ブロージョブを受けている男はしゃぶっている方の頭に銃を突きつけている、という1文を付け足し、とてもあからさまな隠喩《メタファー》――〝The rod of steel injects（鋼鉄のさおが射出する）〟！――も加えたからだ。みんな腹の皮がよじれるほど大笑いした！

この曲のせいで2年後、俺たちは大きな厄介ごとに引きずり込まれる。この話の教訓？　たぶん、歌詞を書くときは素面でいろってことだろう……。

さらにまた、酔っ払っているときは、トラブルの種になる歌詞よりも悪いことが、身に降りかかりかねない。ある夜、みんなでイビサ・タウンの繁華街にあるジェット・サーカスというクラブへ繰り出した。真夜中過ぎに千鳥足で店を出たとき、外は暗かったから、車が1台もいないように見える道路にほとんど注意を払っていなかった。まさにそのとき、スピードを出したタクシーがケンのケツをはねた。

愉快な話に聞こえるだろうが、現実は違った。ケンは空中に3メートル舞い上がり、ドサッという何ともいえない嫌な音を立てて、背中からボンネットに着地した。身も凍るような恐ろしい光景だった。

クソ！　死んじまったか？

暗闇からうめき声が聞こえた。「ああ！　な～んてこった！　オイラのクソッタレな足が！」

いや、ケンはまだこの世にいる。でもひどい有様に見えた。このとき、グレンが飛び出して救出に向かった。ケンのギター・パートナーは一直線に『Emergency Ward 10（救急病棟10）』〔1957年から67年に英ITVが放映した昼ドラ〕モード全開になった。「彼をクラブへ連れて帰るんだ！」とグレンは指示した。「そっと！　傷をきれいにしないといけない！　タオルとお湯を持ってこい！　さあ――早く！　急げ！」

グレンがひそかに医療訓練を何年も受けていたとは知らなかったが、感銘を受けた！　うめき声をあげ、意識がもうろうとしているケンをほかの連中が建物に運び込む間、俺はクラブのキッチンへ走って、ボウル1杯の湯を手に入れ、それをグレンのところへ持っていった。

グレンの手元には今や山のようなフェイス・タオルがあった。彼はそれをまとめてボウルに突っ込み、顔をしかめて叫んだ。「アチッ――手が燃えるようだ！」。そして床を転がり始めた。そのときになって俺たちは気づいた。グレンはちょっとしたいわゆる〝意識変容〟状態にある。だから彼の医学的な知識も妄想だったのだ。

ケンは地元の病院へ運び込まれた。そこでは新米医師が――おそらく彼もひねくれ者だったんだろう――ケンの脚にエラストプラスト印の絆創膏をきっちり巻いて病院から追い出した。ケンは発疹が出て、数日後には絆創膏をはがすのに地獄の苦しみを味わった。だが少なくとも、骨は1本も折れていなかった。

いざアルバムが完成してみると、俺たちはみんな『背徳の掟』の出来に満足した。プリーストの信念を強く打ち出しているように思えた。俺たちの目指すものが、ここに凝縮されている。俺にとって、『背徳の掟』は今でもプリーストの中で最強かつ最凶のアルバムのひとつだ。

フェニックスに戻るとすぐ、デヴィッドと地元のロック・シーンの仲間と一緒に、メイソン・ジャーとロッカーズをはしごする日々を再開した。サージカル・スティールの連中は今でもデヴィッドと俺がどんな関係だったか、不思議に思っているに違いない。なぜならある夜、彼らのひとりに脇へ呼ばれたからだ。

「ロブ、なあ、デヴィッドが女たちとデートしてるの、知ってるよな？」と彼は言った。

ある意味、知っていた。半分わかっていた。でも確信はしていなかった。そしてついに、事実として知った。

それがはっきりすると、俺はこのニュースに対して奇妙な反応をした。デヴィッドと俺の間に肉体的な関係は一切なく、実際にそういうことは一度も起こらなかったが、一緒にあらゆることをしてきた。裏切られたような気がした。

表面的には、それまでどおり親しい友人だった。俺は対立を好まない性格だが、年を重ねた今は、必要とあればそういうことに対処できる。でも人生の一時期——実際、何十年もの間——言い争うのが怖くて、それを避けるためなら何でもした。

ビーチデールのあのつらい夜がよみがえったからだろうか？　小学生のスーと俺がベッドに横たわり、身を縮めて、おふくろとおやじがどなり合う声に耳を澄ませ、突然こぶしで顔を殴る**バシッ！**という音を聞き、恐怖に脅える。きっとそういうことだったんだろう。

おれはそういう夜を忌み嫌った。その記憶は俺の心に消えない傷を残した。人生で何か衝突が起きるといつも、おふくろとおやじがどなり合っていた記憶が、心の暗い奥底からよみがえり、引き下がってしまう。何だって、どんなことだって、あれよりはましだった。

だから、デヴィッドに何か言う代わりに、俺は怒りを飲み込み、それについてくよくよと考えた。自分の中にため込んだ。何も言わず、もっと酒を飲むようになった。ささやかな言い訳を見つけては、正体不明になるまで酔っ払った――そしてその年は、感謝祭〔11月第4木曜日〕が何よりも都合のいい言い訳になった。

俺はデヴィッド、サージカル・スティールの連中、ロック・クラブの常連たちを呼んで、感謝祭のパーティーを開いた。『わが家は11人』〔米CBSが1972年から81年まで放送。大恐慌時代のバージニア州を舞台に、貧しい一家が団結して困難に立ち向かう姿を描く〕のエピソードみたいになるはずもなかったし、実際そうならなかった。俺は七面鳥を焼く前にもう酔っ払っていたが、自分の手で時間をかけて料理したから、それがプールに放り投げられるのを見たときは、少々残念に思った。

ワインのボトルとビール缶がそれに続き、そのあとから服を着たままの酔っ払った地元のロッカーたちが次々に飛び込んだ。叫び声や笑い声、ガラスの割れる音がアリゾナの空にこだまする中、俺は家の中に避難していた。

ユー・ツリーでニックと同居していたときでさえ、俺は大麻の常習者ってわけじゃなかった。だがこれも俺がのちに身につけた悪癖のひとつだ。ニックに教わったように、ガラス製の水パイプ《ボング》の上にかがみ、煙を大きく吸って、テレビの大画面を眺めていると、誰かが俺の肩を叩いた。

ご機嫌でハイになったまま、視線を上げると……フェニックス市警の警官がふたり、こちらを見下ろしている。開けっ放しの玄関から入ってきたんだ。

「ロブ?」と警官のひとりが尋ねた。答えはわかっているようだった。

俺は正直にうなずいた。「ああ」

「近所からうるさいって苦情の電話があってね。このパーティーはお開きだ、**今すぐ！**」

危なっかしい足取りで外へ出てみると、今や庭用家具がプールのパーティーの仲間入りをしていた。みんなの耳に俺の声が届くよう、叫ばなければならなかった。幸い、俺の声はいつもでかい。

「みんな、とっとと失せろ《ファック・オフ》！」と俺はどなった。「**警察が来てるぞ！**」

客を追い散らすテクニックとして、これは確かに効果的だった。全員プールから飛び出して、蜘蛛の子を散らすみたいに四方八方へ散っていった。2分後、家も庭も空っぽになった。

俺は警官に説教された。「この家について苦情を受けたのは、今回が初めてじゃない。俺たちがここに来たのも初めてじゃない。同じことが起こったら、刑務所行きだぞ」

やれやれ、これからツアーでラッキーだった！

『背徳の掟』プロモーション・ツアーは『メタル・コンカー』〔メタルの征服の意〕ツアーと名づけた。大きな理由は、巨大なロボットのメタリアンがステージ・セットを支配していたからだ。デイヴ・ホランドと彼のドラム・セットはメタリアンの頭上、ステージから15メートルの高さに置くしかなかった。ほかにスペースがなかったのだ。

ツアーは1983年のクリスマス前、イギリスで幕を開けた。俺たちは少し不安だった。前回のツアーではイギリスでショーをしていない――ファンは怒ってるんじゃないか？　心配する必要はなかった。どのギグもチケットは完売で、ファンは最高に素晴らしく、俺たちを支持してくれた。100パーセント、全面的に。彼らはいつも忠誠を尽くしてくれる。

クリスマスにはおふくろとおやじに会えた。コーチ・ハウスのすぐそばにあるふたりのバンガローでゆっくり過ごした。年が明け、ツアーのヨーロッパの部が始まった。その頃には俺の酒癖が問題になり始めていた。

それまで素面でステージに上がったことはなかった。プリーストに入ったばかりの頃でさえ、客席に向かって立つ前には、ちょっと引っ掛けてから出ていくのが好みだった。『ブリティッシュ・スティール』を出してバンドが巨大になり始めてから、この習慣はだんだん悪化して、今や自分の手に負えなくなっていた。1984年春にアメリカへ行く頃には、ショーの前にウォッカトニックを何杯かあおるのが慣例になっていた。まるでオレンジ・スカッシュのように、プラスチック製のマグカップでがぶがぶ飲んだ。それまでステージではいつも、脱水症状になるのを避けるために水を飲んでいたが、今やストレートのスミノフ〔アルコール度数40度のウォッカ〕に取って代わった。

ほとんどよろめきながら、観客に別れのあいさつをして——**「ありがとう！　じゃあな！」**——バックステージに駆け込み、ちゃんとした酒を飲む。ギグを終えたあとはいつも、バドワイザーのロング缶2本を一気に飲み干し、続けてドンペリニヨンをひとりで1本空ける。ちょっと欲張りだが、どうしようもない。

酔いつぶれるような飲み方はしたことがないが、あの頃はショーのあといつも泥酔していた。ホテルへ戻るバスの中でジム・シルヴィアに酒を注がせるときもあった。ホテルに着くとバーへ行こうと努力するか、あきらめて自分の部屋のミニバーを空にした。

とにかく素面でいるのが嫌だった。自分がこんな状態でいることを嫌悪した——そして自分という人間を嫌悪した。

次の日の朝は、自分が汚れたおぞましい存在のように感じる。**クソ、明日はこんなひどい気分は味わいたくない——今日は控えめにしよう！**　その決意が続くのも、ショーの会場に着くまでだ。そこからはまるで『恋はデジャ・ブ』〔米1993年。主人公が同じ日を繰り返すコメディー〕の展開になる。

出ていく前に緊張を和らげる何かが必要だ！　ウォッカトニックを1杯飲もう……もう1杯……。

乱痴気騒ぎを盛り上げるアイテムも、さらにもうひとつ取り入れた。コカインだ。

おかしな話だが、最初に吸ったとき、みんなでどこにいたのか、誰にもらったのか、さっぱり覚えていない。だが白い塩のような粉を吸い込んだ瞬間、脳みそが焼けつくように感じたことは、一生忘れないだろう。ひと息ぼれだった。

ああ、すげえ！　こいつは完璧なファッキン・ドラッグだ！

コカインは高揚感をもたらした。吸った瞬間、とてつもない力がみなぎった。それに、信じられないいいいほど賢くなった。どんな質問にも答えられたし、みんなが何をやるべきかもわかった。この知識はぜひとも誰かと共有しなければならなかった。

コークは神からの贈り物のように思えた。酒は20杯も飲めば気分が落ち込んだが、コークをやればその沈んだ気分が晴れ、気分が高揚して、自信が増した。それはもっとコークをやる言い訳になった。**完璧だ！**

それに、コークの魔力はあまりにも強くて、もっと欲しがるのをやめられなかった。あの夜、最初のラインを吸って以来、俺はとめどもなくコークを求めた。

もっと！

もっと！

もっと！

ある夜、ホテルのベッドにプリーストのローディーと並んで座り、太陽が顔を出すまで鼻にコークを突っ込んでいた。その間、おやじの話を延々とした——愛してるって一度も伝えたことがない、言えたらいいのに。

「じゃあ電話したらどうだ？」とローディーが促した。「今伝えろよ！」

考えるまでもなくバカげたアイデアだったが、そのときは完全に筋が通っているように思えた。あいにく、俺は電話をかけられないほど酩酊していたから、ローディーが俺の住所録を探し出して、おやじの会社にかけた。

「こんちは！　ロブが愛してるって伝えたいそうです！」と電話に出たおやじに向かって彼は言った。そして受話器を俺に渡した。

「やあ、父さん！　元気にしてる？　そう、俺アメリカにいるんだ！」と俺はまくし立てた。「ツアーでさ！　プリーストと一緒だよ、ジューダス・プリースト！　ええと、愛してるよ！　今まで言ったことないけど、ほんとさ、好きなんだ！　おやじとおふくろが！　そうさ！　俺の言ってることわかる？」

「ロブ？　ロブ？」というおやじの声が聞こえた。「何が起こってるんだ？　大丈夫か、ロブ？」。ドラッグで完全にラリッていても、おやじの声が心配そうなのはわかった。**クソ！　俺はいったい何をやってるんだ？**

俺はパニックを起こした。

「ごめん、もう行かねえと、父さん！　愛してるよ！」と口走り、受話器を叩きつけるように置いた。おやじはあんな電話を受けて、身の毛もよだつ思いだっただろう。そして、典型的なウォルソールの男らしく、俺たちはどちらもそのことについて二度と口にしなかった。

ステージから下りてホテルの部屋でひとりになりたくなかった。一緒にいる相手を、男性の仲間を切実に求めていたが、それは許されなかった。摘むことのできない禁断の果実だった。

あらゆることの反動が押し寄せた。すべてが一気に。本当の自分を否定してきた年月。ゲイでありながら、マッチョな世界でストレートなバンドのフロントマンを務める苦痛。デヴィッドのために海まで渡ったのに、思うような仲になれず、彼との関係は幻想だったとわかったこと。限界だった。どうにでもなれと思った。もううんざりだ。

今でははっきり認められる。あのツアーでは、そういう自殺願望が心に忍び込んできた……だが俺には、しっかりつなぎ留めてくれる心の支え《ロック》が、金床《アンヴィル》があった。それまでどおり、音楽が、そしてジューダス・プリーストが、俺を前へと進ませた。

いったんステージに上がると、やっぱりこう思った。わかった、これがすべてなんだと。問題が起こり始めるのは、ステージを下りてからだった……。

性的な欲求不満は耐え難いほど膨れ上がっていた。仮面を脱ぎ捨ててカミングアウトするなんて、考えることもできないとわかっていたが、自分の渇望を満たすために、さらに危険なリスクを冒していた。発見されかねない、とても危険なリスクを。

サンアントニオのショーがはねてから、夜通しドライブしてオースティンへ向かった。真夜中過ぎ、ツアー・バスが給油のため終夜営業のトラックストップに停まった。いつもどおり、俺はトイレに直行した。中に入った途端、真ん中の個室のドアの下から2本の脚がのぞいているのが見えた。隣の個室に入り、ボルトをスライドさせてドアに鍵をかけた。

トン―トン―トン！

俺が腰を下ろすより早く、彼の熱心な足がぴくぴく動き始めた。俺もトン―トン―トンと信号を返した。5秒もしないうちに、俺たちは互いに意気投合したと納得した。テキサスの夜空の下、ふたりの孤独なダンスが始まった。

グローリー・ホールはなかったが、トイレの仕切りの片側にすき間があった。相手の男はそこから手を出して、俺を手でしごいた。久しぶりだったから、あまり時間はかからなかった、と言っておこう。次に俺は自分の手を差し入れて、彼に同じことをした。

お互いにひと言も口を利かなかった。もちろん。

彼が達すると、俺はドアを開けて手を洗いにいった。俺が出ていくまで相手の男は個室で待っているのがエチケットだ……だが彼はそうしなかった。

背後で個室のドアの鍵が開く音が聞こえたが、俺は頭を下げたまま手を洗っていた。だが人間の本能だろうか、思わず鏡を見て彼の顔を確かめた。若い男が俺を見つめていた。ショックのあまり、彼の口はぽかんと開いていた。

彼は頭からつま先まで、ジューダス・プリーストのグッズで固めていた。

おっと、こいつはヤバい！　何て言えばいい？

トイレから出ていきながら、彼にウィンクした。「次のツアーで会おう！」と言って、ツアー・バスに乗り込み、夜の闇の中をオースティンに向かって出発した。

スポットライトを浴びる日々、人目をはばかるセックス・ライフ、いかがわしい方法で欲望を解放するためにこそこそと相手を探し回らなければいけないこと。そういう年月の果てに、俺は壊れかけていた。過度の飲酒のせいで、心のブレーキが効かなくなっていた。自制心を失っていた。

ギグのあと、時々こっそりゲイ・バーやサウナに行った。ゲイだとばれる危険を冒したわけだが、これは気づかれてしまった。マネージメントに脇に呼ばれ、出入りしているそういう場所について警告された。もしこれが知られたら、プリーストにどんなダメージを与えるか、考えてみてはどうだろうか。

会話は礼儀正しかったし、善意によるもので、もちろん核心を避けていたが――〝ゲイ〟という言葉さえ口にされなかった――その目的と意味はあまりにも明らかだった。要約すれば、基本的にはこういうことだ。

お前はゲイだ。

私たちはお前がゲイだと知っている。

だがお前は同時に、世界的に有名なメタル・バンドのシンガーだ。

マッチョな世界だ。

メタル・ファンは寛大さで有名ってわけじゃない。

気をつけろ。

どうしてこんなことを言われているのかわかっていた……それでも、やはり、不快に感じた。マネージメントがバンドの評判を〝守ろう〟としているのはわかったが、それでも、30代前半にもなって、どこへ行けどこへ行くな、なんて説教はごめんだった。俺は子どもじゃない。

だからたいていは、自分がやりたいことをそのままやり続けていた。

『メタル・コンカー』ツアーは北へ向かってカナダの部に入り、カルガリーのスタンピード・コラールでショーをやった。ここは毎年恒例のカルガリー・スタンピード・ロデオ大会が開かれる会場で、ロデオ乗りの卵たちの訓練センターにもなっていた。

ギグのあと、俺はハイアット・ホテルのバーにひとりで行き、へべれけに酔っ払いながら、四方八方に目を光らせていた。そこはゲイの天国だった。

カウボーイ！　どこもかしこも――カウボーイだらけだ！

俺はすごいハンサムとアイコンタクトを交わした。小柄でがっちりした体型。ステットソン帽、カウボーイ・シャツ、ジーンズ、拍車付きのブーツという正装で着飾っている。巨大なベルト・バックルが、さらに大きいジーンズの中のふくらみを際立たせていた。俺たちはたわいない会話を始めた。彼はロデオについて、俺はメタルについて。

すっかり意気投合して、バーが閉店になったあと、一緒に俺の部屋へ行き、ミニバーの酒を飲み干した。彼がロデオ・サーキットの追っかけグルーピーたちについて自慢話を始めたから、俺も話題を合わせて、ロック・バンドやメタル・バンドを追いかけて何でもする女の子たちの話をした。

その会話を彼は俺よりも楽しんだ、と言ってもいいだろう。奇妙なことに、俺に有利な展開になったのだ。カウボーイは大興奮して、突然こう言った。「なあ、すっげえムラムラしてるから、あんたにしゃぶらせてやる！」

待ってました。俺は仕事に取り掛かったが、彼をせっせと楽しませて、花火がそろそろ爆発するというとき、こう口走る声が聞こえた。「やめないで――俺まだ16歳なんだ！」

クソ！　何だって？　それよりたっぷり5歳は上に見えたのに！　ショックで体が固まった。頭の中で、突然いろいろな音が鳴り響いた。パトカーのサイレン、独房のドアが音を立てて閉まる音、そして……いびき？　視線を上げた。俺のカウボーイ見習いは、達した瞬間に寝入っていた。

恐ろしい罪悪感に襲われて、彼を起こそうとした。夜中に自分の吐しゃ物でのどを詰まらせたら大変だ、と焦ったこともある。これから書かれる俺の逮捕記録に殺人罪が加わるかもしれない。彼は何をしても起きなかったので、俺はあきらめて、1分後にはアルコールがもたらすいつもの酩酊に身を任せた。

次の日の朝、目が覚めるとジョン・ウェイン・ジュニアは消えていた。起き上がってバスルームへ向かい……そこで、テーブルの上の財布に気づいた。ふたは開き、数百ドルとクレジットカードが盗まれていた。大型ラジカセと50本ぐらいのカセットもなくなっていた。

じゃあ、あの出会いは全部タワ言の塊だったわけだ。

俺たちは南へ向かい、アメリカに戻った。ウィスコンシン州のマディソンでは、竜巻が接近してきたため、1万人をデーン・カウンティ・コロシアムの階段式観客席に避難させなければならなかった。グレンと俺はバックステージのドアからこっそりのぞき、サイレンが鳴り響き嵐が荒れ狂う中、頭上低くを覆う黒と青と鮮やかな緑の雲に目を見張った。

そして、そのわずか1週間後、俺たちの竜巻がニューヨーク・シティを襲った。

二度目のマディソン・スクエア・ガーデン公演は、ある意味、一度目よりもっと大きな意味があった。一夜かぎりじゃない！　俺たちはガーデンで通し公演をできるバンドになったんだ！　少なくとも、初日はそう思った。残念ながら、この日が俺たちにとって、そこでやる最後のショーになった。

アンコールまでは素晴らしい、いつもどおりのギグだった。ステージに戻って「リヴィング・アフター・ミッドナイト」を熱唱し始めたとき、視界の隅を、何か飛ぶ物が横切った。**はあ？　ありゃ何だ？**　そしてもうひとつ……さらにもうひとつ……。

曲が終わり、うしろをちらりと見ると、観客席を覆っているフォームシート性カバーがステージに散乱していた。会場へ目をやると、俺たちに向かってさらに飛んでくるシートが空間を黒く埋め尽くしていた。そのうちのひとつかふたつには火がついているようだった。

ステージから走り下り、「殺戮の聖典《バイブル》」を歌うためハーレーに飛び乗った。ステージに乗り入れる頃には、床一面で開かれた室内装飾品のがらくた市の中を、バイクで通ろうとするみたいな有様だった。客席よりもステージにあるシート・クッションの方が多かった。

いったい何だってんだ？ ふたつの考えで頭はいっぱいだった。**(a)こいつは素晴らしい！ 俺たち版の暴動だ！ (b)この会場では二度とプレイさせてもらえないだろう！**

グレン、ケン、イアンは今やシートの上で飛び跳ねながらプレイしている。ステージの床がすべて覆われているからだ。ケンはあとで、トランポリンの上でギターを弾いているみたいだったと言った。「ユーヴ・ガット・アナザー・シング・カミング」を超特急でやってから、俺たちはステージからとんずらした。

マスコミが喜んで騒ぎ立てたように、マディソン・スクエア・ガーデンはのちに、俺たちのファンは25万ドル相当の損害を会場に与えたと発表した。バンドは暴動を扇動するようなことは何ひとつやっていなかったが、永久に出入り禁止を言い渡された。彼らは俺たちを実際よりも厄介者だと判断したんだろう。

1、2年後、グレンとケンはガーデンを再訪した。ジミー・コナーズとジョン・マッケンローの慈善テニス試合を観るためだ。会場に入れてもらえるかどうかわからなかったので、ふたりは野球帽をかぶっていた。試合の途中で、ひとりの客席係が近寄ってきた。

「ジューダス・プリーストの方ですか？」

「ああ」とふたりは答えた。追い出されると思い、がっかりしながら。

「よかった。新しいシートをありがとうございます！」とその案内係は言った。「全部の席を張り替えたんですよ、あなた方のおかげです！」

いつかまた、ジューダス・プリーストがマディソン・スクエア・ガーデンでプレイできればいいと願っている。とはいえ、歴史は繰り返すかもしれない。だからそうしないのがいちばんいいだろう。

『メタル・コンカー』ツアーは過密スケジュールで、体力の消耗もひどかった。ハリウッド・スポータトリウムとカウ・パレスの各2公演を含むアメリカの部を終え、日本で6公演をやった俺たちは疲れ切っていた。みんな休暇が必要だとわかっていた。

新しいマネージャーのビル・カービシュリーも、そのことを見て取った。みんなで話し合い、ジューダス・プリーストは1985年、ほぼ10年ぶりにあることをやろうと決めた。ツアーを1年間休むのだ。

そう、俺たちは12ヵ月の休暇を取り、のんびりとリラックスして、これまで稼いだ富の恩恵にちょっとあずかり、余った時間を利用して、誰もが圧倒されるようなニュー・アルバムを作る。最高のプランだ！

その代わり1985年は、俺の人生において最も苦痛と波乱と恐怖に満ちた1年間になる。

13 これがそうだ、これが愛だ！

『ターボ』失速

1984年が終わる頃、俺は車の運転ができないことに当然のごとく腹を立てていた。フェニックスとウォルソールで華やかな二重生活をしていたが、どこかへ行きたくなるたびに、どちらの場所でもタクシーを呼ぶか、仲間の車に乗せてもらうしかなかった。

〝ライオンのブライアン〟のミニを運転して、ウォルソールの路肩に停めてあった車にピンボールよろしくぶつかったときから15年以上たっている。そろそろ再挑戦しようと決意した。そして単純な理論を編み出した――車を買えば、運転を覚えるだろう。

イアン・ヒルが大のカー・マニアだったから、一緒にバーミンガムのアストンマーティンのディーラーへ行った。美しいレッドのアストンマーティンDBSにひと目ぼれして、超高級な車を買うイケ好かないロック・スターの役をやろうと決めた。

「おおっと、見ろよ、あそこにジェンセン・インターセプターがあるぜ！」とイアンが言った。

「DBSをお買い求めいただければ、ジェンセンは特別価格でご提供いたします」と販売員が言った。手に入る歩合給の胸算用をしていたんだろう。

そんなわけで、俺はアストンマーティンとパープルのジェンセン・インターセプターを買い、両方ウォルソールのコーチ・ハウスに届けさせた。車は2台用ガレージに停められ、手つかずのまま、何週間もそこに放置された。

ある日、どうしてもアストンマーティンのハンドルを握りたくなり、やってみることにした。運転席に乗り込み、バックし始めたとき、片足がクラッチから滑り落ち……真っすぐリンゴの木に突っ込んだ。**まったく、相変わらずだな、ロブ！**と思い、DBSをそろそろと運転してガレージに戻して、何ヵ月もそのままにしていた。

フェニックスにいるとき、再挑戦を決意した。サージカル・スティールのジェフ・マーティンは勇敢な男で、俺を何回か自分の車に乗せてくれた。アメリカは運転免許を取るのが極めて簡単だ。道路の安全に関する質問にいくつか答え、試験場で車を運転して何本かのコーンの間を通れば……**じゃじゃーん！**　俺はついに自由に動けるようになった！

そんなわけで、１９８５年初頭、フェニックスに着くとすぐ店へ行って、小型の赤い《リトル・レッド》コルヴェットを手に入れた。プリンスも誇りに思うようなやつだ〔１９８２年のアルバム『1999』収録「リトル・レッド・コルヴェット（Little Red Corvette）」より〕。

デヴィッドとは相変わらずつるんで、一緒に飲んだくれ、そして、何回かは、つまらないことで口喧嘩をした。まるでカップルのように——俺たちが実際にそうだと思っている人は大勢いた。俺たちの奇妙で、セックスの介在しないパートナーシップは機能不全に陥っていた。だが感情的にはどこかで依存し合ってもいた。

だから、サージカル・スティールの連中が数ヵ月前に言ったことが正しいと証明されたときは、ショックだった――だが驚くべきことではなかった。デヴィッドは本当に女とつき合っていたのだ。

そうか、勝手にしろ《ファック・ユー》！と思った。だが俺はこのときも、デヴィッドに正面から向き合わなかった。それについて口にさえしなかった。相変わらず、言い争いと対決を激しく恐れていた。ビーチデール・エステートで、おふくろとおやじがどなり合って争うのを聞き、恐怖に脅えていた子ども時代の夜の思い出が、再びよみがえった。

どっちにしろ、間もなくプリーストのビジネスを再開する時期だった。1985年、それまでよりリラックスした雰囲気で最初に取り掛かったのは、スペイン南部のマルベーリャに再集合して、『背徳の掟』に続くアルバムのライティング・セッションを開始することだった。スペインの王女が所有するヴィラを借り、地元のスタジオで作曲とちょっとしたセッションを始めた。

数日後、イギリスに帰国した。週末に友人の結婚式に出席するためだ。ラーチウッド・ロードで同居していたデニスと一緒にニューカースルへ向かった。その週末はずっと酔っ払っていた。披露宴のあと、デニスと俺は1軒のゲイ・バーを見つけ、俺は素晴らしくホットな男を引っ掛けた。クラブのトイレで彼におしゃぶり《ブロージョブ》をしたあと、頭にはひどい二日酔いを抱え、顔にはほほえみを浮かべて、飛行機でマルベーリャに戻った。

再び作曲に取り掛かったが、数日後、グレンが心配そうな顔で俺を見つめた。

「大丈夫か、ロブ？」と彼は尋ねた。

「もちろん！」と俺は言った。「どうしてさ？」

「どうしてかっていうと、お前……黄色いから」

「何の話をしてんだよ？」と憤然として聞いた。

「黄色いぞ。皮膚と、白目が。行って鏡で見てみろよ」

見てみた。**クソ！**　グレンは正しかった！　俺の顔全体がおぞましい黄疸《おうだん》の色になっていた。こいつはまずい。王女のヴィラにはハウスキーパーがひとりいた。英語をほとんど話せなかったが、彼女を見つけて自分の顔を指さした途端、顔をしかめて医者を呼んだ。

地元の医者がやって来て、俺をひと目見た。診断を下すのに、診察する必要さえなかった。「肝炎ですね」と彼は言った。「深刻な状態です。ステージが進行していますからね。そのせいで体に毒が回っているんです」

いったい何だって……？

「どうしてかかったんだ？」と俺は尋ねた。

医者は眉をひそめた。「通常は性行為で感染します」

クソ！　俺はすぐニューカースルのゲイ・バーのトイレで会ったホットな男を思い出した。医者はいったん帰り、1時間後に慢性肝炎用の薬とデカい注射器を持って戻ってきた。続いてその注射器を俺のケツに差した。おまけに説教を垂れた。

「この肝炎はとても重症です」と医者は告げた。「すでに肝臓が損傷を受けています。毎週来てこの注射をしますよ。それから赤身の肉を食べてはいけません……アルコールも禁止です」

「どのくらい？」と俺は尋ねた。

「6ヵ月ですね」

マジかよ！　こうしてアルバムに取り組みながら、ゆでたチキンと温野菜だけを口にする長い日々が始まった。そのおかげで体から毒素が排出され、最高に素晴らしい気分になった。あの頃すっかりおなじみだった気分とは違った。

奇妙な話だが、急に酒をやめなければならなかったのに、断酒からくる離脱症状は一切なかった。まるで俺の体がこう考えたみたいだった。**ＯＫ、これが俺のやるべきことだ――さっさとやっちまおう！** それでも、酒は禁じられたが、ヴォーカル録りをする前には、ちょっとしたものを急いで吸収する必要があった。素面《しらふ》で臨むなんて、単純に想像できなかった。

自分で望んだわけではないが、新しく発見したこの素面の状態のおかげで、アルバムの初期のライティング・セッションに集中できた。一連のセッションは……興味深かった。アメリカの楽器工房がグレンに最新式のギター・シンセサイザーを送ってきた。ヘイマーＡ７ファントム。そのとき取り組んでいたある曲のイントロで、彼がペダル・ボードを踏み込んで音を鳴らすと、バイクが立てる轟音のようなノイズが響き渡った。

「ヘイ、ターボ・エンジンが空ぶかししてるみたいな音だな！」と俺は言った。その瞬間、アルバムのタイトルが決まり、その曲は「ターボ・ラヴァー（Turbo Lover）」になった。

I'm your turbo lover,
Tell me there's no other
俺はお前のターボ・ラヴァー
ほかにはいないと言ってくれ

タワ言はここまでにしよう……「ターボ・ラヴァー」はカー・セックスについて歌った曲だ。あからさまで、かなりどぎつい。〝俺の両ももの間でうなるエンジン〟というイメージは、コックをジューダス・プリーストの歌詞に取り入れようと工夫した最新の事例だった。俺としては、これを高潔な伝統であると考えたい。

俺たちはギター・シンセを軽い気持ちで使い始めたわけではない。プリーストの大勢のファンが、シンセサイザーは軟弱で、そう、**メタルじゃない**とみなすのはわかっていたし、この楽器を取り入れれば物議を醸すことも承知していた。俺が愛するバンドのひとつ、クイーンは、何年もの間アルバムのジャケットで誇らしく宣言していた。

このレコード制作にあたりシンセサイザーは一切使用していない

それでもギター・シンセのサウンドは素晴らしくパワフルで、それを使ってプレイできる新たなテクスチュアをたくさん与えてくれたから、採用することにした。〝ヘヴィ・メタルへの裏切り〟だとか、そういうバカげたことだとは思わなかった。俺たちの信条はこうだった。プリーストはメタル・バンドだ、俺たちはやりたいことをやる、その最終的な結果は、常にメタルだ。俺たちは今もそう考えているし、これからもずっとその考えは変わらないだろう。

マルベーリャでは素晴らしい素材を山のように思いついたので、2枚組アルバムを作ることにした。タイトルは『Twin Turbos（ツイン・ターボ）』。実りの多い数週間だった。その年の夏、レコードを制作するために、トム・アロムとバハマで――***バハマだ！***――会う手はずを整えた。

数週間の休暇は、フェニックスとウォルソールの両方で過ごした。まだ断酒中で（自分で選んだわけではないが、少なくとも、もう黄色くはなかった！）、運転の腕を着々と磨いた。また、とても意義深いプロジエクトに参加しないかと声を掛けられた。

何ヵ月も前から、エチオピアで起こっている飢饉の恐ろしい映像が、テレビのニュース速報で盛んに放映されていた。ボブ・ゲルドフがすでにイギリスのビッグなポップ・スターたちを集め、バンド・エイドのチャリティー・シングル「ドゥ・ゼイ・ノウ・イッツ・クリスマス？（Do They Know It's Christmas?)」を制作していた。ロニー・ジェイムス・ディオが、メタル界はもう一歩進んでアルバムを丸ごと1枚録音すべきだと決意した。その名も『ヒア・アンド・エイド (Hear'n Aid)』。

もちろん参加だ、考えるまでもない。こうして1985年5月、俺はロサンゼルスへ飛んだ。テッド・ニュージェントをはじめ、大物スターが何人か来ていた。ジャーニーとアイアン・メイデンの連中とは知り合いだったが、初めて見る顔もたくさんあった。ディオ、モトリー・クルー、W.A.S.P.、トゥイステッド・シスター……。

いちばん興奮したのは、マイケル・マッキーンとハリー・シェアラーがいたことだ。映画『スパイナル・タップ』〔米1984年。架空の英国ロック・バンドの全米ツアーを密着取材したという設定の偽ドキュメンタリー〕でデヴィッド・セントハビンズとデレク・スモールズを演じたふたりがそこにいる！　ちゃんとしたロック界の王族がご参加ってわけだ！

グレンと俺は前の年にその映画をサンディエゴで観た。ツアー中のヘヴィ・メタル・バンドを痛烈に皮肉った作品だ、というレビューをふたりともあらかじめ読んでいたし、ロブ・ライナー監督と共同脚本家たちは、プリーストのギグに1、2回来たことがあるとも聞いていた……インスピレーションを求めてかも？

そんなわけで、俺たちは昼間の上映をしている映画館にこっそり忍び込んだ。正体がばれないように襟を立てて——そんなことをわざわざする必要はなかった。観客はほとんどいなかったからだ。

上映が始まってすぐ、この作品のジャンル分けは間違っていると気づいた。これは風刺映画じゃない。**ドキュメンタリーだ。**アメリカ・ツアー中の不運な英国ロック・バンドが遭遇するさまざまな事件を、ライナー監督は見事にとらえている。俺たちはあらゆるエピソードになじみがあった。ステージへ行く途中で道に迷う？　ああ、そんなこともあった。付添人がいないレコードのサイン会？　そうそう、活動を始めた頃に。バックステージのケータリングの問題？　もちろん記憶にある。俺たちは何とかサンドイッチを作れるぐらい賢かったけどな〔出演を控えナーバスになった主人公は、小さすぎるパンと大きすぎるハムを前にして、サンドイッチの作り方に思い悩む〕。

それにドラマーについてはどうだ？　ジョン・ヒンチは自然発火したわけじゃないし、レス・ビンクスを庭仕事中の恐ろしい事故で失ってもいない。だがスパイナル・タップのドラマーがくるくる変わるのは偶然だろうか？　あまりにも身に覚えがありすぎた。

ちょっと待てよ——この連中、俺たちのことを言ってるのか？

『スパイナル・タップ』のユーモア・センスは失敗だと感じてもよかったはずだ。だが俺たちは、自分たちの音楽を真剣にとらえているが、自分たち自身についてはそうじゃない。グレンと俺はそのサンディエゴの映画館で、ヒイヒイ言いながら笑い転げた。

まばらな観客の中に、ふたりのメタラーがいた。俺たちに気づかず、映画に腹を立てて足取りも荒く出ていった。「こいつはクソだ、まったく、こいつらは俺たちをおちょくってる！　クソッタレ野郎ども！」。もちろん、それは俺たちのさらなる爆笑を誘うだけだった。

それまで観たなかで、最高に愉快でいちばん正確な映画だと思った。

ヒア・アンド・エイド・プロジェクトのレコーディングで、スパイナル・タップのふたりはカメラが回っていてもいなくても、ずっとキャラクターになり切っていた〔このプロジェクトではアルバムのほか、シングル、収録風景を収めたビデオ／レーザーディスク『スターズ（Stars）』もリリース〕。「ヘイ、なあ、あんたらジューダス・プリーストとアイアン・メイデンだろ？」とふたりは俺とエイドリアン・スミスに向かって言った。「タップがいなけりゃ、あんたたちここにはいなかったぜ。全部俺たちのおかげってわけ！」。彼らは最高に愉快で、大いに楽しませてもらった。

それほど笑えず、また歓迎もできない出来事が、同じ1985年の夏に持ち上がった。ワシントンD.C.でペアレンツ・ミュージック・リソース・センター（PMRC）と名乗る圧力団体が誕生したのだ。率いるのはのちのアメリカ副大統領、アル・ゴア氏の妻のティッパー・ゴア。PMRCはワシントンの有力者4人の妻たちが設立した。団体は音楽に的を絞り、あまりにもわいせつで公序良俗を乱しかねない**（ああ、そのとおり！）**と感じた曲を標的にした。

PMRCは特におぞましいと認めた15曲のリストを公表した――〝汚らわしい15曲《フィルシー・フィフティーン》〟。これは、控えめに言っても、折衷主義だった。〝性的に過激〟（そんなことがあり得るだろうか？）と分類されたのは、マドンナの「ドレス・ユー・アップ（Dress You Up）」、シンディ・ローパーの「シー・バップ（She Bop）」、メリー・ジェーン・ガールズの「イン・マイ・ハウス（In My House）」。プリンスが性的に過激だというのはわかる**が……シーナ・イーストン？　マジかよ!?**〔プリンスは「ダーリン・ニッキー（Darling Nikki）」、シーナは「シュガー・ウォールズ（Sugar Walls）」〕。

驚くことではないが、ヘヴィ・メタル勢はフィルシー・フィフティーンの上位にランクインした。ブラック・サバスはもちろん、トゥイステッド・シスター、W.A.S.P.、デフ・レパード、AC／DC、ヴェノム、モトリー・クルー、マーシフル・フェイト〔それぞれ「トラッシュド（Trashed）」「ウィアー・ノット・ゴナ・テイク・イット（We're Not Gonna Take It)」「アニマル（ファック・ライク・ア・ビースト）(Animal (F**k Like A Beast))」「ハイ&ドライ（High'n' Dry)」「欲望の天使（Let Me Put My Love Into You)」「ポゼスト（Possessed)」「バスタード（Bastard)」「イントゥ・ザ・コーヴェン（Into The Coven)」」……そしてジューダス・プリースト。

俺がイビザ島でべろんべろんに酔っ払ってバカ笑いしながら書いた「イート・ミー・アライヴ」が、彼女たちを激怒させたようだ。どうやら、ティッパーをはじめとするワシントンの妻《ワシントン・ワイヴズ》たちは、銃を突きつけられ強制された暴力的なブロージョブが、非常にいいことだとは思わなかったらしい。

彼女たちの言うとおりだ、もちろん、だが……**俺たちの曲はジョークだった**。歌詞のレベルは漫画並みだ。俺たちがフィルシー・フィフティーンに入っていると聞いたとき、怒っていいのか笑っていいのかわからなかった。とんでもなくバカバカしい話だった。関心も興味もない政治課題に巻き込まれただけだ。

何しろＰＭＲＣの旦那たちはアメリカ政府の意思決定にかかわる人物だったから、人々の支持とマスコミの注目を集めるのは難しいことじゃなかった。実際、彼女たちはアメリカのレコード業界を脅して、歌詞に不道徳な内容が含まれるアルバムすべてにステッカーを貼ることに同意させた。ステッカーにはこう書いてあった。

親への勧告《ペアレンタル・アドバイザリー》：露骨な歌詞

皮肉だったのは、もちろん、自尊心のあるアメリカのティーンエイジのロック・ファンたちは、たちまちこぞってそのステッカーが貼ってあるアルバムを探し始めた。ＰＭＲＣは、メタル・バンドがレコードをばんばん売る手助けをしたわけだ！

初夏が近づき、プリーストがピックとスピード〔英水着メーカーのブランド〕をスーツケースに詰めてバハマへ向かい、『Twin Turbos』を録音するときが来た。6月初めに現地入りして、ナッソーのコンパス・ポイント・スタジオでトム・アロムと合流した。

俺たちがその場所に腰を落ち着けたのは、宿泊設備のあるスタジオなら、一緒に仕事をして、さらに共同生活を送って、音楽に完全に集中できると思ったからだ。まったくどうして、カリブ海のホットスポットの誘惑に自分たちは絶対屈しないと思ったのか、今ではさっぱりわからない。俺たちはイビサ島で何も学ばなかったのか？

到着してすぐ、コロムビアが2枚組アルバムを作るという俺たちの要望を却下したことが判明した。理解できなかった――だって、こっちはおまけの曲を提供しようって言ってるんだぞ、無料で〔シングル・アルバムの価格で販売する企画だった〕？　だが彼らの指令に従うしかなかった。というわけで、さらば『Twin Turbos』、こんにちは『ターボ（Turbo）』。

カリブ海は休暇旅行に誘うパンフレットの写真のように完璧だった。どこまでも続く白い砂浜、きらきら輝く紺碧の海。だが俺は到着して、そういうものすべてに感銘を受けた記憶はない。俺を本当に興奮させたのは、ついに肝炎の治療が終わり、また酒が飲めるという事実だった。

そして、クソ《ファック》、俺はその半年分を取り戻した！

俺はすぐ、ショットガン・ビール飲みという地元の技を習得した。ジャマイカ産のレッド・ストライプというブッ飛ぶほど強いラガー・ビールの特大缶を用意する。ドライバーで缶の底に穴を開ける。そして缶を口の上に傾け、プルタブを一気に引く。

プシュウ！　空気が一気に入って圧力がかかり、ラガーが缶の底から押し出されて、口に高速で流れ込む。つまり、一瞬にして酔っ払えるわけだ。素晴らしい――**もっと早く知りたかったぜ**。

到着してすぐ、サージカル・スティールのジェフを週末の休暇に招いた。一緒にショットガン・オリンピックを開催した。丸々2日間、ストップウォッチ片手に時間を計り、レッド・ストライプのショットガン飲みコンテストを続けた。俺は自己最高記録を更新した。2.5秒。

始めのうち、プリーストは真剣に『ターボ』に取り組んでいた。ずるずる長引いたPMRCとのクダらない議論がまだ記憶に新しかったから、検閲官気取りの禁欲主義者たちに抵抗したいという思いがあった。「ペアレンタル・ガイダンス（Parental Guidance）」のコーラスは、さりげない表現とは程遠いが、俺たちの立ち位置をはっきり示している〔Parental Guidance すなわちPGは映画の区分のひとつ。刺激的な内容を含み、子どもの観覧には保護者の指導が必要とされる〕。

We don't need no no no parental guidance here!
ここでは絶対、絶対、絶対いらない　親の指導《ペアレンタル・ガイダンス》なんか！

プリーストはあっという間に、いつもどおりのお気楽な行動パターンに落ち着いた。日中はアルバムを作り、夜はナッソーのバーやクラブをはしごしてショットガン飲みにいそしむ。1ヵ月過ごした頃、ビル・カービシュリーがロンドンから電話をかけてきて、大ニュースを告げた。

ボブ・ゲルドフがさらに大きな賭けに出た。エチオピアの義援金をもっと集めるため、7月に世界的なチャリティー・コンサートを開く。このライヴ・エイドでは世界中の名だたるポップ・スター、ロック・ミュージシャンが演奏する。ロンドンとフィラデルフィアの会場で同時開催だ——そしてゲルドフは俺たちにアメリカ側の出演者になってもらいたがっている。

バンドというのは油断すると、自分たちの狭い世界にどっぷり漬かってしまう。だから最初、俺たちは不満に思った。「アルバム作りが順調だってのに、なんでそんな余計なことしなきゃなんないんだ！」とみんなでぶつぶつ文句を言い合った。「たった3曲やるために、ほんとにはるばる出掛けたいか？」

幸い、俺たちは間もなく分別を取り戻した。エチオピアの飢饉は悲惨を極めていた。俺たちが怠け者のケツを上げて、この楽園から飛行機で飛び立って数曲プレイして、その結果いいことができるなら、もちろん絶対やるべきだ！　それに、オジーをはじめ、なじみの仲間も何人か出ることになっていた。きっと楽しくなるだろう。

１９８５年7月13日に開かれたライヴ・エイドは、楽しいというレベルを少々超えていた。フィラデルフィアのジョン・F・ケネディ・スタジアムに着いたとき、俺たちは初めてこのイベントがどれほど大規模か気づいた。世界の音楽界を代表するアーティストの半分がそこにいた——そしてもう半分はロンドンのウェンブリー・スタジアムに。

それほど巨大な何かに参加するのは、本当にエキサイティングだった。ライヴ・エイドは最初から非現実的で、まるで魂が肉体を離れているような感覚だった。スタジアムに着いたのは朝。ナッソーではいつもベッドに入る時間だ。9時、俺はジョーン・バエズが「アメイジング・グレイス（Amazing Grace）」を歌うのを観ていた。

10分後、バックステージでメッセージを受け取った。「ミス・バエズがあなたにひと言、言いたいそうです」。行儀の悪い小学生が捕まったみたいに、俺の最初の反応は、**ああ、クソ！**だった。彼女はプリーストが「ダイヤモンズ・アンド・ラスト」をさんざん叩きのめしてヘヴィ・メタル版にした件で、お小言を言いたいのか？

だが現れたジョーンは、笑顔を浮かべ手を振りながら、軽やかな足取りで近づいてきた。「ヘイ、ロブ！」と彼女は言った。「どうしても直接会って言いたかったの。あなたたちがカヴァーした『ダイヤモンズ・アンド・ラスト』は……」

ほら来たぞ、と俺は思った。

「……息子のいちばんお気に入りのヴァージョンだって。ママの歌がメタル・バンドにカヴァーされたのはすごいって思ってるのよ！」

「ああ、そいつはすごくクールだ！」と俺は言った。本心から出た言葉だ。ジョーンはとても素敵で思いやりあふれるレディだった。

ジューダス・プリーストの出番は午前11時半過ぎ。クロスビー、スティルス&ナッシュのあと、ブライアン・アダムスの前だ。観客はUSフェスティヴァルと同じくらい、とてつもない数に見えた。3曲のセット〔「リヴィング・アフター・ミッドナイト」「グリーン・マナリシ（The Green Manalishi (With the Two-Pronged Crown)）」「ユーヴ・ガット・アナザー・シング・カミング」〕はあっという間に終わるとわかっていたから、俺たちはとにかくその20分間に全力を注いだ。

フィラデルフィアは昔から巨大なロック市場だから、俺たちは熱狂的な歓迎を受けた。「今日はここにメタラーが何千人も集まってるな！」と俺が言うと、客席から「プリースト！　プリースト！　プリースト！」という詠唱がわき起こった。だがその日の主役は俺たちじゃない。はるかに大きな大義のためだった。

そんなにバカげた早い時間にステージに上がる唯一の利点は、出演後、速攻で酔っ払い始められることだ。

というわけで、俺は実行した。そこから先、その日は夢のように過ぎていった。

サバスはもう観ていた。俺たちより、さらに早い時間にプレイしていたのだ――**オジーはベッドに行く時間があったのか？**――そしてゼップは最高に素晴らしかった。酔っ払ってイカれた頭で、バーミンガムとブラック・カントリーの立派な代表が集まっていると誇らしく思った。サバス、プランティ、プリースト……そうそう、忘れちゃいないぜ、デュラン・デュランも。

ライヴ・エイドはいつまでも、いつまでも続いた。ＭＴＶは、フィル・コリンズがウェンブリーでプレイしてからコンコルドでフィリーに移動し、そこにも出演したことを延々と報じ続けた。どういうわけか、俺はいら立ちを覚えた。称賛を浴びたいっていう下心が見え見えじゃないか。それに彼はちょっと鼻につく野郎だった。

ポップ・マニアを自認する俺は、マドンナのステージを大いに楽しんだ。俺は昔も今も変わらず、メタル界に属するゲイとして、彼女の信者だ。だが本当に心の底から圧倒されたのは、ミック・ジャガーとティナ・ターナーだった。俺はロックのショーマンとソウルの歌姫《ディーヴァ》に目がない。そしてふたりはこの枠にぴたりと当てはまった。彼らは衝撃的だった。特にハイヒールを履き大胆な足さばきで登場したティナには目を奪われた。

フィナーレでステージに戻った。ライオネル・リッチーが出演者全員の音頭を取り、「ウィ・アー・ザ・ワールド（We are the World）」のコーラスを３０００回繰り返すのに合わせて、俺もシャウトした。

最高の１日だった、と思った。**大義も素晴らしい。でもそろそろこの曲をやめてもいい頃じゃないか？だよな？**

何だって――もう１回コーラス？

　プリーストはフィラデルフィアに来たときいつも泊まるフォー・シーズンズに宿泊していた。道を渡った所にあるプレミア棟のペントハウス・スイートでライヴ・エイドの打ち上げパーティーが開かれ、出演したアーティストやプレゼンターが全員参加した。俺はひとりでぶらぶらと会場に入っていった。

　パーティーで最初に気づいたのは、会場にサウナがあり、出席者がそこに忍び込んでいくことだ。ふたりで、完全に服を着たまま入り、服が乱れた状態で出てくる。ふたつ目に気づいたのは、サウナのそばの壁に寄り掛かり、人目につかないようにひとりで立っている……ジャック・ニコルソンだった。

　ジャックはライヴ・エイドで何組かの出演者を紹介し、1日中バックステージの辺りをうろうろしていたが、俺は話し掛ける勇気なんて持ち合わせていなかった。だが10リットルほどの酒の勢いを借りた今は別だ。

　俺はよろめきながら彼に近づいた。

「調子はどうだい、ジャック？」と尋ねた。

「ヘイ、ロブ！　今日のステージを観たよ――素晴らしかった！」

おいマジかよ《ファッキン・ヘル》！　ジャック・ニコルソンが俺の名前を知ってる!!

「ええと、乾杯！　素晴らしい日だった、よな……？」

　俺の言葉はそこで途切れた。なぜならそのとき、フィラデルフィアで、そしておそらく世界でいちばん酔っ払った男が、危なっかしい足取りで近づいてきたからだ。俺は1日中飲んでいたし、ジャックも明らかに数杯はやっていたが、このマヌケ野郎はレベルが違っていた。

「ジャァック・ニコルショオオン、よお！」と彼はろれつの回らない口調で言った。俺たちふたりにつばを飛ばし、口の片隅からよだれをたらしながら。「『シャイニング』だよな！　『カッコーの巣の上で』！　クソマジ最高！」

その男は口を閉じようとしなかった。俺はイライラしてきた――**失せやがれ《ファック・オフ》、おい！　お前は俺とジャック・ニコルソンの会話を台なしにしてるんだぞ！**――だがジャックは礼儀正しさと忍耐強さの鑑だった。「ありがとう！　そう言ってもらえてほんとに嬉しいよ！」。回らない舌とだ液の5分間が過ぎ、その酔っ払いはよろめいた足取りでバーへ向かった。

「いつもあんなのに耐えてるのか？」と俺はジャックに尋ねた。

彼はため息をつき、天井を見上げた。「そうさ。どこへ行ってもな！」

いったい。何て。1日。だったんだ！　ジョーン・バエズの魅力にうっとりして、アフリカを救い、何十億人ものテレビ視聴者を楽しませ、ライオネル・リッチーのためにバッキング・ヴォーカルを歌い、ジャック・ニコルソンと酒を飲んだ俺は、のろのろとフォー・シーズンズに戻った。**寝酒《ナイトキャップ》のカクテルでも飲むか**と考えて、ホテルのバーの椅子に座った。

彼がすぐ目に入った。

背が高く、あごはがっしりしていて、ハンサム、いかにもアルファ雄。**俺のタイプ、直球ストライクだ。**彼はバーを挟んだ向かい側に座り、俺が彼を見つめているように、こちらを見つめていた。互いに視線を外すことができなかった。

磁石のように引かれ合った。バーの反対側へ歩いていき、彼と話し始めるのは、俺にとって世界でいちばん自然なことだった。数分後、俺がトイレに立ったとき一緒に来るのは、彼にとって世界でいちばん自然なことだった。

そこへ着いた途端、**俺たちは夢中でそれに取り掛かった。**全身をまさぐり合い、個室にふたりで体を押し込み、手と口が相手の体の触れる所すべてを這《は》い回った。ケダモノの欲望に取りつかれ、情熱に身を任せて。

だが気をつける必要があった。フォー・シーズンズのトイレの個室のドアは、どういうわけか知らないが、すのこ扉になっていたから、誰かがトイレに入ってくるたびに、ふたりが立てる音を聞かれたり姿を見られたりしないように、動きをぴたりと止めてじっとしていなければならなかった。そして、その人が出ていった瞬間、またそれに没頭した。

セックスは頭が真っ白になって吹っ飛ぶほどよかった。俺たちはいつまでもそこにいて、役を入れ替わりながら何度も何度も交わった。どれくらいの時間？　見当もつかない。時間の感覚《トラック》をすっかり失っていたからだ。でも頭の中では、あるサウンドトラックが繰り返し流れていた。

そうだ！　こうあるべきなんだ！

ふたりともついに果てて、別々にこっそりバーへ戻ったが、そこに長くはいなかった。彼が俺の部屋に来ることもなかった。彼の名はブラッドといい、軍を退役したばかりで、生まれも育ちもフィラデルフィアだった。そんなわけで、彼はそのまま自宅へ向かった……翌日に会う約束をしてから。

恍惚《こうこつ》としてふわふわ浮いたような気分でベッドに体を預けた。彼にまた会うのが待ち切れなかった。幸い、それほど長く待つ必要はなかった。

翌日の朝、ブラッドがまたやって来た。ふたりで彼の車の座席に座り、話をした。昨夜の酔いがさめたあとだから気まずくなってもおかしくなかったが、この日も、座ってたわいない会話をするのは世界一自然なことに感じられた。

彼は思ったより若かった。まだ二十歳。だが大柄で、肩幅が広く、大人びていて、実際の年齢よりはるかに年上に見えた。フィラデルフィアの労働者階級の家庭の出身で、陸軍を退役してからは、また両親と暮らしていた。

素晴らしかったのは、ホテルで初めて会ったとき、俺が誰だか彼はまったく知らなかったことだ。実はジューダス・プリーストのシンガーなんだと話しても、彼にとってはあまり重要ではなかった。彼はメタラーじゃなかった――実際、音楽に大した関心がなかった。

「じゃあ、ここからどこへ向かうんだ、ロブ?」とブラッドは尋ねた。

「フェニックスの家へ戻って1週間過ごしてからナッソーへ行く。バハマにある島でさ、そこでレコードを完成させるんだ」と俺は話した。

「そうか、そいつは素晴らしいな」

「バハマへ行ったことあるか、ブラッド?」

「いや」

「一緒に来るか?」

このときも、その神聖な瞬間にこう尋ねるのは、俺が言える唯一のこと、俺が言いたい唯一のことに思えた。彼の答えも同じくらい自然に感じられた。

「ああ、ぜひ行きたい!」

そんなわけで、話は決まった。彼が1週間以内に飛行機でナッソーに来ることになった。俺たちはデートをした。そして俺にはもうひとつやるべきことがあった。使い古した台詞《せりふ》を引っ張り出した。

「今度会うまで君を覚えていられるように、記念の品をくれないか?」

「どんな物?」とブラッドが聞いた。

「何でもいい」と俺は言った。

ブラッドはほほえんで、ジーンズのウエストを緩め、足を振ってそれを車の座席に脱ぎ捨てた。彼は脇を金属製のクリップで留めたビキニ・パンツをはいていた——ゲイのお気に入りの定番アイテムだ！　彼はクリップを外し、素早くパンツを脱いで、それを俺に渡した。

「ありがとう！」と俺は言った。「じゃあ来週！」。別れのキスを素早く交わし、俺は車を下りて、彼は走り去った。

至福に包まれ、目がくらむほど幸せだった。ブラッドに出会ったのは、それまで起こったなかで最高の出来事だった。そして彼との出会いは、俺の人生で何が間違っていたかをはっきり示してくれた。それは強烈で、情熱的で、美しく、心を分かち合えた。

ブラッドと出会った今、すべてが変化した。このときから、あらゆるものが変わるだろう。**すべてのものが。**

これこそ、俺がずっと待っていたものだ。

これが運命の人だ。

これがそうだ。

これが愛だ！

14 フィラデルフィアの王の宮廷で

愛の代償と転落

俺は完全に生まれ変わったような気がした。ブラッドとの出会いに心は踊り、活力があふれるようだった。フェニックスに戻り、みんなと近況報告をし合った。その中にはデヴィッドもいたが——嬉しいことに、彼に対する気持ちは一夜にして変わっていた。簡潔に言えば、**もう何の気持ちも抱いていなかった。**ブラッドと出会ったことについては、デヴィッドにひと言も言わなかった。率直に言って、彼とは何の関係もなかったからだ。

ブラッドが俺の中に目覚めさせた、燃え盛る火山のように激しい気持ち——彼は実際、俺を何度か噴火させていた！——に比べれば、デヴィッドと俺の関係、というか無関係は、突然ささいでどうでもいいことに思えた。**彼は女に魅力を感じる？　だから何だってんだ？　勝手にしろ！**　もう何の興味もなかったし、つめの先ほどの嫉妬さえ感じなかった。

デヴィッドを嫌いになったわけではない。相変わらずいい飲み友達だと思っていた。彼は俺の何かが変わったことさえ気づかなかっただろう。俺が恋に落ちたこともまったく知らなかったはずだ。だが俺は恋をしていた。起きてまず考えるのは、そして寝る前に最後に思い浮かべるのは……ブラッドのことだった。ナッソーで再会するのが待ち切れなかった。深夜に2回ほど、電話で心のこもった親しい会話をして、俺の期待はかき立てられた。

あとたった6日だ！　5日！　4日！……。

その土曜の夜、待っている時間をつぶすために、愛車のリトル・レッド・コルヴェットを運転してロッカーズへ向かった。サージカル・スティールの連中に会うためだ。店の中に入っていくと、経営者の兄弟が、いつものようにビールのピッチャーを用意してくれた。俺はきっちり飲んでから、真夜中過ぎに店を出た。どれくらい飲んだか考えないままコルヴェットに乗り込んだ。自慢できる話ではない……だが、ごまかすのはやめよう、クソみたいな振る舞いをしているのは俺だけではなかった。これは何でもありの80年代の話だ。酔っ払い運転をして家に帰るのは初めてじゃなかった。しかし、このときが最後になる。合流レーンを走って高速道路へ入ってすぐ、青いランプがうしろで光っているのが見えた。どういうわけか、警察の指示で車を路肩に停めたとき、俺は全然心配していなかった。**ああ、大丈夫さ！**　自分は無敵だと思っていたんだろう。

窓を開けると、4時間ピッチャーを干し続けた成果の悪臭が警官を襲ったに違いない。彼は俺のレザー・パンツとレザー・ベストと鋲《スタッド》付きのブレスレットを見た。免許証と車検証を調べてから、おもむろに質問した。「何か武器は持ってるか？」

持っていた。俺はたいてい弾を込めた小型のリボルバーを持ち歩いていた――アリゾナではそれが慣例だったんだ。銃は脇のセンター・コンソールの中にあった。俺はそこを身振りで示した。

「手を伸ばすな！」と警官はどなった。「さあ、車から下りるんだ！」

彼は俺に呼気検査をした。検知器が基準をはるかに超えた数値を示したとき、すべてうまくいくさという俺の奇妙な感覚は消えた。「飲酒運転で逮捕する」と警官は言い、俺に手錠をかけた（もっとも、これが初体験ではなかったが！）

警官は俺をパトカーへ連れていった。中では女性の警官が待っていて、俺を後部座席に押し込んだ。俺はいつも極めて明快な口調でべらべらしゃべる酔っ払いだったから、このときもおしゃべりスイッチが入った。

「俺が誰だか知らないのか？」。このとおりに言ったわけではないが、かなり近い言葉だった。

「そうか、そいつは残念だな！」と俺はふたりに言った。「俺はライヴ・エイドでプレイして戻ってきたばかりなんだ。俺のバンド、ジューダス・プリーストと一緒にな！　打ち上げで……」

自分の口からその言葉が転がり落ちるのを聞き、身を縮こまらせた。**このマヌケ野郎！**と思った。**お前はこのパトカーに乗っていて当然だ！**

ダウンタウンにある警察署に着いたのは深夜2時だった。何人かの警官が俺に気づいてあいさつした。「ヘイ、ロブ、どうした？　俺たちプリーストが大好きなんだぜ！」。そいつはいい——じゃあこのまま釈放されるかも？　望みはなかった。彼らは俺の調書を取り、[*1]顔写真《マグショット》を撮影した。

警官たちにまた呼気検査をされた。おっと、まだ基準オーバーだ。腹の中にビールがたっぷり入っている事実と無関係じゃない。俺の膀胱は今や破裂しそうになっていた。「すまないが、小便しなきゃならないんだ」と彼らに言った。

「がまんしな」と警官のひとりが答えた。

「無理だ！　トイレへ行かなきゃ、ここでやるはめになる！」

「ひとりじゃトイレへ行かせられないね！」と警官がぶっきらぼうに言った。「それに手錠も外せない」

「そうか、じゃあ、こいつは見ものになりそうだな！」と俺は返した。

その警官は折れて、トイレへ行く俺について来た。そして俺の片手の手錠を外して、自分の手首にかけた。

アンディ・ウォーホルか誰かみたいに。たいていの連中と同じで、俺は誰かに見られていると小便ができない。「あっちを向いてくれ!」と言った。彼はため息をつき、そうした。

その警官は、今夜は留置場で過ごすこと、翌日裁判官の前に出廷すること、と告げた。電話を1本かけていいと言われたので、デヴィッドにかけた。「拘置所にいるんだ!」と話した。「ジム・シルヴィアに電話してくれ!」。元警官のツアー・マネージャーなら、すべてを解決できるかもしれないというはかない望みを抱いていた。

警官たちは俺を広い房にたったひとりで閉じ込めた。とにかく、少なくとも最初はそうだった。それからもうひとりの酔っ払いを放り込んだ。さらにひとり、またひとり。泥酔状態で床にそのまま崩れ落ちる者もいた。ぐでんぐでんに酔っ払ったふたりのネイティヴ・アメリカンがよろめきながら入ってきて、いかにもロッカーらしい服を着た俺に気づいた。

「ヘイ、ロブ、俺たちジューダス・プリーストの大ファンなんだ!」とふたりは言った。「ハグしてくれよ、なあ!」。そしてプリーストとモトリー・クルーを比較し、どちらのどこが優れているかについて、くどくどと長ったらしい議論を繰り広げた。朝の6時、房にいる俺のような哀れな酔っ払いは15人か20人になっていた。

警官たちが朝食を運んできた。ボローニャソーセージのサンドイッチ、紙コップ入りの薄いオレンジジュース、そして……煙草入りのポーチ、巻き紙入り。その留置場では、喫煙が許可されているだけでなく、義務づけられているようだった。奇妙な感じがした。続いて情け容赦のない取り引きが行われた。ひとりのネイティヴ・アメリカンがボローニャ・サンドと俺の煙草を交換した。

＊1：あの写真がこれまで流出しないで、よくある〝セレブの逮捕写真〟記事に掲載されず、ラッキーだったと思う。だがこの本でこうやって明かしたわけだから、表に出てくる可能性は十分ある。

1時間後、警官が房に来て俺を指さした。「お前！　行ってよし！　起訴については追って連絡する！」。あとでわかったことだが、ジム・シルヴィアはすでに警察署に電話をして、俺を釈放するように頼んでいた……ただしすぐにではなく。

「彼をひと晩、放り込んどいてくれ！」とジムは警官たちに言った。「あのマヌケ野郎に教訓を叩き込んでやるんだ！」

警察署から歩いて出ると、そこはフェニックスのダウンタウンで、日曜日の朝だった。レザーの服からは悪臭が漂い、気温はすでに40度を超え、コルヴェットは8キロ離れた高速道路に停められていた。20分かけてタクシーをつかまえ、こそこそと家に戻った。

ジム・シルヴィアの奮闘で何とか出廷は免れたが、彼に裁判官のもとへ連れていかれた。彼女は厳しい説教を垂れ、500ドルの罰金を課し、執行猶予と18ヵ月の免許停止を言い渡した。「今度会うことがあったら、もっとひどいことになりますよ！」というのがとどめの一撃だった。

わかりました、肝に銘じて。

フェニックスを出てバハマに戻るのが待ち切れなかった。ナッソー行きの飛行機に乗ったときはほっとした。レコード作りを中断したところから再開したが、実際には、俺の関心は別のところにあった。とにかく心からブラッドに会いたかった。

その週末に彼が飛行機で来たとき、会えて最高に嬉しかった。ライヴ・エイドの日と同じくらいの情熱を感じたし、セックスも同じくらいよかった。彼もそう感じているようだった。俺たちは再びつき合いを楽しみ始めた。

ブラッドとの関係の進め方は順番が逆だった。まず恋に落ちたから、これから彼のことを知らなければならない。素晴らしいのは――そしてまったく思いがけないことだが――このハンサムなフィラデルフィア・ガイに何度も会って、その人柄を知れば知るほど、どんどん好きになったことだ。

軍隊生活のおかげで、彼は実際の年齢よりも大人びていた。それは確かだが、誰でもとりこにする生き生きとしたユーモア・センスの持ち主だった。気さくで愉快で、笑うのが大好きだった。生意気なくすくす笑いにすっかり魅了された。彼の笑いはいつも腹を抱えた大笑いに変わった。

ブラッドがよく笑ったのは、手に負えないプラクティカル・ジョーカーで、人をからかう天才だったからだ。彼は本物の自然児だった。彼が最も得意とするいたずらがあった。水を使ったジョークだ。

ブラッドがナッソーに来て1日もたたないうちに、天才的な水使いであることに気づいた。最初に水の入ったグラスを投げつけられたときは、少々困惑した。ドアを通り抜けようとしたら、水でパンパンに膨れた風船が頭に落ちてきたときも、最初はどう反応したらいいかわからなかった。だがすぐそれに慣れた。

俺はプラクティカル・ジョーカーってタイプじゃない。ほかの誰かがこんなことを仕掛けてきたら、無視するか、ジム・シルヴィアに頼んできっちり片をつけてもらう。だが俺はブラッドに夢中だったから、そういうのをすべて最高に愉快だと感じた。ブラッドは俺を笑わせてくれたし、彼といるのが大好きだった。

そんなわけで、ブラッドと俺は一緒にいることを楽しむようになり――ベッドの中でも、そして外でも――相手についていろいろ発見していった。だが俺たちが主に腰を据えて取り組んだのは、酒を飲むことだった。

ブラッドは俺と同じくらいの飲んだくれだった。アルコールの許容量は驚異的で、ショットガン飲みの達人であることを証明してみせた。ナッソーではデューク・オブ・ウェリントンというパブが行きつけの店だった。ある夜、べろんべろんに酔っ払った俺は歩くことができず、陸軍で鍛えたブラッドのたくましい肩に担がれて、ベッドまで連れていかれた。

そうだ、頼む！　こいつはうまい展開だ！

初めての出会いでブラッドにすっかりのぼせ上り、バハマで何日か愉快に過ごした今、俺の恋心は10倍に膨れ上がっていた。彼が飛行機でフィラデルフィアへ戻ったときに気づいた。2週間後にここで再会するまで、彼に恋焦がれるだろうってことに。

不安に取りつかれた。ブラッドが恋しくてたまらなかった。スタジオでも、バーでも、どこにいても彼のことが頭から離れなかった。理由を見つけてはフィラデルフィアの彼に電話をかけ、次は一緒にどんな無鉄砲な冒険をやろうかと計画を練った。彼がやっと飛行機で2回目に来たときは、最初と同じくらい嬉しかった。

ブラッドにすっかり夢中で、一緒の時間はとても貴重だったから、彼をほかの誰とも共有したくなかった。独り占めしたかった。だからふたりで飛行機に乗り、メキシコのカボ・サン・ルーカス〔バハカリフォルニア半島最南端にある高級リゾート地〕へ行った。一緒に遊び歩き、最高に楽しい数日を過ごした。それが終わったときは、早すぎると感じた。彼のためにナッソーからフィリーへ飛ぶ3週間後の便を予約して、ふたりでできるもっとエキゾチックな冒険を計画した。

バミューダ諸島へ飛び、海岸沿いにある豪華ホテルの美しいスイートを借りて、3日間過ごした。俺は部屋にいて〝ふたりの〟時間を過ごすべきだと言ったが、ブラッドはカリブ海の楽園に放り込まれた正気の人間なら誰でもやるようなことをやりたがった。出掛けて、島を探索し、観光する。

俺がどんなにブラッドの注意を引こうとしても、彼は気にしないでこう言った。「あんたは自分がやりたいことをやれよ、ロブ。でも俺は外に行くぜ！」。彼はビーチに出掛け、島の生活と雰囲気を存分に楽しんだ。一方の俺は部屋にこもり、正体をなくすまで酒を飲んだ。ウォルソールでよく言う気難し屋《マーディ・アース》の見本みたいに。

よくやった、ロブ。それでこそ大人だ。すごく賢いぞ。

ブラッドと一緒にナッソーへ戻り、空港で別れのハグをした。彼はセキュリティ・ゲートを通り、フィリー行きの飛行機へ向かった。彼が入国審査を受け〔バハマからアメリカへ出国する場合、バハマの空港でアメリカの入国審査を受ける〕、廊下を進み、角を曲がって姿を消すまで、彼をじっと見つめていた。

ブラッドがナッソーを離れるたびに、胸が悪くなるようなむなしさに包まれるみたいだった。黒い雲。それがまたやって来る。耐え切れない。突然、また彼に会わなければならないと気づいた。**大至急。たった今。**

入国審査の窓口へ走っていった。「ヘイ、2分だけ中に入れてくれ、話さなきゃならない人がいるんだ！」

「失礼ですが」と担当の男が答えた。「チケットはお持ちですか？」

「持ってない！　飛行機に乗るんじゃないんだ！　ただどうしても……」

「では、申し訳ございませんが、ここをお通しすることはできません」

「どうしてもある人に会って、大事なことを伝えたいだけなんだ！　いいか、俺はジューダス・プリーストのロブ・ハルフォードで……」

相手におもねるような言葉が口からこぼれ落ちるのを聞き、フェニックスのパトカーの中で味わったのと同じ自己嫌悪を覚えた。

「……友人に会わなきゃいけないだけなんだ！　約束する、2分だ。どうか中に入れてくれ！」

「そうですね、極めて特例ですが……」。係の男は俺が切羽詰まってパニックになっているのを見て取った。

「わかりました。2分で戻らないと、空港の警備員を呼びますよ！」

「ほんとにありがとう！」。彼の横をすり抜けて廊下を走り、角を曲がった。ブラッドにまた会ったとき、自分が何を期待していたのか、正確にはわからない。よくある、映画のような情熱的な別れのシーン？　俺たち版の『カサブランカ』？「**俺たちには一緒に過ごしたバミューダの思い出があるさ**」〔同映画の名台詞《めいぜりふ》「We'll always have Paris.（俺たちには一緒に過ごしたパリの思い出があるさ）」より〕**？**

出発ロビーに駆け込むと、ブラッドは初対面の男女の一団と一緒に座っていた。彼が話をして、みんなは大笑いしていた。いかにもブラッドらしかった。どこへ行ってもすぐ友達ができる。彼は視線を上げて、俺を見つけ、驚いた顔をした。

「ヘイ、ロブ！　いったいここで何してるんだ？」。彼は立ち上がらなかった。

「もう一度会わなきゃって思ってさ、飛行機に乗る前に」と俺は言った。「もう一度さよならを言いたかったんだ！」

ブラッドはほほえんだ。まるでそんなの大したことじゃないとでもいうように。「OK、そういうことか！　じゃあ、フィリーに電話してくれよ！　またな！」

ラウンジをあとにしながら振り返ると、新しい友人たちと会話を再開するブラッドの姿が見えた。彼は俺を見送っていなかった。

その出来事のせいで、被害妄想的な考えが次から次へとわき上がってきた。

俺がブラッドを思うほど、向こうは俺が好きじゃないのか？　だとしたら、なぜ？　ふたりの関係に、彼は俺と同じものを求めてるのか？　俺はブラッドを愛してる——ブラッドは俺を愛してるのか？

それから数日というもの、そういう疑問が頭の中を堂々巡りしていた。ナッソーにいる間、スタジオの中でも外でも。だからいつものやり方で、そういう迷いを締め出そうとした。アルコールの湖におぼれたのだ。自分の部屋にこもり、ひとりきりで座って、レッド・ストライプかラム酒をあおりながら、ブラッドがフィラデルフィアで何をしているのか、ぼんやり考えた。

俺が彼のことを考えているように、俺のことを考えているだろうか？　ひとりきりなのか？　それとも……誰かと一緒にいる？

俺は33歳だというのに、恋煩いのティーンエイジャーみたいに振る舞っていた。

こういったことが起こっている間にも、もちろん、アルバムは作らなければならない。スタジオへ出向き、やる気を見せようとして、自分の仕事をちょっとする……だが俺は『ターボ』に集中できなかった。ジューダス・プリーストのレコードに、これほどのめり込めず、心が離れていると感じたのは初めてだった。

ほかの連中は絶好調で、音楽は形になっていったが、俺はどうしても集中できなかった。スタジオでは、いつも酔っ払っているか二日酔いか、あるいはその両方だった。ヴォーカル・パフォーマンスはまだＯＫだったが、作詞となると、自動書記状態だった。

自分がひどい状態なのはわかっていた。酒を飲み続けたせいで、心が不安定になり、疲れ果てていた。ブラッドと離れなければならなかったから、怒りといら立ちを感じていた。そしてそれまで一度もなったことのないものになった——暴力的な人間に。

カリブ海の輝かしい夏の日の午後にそれは起こった。バンドはスタジオから数時間離れようと決めた。通りを行ったすぐ先にある美しい入り江に遊びにいって、モーターボートを借りて、ビールの缶を何本か積んで、ちょっと釣りでもしようぜ。*いいな！*

ボートを借りる手続きをしているとき、レンタル会社の経営者が安全講習を行った。「どうか俺のボートを大切に扱ってくれよ！」と彼は警告し、入り江の一角を指さした。「あそこにはサンゴ礁がある。もしそれにぶつかってプロペラを傷つけたら、弁償してもらうからな！」

わかった、わかった！　何でも言うとおりにするよ！　俺たちは真剣に聞いちゃいなかった。入り江に出るやいなや、俺は1本目のビールを開けた。あの男が言った言葉はきれいさっぱり忘れていた。ボートのスロットルを全開にして、サンゴの塊に突っ込んだ。プロペラがガリガリと音を立てるのが聞こえた。**バキン！**

ヤベ！　まあ、いいさ！　もう1本ビールでも飲むか？

グレンは幼い娘のカリナを連れていた。彼もボートでサンゴに突っ込んだ。魚は1匹も釣れなかった。焼けるように暑い太陽は耐え難かった。そろそろ切り上げようという頃には、俺はすっかり酔っ払い、怒りっぽくなっていた。

俺たちはボートを返却した。店の男は船の底をのぞいてプロペラをチェックし、その状態を見て激怒した。「やりやがったな！」と彼はどなった。「お前らにもうボートは絶対貸さない！　弁償してもらうぞ。金を出せ、今すぐ！」

俺たちがボートを傷つけたことは否定できなかった。だから金を払ったが、男の態度、魚が釣れなかったこと、そして――これがいちばん大きな理由だ――今やべろんべろんに酔っ払っていたことで、俺は激怒し、喧嘩上等という気分になっていた。それ以上の理由はいらなかった。

波止場を歩いてレンタカーに向かっているとき、幌を開けたジープがスピードを上げて近づいてきた。車にはバカ騒ぎをしている地元の連中が乗っていた。大笑いしている運転手は道を見ていなかったので、俺はカリナがひかれないように急いで彼女をグイッと引っ張らなければならなかった。通り過ぎる車に向かって、俺はひどい言葉を浴びせた。

　車を運転していたドレッドヘアの地元民が急ブレーキをかけ、猛スピードでバックしてきた。彼はジープから飛び降り、俺に顔を突きつけて、強い現地なまりでどなり始めた。何を言っているのかさっぱりわからなかったが、正気を失ったような目は強烈な光を放っていた。

「いったい何だってんだよ、ああ？」とそいつは聞いた。「ああ？　このゲス野郎が！」

「前をちゃんと見ろよ！」と俺は言った。「この女の子をはねるところだったぞ！」

「クソ！　そのガキをはねときゃよかった！」と彼はどなった。

　何だって!?

　こいつ。ぶち。殺す！　俺はひじをうしろに引き、そいつをげんこつで殴った。強く、口の真ん中を。そいつはよろめいてうしろに下がり、俺の体をつかんだ。次の瞬間、俺たちは地面を転がり回っていた。泥にまみれ、ぼこぼこに殴り合いながら。

　いいぞ！　殺してやる！

「ストップ！　ストップだ！　ロブ、やめろ！」とグレンが叫び、俺をそいつから引きはがした。彼は泥にまみれ、唇から血を流しながら横たわっていた。ジープに乗っていた仲間が彼を助け起こそうとしていた。地元民がどんどん集まり、俺たちを取り囲んだ。突然、その人数がヤバいように見えた。

「ここから逃げなきゃ！」とグレンが言った。「人が多すぎる。さあ、走れ！　走るんだ！」

　俺たちは車に飛び乗り、急発進させた。バハマの地元民はうしろから俺たちに怒声を浴びせ、ジープに飛び乗り、追いかけてきた。追跡劇は5分間続いた。彼らは叫び、ヘッドライトをちかちか点灯させ、本拠地に戻る俺たちを追いかけたが、やがてあきらめてエンジンを切った。

いつもの穏やかな性格からは完全に逸脱した行動だった。だがスタジオに戻り、相手の挑発に乗った件について、みんなで検討している間、俺はあまりにも腹が立っていたので、恥ずかしいなんてこれっぽっちも感じなかった。**クソ食らえ！　あいつから吹っ掛けてきたんだ！　もう一度やってやるさ！**

ナッソーにずっとこもっていたせいで、俺たちはみんな少し頭がおかしくなっていたんだろう。そろそろ島を離れる潮時のような気がした。トム・アロムがコンパス・ポイントでのセッション中止を命じ、年末にロサンゼルスで再結集してアルバムを完成させることにした。

これで3ヵ月の休暇が取れた。俺は心の中でひそかに喜んだ。すべての時間をブラッドと一緒に過ごすつもりだった。

最初にやりたかったのは、ブラッドをフェニックスへ連れていくことだ。

そこでは一緒に素晴らしいときを過ごした。ブラッドは山のふもとにある俺の家をとても気に入った。プールから新鮮なインスピレーションを受けた彼は、水に関連するいたずらの領域をさらに押し広げた（つまり、塩素入りの水が入ったレジ袋を頭上に落とされるのは、誰だって大歓迎だろ?）。

ブラッドと家にいるのが大好きだった。一緒に出掛けると、彼はロッカーズやメイソン・ジャーのシーンにぴったりなじんだ。サージカル・スティールの連中はブラッドを大いに気に入った。理由のひとつは、自分たちを超える大酒飲みだったからだ。メンバーのひとりは俺を脇に呼んで、こんなに幸せそうなあんたは初めて見たよ、とさえ言った。

だが、ブラッドについてすぐわかったことがある。彼はとても移り気だった。フェニックスで酒を飲んでいたずらにいそしみ、1週間ほどのんびり過ごしたあとは、退屈したから違う場所に行きたいと言いだした。

「フィリーに帰るよ。飛行機で来て、うちに何日か泊まったらどうだ？」

ブラッドが最近、家を買ったことは知っていたから、承知した。行くのがとても楽しみだった。だがフィラデルフィアに着いてみて、ぞっとした。彼はコンビニの上階にある狭くて小汚いワンルーム・マンションに住んでいた。辺りは牛乳を買いにいくとき野球のバットを持参するような一角だ。中古の家具は何十年も前の物のように見えた。キッチンに落ちているネズミのフンは、部屋の住人が彼だけではないことを物語っていた。

肥《こえ》溜《だ》めみたいな場所だったが、俺の予算じゃこれが精いっぱいでさ、とブラッドは言った。どっちにしろ、彼の心は別のところにあった。ふたりでゴミ捨て場のように薄汚い部屋に座り、2時間ほど酒を飲みながら、ちっぽけな白黒テレビで古い映画を観た。やがて彼が言い出した。

「ヘイ！　ちょっとコークでもやらないか？」と俺に聞いた。「少し持ってるんだ！」

ブラッドはナッソーにいるとき、チャーリー《コカイン》に目がないと話していた。俺はいつでもギャク《コカイン》の山に喜んで真っ先に鼻を突っ込んでいたから、素晴らしい提案だと思った。ブラッドが開いた薄い包装紙には、それぞれライン2本分ぐらいのブツしかなかった……それから俺たちはもっと欲しくてたまらなくなった。

長い午後が始まり、夕方になり夜が来た。かつてルー・リードが〝waiting for my man（俺の男を待っている）〟と歌ったように〔『ヴェルヴェット・アンダーグラウンド・アンド・ニコ』（1967年）収録の「僕は待ち人（I'm Waiting for the Man）」より〕。ブラッドはキングと呼ばれる地元のドラッグ・ディーラーの電話番号を知っていると言い出した。「いいね、今、数百ドル持ってるぜ！」と俺は言った。「そいつに何とかしてもらおう！」

ブラッドはその番号にかけた。男が電話に出た。「キングはいるか？」

「いや——5分後にかけ直せ！」

「OK」

5分後。「キングはいるか？」

「いや。5分後にもう一度かけろ」

「OK」

20回ほどかけたところで、やっとキングをつかまえた。彼は使い走りのひとりを寄越した——おどおどした、顔に傷のある、なまっちろい男だ——そいつは200ドル相当のコークを持ってきた。1時間で吸い尽くした。それより短かったかもしれない。

「ヘイ、キングはいるか？」

「いや。5分後にかけ直せ……」

それが何時間も続いた。午後が過ぎ、夕方になって——夕飯はすっ飛ばした——ひと晩中。次の日の朝、太陽が昇ってきたとき、俺たちはまだそこに座っていた。ふたりとも汗まみれで、目は充血し、唇はかんだせいで真っ赤になり、キングの懐は1000ドル分豊かになっていた。それより多かったかもしれない。

数日後、飛行機でフェニックスへ戻ってから、滞在中のことを振り返り、ブラッドがあまりにもひどい環境に住んでいるので、ぞっとした。**あんないかがわしい場所にいちゃいけない——それに、しょっちゅうキングに電話してるのか？** あのマンションにいたらブラッドは身を持ち崩してしまう。もっといい場所に住めば、気分が上向きになるかもしれない。

ブラッドに電話をかけ、銀行の口座番号を聞いた。「口座に金を振り込むよ」と彼に話した。「いい物件を見つけるんだ。いくらかかっても構わない——俺の言うとおりにしてくれ！」

ブラッドは俺に感謝した。1週間後に訪れたとき、彼はフィラデルフィアの中心街にある2ベッドルームの小ぎれいなタウンハウスにいた。幸せそうに見えた。「ほんとにありがとう、ロブ」と彼は言った。「この家はすごくクールだ。ちょうどこんなのが欲しかった。ヘイ、コークでもやるか？」

わかっているべきだった。ブラッドがコークをやっているのはクソみたいなアパートに住んでいたからじゃない——コークをやるのが好きだからだ。公正を期すために言っておくと、俺もそうだった。プリーストの稼ぎがあるから、金の心配はまったくいらなかった。俺たちはあっという間に飽くなき欲求を示すようになった。

ブラッドと俺の力関係は奇妙なものだった。俺の方が年上で、金を持っていたが、ブラッドはアルファ雄のエネルギーとカリスマ性をまとっていたから、彼が俺たちの関係をリードした。彼がこれをやろうと言い、俺がそれに従う——そして10回のうち9回は、俺たちがやるのはコカインだった。

フィリーへの旅が毎回そんなに薄汚かったわけじゃない。ブラッドの実家へ行き、夕食のテーブルを囲んだこともある。彼の両親は親切で、俺を歓迎してくれた。ブラッドにはふたりの姉妹がいた。一、二度目配せを交わす様子からすると、ふたりはブラッドと俺が恋人同士だと察していたに違いない。おふくろさんとおやじさんは、何も気づいていなかった。

だがフィリーにいるときは、ほとんどの時間、一緒に彼の新居でくつろぎ、大酒を飲んで、何百ドルも——いや、何千ドルも——キングや同業者のクズたちに払った。俺たちはペンシルベニアのゲイ版『シド・アンド・ナンシー』〔米1986年。コカインにおぼれていくシド・ビシャス（セックス・ピストルズ）と恋人ナンシーの破滅的な愛を描く〕だった。夏が終わる頃には、俺たちは立派なコカイン中毒になっていた。

やがてロサンゼルスへ行くときが来た。『ターボ』の制作作業を終わらせるためだ。ブラッドも同行した。ふたりでプリーストのメンバーと合流し、バーバンクにある高級アパートメントに腰を落ち着けた。ハリウッドのレコード・プラント・レコーディング・スタジオへは車ですぐ行ける。そこでトム・アロムと一緒にアルバムを完成させ、ミックスする予定だった。

LAではドラッグが簡単に手に入る。ブラッドと俺はフィラデルフィアでやっていたことをそっくりそのまま続けた――ただし、程度はもっとひどかった。飲酒とコカインの使用は、じわじわと深刻化していった。今やそのふたつしかやりたいことがなかった。それが俺たちの生きがい《レーゾンデートル》だった。

俺たちふたりはその夏から秋にかけて、誰ともつき合わずに過ごした。俺たちの常軌を逸した生き方は、外界から隔絶された狭い世界では当然のことだったが、プリーストのメンバーと再会してやっと、自分がどれほど悲惨な状態か気づいた。

クソ！　どうしてこんなふうになっちまったんだ？　どうしてこんなことが起こったんだ？

バーバンクの平均的な1日は、ブラッドと一緒に夕方6時にベッドから転がり出るところから始まった。そこからすぐ酒を飲み始める――ビール、ウォッカ、とにかく前日の夜、冷蔵庫に残しておいたものなら何でも。それからチャーリーが登場し、『スカーフェイス』〔米1983年。コカイン密輸で成り上がったキューバ移民の青年の、壮絶な生きざまを描く〕の時間だ。

超人的な飲酒とコカイン摂取は、誰もが知るとおり、円滑な人間関係を促すとは言えない。俺とブラッドの間には緊張感が漂い始めていた。水のいたずらや風船の日々は去った。俺たちはどうでもいいバカげたことで口論するようになった。

「ヘイ、ロブ、今夜スタジオのあとでバーに行かないか？」

「いや、そんな気になれねえよ。ここに戻ってきて酒を飲もうぜ」

「なら、勝手にしろ《ファック・ユー》、俺は行くからな！」

「わかったよ！　そっちこそ勝手にしろ《ファック・ユー》！」

たいていは仲よくやっていたが、口喧嘩が始まると、お互いに容赦しなかった。

スタジオに入ったとき、俺は悲惨な状態だった。ナッソーで『ターボ』に距離感を感じたとしたら、今や俺はそのアルバムと何のつながりもなかった。ヴォーカルは一気にまとめて録音しなければならなかった。泥酔していて、長い時間歌えなかったからだ。ほとんどの日は、立っていることもできなかった。

信頼を置く類語辞典も持参しなかった。歌詞を書くときは、あれこれ考えるのをやめて、陳腐なクズをただ書き散らした。バンドに尋ねた方がよかったかもしれない。「これでいいか？」。自分で書いた『ターボ』の歌詞の一部を今読むと、文字どおり身の縮む思いがする。

曲のタイトルさえゴミみたいなものだった。「野獣のロックンロール（Rock You All Around the World）」〔原題は〝お前を世界中転がしてやる〟の意〕、「狂乱の夜（Wild Nights, Hot & Crazy Days）」〔原題は〝ワイルドな夜、ホットでクレイジーな昼〟の意〕、「愛に飢えて（Hot for Love）」。メンバーが思いついた音楽は、そういうクソにはもったいないくらい、いい出来だった。だがタイトルはただの陳腐な決まり文句だった。メタルとはとても呼べなかった。

『ターボ』制作のこの部分についてはほとんど覚えていない。コーク用のグラインダー〔ドラッグを細かく粉砕する器具〕を手に入れてからは、スタジオからどんどん足が遠のき、パフォーマンスも悪化していった。この変てこなペッパーミルみたいな器具が、毎日の俺の存在を形作っていた。

ブラッドと一緒に夕方遅く起きて、部屋に腰を落ち着け、酒を飲みながら、俺がグラインダーのハンドルを回して、コカインのでかい塊を粉末にする。目覚めのラインを数本やってから、コークを手ごろな小瓶に（スプーンで）移し、スタジオへ持っていく。

その[*2]瓶はレコード・プラントのトイレで大活躍した。俺はヴォーカル録りの合い間に瓶を隠してそっと抜け出し、個室で本腰を入れて吸う。スタジオに戻るときは自信満々だが、汗をびっしょりかいて神経をとがらせ、目は時計から離さず、あとどのくらいでこの部屋から抜け出せるかとイライラする。

平静を保つことがほとんどできなかった。実際、心は乱れっ放しだった。手足をもがれたように無力で、歩きながら災害をまき散らし、すきがあればトラブルを起こした。恐怖と混乱の下では、どう猛な激しい怒りが溶岩のように煮えたぎっていた。その火山が噴火したときは、大した見ものだった。

ある日、レコード・プラントの受け付けにある壁掛け電話から、レコード・レーベルの誰かに電話をかける用事があった。それがうまくいかなかった。何について言い争っていたのかまったく覚えていないが、俺はあっという間に彼らに向かってどなり始めた。コークのせいで頭がイカれ、筋のまったく通らない怒りを感じたせいだ。受話器を叩きつけ、いちばん近くのドアを殴り、誰にともなく悪態をついて……素手で電話を壁から引きはがした。

背後で音がした。弾かれたように振り返ってみると、トゥイステッド・シスターのディー・スナイダーが、こそこそとつま先立ちで通り過ぎていくところだった。

「やあ、ヘイ、ロブ！」と彼は明るい声で言った。

「ヘイ、ディー！」と俺は答えた。壁掛け電話を両手で抱えたまま。

俺がブチ切れても、バンドのメンバーは誰も何も言わなかった。プリーストらしくなかった。だが彼らは、俺がみじめで、コントロールを失い、どんどんドツボに沈んでいくのがわかっていた。そんな状態が続くはずはなかった。実際、続かなかった。

それからしばらくたった頃だ。ブラッドと俺はバーバンクのふたりの部屋にこもり、すっかりハイになっていた。空のビール缶やウォッカの瓶がベッドにも床にも、周り中に散乱していた。俺のコーク用グラインダーは何時間も使用中だった。互いに手で抜き合いながら、つまらないことで口論を始めるのが、今や習慣になっていた。

原因が何だったかなんて誰にもわからない。誰が電話をかけて次のドラッグの配達を注文するか？　テレビのどのチャンネルを観るか？　とにかくそんなどうでもいいことが原因だ。だが口論はエスカレートして、今やあらん限りの声でどなり合っていた。ドアをノックする音が聞こえて、やっと言い争いをやめた。

「開けろ！　警察だ！」

俺があわててグラインダーと空になったコークの包みを隠してから、ブラッドがドアを開けた。ロサンゼルス《LA》市警察《PD》の制服を着たふたりの警官が入ってきた。「ほかの部屋の客から苦情が出ている」と彼らは告げた。「会話は静かにするように。俺たちが戻ってこなけりゃならない事態になったら、逮捕するぞ」

警官は去った。ブラッドと俺はしばらくおとなしくしていた。最後のコークを吸って、ドラッグが切れたから、ベッドに入った。そしてまた言い争いを始め……俺はキレた。もう耐えられない。**たくさんだ！**

「わかったよ、クソッタレのマヌケ野郎！　薄汚い負け犬！」

俺はベッドの上でブラッドの胸に馬乗りになり、顔にげんこつの雨を降らせた。やめられなかったし、やめたくなかった。彼の顔は血まみれの果肉のようになった。それこそが俺の望んでいたものだった。殴り続ける俺のこぶしは彼の血で真っ赤に染まった。**ざまあみろ！**

＊2：今それについて考えてみると、これまでの人生において、トイレの個室の中で法を破るクソッタレな方法をどれだけ多く発見したか、驚くばかりだ。

陸軍上がりの連中は、寝転がったままそういうまねは許さない。ブラッドは反撃した。力いっぱい俺を殴った。あまりの攻撃の強さに、俺の髪がひと塊、ごっそりはぎ取られた。激情に身を委ねた、動物的な、手加減は一切なしの戦いだった。

ブラッドが突然跳ね起きてアパートメントから飛び出していかなかったら、どちらかが相手を殺していたかもしれない。俺はブラッドが出ていくのを見ていた。彼は車の事故に遭ったか、ホラー映画の出演者みたいに見えた。顔全体が血で覆われていた。ブラッドはその夜戻ってこなかった。どこへ行ったのか見当もつかなかった。俺はベッドに倒れ込み、意識を失った。

次の日、目を覚ますとひとりだった。昨夜何時間も酒を飲みドラッグを吸ったおかげで悪臭を放つ服を着たまま起き上がり、空港行きのタクシーに飛び乗って、フェニックス行きの飛行機に乗った。シャワーも浴びず、鏡さえ見なかった。

家のドアを通り抜けると、玄関ホールの鏡に自分の姿が映っていた。マイク・タイソンとリングで戦い、ボロ負けしたように見えた。ブラッドよりもひどい有様だった。だが病院には行かなかった――ベッドに横たわり、気絶した。目覚めたとき、さらに抜けた髪の塊が枕の周りに落ちていた。

フィラデルフィアのブラッドの家に電話をかけると、彼が出た。俺と同じくらいみじめな声だった。俺たちは仲直りのようなことをした。だが俺はLAに戻ってプリーストに合わせる顔がなかった。どこへも行く気になれず、何かをする気も起きなかった。レコード・プラントに電話をかけて、トムに体調が悪いと伝えた。フェニックスに来てる、ちょっと休みが必要なんだ。

「数日で戻るよ」と約束した。本気でそう言ったとは思わない。

これがどん底だ。最悪の状態だ。自分をつくづく哀れに思った。家に1週間閉じこもり、ひとりで酒を飲んだ。やっと顔が何とか見られるまで回復し、外出できるようになった。そして、孤独だったから、デヴィッドに電話して、ひと晩出掛けようと誘った。何の害もないだろう？

デヴィッドが車を運転して俺の家に来た。ふたりでタクシーに乗り、ロッカーズへ向かった。彼はすぐ、こんなことするんじゃなかったと後悔することになる。自己憐憫に浸った俺は、あっという間に愚かでみじめな酔っ払いになった。

また同じことの繰り返しだ。バーレーワイン6杯とモガドン1錠。フェニックス・リミックス。

俺たちはバーから追い出されるまでそこにいた。それからタクシーをつかまえ、俺の家に戻った。デヴィッドは少し飲みすぎ、運転して家に帰れなかったから、予備部屋に泊まった。俺はジャック・ダニエルの瓶を抱え、危なっかしい足取りで自分のベッドルームに入った――**今さらパーティーをやめて何になる？**――そして俺の目は、ベッド脇に置かれた箱にくぎ付けになった。

コークと酒を大量に摂取しているせいで、この数週間というもの、不眠症はさらに悪化していた。頼りになるLAの医者が、1ヶ月分の睡眠薬を処方してくれていた。それがそこにある。ベッドサイド・テーブルの上に。俺に向かってにっこりほほえみ、ウィンクしている。誘いかけるように。

俺は覚悟を決めた。驚くほど簡単だった。

よし。さあ、やろうぜ！　何をためらう？

俺があの世に行ったって、誰も悲しまないだろ？

俺は誰にも愛されてない！

ベッドの脇に身をかがめ、JDのふたを緩めて、薬の箱を開けた。アルミシートを指で強く押し、出てきた錠剤をひとつ飲み込んだ。

そしてＪＤをひと口。

俺は誰にも愛されてない。

錠剤。

ＪＤをひと口。

俺は誰にも愛されてない。

錠剤。

ＪＤをひと口。

俺は誰にも愛されてない。

錠剤。

ＪＤをひと口。

俺は誰にも愛されてない。

いったい何回繰り返しただろう。20回？　25回？　途中でわからなくなった。だがこれを続けている間ずっと、頭の中で別の声がしていた。低いが断固たる調子で、俺に語り掛けていた。俺はそれに気づいた。それは自分の声だった。

いったい何をやってるんだ、ロブ、このマヌケ野郎が⁉

我に返った。**ぎりぎりのところで。**ベッドから起き上がり、予備部屋へよろよろと歩いていった頃には、頭がもうろうとしていた。ドアをばんばん叩いた。寝ぼけまなこのデヴィッドがドアを開けた。

「どうした？」

「オ《O》ーヴァード《D》ーズしちまったみたいだ」と俺は言った。

「そんな、マジかよ！」。デヴィッドは俺の部屋へ走っていき、空の薬の箱とJDの瓶を見た。「俺の車に乗るんだ、早く！」と彼は言い、走っていって服を着た。「さあ！」

彼の運転でフェニックスのダウンタウンにあるジョン・C・リンカーン医療センターへ行った。スタッフが俺を救急救命室に運び込み、胃洗浄をして、毒を全部吐き出すための黒い液体を飲ませた。怖くはなかった。誰かほかの人間に起こっていることのように感じられた。あるいは映画の中の出来事のように。

危険は脱したと告げられたとき、ひとりの医師が俺を座らせて話をした。俺はまだ酔っ払っていたが、人心地がつき、平静さを取り戻していた。

「あなたは誰かと話をする必要があると思います」と彼は言った。「こういうことをやっていてはいけません。誰かと話をして、何が悪いのか、その原因を解き明かさなくては」

彼が正しいことはわかっていた。その気遣いがありがたかった。俺は自殺するところだった――もちろん誰かと話さなくちゃいけない！　だがまだ準備ができていなかった。そのときはまだ。ありがとう、考えてみますと彼に言った。

デヴィッドの運転で家に帰った。彼は俺がまたやろうとするんじゃないかと恐れていた。俺もそれが怖かった。だからデヴィッドは、何日か泊まるよと言ってくれた。彼は家じゅうの薬を全部捨てたが、俺はまだ酒が飲めたし、実際にそうした。毎晩、意識を失うまで。

怒りに心をむしばまれていた。セクシュアリティを隠して生きてきたことで、25年以上かけて蓄積された、生々しくどろどろとした怒りだ。俺はその怒りをコントロールしようと必死になり、ついに疲れ果ててしまった。降参だ。お前の勝ちだ。好きにしろ。

1週間後に終わりがやって来た。1986年1月5日。自分の部屋で酒を飲んでいた俺は、突然泣き始め、大声でわめき、正気を失って暴れ回るみじめなケダモノのように、壁を殴っていた。**バン！　バン！**

バン！　こぶしがつけた浅い跡が、壁から俺をじっと見つめ返していた。指の関節は皮がむけて赤くなり、血が流れていた。

バン！

バン！

バン！

どうか、お願いだ、これを止めてくれ！

床に崩れ落ち、体を丸めてすすり泣いていると、デヴィッドが部屋に駆け込んできた。彼は走り寄り、立ったまま俺を見下ろしていた。

「ロブ、あんたを修理してもらわないと！」と彼は言った。「じゃなきゃ死んじまう！」

俺はデヴィッドを見上げた。

「リハビリに行くんだ。すぐ！」

俺はうなずいた。

「ああ」と俺は同意した。「そうだな、わかった。行こう」

15 無煙火薬のにおい

再生、『ターボ』全開

デヴィッドの運転でジョン・C・リンカーン医療センターに戻り、リハビリテーション科に入院した。看護師たちが俺をアルコール依存症回復病棟に連れていき、点滴静脈注射をした。俺はベッドに横たわり、周りを見回して、ショックを受けた。

そうか、ここに来ちまったんだ。俺は今や誰もが認めるアルコールとドラッグの依存症者だった。間違いなく、この病院にかなり長くいることになるだろう。

それについてどう感じたか？

俺の心をまず圧倒的に支配したのは……安堵だった。心はとても穏やかだった。どん底まで行ったから、それ以上落ちるはずはないとわかっていた。落ちるに任せていたから、次の一歩を踏み出したら、そこには死が待っていたかもしれなかった。これをやるのは自分で選んだからじゃない。必要だったからだ。

セラピーで話したことについて、長々と語るつもりはない――どんなに退屈な話かはわかっている――だが俺の自殺未遂は、助けを求める叫びだった。無意識に救いの手を探してあがいたのだ。俺の人生はあまりにも長い間、コントロールを失い、きりもみ降下していた。俺はそれに懸命にしがみつき、何とかうまくいくように願っていた。

でも、うまくはいかなかった。激しい怒りと絶望のどん底で、俺はついに認めた——自分は問題を抱えている、無力だから問題を解決できない、助けが必要だ。本当に決定的な瞬間だった。

多くの依存症者は、リハビリで薬物を完全に断ち切ると、激しい離脱症状に襲われる。だから病院のスタッフは俺に点滴を打ったのだ。だがそういう症状は一切出なかった。奇妙な話だった。ジョン・C・リンカーンにいる間ずっと、酒もドラッグも欲しいと思わなかった。

俺はそういう体質なんだ。これまでの人生において、酒を浴びるように飲んでいたときも（半年を除いて、この時点までずっと！）、いつも必要に迫られれば数日間、酒を制限することができた。だから、本物のアルコール中毒じゃないと自分を欺いてきた。だが今は、それが真実ではないとわかっていた。

リハビリ病棟の日課は、患者に配慮した、とても緩やかなものだった。いちばんきつかったのは、朝早く起きなければならなかったことだ。俺は不眠症だから、今でも早起きが死ぬほど苦手だ。だが俺たちは早起きして、輪になって座り、入院患者によるＡＡ〔アルコホーリクス・アノニマス。アルコール依存症者のための自助団体〕のミーティングに参加した。

仲間の患者たちは一般人だった。ビジネスマン、バスの運転手、教師。女性たちの多くは専業主婦だった。俺が誰か知っている人も何人かいたが、ほとんどは知らなかった。誰も気にしなかった。みんなで一緒に座り、俺は初めて、あの有名な台詞《せりふ》を人前で唱えた。

「やあ、みんな！　俺はロブ、アルコール依存症者だ」

それを口にするのはいい気分だった……真実だと知っていたからだ。ウォルソールのダーティー・ダックで毎晩飲んだくれていたときからずっと、それは真実だった。

デヴィッドにＬＡのスタジオの電話番号を教えた。彼は俺の代わりに電話をかけ、俺がリハビリ中であること、しばらく活動できないことを告げた。プリーストのメンバーはショックを受けた――俺と同じくらい、こんなことが起きるとは思っていなかったからだ。みんなはすぐフェニックス行きの飛行機に乗って、俺に会いにきた。

　俺はまだ点滴につながれていた。みんなは病院のベッドを囲んで座った。いつもどおりのたわいない会話をしようとしたが、彼らは少し気まずい様子だった。何と言ったらいいか、よくわからないようだった。だから俺は彼らに告げた。「俺がここにいるのは、アルコール依存症者だからだ」

「お前はアル中なんかじゃない、ロブ！」とグレンが言った。

「いや、そうなんだ、グレン」

「違うよ、兄弟《メイト》！　酒が好きなだけだ、俺たちみんなと同じように！」

　グレンは俺の気を楽にしようと最善を尽くしていた。だが彼は完全に間違っていた。**俺はアルコール依存症者だ**。今ではそれがわかっていた。帰る前、プリーストのメンバーは、ゆっくり時間をかけて回復に専念しろ、待ってるからな、と言った。それはもう態度でわかっていたが、彼らの口からその言葉を聞くのは嬉しかった。

　毎日行われるセラピー・セッションはなかなかハードだった。カウンセラーが野球のバットを部屋に持ち込み、座っている患者の輪の真ん中の椅子に物を置いて、思いっきり叩けと励ました。それはあなたの心を傷つけた人や出来事の代わりです。めちゃくちゃにそれを破壊すれば、精神が浄化されるでしょう。

　グループの男性たちより女性陣の方がこれにうまく対処した。俺は輪になって座り、慎み深いレディたちが狂乱状態になって、テディ・ベアをぼこぼこに殴り、それから床に崩れ落ちて、深い哀しみと怒りを吐き出す姿を見ていた。「ワオ、気分がよくなった！」と彼女たちは言った。男性陣はもっと控えめだった。

俺は一度もバットを手にしなかった。担当カウンセラーのアーディスは、俺より数歳年上の素敵なレディだった。彼女によく言われた。「あなたは抑制されてるのよ、ロブ！」。彼女はたぶん正しかった。だがとにかくやりたくなかったのだ。

リハビリは外界と切り離した環境で行われたが、時々電話することは許された。おふくろとおやじに電話して、今どこにいるか伝えた。アーディスもふたりと話した。両親は安堵した。おふくろは喜んでいるようだった。ふたりは坂を転がり落ちていく俺をしばらく前から見ていたんだろう。

ブラッドにも電話をかけた。彼の声を聞いてほっとした。治療を受けていて嬉しいよ、会えなくてさみしい、俺も同じことをするつもりだ、という言葉を聞き、もっと気分がよくなった。彼もリハビリを受けようとしている。俺の胸は弾んだ。

素晴らしい！と思った。**いろいろあったが、ふたりの関係はうまくいくかもしれない！**　自分がそれをまだ望んでいるとわかっていたからだ。まだ彼を愛している。

ジョン・C・リンカーンには30日間入院した。退院したとき、自分の人生が変わったとわかった。二度と酒もドラッグもやらないと誓った。**もう潮時だ。**四六時中具合が悪いのに飽き飽きしていた。もう何年も健康だと感じたことがなかった。それを変えなければならない。

もうひとつの、そして最大のモチベーションは、もっと優れたミュージシャンになろうと再び思ったことだ。プリーストと、そして俺たちの音楽と、またつながりたかった。それが当時の——**そして今の**——人生においていちばん大切なことなのに、アルコール依存症とドラッグ中毒にこてんぱんに叩きのめされて、そのつながりを失っていた。自分の生命力とのつながりを手放していた。

リハビリは俺の人生を変えた。**人生を救った。**退院してからも、アーディスとは連絡を取り続けた。彼女はとても思いやりのある人だった。わざわざウォルソールまで行って、おふくろに俺の病気と回復状況を話してくれた。ふたりは親友になり、休暇旅行で一緒にスコットランドへ行った！

俺は34年間、酒も飲んでいないし薬物に触れてもいない――その年数はこれからも増えていく。二度と手を出さないとは言えないが、そうしないように心から願っている。リハビリに付き物の決まり文句は本当だ。その日その日を着実に。俺は今日、自分が素面《しらふ》だと知っている。明日も素面であることを願う。

リハビリを終えてからは、一度もＡＡのミーティングに行っていない。ただ酒を飲むのをやめて、それを続けた。そのやり方が誰にでも効くと言ってるわけじゃないが、俺には有効だ。これもウォルソール気質ってやつなんだろう。

やらなきゃなんねえときは、さっさとやんな！

『ターボ』を完成させるためにＬＡへ戻った。俺のスタジオ復帰は、この上なくひっそりと受け入れられた。いかにもブラック・カントリーらしい反応だった。ある日の午後、俺はレコード・プラントにふらりと入っていった。バンドのほかのメンバーは仕事にいそしんでいた。

「調子はどうだ、みんな《ラッズ》？」と俺は聞いた。

「いいよ！　お前はどうだ、ロブ？」

それでおしまい。俺のリハビリや何をくぐり抜けてきたかについて、彼らはうるさく質問しなかった。プライバシーを完全に尊重してくれた。俺が回復して、戻って、アルバム作りにまた全力で取り組む準備ができている、それだけで満足だったのだ。

俺はやる気満々だった。絶好調だった。素面でプリーストの曲のヴォーカルを録音するのは初めてだったが、「孤独の叫び（Out in the Cold）」や「レックレス（Reckless）」を歌うときには、全力でシャウトした。素晴らしい気分だった。結局、ラリッていないときの方が、歌うのが簡単だったかもしれない！　**本当のところはわからないが。**

　ナッソーとＬＡの前半で、使い物にならないお粗末な俺に頭を抱えていたトム・アロムは、生まれ変わったヴォーカリストを大歓迎した。「**ああクソ**《ブラッディ・ヘル》、ロブ、はるかによく聴こえるよ！　最高だ！」と上流階級出身でオールド・カートゥジアン[*1]〔サリー州にある名門パブリック・スクール、チャーターハウス校の卒業生の愛称。１６１１年、カルトジオ会派修道院の跡地に学校が設立されたことに由来〕の我らがプロデューサーは熱狂的な口調で言った。

　俺は声であれ何であれ、面と向かって褒められるのは得意じゃない。だがこの賛辞はありがたく受けた。なぜなら、うぬぼれるわけじゃないが、トムが正しいとわかっていたからだ。俺の声ははるかによく聴こえた。素面になったことで、バンドは好調な再スタートを切った。

『ターボ』の完成に合わせ、ある映画制作会社が連絡してきた。「レックレス」をトム・クルーズ主演の新作『トップガン』に使いたいという。承知すれば、その曲がアルバムから離れてひとり歩きすることになる。俺たちはそれを望まなかったし、聞いたかぎりではそんなにいい映画じゃなさそうだった。だから俺たちは申し出を断った。**懸命な判断だっただろう？**

　俺は何ヵ月も無届け欠勤《ＡＷＯＬ》をしていた。というか、少なくとも正気じゃない状態だった。だからバンドのビジネスについて最新情報を教えてもらった。ロンドンからのニュースによれば、ビル・カービシュリーがチームのひとり、ジェイン・アンドリュースに、プリーストのフルタイムのマネージャーにならないかと打診したそうだ。

ビルは今後も戦略にかかわるが、ジェインが日々のマネージメントを仕切る。初めて会った日からジェインのことは気に入っていたから、それは素晴らしいアイデアだと思った。彼女はやる気に満ち、有能で、バンドにぴったりだとわかっていた。当時はそうだったし……今も相変わらずだ。

家に戻ると、新しいスタートが必要だと感じた。パーティー三昧《ざんまい》だったマミー・マウンテンの家から離れなければ。すぐ新しい物件を見つけた。パラダイス・ヴァレーから5分の距離にある、素晴らしい家だった。見学している間ずっと「こいつはすごい！」と言い続けた。風通しがよく広々としていて、周りにはアリゾナの壮大な自然が広がり、息をのむような絶景が見渡せた。

プール・デッキからは、遠くのフェニックス空港に着陸する飛行機が見えた。「おやじはあれを絶対気に入るぞ！」と思った。その家と恋に落ち、50万ドルを即金で払った。ウォルソールのコーチ・ハウスを買ったときと同じだ。いい買い物だった。30年以上たった今もそこに住んでいる。

それからフィラデルフィアへ飛び、ブラッドとよりを戻した。まず彼の姉妹のひとりと電話で話して、ブラッドは元気だと聞いた。ＬＡでひどい殴り合いをして以来、彼とは会っていなかったから、俺は神経質になっていた。だがすぐふたりとも水に流すことにした。もう過ぎてしまったことだ。

ブラッドは自分もリハビリに行くと言っていた……だが実行しなかった。フィリーでまた一緒に過ごすようになってから、ちょっと用事があると言って出掛け、ビールのにおいをぷんぷんさせて帰ってきたことが一、二度あった。俺は何も言わなかったが——対決への嫌悪がまた顔を出したわけだ！——そのことで苦しんだ。

ブラッドが心配だったが、同時に自分のことも心配だった。素面になった今、再発の危険を冒すことはで

＊1：トムのアクセントがあまりにもお上品なので、イートン校出身だとずっと思っていた。だがある日、チャーターハウスの卒業生だと教えられた。「とはいえ、僕たちは同じくらい上流階級ですが！」と彼は誇らしげに付け加えた。

きない。ブラッドと会うのはとても嬉しかったが、彼は昔どおりのワイルドで、衝動的で、愉快なことが大好きなブラッドだった。俺は安定を求めているのに、彼は何をしでかすかわからない危険人物だった。

　重い気分で飛行機に乗り、家へ帰った。

　長い制作期間を経て、『ターボ』は1986年4月にリリースされた。ごく少数のメタラーが厄介なギター・シンセの導入について怒りと軽蔑を示したものの、おおむね大好評だった。アルバムと離れてしまったと感じていたが、今では大いに気に入っていた――「ターボ・ラヴァー」と「ロックド・イン（Locked In）」の2曲は全米で大ヒットした。

　ほぼ2年ぶりのツアーのために、1週間かけてリハーサルをした。とてもうまくいった。数分おきに休憩してウォッカとトニック半々の気つけ薬をあおる必要がないのも、すごくいい気分だった。そしてまた、このショーには細心の注意を払って臨む必要があるとわかっていた。『フューエル《Fuel》・フォー《for》・ライフ《Life》』〔人生の糧／生きるための活力源の意〕ツアーは過去最大規模の大掛かりなステージになる予定だった。俺たちはエイリアンの宇宙船にいるみたいに、いくつもの金属製の足場を行き来する。巨大なロボットが両手で俺を空中高く持ち上げる。そう、こいつはストレートのスミノフをあおりながら務められるセットじゃない！

　期間はほぼ1年。レーベルは相変わらずアメリカに執着していたから、イギリスのショーはなし――**今回も**――だがアメリカでは多くのアリーナとスタジアムを回り、4週間のヨーロッパの部を挟んで、最後に日本へ遠征する。今やそんな日程には慣れっこだったが、今回はひとつ大きな違いがあった。


クソッタレな人生の中で、一度も素面でパフォーマンスしたことがない。

ツアーが近づくにつれ、不眠症になり、深夜、パニックと恐怖に襲われながら横たわっていた。同じ問いが頭の中をぐるぐる回った。**酒を入れない状態で何千人もの客を前にして、ちゃんと歌えるだろうか？　プレッシャーで歌えなくなる？　どう対処すればいい？**

答えは出なかった。胸にあるのは恐怖と根拠のない希望だけだった。最初の夜、俺はぎりぎりまで追い詰められていた。**ああ、クソ！**　アルバカーキにあるティングレー・コロシアム。チケットは完売だ。ステージの袖に立った俺は、チビりそうなほどビビッていた。1万人のファンがプリーストの登場を待って叫んでいる……どこだっていい、とにかくここにいたくない。

客席のライトが消えた。観客がどよめいた。俺はマイクに向かって歩いていった。そして何かが起こった。とても貴重でリアルな何かが。

口を開いて歌い始めた瞬間、ステージでそれまでに感じたことのない何かを感じた。歌の表現を邪魔するものは何もなかった。アルコールも、ドラッグも。一心に集中して、神聖なナチュラル・ハイ状態になっているのを感じた。人間の声がもたらす歓喜とセンセーション。

純粋で動物的な喜びに浸り、のどを開放して声が出るままに任せた。俺はシャワーを浴びながら歌っていたのかもしれない。小学生に戻り、8歳で「スカイ・ボート・ソング」を熱唱していたのかもしれない。素晴らしい気分だった。すべてを超越した気がした。

体と、心と、魂の中にあるものと触れ合った。それがどこにあったのかはわからない。あまりにも長い間、俺に対して扉が閉ざされていたものだった。ショーの間ずっと、まるで宙に浮いているように感じた。至福に満たされていた。それまで聞いたことのない、恍惚《こうこつ》とした内なる声が、ストレスと不安に押しつぶされた心に取って代わっていた。

ワオ！　パフォーマーとして出発してからずっと、この感覚を失っていたんだ！　でもありがたいことに、今手に入れた！

ショーのあとも、ただ同じくらいハッピーだった。以前なら、真っ先にひと山のコークかＪＤのボトルに頭を突っ込んでいた。今では、ひとりで黙って座り、胸を温めるプライドと達成感をかみしめていた。あまりにも長い間、覚えたことのない感動だった。

ツアーがカリフォルニアから中西部へと進むなか、毎晩欠かさず同じ感覚を味わった。バックステージでは困難に直面するときもあった。バンドのほかのメンバーは酒もパーティー騒ぎもやめていなかったし、俺は彼らがやめるのを期待しても望んでもいなかった。

楽屋にはいつも酒があった。ほとんど毎晩、ショーのあとは外にメシを食いにいく。ほかの連中が今日はちょっとがまんしとくかと言い、俺はありがたいと思うが、結局彼らはいつも酒を飲んだ。俺はケンかイアンをちらりと盗み見る。彼らはワインのグラスをぐいぐいあおり、大笑いしている。それを見ながらこう思う。**楽しそうだな！**

だが実際に誘惑に駆られたことはなかった。**それほど強くは。**俺を救ったのは、頑固なブラック・カントリー気質だったと思う。何かをやると言ったら、俺はやる。最後までやり通す。不安はなかった――それに、最近何度も味わった悪夢の記憶があまりにも鮮明で、あきらめることなど考えられなかった。

その代わり、毎晩ステージを下りたらすぐ、フィラデルフィアにいるブラッドに電話をかけた。奇妙な、愛すべき習慣が出来上がった。俺はデヴィッドにギグの首尾や身辺のニュースを知らせる……そのあと、彼は「スウィング・ロウ・スウィート・チャリオット（Swing Low, Sweet Chariot)」を歌ってと頼む。それを聴くと眠れるから、と。

だから毎晩、「ターボ・ラヴァー」や「フリーホイール・バーニング」をヘッドバンギングする1万人のメタラーに向かってシャウトした数分後、バックステージの静かな部屋に行き、フィリーでベッドに横たわりうとうとしている青年に、かぎりなく繊細な古い黒人霊歌をささやくように優しく歌った。

I looked over Jordan, and what did I see?
Coming for to carry me home
ヨルダン川の彼方に　私が見たものは
故郷へと運んでくれるために来たのだ

子守唄を歌うのをいつも心待ちにしていた。甘やかで、心安らぐ、とても親密な瞬間だった。

ダラスのショーでは不運な事故に見舞われた。ケンのギター・テックが、ギターの弦を張り替えたのはいいが、先端の始末を忘れていたのだ。俺がステージでかなり熱の入った動きをして、両腕を振り回しているうちに、うっかりケンのギターのネックに腕が当たってしまった。

ギターは上に弾け飛び、しっかり留めていなかった弦の1本がケンの右の眼球に深く突き刺さった。**イテッ！**　血が流れだし、グロテスクな有様になった。百戦錬磨のケンは最後までショーをやり遂げた。だがサングラスを掛けなければならなかった……何しろ、ウェイン・アイシャム〔ヘヴィ・メタル／ハードロック界の大物バンドを中心に、ミュージック・ビデオを数多く手掛ける〕がそこにいて、「ペアレンタル・ガイダンス」のライヴ・ビデオのためにセットの後半を撮影していたからだ。

おかしなことに、これまでそのビデオを観た人は誰でも、ケンがかっこつけのためだけにサングラスを掛けていたと思うらしい！　幸い、傷は一生残るようなものではなかったが、哀れなケンは激痛に苦しんだ。と、本人から何度も何度も聞かされた。

カナダの部ではボン・ジョヴィがサポート・アクトとして加わった。クールな連中だったが、俺たちのハードコアなファンは彼らを軽すぎるとみなし、ポップ・メタルの得意技を気に入らなかった。ある夜、彼らはボン・ジョヴィを完全に無視した。ジョヴィは見上げたことに、それに耐え抜き、すべてのショーをやり遂げた。

そう、プリーストのファンは好みがはっきりしている……そして少なくとも、ジョヴィの連中は悪いクスリ《バッド・メディシン》を上手に受け止めた〔ボン・ジョヴィの「バッド・メディシン（Bad Medicine）」が全米3位を記録するのは2年後の1988年〕。

毎晩子守唄をブラッドに歌うのはいい。だが彼をツアーに同行させるのは別の話だった。俺は順調に回復していたが、彼が俺にひどい悪影響を及ぼしかねないこともわかっていた。ブラッドは、ならず者だ。安定を手に入れた俺は、彼とうまくやっていけるだろうか？

でもブラッドが恋しかった。深夜のたわいない会話にも心が満たされた。だからまた彼を呼び寄せた。それまでどおり、彼はすぐ周りになじんだ。ほほえみとエネルギーを再びみんなにくれた。どうして彼と恋に落ちたのか、あらためて思い出した。いっときも忘れていたわけじゃないが。

ブラッドは素面ではなかった。かといって手に負えないほど酔っ払ったり、コークでラリッたりもしていなかった。よりよくなろうと努力していた。俺にはそれがわかった。しかし自分が素面になった今、以前は気づかなかった——あるいは、おそらく、**気づきたくなかった**から無視していた——彼の一面が見えた。

ブラッドは怒りっぽく、イライラすることがあった。1杯飲んだあとは、ごくささいなことで口論を吹っ掛けてきた。何の理由もなく感情を爆発させた。半年前なら、俺も酔っ払ってやり返しただろう。だが今は、冷静を保ち、一歩下がって……そして彼のことを心配していた。

アルコールとコカインがもたらす、鬱と怒りの徴候。自分が抜け出してきたばかりの症状が、ブラッドの中に見てとれた。リハビリに行ってくれ、金は出す、と何度ものど元まで出かかったが、デヴィッドが爆発して怒り狂うとわかっていた。いちばん楽なのは、何もしないことだ。だから、そうした。**彼のことは大切だ。でもこの関係がどのくらい続くかわからない**、と思った。**そしてどういう終わりを迎えるかも**。

だがブラッドとは楽しい日々をたくさん過ごしたし、ロード暮らしでは愉快なこともあった。水のいたずらが復活し（**まったく、ありがたい！**）、一緒にいる時間の90パーセントは素晴らしい仲間だった。秋になり『フューエル・フォー・ライフ』ツアーのヨーロッパの部が始まる前、一緒に行こうと彼を誘った。

まずウォルソールのコーチ・ハウスで数日過ごした。家に着いて荷物を置いた途端、ブラッドはフィリーでいつもやっていることに取り掛かった。次はこれをやる、ここへ行く、と宣言して、ふたりの計画を立て始めたのだ。

「ちょっと待てよ！」と俺は冗談半分に言った。「今は俺のシマにいるんだ。俺のやり方でやろうよ！」

大きな間違いだった。

ブラッドはかんしゃくを起こした。いきなり、キッチン・テーブルに載っていたコップや皿が頭の上に飛んできて、背後の壁にぶつかった。「うるさい黙れ！」と彼はどなった。「クソ野郎！　俺にそんな口を利くのは絶対許さない！」

俺は縮み上がった。こんな反応はまったく予想していなかった。**いったい何が原因なんだ？** そして思った。**彼はいつもこんなふうで、俺が前後不覚に酔っ払ってて気づかなかっただけなのか？** どっちにしろ、ひどく動揺する出来事だった。

1年前なら、ブラッドにどなり返しただろう。殴り合いになったかもしれない。警察とのごたごたがあったかもしれない。だが今は、ただ謝って彼をなだめようとした。「悪い、ただの冗談だよ！　さてと――おいしいお茶でも入れようか！」。少し時間はかかったが、ブラッドは落ち着いた。

だが、そういう怒りを抱えながらも、ブラッドは少年めいたユーモア・センスをまだ持っていた。どういうわけか、彼はウォルソールで作られている鉄道模型に夢中になった。地元のおもちゃ屋に通い、俺の家のリビングルームに長い線路を組み立てた。機関車、駅、側線、一式すべて。

ブラッドを家族に紹介した。俺たちの関係をはっきり言ったわけではないが、今ではその必要はなかった。俺たちを見て、わかったんだと思う。ブラッドは魅力を振りまき、おふくろとおやじはひと目見て彼のとりこになった。スーも彼にぞっこんだった。

だが、俺と一緒にいて1日24時間素面でいるのは、ブラッドに向いていなかった。ウォルソール滞在中、彼は落ち着きがなくイライラしていた。そして家から5分の所にある終夜営業のスヌーカー〔イギリスで人気のあるビリヤード競技〕・クラブ兼バーを見つけた。俺は横になったまま明け方まで眠れず、気をもんでいた。彼はいつ帰ってくるんだろう――そして、どんな状態になっているんだろう。

別の考えが俺の心をむしばみ始めた。ブラッドとのセックスの回数は以前に比べるとかなり減っていた。彼の姉妹が最近の電話で、ブラッドはフィラデルフィアに親しい女性の友人がいるのよ、とうっかり口走っていた。それがきっかけで妄想に取りつかれた。

ブラッドは実はストレートなんじゃないか？　デヴィッドみたいに？　俺はまた同じバカな間違いを犯したのか？

そんなはずはない、と自分で否定する。そして、やっと、酔っ払ったブラッドが玄関のドアの鍵をがちゃがちゃさせる音を聞き、安堵して眠りに落ちる。

『フューエル・フォー・ライフ』ツアーのヨーロッパの部が終了したあと、ブラッドはアメリカへ帰国し、俺たちは日本公演〔1986年12月上旬、東京武道館など6会場〕でツアーを終えた。また、しばらく前から気掛かりだった案件について、バンドのメンバーと話をした。気軽な会話だが有意義だった。

素面になった俺は、プリーストにいて今まで以上にハッピーだったが、ソロのサイド・プロジェクトをやることも考えていた。どんな感じになるか、やってみたかっただけだ。

バンドのメンバーがそれをどう感じるかわからなかったが、日本でのショーがはねたあと、バックステージでその考えを切り出したところ、みんなは全然驚いていないように見えた。「そうか、いいね」と彼らは言った。「やってみろよ！　ただ、俺たちが休暇のときにやって、プリーストに似すぎてなきゃ、それでいいさ！」。ツアーが終わり、俺たちが別々の道を行くのに何の問題もないとみんなが言ってくれて、安心した。

12月、ブラッドがウォルソールに戻ってきた。おふくろとおやじのバンガローで素敵なクリスマスを過ごした。1月6日、素面になって最初の年を迎えたお祝いに、スーがペリエの瓶形のケーキを作ってくれた。とても感激した。

それから飛行機でフェニックスに戻り、ブラッドはフィラデルフィアの自宅へ向かった。次の週末に訪問すると約束した。ユル・ヴァスケスとガールフレンドのジジ・フレディはニューヨークに引っ越したあと、円満に別れていたが、俺はまだふたりとつき合いがあった。ジジとは近況報告をし合うことになっていて、ブラッドは彼女が大好きだったから、彼女も誘おうとふたりで決めた。きっと楽しくなるさ、だろ?

この恐ろしい旅は、生涯俺の心を苦しめることになる。

1987年1月19日。ジジと俺は飛行機に乗り、空港から真っすぐブラッドのタウンハウスへ向かった。ベッドルームがふたつあったから、ふたりとも泊まる予定だった。到着して、家に入り、ジジのバッグを彼女用の部屋に運び上げたところで……ブラッドがキレた。

あれからどんなに考えても、理由が思い出せない。**どうでもいいことだった。**ささいなことが引き金になり、ブラッドは金切り声を上げて部屋をめちゃくちゃにする。まさにそれが目の前で起こっていた。

この光景には見覚えがあった。**ブラッドの内なる悪魔。**いい終わり方をしたためしがない。

「ここから出てホテルに泊まった方がいいと思う」とジジに言った。「下に行って、タクシーを呼んでくれるか?」

ジジは階段を駆け下りていった。それを見たブラッドはさらに怒り狂った。まだ狂気を宿した目をして、部屋を破壊し続けた。落ち着かせようとしたが、事態を悪化させただけだった。だから、俺はある決断をした。

「ブラッド、俺は出ていくよ」と言った。「そうするのは、俺にできることが何もないからだ。お前は体にたまってるものを吐き出さなきゃだめだ。俺はホテルに行く。あとで電話する」

俺は1階へ行った。ジジはもうタクシーを呼び、玄関の脇に停めた車の中で待っていた。タクシーに乗り込もうとしたとき、ブラッドが家から走り出てきて、道に飛び出した。

彼は俺に走り寄り、ぎゅっと抱きしめた。

「愛してる」と彼は言った。

「俺も愛してるよ、ブラッド」と伝えた。

彼が身をひるがえしたとき、ズボンのウエストから拳銃が突き出しているのに気づいた。

俺はタクシーに乗り込んだ。

「ああ、クソ」と発車する車の中でジジに言った。「あの銃を見たか?」

「銃って?」

「ブラッドはズボンに拳銃を挟んでた。あいつが銃を持ってることさえ知らなかった!」

俺たちは運転手に空港近くのエンバシー・スイーツ・ホテルへ行ってくれと頼んだ。部屋に入って、ジジと俺はまずブラッドに電話をかけた。彼は出なかった。何かがおかしいと気づいた。ブラッドはいつだって電話に出る。もう一度かけた。誰も出ない。

「気に入らないな」とジジに言った。「悪い予感がする。彼のおじさんに電話するよ」

ブラッドのおじは、彼の家から5分の所に住んでいて、合鍵を持っていた。彼に電話をかけ、心配なんだと伝えた。「わかった、知らせてくれてありがとう、ロブ」とブラッドのおじは言った。「すぐ行ってみるよ」

彼がブラッドの家に入ったとき、空中にはまだ無煙火薬の濃厚なにおいが立ち込めていた。


俺がそれを知ったのは2時間後、ブラッドのおじが電話をかけてきたときだ。ブラッドは自分のベッドルームで頭を撃ち抜いていた。おじが到着するわずか数分前に、自分で頭を撃ったのだ。哀れなおじさんは、もっと早く家に着かなかった自分を責めていた。

自分を責めているのは彼だけじゃなかった。

クソ。俺は銃を目にしていた。彼がどんな状態かわかっていた。どうして何か言わなかった？　何もしなかった？

どうして？

俺が感じたのは……いったいどう感じたか？　わからなかった。無感覚。心が凍りつく。いや、俺も死んだように感じた。心が死んでいた。これまで会った誰よりも愛していた人を失った。心からいとしく、大切に思っていた人を。

ブラッドと一緒にいて、天国と地獄を味わった。ときには、同じ日に両方を。しょっちゅう、5分間のうちに両方を。どうすればいいかわからなかった。何を言えばいいかわからなかった。すべてが決定的に変わってしまったことはわかっていた。

ブラッドのおじが、彼の体は病院へ運ばれたと言った。生命維持装置につながれているという。家族が臓器提供を望んだからだ。それを聞いた途端、彼にもう一度会わなければと思った。最後に、もう一度だけ。

ブラッドの両親や姉妹に電話をかけて、許しを求めようとはしなかった。彼らは俺の声をまた聞きたいだろうか？　**彼らは俺を責めるだろうか？**

ジジは俺がひどい有様なのを見て取り、俺の代わりにブラッドの家族に電話をかけてくれた。どうぞ、と彼らは言った。最後にもう一度、会ってやってください。

深夜3時、タクシーが暗く人けのないフィリーの街を走り抜けていく。そこはブラッドの思い出であふれていた。一緒によく出掛け、喧嘩をして、愛をささやいたバー。通い詰めたクラブ。一緒に食事をしたレストラン。

出会ったホテル。

病院の受け付けに着き、自分が何者かと、ここに来た理由を説明した。夜間担当の受付係はうなずき、用務員を呼んだ。彼は俺を連れて階段を上がり、明かりの消えた病棟に案内した。そして隅の部屋を示し、俺をそこに残して姿を消した。

ブラッドはベッドに横たわっていた。医者たちが彼の臓器を取り出すまで呼吸を維持するために、チューブが何本ものどに突っ込まれていた。両目は充血して真っ赤だったが、安らかな表情をしていた。やっと、心穏やかに。近づいて、彼の上に身をかがめ、額に口づけした。

そして部屋を去った。

次の日の朝、ひとりで飛行機に乗りフェニックスに戻った。心はすっかり空っぽだった。たったひとりで自宅にいるのは耐えられなかった。空港でコルヴェットをピックアップし、真っすぐデヴィッドの家へ行って、何が起こったか話した。

デヴィッドは俺のパートナーには決してならないかもしれない――だが、窮地に追い込まれ、どん底にいるとき、彼はよき友人であることがわかった。「お悔やみを言うよ、ロブ」と彼は言った。「ここに泊まったらいい、必要なだけ」

彼の家の予備部屋に1週間こもった。それでもまだ心は凍りついたままだった。じっと空《くう》を見つめ、何もしないで過ごした。そのうちジジが電話をかけてきて、ブラッドの葬儀の詳しい予定を教えてくれた。

「行きたい？」と彼女は尋ねた。

行けなかった。まだ心の傷は癒えず、絶望の淵に沈んでいた。それに彼のかわいそうな家族に、これ以上の悲しみを味わわせたくなかった。彼らは親切に接してくれたが、俺に葬儀に来てほしいかどうかはわからなかった。俺が墓の脇に立てば、彼らの心が乱れるかもしれない。自分ひとりで彼の死を悼もうと決めた。

ブラッドの葬儀が営まれる時間に合わせ、車を運転して近くのパラダイス・ヴァレーに向かった。彼とよくハイキングに行った、眺めのいい場所だ。丘の中腹に座り、谷を見下ろして、フィラデルフィアで起こっていることと精神的につながろうとした。３０００キロ以上離れた地に心を飛ばした。

まだブラッドの墓参りには一度も行っていない。行きたいが、行きたくない気持ちもある。そこに行かなきゃならないんだとジム・シルヴィアには何度も話している。「ロブ、行きたくなったら、いつでも一緒に行くよ」と彼はいつも言う。「そのときになったら教えてくれ」

いつかそうするつもりだ。

16

それには俺たち、すごくラッキーじゃなきゃ！（ラッキー、ラッキー、ラッキー……）

〔カイリー・ミノーグ「ラッキー・ラブ（I Should Be So Lucky）」（１９８８年）より〕

クリーン・パワー注入！『ラム・イットー・ダウン』

俺がもし酒をまた飲み始めるとしたら、ブラッドの自殺のあとだっただろう。愛する人が突然死ぬ。特にあれほど残酷なやり方で。これ以上、心に深い傷を負う経験はない。心の癒しと、安らぎが必要だ。ひとときのなぐさめはしばしば瓶の中に見つかる。

わずか1年前、俺も絶望の淵に飲み込まれそうな長く暗い夜を過ごし、自ら命を絶とうとした。だがそれは何と言えばいいのか……違っていた。錠剤を飲み込みながらも、頭の中の声がやめろと言い続けていた。あれは助けを求める叫びだった。俺には逃げ道があった。

だがこれは何かほかのものだ。銃を自分の頭に向け、引き金を引く……そんなことをするなんて、どれほど深い心の苦痛に苛《さいな》まれていたんだ？　毎晩横たわり、眠れないまま、何がそこまでブラッドを追い詰めたのか考えた。そして手掛かりに思い当たった。

ジジはブラッドの姉妹のひとりと話し、ブラッドはフィラデルフィアで女の子を妊娠させたみたいと教えられた。**そうか！　やっぱり彼はストレートだったんだ！**　彼はそのストレスに対処しようとして、さらに俺との共同生活がうまくいかず、その上、酒とドラッグの問題を抱えていた。それで少しは納得がいく。**ほんの少しだが。**

読者はきっと「そうか、彼はバイセクシャルだったんだ！」と思うだろう。だが、ブラッドはストレートの男性で、俺だけは例外だったんだと、俺の本能が告げている。彼にだまされたことで傷ついてもいいはずだった。でもそうは感じなかった。**追及して何になる？　もう遅すぎる。**その代わり、彼がみじめさから解放されたことに、悲しみながらも安堵を感じた。

まだ飲み続けていたら、俺が命を絶っていたかもしれない……だが素面《しらふ》でいるのは天の恵みだった。奇跡だった。思考がはっきりして、酔っ払っている間は決してできなかったやり方で感情に対処できた。ブラッドの死を受け入れる助けになった。それがありがたかった。

１９８７年はプリーストの活動がほぼ丸1年休みだった。それが幸いした。回復の機会を与えられたおかげで、この恐ろしい悲劇から衝撃を受けながら、再び酒やドラッグに手を出さずに済んだ。フェニックスの家にこもり、バーにもクラブにも行かず、ごく限られた友人たちとしか会わなかった。

この年の前半、プリーストとして唯一の仕事は、フロリダでトム・アロムと合流してライヴ・アルバムをミックスすることだった。『プリースト…ライヴ！（Priest ... Live!)』は『フューエル・フォー・ライフ』ツアーのふたつのギグを音源にしている。アトランタと、俺がケンの目玉をピンクッションに仕立てたダラスだ。

『イン・ジ・イースト』と異なり、ミックスは何の問題もなく進み、俺がパニックになってヴォーカルを再録音する必要もまったくなかった。とてものんびりした進行だったので、ビーチへ出掛ける機会がしょっちゅうあった。

海際にある美しいヴィラをイアンと共同で借りた。酒をやめたおかげで体がかなり引き締まってきたから、ぴちぴちの白いソングをはいて、セクシーな男たちに色目を使いながら、午後は砂浜を散策した。

この頃、1日1個リンゴを食べるのを習慣にしていた。まさにその現場を、トムの奥さんのルイに目撃された。俺は肌を大胆に出したちっぽけなソングをはいて、リンゴを片手にライフガードを口説いている最中だった。「まったく、ロブったら、エデンの園にいるヘヴィ・メタル版のイヴみたいよ！」と彼女はため息交じりに言った。ある意味、そのとおりだったと思う。

プリーストの活動は秋まで休みだったから、初夏にウォルソールへ行き、コーチ・ハウスで数週間過ごした。おふくろとおやじはブラッドの件を聞いて、とても残念だと言った。いいこともあった。俺が酒に手を出さず頭がしっかりしているのを見て、両親が喜んでいるのがわかった。

ニューヨークは昔から世界でいちばん好きな街のひとつだ。あの頃は、イギリスからフェニックスへ飛行機で戻るたびに、ニューヨークに立ち寄って数日を過ごした。１９８７年の夏もそうして、マンハッタンにあるジジのアパートメントに泊めてもらった。

ふたりでライムライトへ行った。ゴシック様式の教会を改造した、NYCでも超最先端を行くクラブだ。ビリー・アイドルが中をうろついていた。ズンズン響くハウス・ミュージックは耳がイカれるほどの大音量だったから、ジジと俺は脇の狭い小部屋にぶらぶら入っていった。そこにはジャマイカ系の大柄な女性がひとりで座っていた。

彼女はパールと名乗り、自分は超能力者だと言った。霊媒師だそうだ。**ははん、クラブの見世物のひとつだな**、と思った。興味はなかったが、パールに聞かれた。「誰か話したい人はいる？」

いないと答えて、どうせインチキなんだろうと言いかけたとき、パールが言った。「実は、ここにあなたと話したいって人がいるの」

俺はぽかんとして彼女を見つめた。**何だって？**

「彼は、プレゼントした下着をあなたがまだ持ってるか知りたがってる。両脇に留め金が付いてるそうよ」

口の中がからからになった。心臓が止まった。世界が止まったように感じた。**いったいどういう……？**

ブラッドと出会ったとき、彼が留め金付きのパンツをくれたことを、俺は誰にも話していない。だが今、陽気なジャマイカ系の女性が、ナイトクラブの中で、それについて語っている。

「あなたに質問してるこの人は」とパールは続けた。「こっちがつられて笑っちゃうような笑顔をしてるわよね？　すごいやんちゃ坊主だったでしょ？」

そうだ、と気づいたら答えていた。ああ、そういうやつだった。

「やっぱり！　しょっちゅうプラクティカル・ジョークをあなたに仕掛けてたわね、水を使って！」

ああ。そんな。ここで何が起こってるんだ？　初めて会うこの女性が、ブラッドについてこういうことをひとつでも知ってるはずがない。ふたりだけの、特別な、親密なことだったからだ。**俺たちのこと。**そのあと、彼女が――あるいは彼が――言うべきことはほとんど何もなかった。

だがそれはいかにもブラッドらしかった。彼はいつも人をからかうのが好きだったから。

これまでの人生において最も驚きに満ちた出会いであり、一瞬にして、死と、スピリチュアリティと、死後の世界に対する心構えがしっかり固まった。そのとき突然、俺たちは死んだらどこかへ行くんだと悟った。ブラッドの体はもう命を失ったが、彼は生きていて、俺のことをいつも見ていると知った。

そして、何よりも嬉しかったのは、彼が今でもあの美しい笑顔をはじけさせているとわかったことだった。

1987年の終わりが迫る頃、プリーストはグレンが購入した南スペインの家に2週間ほど滞在し、『ターボ』に続くアルバムのために曲作りをした。そしてクリスマス前、デンマークのパク・スタジオに移動してトム・アロムと合流。のちに『ラム・イット・ダウン（Ram It Down）』と名づけるレコードを録音した。

誘惑が多く快楽的なイビサ島やナッソーと正反対で、パクは僻地のど真ん中にあった。『Twin Turbos』が『ターボ』に縮小されたため、収録できなかった数曲からセッションを始めた。俺にとっては素面で丸ごと1枚レコーディングする最初のアルバムでもあった。頭が冴えわたり、歌詞とヴォーカルに全身全霊で取り組める状態を楽しんだ。

俺はいつも自分の歌を聴くのが苦手だ。だがパクのセッションで録音した曲を聴けば、酒もドラッグもやらずに歌っているとわかる。とにかく違って聴こえるのだ。それまでのアルバムに比べ、よりシャープに。自分がよりよい場所にいる、とわかるようなサウンドだ――実際、俺はそこにいた。再び全力で貢献できるメンバーになれて素晴らしい気分だった。

俺はパクでの作業を楽しんでいたが……デイヴ・ホランドは違った。デイヴのシンプルでダイレクトなドラミングは、レス・ビンクスと交代した当初は大歓迎だったが、今や俺たちはそれこそが彼の限界だとみなすようになっていた。

バンドってのはな、いつまでもぐずぐずして決心がつかないのさ！

結局、ドラム・マシーンを導入することに決めた。ドラムかスネアを2回叩けば、文字どおりスタジオでドラム・ビートを電子的に作ることができる。俺たちの哀れなドラマーはほとんどドラムを叩く機会がなかった。

デイヴはひどく腹を立てた。無理もない――俺だって、バンドがロボットを導入して歌のほとんどを任せたら怒り狂うだろう。そして、正直に言わせてもらえば、このアルバムのドラミングは人工的に聴こえると実際に思っている。

レコーディングが半分終わった頃、ビル・カービシュリーが飛行機に乗って会いにきた。間もなく公開されるコメディー映画のサントラに1曲提供しないか、という話があるという。タイトルは『ジョニー・ビー・グッド』、主演はアンソニー・マイケル・ホール、ロバート・ダウニー・Jr、そして新星ユマ・サーマンだ。『トップガン』で大失敗して以来、俺たちは二度とチャンスを逃したくなかった。だから映画のためにチャック・ベリーの「ジョニー・B．グッド（Johnny B. Goode）」をカヴァーして、アルバムにも収録した。映画を観たときは、俺たちのサントラがほんの短い時間しか使われていないのでがっかりした……それに、素直に認めよう。映画は『トップガン』とは大違いの出来だった。

パクで作業中、オジーがスタジオを訪れた。モデルみたいな美女軍団を引き連れていた。この場所をチェックしにきて、自分もレコーディングしたいような場所か確認したいということだった。彼はすぐ、スタジオが街から遠すぎて好みに合わないと判断したが、ヴァイキングの血を引くオーナーは何とか彼を思い直させようと必死に説得した。

「じゃあ、ヘリパッドが欲しい！」とオジーは宣言した。実現不可能な要求をすれば、議論を終わりにできると思ったんだろう。

「もちろん、お安い御用です！」とそのヴァイキングは言い、真剣な顔でうなずいた。「あなたのためにヘリパッドを建設しましょう！」

オジーは結局パクでレコーディングしなかったが、そこにいる間、グレンと大いに意気投合した。ふたりはスタジオに付属しているオリンピック・サイズのプールに消えた。あとから俺がスピード・ブランドの水着をはいてぶらぶら入っていくと、ふたりはオジーが連れてきた美女軍団と一緒にジャクージの中でごきげんに酔っ払っていた。

アルバムを完成させる頃、俺たちは驚くべき未知の世界に飛び込んだ……あるいは俺たちのファンならそれを〝悪魔と踊る〟〔リスクが高く不道徳な行為をするの意〕と呼ぶだろうか。

先にも書いたとおり、俺はメタル・ゴッドかもしれないが、年季の入ったポップ・マニアで、いつもチャートをチェックしている。当時は大量生産されるダンス・ポップの中にいくつかお気に入りがあり――カイリー・ミノーグ、リック・アストリー、バナナラマ――こういった曲はストック・エイトキン・ウォーターマン〔マイク・ストック、マット・エイトキン、ピート・ウォーターマンから成る英プロデューサー／ソングライティング・チーム〕製のベルト・コンベヤーから次々と生み出されていた。

１９８０年代後半、イギリスのシングル・チャートを支配していたのが、この3人組のプロデューサーだ。プリーストは一貫してアルバム・バンドだが、１９８０年の「ユナイテッド」以来、シングルが1枚もトップ20に入っていないのも事実だった。そこで俺は、ＳＡＷの起用がテコ入れになるんじゃないかと考え始めた。

ジューダス・プリーストとストック・エイトキン・ウォーターマン⁉︎　珍妙な組み合わせに聞こえる……だが、人生のチャンスにいちかばちか賭けてみなければ、自分が何を逃したかなんてわからない。それが俺の人生観だ。失敗を恐れるな！　何かに挑戦してうまくいかなくても、チャレンジしたという経験は残る。

俺はそのアイデアをバンドに切り出した。彼らがどういう反応をするか見当もつかなかったが、最初の驚きのあと――「**ふ〜ん……ええっ⁉︎**」――そのアイデアを丸ごと受け入れた。彼らは俺の直感を信じたのだ。みんなの意見をまとめれば、こういうことだったと思う。**これはあまりにもバカげてるから、逆にうまくいくかもしれない。**

ジェイン・アンドリュースがSAWに打診した。彼らもこのアイデアに大乗り気だった。俺たち同様、その斬新さに魅力を感じたんだろう。**ヘヴィ・メタル・バンド？　もちろん、やってみようじゃないか！**　そんなわけで、その年の春、俺たちはパリに飛んでスタジオで彼らと合流した。

SAWのことはすぐ好きになった。特に気に入ったのはピート・ウォーターマンだ。[*1] 彼は俺たちみたいに地に足のついたウエスト・ミッドランズの男だった。それはともかく、大いに感銘を受けたのは、3人組の仕事が迅速で効率的だったことだ。

3曲録音することになった。ひとつはスタイリスティックスのカヴァー、「ユー・アー・エブリシング(You Are Everything)」。70年代にヒットしたソウルのオールド・ナンバーで、俺の昔からのお気に入りだ。そしてSAWが2曲書くことになり……たいがいの人間ならサンドイッチをひとつ作るくらいの時間で書き上げた。

3人組は頭を寄せ集めて創作の作戦会議を開いた。

「OK、これをコーラスに使おう」

「いいね、この音をここに――いや、むしろ、そこの方がうまくいく」

「賛成。これをここに置いたら？　ヴァースが際立つよ」

「フックはこうで……ブリッジはこう、と……よし、うまくいったぞ！」

「OK、ロブ、準備ができたよ！」

圧倒された。赤いライトが点灯し、俺たちは「ユー・アー・エブリシング」とSAWが速攻で作った「I Will Return」「Runaround」をやった。確かにいつもとはずいぶん違う仕事のやり方だった！　俺たちはある日の午後、パリのそのスタジオに入り、暗くなる前に建物をあとにした。

スタジオを離れてから結果を聴いてみた。俺はセッションを楽しんだし、ダンス・ビートの効いた俺たちの曲は素晴らしく聴こえると思った。同時に、これをリリースすれば物議を醸すと俺たちにはわかっていた——キャリアがそこで断たれるかもしれない。メンバーによる真剣な話し合いが行われた。

プリーストのファンの多くは、ストック・エイトキン・ウォーターマンを音楽界のアンチキリストとみなすことが、俺たちにはわかっていた。中身のない、無価値で薄っぺらなキッズ向けポップの伝道師。俺は違う意見だったが、バンドが直面する敵意をありありと想像することができた。

このディスコの曲《シット》は何だ、プリースト？　すっかりイカれちまったか？　これはヘヴィ・メタルじゃない！　裏切者！

「ジョニー・B・グッド」をアルバムに収録しただけでも、俺たちの通常の作風から逸脱している。結局、新たに録音したSAW作の陽気な俗謡を入れれば、俺たちがやることからあまりにもかけ離れるという結論に達した。俺たちの本分、**それはメタルだ。**慎重派の意見が勝ち、3曲はお蔵入りとなった。

ピート・ウォーターマンにばったり会うたびに、我が家の保管室のどこかにその音源があるよと言われる。何年も前から、一部がユーチューブに流出してもいる。フル・セッションをリリースする気があるか？　正直言って、わからない。だが今でも自分たちのやったこと、それに挑戦したことを大いに気に入っている。

ヨーロッパにいる間、ユー・ツリー・ハウスで同居していたマイケルと再会した。彼[*2]はロンドンに住んでいて、エイズを発症した男性たちを受け入れるホスピス、ロンドン・ライトハウス〔1988年に開設された、当時最大のHIV／エイズ患者ケア施設〕に勤務していた。ダイアナ妃とは知り合いだという。彼女はよく前触れもなく真夜中にセンターを訪れ、患者をなぐさめていた。

＊1：生まれも育ちもコヴェントリー〔ウォルソールの約30キロ南東にある都市。コヴェントリー・シティF.C.の本拠地〕だというのに、ピートはウォルソールF.C.の熱心なサポーターだ。俺はサッカーに興味はないが、彼はウォルソール以外の出身で史上唯一、サドラーズ〔ウォルソールは鞍（サドル）作りが盛んなことに由来する愛称〕をサポートすることを選んだやつに違いない。　＊2：残念なことに、マイケル自身ものちにエイズが原因で亡くなった。

マイケルはその日、ゲイの人々に敵意を示すサッチャー政権に抗議するため、大規模なプライド・マーチに参加するつもりだ、と話した。とっさに、一緒に行こうと決めた。

政治運動にまったく興味のない俺でさえ、マーガレット・サッチャー率いる政府の汚い仕業は無視できなかった。彼らは地方自治体法28条を制定して、〝同性愛を意図的に喧伝《けんでん》する〟ことを自治体に禁じ、学校で生徒がこの件について話すのを禁止した。ゲイの人々をフリークだ、変質者だとひとくくりにして排除したのだ。

何千人ものゲイの男性たちとセントラル・ロンドンを行進した。笛が吹き鳴らされ、レインボー・フラッグがはためいた。爽快な気分だった。**彼らは俺の仲間だ！** 辺りには興奮とエネルギーが満ちあふれていた。おっと、そうそう、目の保養になるたくさんのイケメンたちも！

ダウニング街〔首相官邸がある街区〕を通り過ぎるとき、みんなの詠唱に加わった。「マギー！ マギー！ マギー！ 辞めろ！ 辞めろ！ 辞めろ！」。心の中で、彼女がお茶を飲みながら耳を澄ませ、同性愛者の権利を叫ぶ大衆には失望した、とばかり頭を振る姿を思い描いた。

自分の権利を主張するために、自然に下した決断だった……しかし同時に、もちろん、とてもリスクの高い行動だった。俺はゲイだが、まだそのことはひた隠しにしていて、ゲイだとばれること、それがバンドの生命を断つことへの激しい恐怖は、相変わらず頭から離れなかった。ひとりのファン、あるいはもっと悪ければ、ひとりの記者に見られたら……いったいどうなる？

だが誰にも気づかれずに済んだ。ラッキーだった。その点に関しては、少なくとも、いつも幸運に恵まれているようだった。

『ラム・イット・ダウン』は好評をもって迎えられた。スウェーデンで1週間リハーサルをしたあと、アルバムをプロモートする『マーサナリーズ・オブ・メタル《Mercenaries of Metal》』〔メタルの傭兵たちの意〕ツアーに乗り出した。期間は半年。ヨーロッパ本土とイギリスを回り、北アメリカでフィナーレを迎える。

プリーストのツアー歴は15年になり、ツアーに出るたびに、前回より規模が大きく、質もよくなっていった。ロードで何をしているのか、自分たちでわかっていた。今回の俺たちは獰猛《どうもう》な、十分にオイルが差された鋼鉄製のマシーンだった……アメリカに上陸して、車輪のひとつが外れるまでは。

ジューダス・プリーストのドラマーの呪いが再び発動した。デイヴ・ホランドは『ラム・イット・ダウン』で脇に追いやられた件をまだ根に持っていた。不満をくすぶらせ、ニューヨークのナッソー退役軍人記念館に着いたとき、それが爆発した。

うんざりし切ったデイヴは、ステージに乗らないと宣言した。背中が痛むんだ、だからプレイできない。俺は彼の話をじっくり2時間聞いた。同情を示し、何とか説得して決心を変えさせようとした。彼が折れて、開演する頃には、予定を1時間過ぎていた。

ギグは素晴らしい出来だったが、楽屋では、デイヴがまたかんしゃくを起こした。グレンに憎まれ口を叩き（デイヴはグレンがみんなをけしかけてドラム・マシーンを導入したと思っていた）、ロード暮らしはもうこりごりだと言った。このツアーが終わったら、バンドを抜ける。

日程が進むにつれ、そのネガティブな雰囲気がツアーの背景で――というか、特にドラムのうしろで――くすぶり続けたが、ショーはどこでも大成功だった。そして8月、俺たちはミネアポリスに着いた。

ブラッドが死んでから1年半が過ぎていた。奇妙な一夜限りの関係や、男あさり《クルージング》を除けば、俺は禁欲主義者も同然のひとり身だった。孤独な暮らしだった。そろそろ別の関係を始める心の準備ができたんだ、と気づき始めた。

ミネアポリスのメット・センター公演で、ハンサムな若い男性に目を引かれた。最前列でヘッドバンギングをして、バンドの演奏に夢中になっている。彼はマジでホットだった。パフォーマンスに没頭しながらも、ある考えが頭に浮かんだ。**あの男に会いたい**。

アンコールの前、スタッフをつかまえて頼んだ。あの男性にバックステージ・パスを渡して、ショーのあとちょっとつき合ってくれないか、と伝えてほしいんだ。観客の中にセクシーな男を見つけたら、そういうことは時々やっていた。バンドの何人かは同じことを女とやっている。**どうして俺がやっちゃいけないんだ？**

その男は興奮した様子でバックステージにやって来た。名前はジョシュ。ジョシュは20代前半で、サウスダコタの小さな町のアパートメントでテッドと同居していた。メタルなら何でも好きで、特にプリーストの大ファンだった。

ブラッドとの出会いとはまったく違った。空中に電気が走り、10分後にはトイレで体をまさぐり合っていた、あのときとは。だがジョシュは気のいいやつに見えた。親しみのこもった、たわいない会話をして、メロイック・サインで決めた写真を何枚か一緒に撮った。帰り際に電話番号を教えてもらった。

彼に電話をしよう、と思った。**やってみてもいいじゃないか？　幸運に恵まれるかもしれない……**。

ツアーの間ずっと、暗雲が俺たちにつきまとった。3年前にふたりの少年が『ステンド・クラス』を聴きながら拳銃自殺したことは知っていた。その知らせを聞いた俺たちは、恐怖に震え、悲しんだ――命を粗末にするなんて、何て恐ろしい、意味のないことなんだ。

だが今になってマネージメントから、少年たちの両親が俺たちを訴えようとしている、息子たちが死んだのは俺たちの音楽のせいだと主張している、と知らされた。俺たちはすぐ、3年前にオジーが裁判沙汰に巻き込まれたことを思い出した。あるファンがオジーの「スーサイド・ソリューション（自殺志願）（Suicide Solution）」を聴きながら自殺した件で訴えられたのだ。

オジーの場合は訴えが却下されたし、俺たちも裁判にはならないだろうと思っていた——あまりにも筋が通らない話に思えたからだ。だが9月、ダラスのスタープレックス・アリーナに着いたとき、ジム・シルヴィアから話があると言われた。

「バスから下りたら、保安官があんたたちに召喚状を渡す」と我らがツアー・マネージャーは言った。「彼には何も言うんじゃないぞ。ただ受け取れ」

俺たちは言われたとおりにした。召喚状には、裁判になった場合は証言しなければならないと書かれていた。気掛かりではあった——だがあまりにも突拍子がないことに思えたから、俺たちはそれほど心配しなかった。顧問弁護士たちに出廷命令書を送り、それについては半分忘れていた。

移動先からジョシュに数回電話をかけた。『マーサナリーズ・オブ・メタル』ツアーが終わってから、サウスダコタへ会いにいった。彼は何もない小さな町に住み、地元のジムで働いていた。両親は厳格だったが、とても優しく、気のいい人たちだった。

ジョシュをどんどん好きになった……だがロマンスは芽生えず、親密な仲にならないまま、何週間も過ぎた。ついに肉体関係を実際に結んだときも、彼の方はひとつ試してみよう、という感じだった。男性とは初経験みたいだった（もっとも、ジョシュが男と組み合ったのはこれが初めてではない。彼はハイスクール時代、アメリカン・フットボール・チームのクォーターバックだった）。

彼とはいいときに出会った。1989年はプリーストの活動があまりない時期だったので、俺はジョシュを知ることに専念した。ゆっくりと、だが確実に、彼と恋に落ちた。彼は2、3度俺の家を訪ねてきて、その年の春にはフェニックスに引っ越し、一緒に住むようになった。

ジェットコースターに乗っているようだったブラッドとの日々に比べると、ジョシュとの生活はこれといった出来事もなく心穏やかだったが、それこそが自分に必要なものだと感じた。ちゃんとした食事をして、サプリを飲み、ウェイトリフティングに励んで（俺の腹筋は初めて6つに割れた！）、家でのんびり過ごしテレビを観た。

ジョシュをウォルソールに連れていった。家族はみんな彼を気に入った。ふたりで『Cheers（チアーズ）』〔1982〜93年に放映された米シットコム〕の各エピソードを数え切れないほど繰り返し観た。ジョシュはその番組に取りつかれていた！　俺にはそのユーモアがよくわからなかったし、舞台のパブはダーティー・ダックと似ても似つかなかったが（モガドンとゴーゴー・ダンサーズはどこだ?）、彼がそれを大いに楽しんでいたから、俺も嬉しかった。

ジョシュはよく両手の骨にトラブルを起こしたので、画面の中のサム、カーラ、ウッディがバーで気の利いたジョークの応酬をするのを観ながら、彼の手をマッサージした。何もかもが、とても家庭的だった――初めてのボーイフレンド、ジェイソンとユー・ツリーで過ごした時間を少し思い出した。

1989年末、プリーストのマシーンを再起動するときが来た。今では習慣になっているように、俺たちはスペインのグレンの家にこもり、次作のライティング・セッションを開始した。のちに『ペインキラー(Painkiller)』にまとまるアルバムだ。最初の仕事は、新しいドラマー探しだった。

無駄な大騒ぎをして、山ほどのドラマー志願者をオーディションするのは気が進まなかった。幸い、俺には代案があった。

フェニックスでは、サージカル・スティールがついに成功をあきらめて解散した。シンガーのジェフ・マーティンはLAに移り、クールなメタル・バンド、レーサーXを新たに結成した。そこの若いドラマーはジューダス・プリーストの熱狂的なファンで、熱意にあふれ、とても才能に恵まれていた。名前はスコット・トラヴィス。

〝熱狂的なファン〟というのは……誇張じゃない。『フューエル・フォー・ライフ』ツアーでスコットの故郷バージニアを訪れ、ハンプトン・コロシアムでプレイしたとき、彼は自分のドラム・キットを駐車場に組み立てて、俺たちのツアー・バスが入ってきたタイミングに合わせ、ドラムを披露しようと計画していた。俺たちが彼に目を留めて、仕事をオファーしてくれないかと期待したのだ！

結局、彼は妥協して、ステージのドアの所でロード・スタッフをつかまえ、自分の演奏を録音したデモ・テープを渡した。俺たちはそれを一度も聴かなかったと思う……そのときはドラマーがいたからな！　だがスコットにドラマーの枠が空いたと話すと、彼はこれ以上ないほど興奮した。

メンバーにスコットの話をして、彼をスペインに呼んだ。スコットはそれまで一度もアメリカを離れたことがなかった。マルベーリャの人里離れた一角に着いたとき、彼が最初に質問したのは「いちばん近いセブン-イレブンはどこだ？　サークルKは？　マクドナルドは？」だった。そういった娯楽施設が1軒もないとわかると、彼は恐怖におののき、その場所を第一強制収容所《デス・キャンプ・ワン》と名づけた。

スコットがキットのうしろに座り、力強く叩き始めた瞬間、彼が非凡なドラマーだとはっきりした。それはメンバー全員が納得した。彼は俺たちの曲をすべて知っていて、バンドに完璧にぴったりな人材だった。そう、完璧だが、ただひとつの点を除いて……スコットはアメリカ人だった。

今ではバカみたいに聞こえるだろうが、当時の俺たちには大問題で、メンバーで真剣な議論を重ねた。**俺たちはブリティッシュ・ヘヴィ・メタル・バンドだ――ヤンキーを交ぜてうまくいくだろうか？** 幸い、みんなすぐ分別を取り戻した。音楽的に、スコットは俺たちにとって理想的な人材だ。パスポートの色は関係ない。

『ペインキラー』は１９９０年初め、南フランスにあるスタジオ・ミラヴァルで制作した。〝コロネル〟・トム・アロムとはスタジオ・アルバム6枚、ライヴ・レコード2枚を作っていたので、この辺で変化もいいだろうと思い、クリス・タンガリーディスを共同プロデューサーに迎えて、録音に臨んだ。

トムに何か不満があったわけではない。俺たちは自分たちが望むサウンドがわかっていたから、アルバムの大部分をセルフ・プロデュースするつもりだった。クリスは『運命の翼』でエンジニアを務めていたし、それ以来さまざまなアーティストをプロデュースしていた。シン・リジィ、マグナム、ゲイリー・ムーア、そして……サマンサ・フォックス〔英大衆紙のヌード・モデルからポップ・シンガーに転身、80年代に人気を集めた〕。まあ、完璧な人間はいない。

スタジオ・ミラヴァルは風光明媚な田舎にあり、パクと同じくらい人里離れていた（失望したスコットはそこを第二強制収容所《デス・キャンプ・ツー》と名づけた）。テレビさえなかった。それが俺たちには合っていた。みんな不退転の決意で『ペインキラー』の制作に臨んだからだ。

90年代を迎え、音楽界は変わりつつあった。ロックのまったく新しい世代、新しいジャンルがシアトルで生まれていた。そこではグランジ・ムーヴメントが台頭し、ニルヴァーナ、パール・ジャム、アリス・イン・チェインズらが次々と頭角を現した。メタルは新しいサイクルにシフトしつつあった。

その動きを目にした俺たちは、これはジューダス・プリーストにとって重要な、今後がかかったアルバムになると感じていた。だからみんなで、全力で制作に取り組み、俺たちのキャリア史上、最強で、最も強烈で、最もパワフルなアルバムにしようと決意した。バンドの未来を決定づけるレコードになると感じた。

最も厳格な規律を自分たちに課し、最大の目標を掲げて、レコーディング・セッションに取り掛かった……それがうまくいった。スコットの激烈なドラミングは、バンドに新風を吹き込んだ。すべての素材が収まるべき所に収まった。俺は今でも、『ペインキラー』はプリーストにとっての『サージェント・ペパーズ』だと思っている。俺たちはあの作品で高い指標を打ち立てた。ほかのすべてはそれを基準にして測るべきなのだ。

『ペインキラー』はオープニングから怒涛《どとう》のごとく攻めていく。シンフォニックな「ア・タッチ・オブ・イーヴル（A Touch of Evil）」を除けば、最初から最後まで勢いは止まらない。これは作らなければならない特別なアルバムだと、俺たちにはわかっていた。タイトル・トラックの歌詞には断固たる決意が込められている。音楽でも、その言葉に匹敵する容赦ない激しさを目指した。

Faster than a laser bullet, louder than an atom bomb
Chromium plated boiling metal, brighter than a thousand suns
レーザー弾丸より速く、原子爆弾の音より大きく
クロムめっきの煮え立つ金属《メタル》は、１０００の太陽より明るく輝く

みんな『ペインキラー』の出来に大満足した。ミラヴァルからアムステルダムに移動し、アルバムを完成させてミックスした。俺は飛行機でジョシュを呼び寄せた……そしてアパートメントを買った。

俺はずっと前からアムステルダムが気に入っていて、オランダの人々の地に足がついた率直さを高く評価している。あの場所には実に開放的で自由な雰囲気があり……そして何よりも、正直に言おう、アムステルダムはゲイの聖地《メッカ》だという事実を大いに気に入っている！　そんなわけで、アムステルダム国立美術館の近くにこぢんまりとした物件を見つけ、ジョシュと一緒に数週間のんびりした。ふたりで素晴らしい夏を過ごした……だがそんな楽しい日々も、明日フェニックスへ戻るという日に終わりを告げた。

俺は――**ほぼ**――ジョシュに対して誠実だった。ゲイの世界で誠実であるというのは、ストレートの人たちと意味合いが違う。ゲイの男たちの方が、性的に奔放だ。しかしたいていの場合は、パートナーにちょっとしたアバンチュールのことを話す。相手が加わることもある。いわゆる3Pってやつだ！　だがジョシュと俺は、そういうことはしなかった。

俺はジョシュと一緒で満足していたが、アムステルダムを発つ前日、ムラムラとちょっとしたお遊びがしたくなった。フラットから10分の所にドレイクス・クルージングというゲイ・クラブがあった。ポルノ雑誌、鞭、拘束マスクを売るほか、何でもありの部屋がいくつかあり、グローリー・ホールの開いた個室も並んでいた。

俺は盛りがついた状態になった。あそこへ行かなきゃ。**すぐ！**

「ちょっと出てくるよ……用事があるんだ」とジョシュに言った。

アムステルダムでは誰もが自転車を持っている。俺は愛車に飛び乗り、ドレイクスを目指して猛烈な勢いでペダルをこぎ始めた。そのときの服装は、ドクターマーチンのブーツ、グリーンのボンバー・ジャケット、毛糸の帽子、脚を無理やり押し込んだいちばんきついタイト・ジーンズ。股間をできるだけ誇張して見せる必要があったからだ。

アムステルダムの名物は、セックス・ショップに自転車にトラム……そして俺は間もなくその3つ全部を一緒に味わうことになる。ドレイクスへ行こうと気がはやるあまり、前方をよく見ず走っていたら、前輪がトラムの線路に挟まった。俺はハンドル越しに宙を飛んだ。

ああ、クソ！ 俺はスローモーションで弧を描きながら午後の空気の中を飛んでいった。こう思ったのをはっきり覚えている。**こいつはまずいことになるぞ！** そのとおりだった。落下の衝撃を和らげようとして右腕を突き出し、どすんという音とともに舗装道路に着地して、ひじを脱臼した。

ゴキッ！ 骨の外れる音が聞こえた。耐え難い痛みに襲われ、気絶するかと思った。**いっそ気絶したいと願った。** 人々が走り寄ってきて、立ったまま俺を見下ろし、安心させようとした。彼らは俺が激痛に苦しんでいるのを見て取り、救急車を呼んでくれた。車はすぐ到着した。

車の後部に乗せられた俺は、あまりの痛みにほとんどしゃべることもできなかった。俺の苦痛に気づいた救急医療隊員が「酸素ガスを吸ってもらいます」と言い、1本のチューブとフェイス・マスクをこちらに手渡した。俺はそれをしっかり顔に当てて、むさぼるように吸った。

プシュウ！ 4年前に素面《しらふ》になって以来、初めて麻酔薬を吸い込んだ俺は、一気に空高く舞い上がった。マジで最高だった！ **ああ、この感覚が恋しかった！**と思った。**よし、決めた！ これが終わったら、酒とコークに戻ろう……ヘロインをちょっと試してもいいかも……。**

救急隊員が俺のジャケットをそっと脱がせた。自分のひじに目をやり、骨が皮膚から突き出ているのを見て驚いたが、その頃にはすっかりラリッていたから気にしなかった。病院に着くと、彼らは俺をベッドに乗せた。医者が来て診察した。

彼は注射を1本打ち、ベッドに座ってたわいない話を始めた。俺はそのちょっとしたおしゃべりを楽しんでいたが……いきなり、医者が俺の腕をつかんでひねった。まるで腕をもぎ取ろうとしているみたいに感じたが、実際にはひじを正しい位置にはめ込んだのだ。職人技だった。

次の日、ジョシュと一緒に飛行機でフェニックスへ戻った。俺は片腕をハーフ・ギプスで固定していた。痛みは何週間も続き、家にいるときは腕全体を覆うギプスをはめなければならなかった。ジョシュを裏切って、超特急でハンドジョブをやってもらおうとしたばかりに、そんなはめになった！　かつてジョン・レノンが言ったように、瞬時に悪行の報い《インスタント・カーマ》を受けたのだ。

アメリカではとても悪い知らせがいくつか待っていた。『ペインキラー』は完成し、あとはリリースを待つばかりだった……だが突然、俺たちが心から誇りに思い、胸を躍らせたアルバムは、発売が延期された。それに続くプロモート・ツアーも延期。実際、俺たちのキャリアが丸ごと足止めを食らったのだ。

あまりにもバカバカしすぎて起こるはずのないことが……起こっていた。

ジューダス・プリーストは裁判所へ行くことになった。

17　ぼ、ぼ、ぼくは彼女にペパーミントをちょうだいと頼んだ

茶番劇の裁判、真骨頂『ペインキラー』

少年たちの名前はジェイムズ・ヴァンスとレイモンド・ベルナップ。ネバダ州スパークスの出身だった。ヴァンスは二十歳、ベルナップはまだ18歳。1985年12月23日、ふたりはベルナップのベッドルームで飲み明かし、ドラッグですっかりハイになって、俺たちの『ステンド・クラス』を繰り返し聴いたあと、一緒に死のうということになった。

ふたりは銃身を切り詰めたショットガンを地元の児童公園に持ち込み、自殺を図った。ベルナップは頭を撃ち抜き即死。ヴァンスは顔の下半分を吹き飛ばしただけで命は助かったが、重い障害が残った。

恐ろしい話だった。だがそれに続いて突拍子もないことが起こった。ヴァンスがベルナップの両親に手紙を書き、命を絶とうと決めたのは俺たちの音楽のせいだと主張したのだ。「あのアルコールとジューダス・プリーストのようなヘヴィ・メタルの音楽が、僕たちを惑わしたと信じています」。ヴァンスと彼の両親は決意した……**俺たちを訴えようと。**

ヴァンスはその後、メサドン〔鎮痛薬。ヘロイン依存症の治療薬として普及〕の過剰摂取で亡くなったが、ふたりの少年の両親は訴訟を進めた。当初、彼らは「ヒーローズ・エンド（Heroes End）」が自殺をあおったと主張していたが、マネージャーのジェイン・アンドリュースが歌詞を送付し、この曲は正反対の内容を歌ってい

る（“Why do you have to die to be a hero?”（ヒーローになるのに死ぬ必要なんかない））と伝えると、親たちは戦略を変更した。

両親たちの弁護士はオーディオ・エンジニアを雇った。彼らは『ステンド・クラス』に忍ばせた〝隠された歌詞〟を発見したと主張。音楽の中に、それを聴いた人は誰でも自殺したくなるサブリミナル・メッセージが隠されている、と報告した。

エンジニアたちの主張のいちばん重要な点は、スプーキー・トゥースのカヴァー曲「ベター・バイ・ユー、ベター・ザン・ミー」についてだった。自称オーディオの専門家によれば、曲のコーラスの間に俺が「Do it!（やれ！）」と叫んでいて、その例を7つ特定した、という。明らかに自殺を強く促している！

それだけではなかった。俺たちは、彼らが言うところの〝逆回転の〟歌詞をアルバムの別の収録曲に隠したらしい。これが大きな問題になった。それらの曲を逆回しすると、こう聴こえるという――「Try suicide（命を断て）」[*1]「Sing my evil spirit（我が邪悪な魂を歌え）」「Fuck the Lord, fuck all of you（主はファックだ、お前ら全員ファックだ）」。**よりにもよって、まったく何てことを。**

訴えられた理由がこれだと初めて聞いたとき、バンドと俺は信じられなかった。何だ、このタワ言は？　こじつけもいいところじゃないか。そして困惑した。いったい全体、どうして俺たちがそんなことをするんだ？　こんなバカげた話をまじめに受け取れるやつなんか、世界にひとりもいないだろう？

ところが、まじめに受け取れる人はいるようだった……彼らはまじめに受け取った。１９９０年7月16日、バンドはネバダ州リノにあるワショー郡裁判所に召喚された。ヴァンスの遺族が俺たちとレコード・レーベルのＣＢＳを相手取り、５００万ドルを請求した。ベルナップの方は１６０万ドルで満足するという。

裁判に先立ち、俺たちはリノからかなり離れた郊外にあるコンドミニアムを借りて、顧問弁護士たちと身を潜め、一緒に過ごした。何時間も……何日も……**何週間も**。彼らは『ステンド・クラス』について、そしてプリーストについて、すべてを知りたがった。法廷で想定される、あらゆる質問に答えられるようにするためだ。

俺たちは一切合切について言われたとおりにしたが、それでも、こんなの信じられない、というのがみんなの気持ちだった。ふたつの命があまりにも早く断たれたという悲劇を軽んじたくはなかったが、それでも……**こんなのすべて、あまりにもバカげてる。**

イギリスでは、被告は裁判の前に、訴えられた件について公の場で議論することは許されない……だがここはイギリスじゃなかった。**アメリカだった。**だからやり方もずいぶん違った。裁判の準備期間に、弁護チームはメディア露出をおぜん立てし、俺たちから見た物語を効果的に広めた。

俺はハワード・スターンのラジオ番組でインタビューに応じた。これがいい考えかどうか、確信は持てなかった。彼は悪名高い〝ショック・ジョック〔リスナーの怒りをわざと買うような過激な皮肉・ジョークを飛ばすＤＪ〕〟だったからだ。この出演が本当に俺たちの訴訟の助けになるのか？　弁護士たちはそうなると請け合い、実際うまくいった。スターンは訴訟を茶番劇だとみなし、番組でめった切りにした。

それほどうまくいかなかったのは、ジェラルド・リヴェラが司会を務めるテレビのトークショーだ。やらせ番組であることを前もって発見した。少年たちの両親も同席することになっていたのだ。だから俺たちは出演を取りやめた。共和党支持者で「悪魔の所業」を暴くのが趣味のリヴェラは、番組のセットに誰も座っていない椅子を並べ、俺たちを「ヘヴィ・メタルの臆病者《チキン》」と呼んだ。

そういったすべてが、マヌケなサーカスの一部になったように感じられた。裁判自体、その感覚を和らげ

＊１：「Sing my evil spirit!」。こんなに文法を無視した歌詞を、俺は絶対に歌わない〔正しくは、我が邪悪な魂を称えよ（sing the praises of my evil spirt）など〕。

はしなかった。初日、緊張しながら裁判所の階段を上がっていくと、あちこちでマスコミのカメラがシャッターを切り、地元のメタラーたちが俺たちを支持するために集まっていた。俺たちは何人かにサインをして、彼らは「プリースト！　プリースト！　プリースト！」と詠唱した。ファンは毎日現れた。

　裁判所の中に入ると、ヴァンスとベルナップの両親の姿が見えた。訴訟を起こした張本人だが、これっぽっちの怒りも彼らに対しては感じなかった。誤った方向に導かれはしたものの、親たちは若い息子を失ったのだ。地獄を味わった。近づいて彼らを抱きしめたかった。

　相手の弁護団には、そういった共感を抱かなかった。裁判が始まってすぐ、厳粛に真実を追求するイギリスの裁判に対し、アメリカの裁判は本質的にショービズまがいであることが判明した。相手側の弁護団代表による冒頭陳述を聞けば、それは明らかだった。

「裁判長、本件はすべてこの哀れな遺族の復讐を求める叫び《screaming for vengeance》に起因します！」と彼は第一審の裁判官に告げた。「彼らは信念を守る《defend their faith》ためここに来ました！　運命の悲しき翼《sad wings of destiny》にとらわれたままでいたくないからです……」

　きちんとしたスーツを着てネクタイを締め、一列になって座っていたグレン、ケン、イアン、俺は、このタワ言の垂れ流しを聞いて言葉を失い、ぽかんとして顔を見合わせた。**こいつ、からかってんのか？　この裁判すべてが大規模なジョークなのか？**

　陪審員はいなかった。ひとりの裁判官がそれぞれの主張を聞くことになっていた。中年の、保守的な外見のモルモン教徒で、ジェリー・カー・ホワイトヘッドという名前だった。彼は裁判の間ずっと、ほとんど何も言わないままだった。

　ホワイトヘッド裁判官は、裁判が始まる前、すでに俺たちにボディ・ブローを一発食らわしていた。以前、オジーの「スーサイド・ソリューション（自殺志願）」に関する訴えは退けられた。表現の自由を保障するアメリカ合衆国憲法修正第1条が、歌詞を保護するとされたためだ。俺たちも同じ結果を望んでいた。

　そうはならなかった。裁判官は審理前に決定を下し、俺たちは曲に入れた〝逆再生〟の歌詞の件で告訴されたのであり、修正条項はそういった潜在意識に訴える埋め込まれたメッセージには適用されないため、審理は続行する、と決めた。俺たちの裁判は二重の意味で困難だったのだ……そもそも俺たちがやってもいないことが理由で。**素晴らしい**。

　裁判が始まると、少年たちの両親の弁護団は、『ステンド・クラス』の表面の下に隠された悪事を検出した、と誓うオーディオの〝専門家〟たちを次々に呼んだ。彼らは俺たちの曲の一部《クリップ》を逆回転で再生した。その中に埋め込まれた邪悪なメッセージを、みんなに聞かせようとしたんだろう。

　ちんぷんかんぷんだった。「Sing my evil spirit（シング・マイ・イヴィル・スプリット）」と聴こえるはずのメッセージは、どちらかといえば「Seeg mowevo sparee!(シーグ・モウェヴォ・スパリー)」と聴こえた。「白光、赤熱」の逆回転は、「Fuck the Lord, fuck all of you（ファック・ザ・ロード、ファック・オール・オブ・ユー）」とは聴こえなかったが、この裁判の行方を追っていた『ヴィレッジ・ヴォイス』紙の記者は、「邪悪なイルカが詠唱しているようだった」と報じた。

　両親の代理人を務める弁護士が提出した物証Aは話が別だった。彼らが「ベター・バイ・ユー、ベター・ザン・ミー」を法廷で再生すると、俺がメインのコーラス・ラインを歌ったあと、聴いて特定できるのは、ブツブツ途切れる人の声のノイズだけだった。目を閉じて、ぐっと集中すれば、「Do it!（やれ！）」と聴こえないこともなかった。

　相手側の弁護士はそのクリップを法廷で延々と再生し続けた。その間、俺がホワイトヘッド裁判官をじっと観察していると、彼は珍しく感情を表に出した。わかったぞ、という一瞬のひらめきが突然その顔を走った。

クソ！と思った。**彼はメッセージがそこにあると信じたんだ！**　もしそうだとしても――そもそも「Do it!（やれ！）」は何を意味してるんだ？　**芝刈りをしろ？　お茶を飲め？**　どうしてそれが「自殺しろ」って意味にならなきゃいけないんだ？　まったく理解を超えていた。

両親の弁護団は大根役者みたいに、最初から最後まで大げさな芝居をしていた。弁護団長が裁判官に説明している間、俺たちはきちんとした服装で法廷にいた。俺たちらしからぬ態度だった。

「ステージで、彼らはレザーとチェーンと手錠を身に着け、鞭を振るいます！」と弁護士は言った。まるで俺たちの邪悪な企みを暴いたように。困惑した裁判官にじっと見つめられ、俺の心は再び沈んだ。物静かで保守的なアメリカの裁判官が、ヘヴィ・メタル・バンドとその衣装について、いったい何を知ってるっていうんだ？

女性の弁護士が、俺たちのキャリアはすべて大衆を催眠術にかけるための演習だったと説明した。「彼らはイリュージョンとイメージを創り上げるエキスパートです」と彼女は不吉な口調で言った。「彼らはこういったイリュージョンで生計を立てています。ものごとを実際にはそうでないように見せて、生活費を稼いでいるのです」

何だそりゃ！　俺たちは鏡の国〔ルイス・キャロル著『不思議の国のアリス』の続編、『鏡の国のアリス』より。その国ではすべてがさかさまに解釈される〕**の奥深くに迷い込んじまった！**

両親の弁護団が展開した根も葉もない作り話とは対照的に、俺たち被告側の弁護は、冷静そのもので道理が通っているように聞こえた。俺たちと組んでいるサウンド・エンジニアも、「Do it!（やれ！）」と強要しているとされる音は、ただの技術的なアクシデントにすぎないと指摘した。

偶然が重なったんです。24トラック録音と3つの要素――俺が歌いながら息を吐いたこと、突飛なギター・サウンド、ドラムのダウンビート。音声的な不具合であり、まったくの偶然です。なるほど、これはいかにも筋が通っているように思えた――だが裁判官は信じるだろうか？

こちらの弁護団は、正しく狙いを定め、自殺したかわいそうな少年たちの育った背景に焦点を当てた。ふたりとも虐待と家庭内暴力を受けて育ち、ハイスクールを中退した。酒を飲み、ドラッグを使用し、すでに犯罪歴があった。

俺たちの弁護団長は、ふたりの「悲しくみじめな人生」を年代順に語っていった。俺は恐ろしい考えに襲われた。問題を抱えたこの少年たちは、悲惨な人生を送っていて、お気に入りのバンド、ジューダス・プリーストが何よりも大切な存在だったのかもしれない。そう思うと、すべてがさらに悲劇的に感じられた。

これは悲劇だった。少年たちとその両親を思い、俺の心は血を流した。**でも俺たちのせいじゃない。**純粋に論理的観点から、極めて明快な裁判のように思えた……だがどう転ぶかは見当もつかなかった。お手上げだ。

少年たちの両親は悲嘆に暮れ、弁護団はぺらぺらと調子のいいことをしゃべり、ポーカーフェイスのホワイトヘッド裁判官は感情をまったく表に出さない。まるで俺たちはバンド生命を賭けて戦っているだけでなく、ヘヴィ・メタルのために、音楽のために、一丸となって戦っているように感じた。

もし裁判で負けたら、その影響は計り知れない。そして俺は楽観的な気分ではなかった。毎日、裁判所を出ると、CNNやほかのテレビ局のニュース番組のカメラマンや記者たちが、俺たちに群がった。**自殺しろとファンたちにけしかけましたか？　アルバムにサブリミナル・メッセージを埋め込みましたか？**

「もし俺たちがアルバムにサブリミナルを入れるとしたら」と俺はため息をついて、ある記者に言った。「〝自殺しろ！〟じゃなくて〝俺たちのレコードをもっと買え〟って言うね」。こういうブラック・ユーモアだけが、俺たちを正気に保ってくれた。

メンバーのひとりが証拠を提出するよう命じられるとわかっていたから、弁護団と打ち合わせた結果、俺がそれをやることにした。文句はなかった。俺はシンガーで、作詞家で、言葉を愛する男だ。さらに俺は、そこに出ていって、くだらない話をやめさせ、真実を話すことを、自ら望んでいた。

やっと証人席に呼び出された。法廷を横切って歩いていくと、励ましのメッセージが耳に届いた。犯人が意図したより少し大きな声だったようだ。ブラミーなまりで、グレンのいる方角から聞こえた。

「行け！　やっちめえ！　ロブ！」

提出する証拠には自信があったが、敵意に満ちた質問に立ち向かわなければならないことはわかっていた。遺族側の弁護士が呼んだ若いカウンセラーは、ヘヴィ・メタル自体が感受性の強い若者たちにとって有害であり、不愉快な感情を誘発する、と主張した。俺は彼女の主張に真っ向から反論した。

プリーストが伝えているのはポジティブなメッセージだけだ、と俺は説明した。善対悪の曲では、いつも善が勝利する。希望のないメッセージを扱う場合は、必ずそれを別の明るいものに変える。これは真実だった……それは今も変わらない。

こちらの弁護士は、俺の歌唱方法と息の吐き方を見せるため、「ベター・バイ・ユー、ベター・ザン・ミー」のコーラスを歌うように、と言った。「Do it!」に聴こえるとされた部分だ。俺は証人席に座ったまま、アカペラで歌った。スタジオでやるとおりのスタイルで。ドラマチックで、説得力のある瞬間だったと自分では思う。

さらに俺は秘密兵器を隠し持っていた。その日の午前中、地元のレコーディング・スタジオにこもり、『ステンド・クラス』のほかの収録曲を逆回転で聴いて、でたらめな言葉を並べた〝サブリミナル・メッセージ〟がないか調べたのだ。そして金鉱を掘り当てた。

法廷に持ち込んだ大型ラジカセで、俺は「侵略者（Invader)」を逆回しに再生した。この曲には〝They won't take our love away（やつらは俺たちの愛を奪えない）〔ジューダス・プリーストの公式サイトの歌詞はloveではなくworld〕〟という一節がある。

「おわかりになると思いますが、裁判長殿」と俺はホワイトヘッド裁判長に向かって言った。「逆回転させると、こう言っているように聞こえます。『Look, Ma, my chair is broken!（ねえ、ママ、僕の椅子が壊れちゃった！）』」。テープを再生すると、そのバカげたフレーズが聞こえた。これまで法廷で流された、どの「バックワード・マスキング」よりもはっきりと。

俺の隠し玉はそれだけじゃなかった。続いて、礼儀正しく、「エキサイター」を逆再生すればさらに意味のない言葉が聞こえる、と指摘したのだ。「I – I – I asked her for a peppermint! I – I – I asked her to get one!（ぼ、ぼ、ぼくは彼女にペパーミントをちょうだいと頼んだ！ぼ、ぼ、ぼくは1個ちょうだいと頼んだ！）」。その言葉は、誰が聞いてもわかるようにはっきりと鳴り響いた。法廷ではいくつか笑い声さえ起こった。

「どんな曲でも逆再生したら、それがジューダス・プリーストでもフランク・シナトラでも、メッセージが聞こえます」と俺は裁判長に言った。「人間の耳とはそういう仕組みなのです」。彼を見て、俺の指摘に得心がいったような印象を受けた。心からそう願った。

それで終わりだった。裁判は終了した。俺たちにできるのは、裁判官による審理と裁決書を待つことだけだ。これで最後とばかり建物をあとにしたとき、ほとんど毎日目にしていたファンのひとりが、俺に走り寄ってきた。

彼は俺にでかい星条旗を渡した。そこには一面に、サインと励ましの言葉が描かれていた。これまで裁判所の外に集まった多くのファンが手書きしてくれたのだ。「ごめんよ、俺たちの国が、あんたたちにこんな思いをさせて!」と彼は言った。心の底から嬉しく思った。あの旗は今でもフェニックスの家に置いてある。

裁判が終わったので、裁判長による評決を待つ間、リノでぶらぶらしていたくなかった。ひとりでメキシコのプエルト・バヤルタ〔米西海岸に近いリゾート地〕に身を隠し、素敵なヴィラで数日過ごした。付属のラップ・プール〔コースを往復できるプライヴェート・プール〕では、街で引っ掛けた地元のマッチョな青年と泳いだ。そう、寂しかったんだ!

メキシコにいる間、ジェイン・アンドリュースが電話をかけてきて、裁判の結果を知らせてくれた。ホワイトヘッド裁判長は、俺たちに大幅に有利な評決を下した――確かに、「ベター・バイ・ユー、ベター・ザン・ミー」のコーラス部分で「Do it!」と似たフレーズが実際に聴こえる。しかしそれは「サウンドの偶然の組み合わせ」だと確信しており、意図的に埋め込まれたものではないと信ずる。

へえ、そうだと思ったよ!

裁判長はまた「バックワード・マスキング」の「証拠はひとつもない」と判断。ただしレコード・レーベルのCBSに4万ドルの罰金を課した。俺たちのマスター・テープを提出するのが遅かったためだ。だがジューダス・プリースト[*2]は晴れて無罪となった。

でも俺はその裁決に納得できなかった。今も不満に思っている。裁判長による判決文をまとめると、相手側の弁護団は今回の訴訟が適切だと証明できなかった、と言っているだけに思えた。俺たちの嫌疑が全面的に晴れたわけじゃない。俺たちにはそれが必要だったし、そうされて当然だった。

裁判長にはこう言ってほしかった。「**ジューダス・プリーストは、この哀れな若者たちが命を失った件について、まったく何の関係もありません。一連の告訴はすべて偽りです。100パーセント！**」。だが裁判長はそう言わなかった。それが俺の心をずっと苦しめた。

裁判長による遠回しな表現の判決文には納得できなかったものの、判決内容は望んだとおりだったので、とても安心した。さらに嬉しいことに、ついに『ペインキラー』がリリースでき、大好評をもって迎えられた。

売文屋たちはこのアルバムをおかずにしてせっせとオナニーに励んだ。デビューして以来、最高のレビューをいくつか受けた。批評家連中は俺たちの使命に気づいたようだった――全力を尽くし、最もハードで、真の意味でのメタル・アルバムを作ること――俺たちはそれを達成したのだ。

数日の休暇を何とかもぎ取って、フェニックスでジョシュと過ごした。そのあとは、またロード暮らしだ。『ペインキラー』ツアーは10月のカナダからスタートすることになった。そこで俺たちはニューヨーク州のプラシッド湖に近い屋内競技場に向かい、凍えるほど寒いホールで、10日間リハーサルをした。

そこでまたもや名案がひらめいた。その頃ローラーブレードがちょっとしたリバイバル・ブームになっていたから、いちばん近い町へ行って1足買った。間もなく、俺はローラーブレードを履いてステージを走り回りながら歌っていた。ツアーの演出とセット・リストの詳細を詰めているときだ。

「ヘイ、ショーの間、俺がローラーブレードで走り回ったらどうかな、すごいアイデアだろ？」と俺は提案した。「つまり、全身レザーで決めてさ？」

＊2：もしCBSがもっと速やかにテープを提出していれば、この訴訟は裁判に持ち込まれなかっただろう、と裁判長は言った。**そう**なればよかった。

俺のアイデアは、好きにすればいいさという感じで認められるときもある。だがこれについては、メンバーの反応は全員一致していた。「だめだ、ツアーでローラーブレードをするなんて、**絶対に**いいアイデアじゃないぞ、ロブ！」。そんなわけで、話はそこで終わり。俺はツアーでローラーブレードを履かなかった。

リハーサルはうまくいっていた。俺はある夜、宿泊先のホテルでマッチミュージック局を観ていた。カナダ版のMTVだ。ダイムバッグ・ダレルという男が、自分のバンドについてインタビューされていた。バンド名はパンテラ。それまでパンテラを聴いたことはなかったが、ダイムバッグは『ブリティッシュ・スティール』のTシャツを着ていたから、彼の言葉に耳を澄ませた。

彼はプリーストを褒め、続いてパンテラの「カウボーイズ・フロム・ヘル（Cowboys from Hell）」のビデオが流れた〔ダイムバッグはこのビデオでも『ブリティッシュ・スティール』のTシャツを着ている〕。**おいマジかよ《ファッキン・ヘル》！** **こいつら神がかってる！** そのテレビ局には知り合いが勤めていた。テレビ局はホテルのそばにあったから、彼に電話をかけて、ちょっとゆっくり話せないかとダイムバッグを誘ってもらった。

スタジオへ歩いていき、彼に会った。ダイムバッグは愛すべき男だった――数分話しただけで、もう何年も前から知っているような気がした。その夜、パンテラはトロントでギグがあった。観にいって、衝撃を受けた。**何てバンドだ！** そして、このテキサス出身の連中は何てクールでおおらかなんだ！

彼らの音楽はヘヴィ・メタルだった。凶暴で、オリジナルで、新鮮なサウンドだった。次の日、プリーストのメンバーにパンテラのことをすべて話し、「あいつらをヨーロッパ・ツアーに連れていこう！」と提案した。誰も文句は言わなかった。契約成立。クール！

『ペインキラー』ツアーは、プリースト史上最も成功したツアーのひとつになった。アルバム同様、ツアーも高い基準を打ち立てた。裁判のせいでツアーをお預けにされたファンは、俺たちを熱狂的に迎えた。ライヴでやる新曲は獰猛に聴こえた。

ツアー全体が、リノで俺たちの心にたまっていたフラストレーションと緊張を発散する場だった。大地を震わすスコットのドラムを従え、過剰なまでに純粋なメタル・パワーに満ちた「ペインキラー」を歌うと、信じられないほどのカタルシスを感じることを発見した。

Faster than a bullet, terrifying scream,
Enraged and full of anger, he is half man and half machine
銃弾より速く、恐ろしい雄たけび
怒りに打ち震える、半機械人間

まだカナダにいるとき、ツアー・マネージャーのジム・シルヴィアがちょっとしたお楽しみを企画してくれた。俺はショーの前に受けるマッサージについては、いっぱしの目利きになっていた。遅れた誕生日のお楽しみとして、ウィニペグで地元の男性を手配したよ、とジムに言われた。楽屋に入っていくと……超ホットなボディビルダーがいた。

やあ、ハロー！

その男は昇天するほど素晴らしいマッサージをしてくれた。その間、ふたりでたわいのない会話をした。彼は副業でストリッパーをしているという。今夜レイト・ショーに出るんだ、プリーストのギグがはねた1時間後ぐらいに。観にこないか？

そうだな、それよりひどい申し出はこれまでいくつも受けたよ！

その夜、ステージを下りたあと、ジム・シルヴィアと一緒にそのメンズ・ストリップ・クラブへ繰り出した。観客の中で男は俺たちだけだった。ふたりの女性がプリーストのファンで、俺を見て大騒ぎしたが……それも男性ストリッパーたちが登場するまでだった。その時点で俺は完全に忘れ去られた。

「脱いで！　あなたのキッツキちゃんを見せて！　ヘイ、こっちに来てよ、ビッグ・ボーイ！」

大混乱になった。物静かで礼儀正しい女性たちが、あんなに素早く狂乱状態のケダモノに変身するのを見たのは……そう、おふくろがウォルソールでレスリングを観戦したとき以来だ。ちなみに、最高にホットなストリップ・ショーだったから、俺も彼女たちと同じくらい興奮したと認めざるを得ない。あるいは、おそらく、彼女たちよりもっと。

ショーが終わり、頭を冷やそうとパタパタあおっていると、俺のマッサージ師が近寄ってきた。「ヘイ、ロブ、これからどうする？」と彼は尋ねた。

「ええと、ホテルにこのまま戻ろうかな」と答えた。

「いいね！　俺たち一緒に行くよ！　ブルーライト・スペシャル[*3]をプレゼントしたいんだ！」

それが何なのかまったく見当もつかなかったが、突き止めたくてわくわくした。マッサージ師と、同じくらいマッチョでセクシーなふたり目のストリッパーが、一緒に俺の部屋に来て、大型ラジカセをテーブルに置いた。そして再生ボタンを押すと、大音量のハウス・ミュージックがガンガン流れ始めた。

「ベッドに入って！」とふたりは命令した。

おっと、じゃあ仰せのとおりに……。

天国だった。筋肉隆々のボディビルダーふたりが、エロチックなストリップ・ショーを俺だけのためにやってくれた。彼らは体をまさぐり合い、俺は息をのんでそれを見守った。ふたりはベッドによじ登り、続けて俺の上に乗って、優しく愛撫を始めた。それから……。

そこでおしまい。ロブにハッピーエンドは来ない。まあ、それがいちばんよかっただろう。結局のところ、フェニックスにボーイフレンドがいたわけだし（エヘン）……。

ツアーのアメリカの部は磨き上げられ、純粋で、壮大だった。スコットのドラミングは俺たちに新たな一面をもたらし、さらにアルバム『ペインキラー』の獰猛なパワーを再現する助けにもなった。だからといって、いつものコメディーめいた瞬間がなかったわけではない。

その何年も前から俺の毛はどんどん薄くなり始めていた（メタラーの哀しき宿命だ！）。『ペインキラー』の頃、思い切って頭をそり上げた。まだタトゥーは入れていなかったし、体をボディー・ペインティングで覆ってもいなかった……だが、ささやかな最初の一歩を踏み出した。

ある日の夕方、中西部のどこかで、俺は楽屋の鏡の前に座り、マジックペンを片手に1時間以上かけて、ひとりで巨大な〝JP〟ロゴを側頭部に描いた。芸術品と呼んでもいいくらい、見事な出来栄えだった。

ジム・シルヴィアが入ってきて、あと10分で出番だと告げた。

「これ、どうだ？」と俺は尋ねた。

ジムは俺をじっと見た。「素晴らしいね……鏡で見れば」

何だって？　ああ、クソ！　マヌケなことに、俺は鏡に映せば〝JP〟と読めるように描いたんだ。現実世界の俺の頭では〝Ⴑd〟となっていた。**マズい！**

並んでステージの袖に立っている間、「どうしよう？」とジムに聞いた。

彼は肩をすくめた。「とにかくヘドバンしまくれ。誰も気づかないさ！」。言われたとおりにした。そのク

＊3：なぜブルーライト・スペシャルと呼ぶのか、のちに判明した。当時スーパーマーケットのウォルマートが〝ブルーライト・スペシャル〟半額セールを展開していたのだ。それで合点がいった。ふたつでひとつ分の値段。

ソいまいましい〝LP〟を頭からぬぐい取るのに2、3日かかった。そのあと、俺はタトゥー・パーラーに行き始めた。プロに任せた方がいいと判断したからだ。

ある『ペインキラー』ツアーのショーのあと、雑誌をぱらぱらめくっていると、男性同士専門の恋人募集広告欄にこんな文章を見つけた。それは目に飛び込んできた。

若い現役のゲイの海兵隊員、同様のタイプ求む

確かに、俺は現役の海兵隊員でも、特に若くもないが、こんな絶好のチャンスを逃がす手はない！　ホテルの便せんに手紙を走り書きして、男性の私書箱番号あてに送り、そのまま忘れていた。**そのときは。**

『ペインキラー』ツアーはクリスマスまで続いた。91年の初仕事は、長年世界を駆け巡ってきたプリーストのキャリアに、またひとつ大きな記念碑を打ち立てた。初めての南米遠征だ。

ロック・イン・リオ・フェスティヴァルは一大イベントだった。マラカナン・サッカー・スタジアムで10日間にわたり開催。1日の観客は8万人。出演者は『トップ・オブ・ザ・ポップス』と同じくらい統一感に欠けていた。プリンス、INXS、サンタナがそこにいたが、a-ha／アーハ、ジョージ・マイケル、さらにニュー・キッズ・オン・ザ・ブロックの姿もあった。

南米のファンたちの熱狂ぶりを肌で感じる、最初の体験だった。異国情緒豊かなリオデジャネイロでちょいと観光としゃれこみたかったが、ホテルを一歩でも出れば、絶叫するメタラーの大群が俺たちに殺到した。「**プリーズ、サイン！　プリーズ、写真！**」。ジム・シルヴィアは小遣いを稼いだ。

俺たちはメタル・デイのセカンド・ヘッドライナーだった。筆頭は当時世界最大のバンドだったガンズ・

アンド・ローゼズ。俺は彼らの音楽を愛していたし、アクセル・ローズの存在感とカリスマ性にも魅了されていた。俺にとって、彼らはヘヴィ・メタル版のローリング・ストーンズだった。だがアクセルは時々……扱いにくくなるという話も聞いていた。

この噂は真実であることがショー当日に証明された。ガンズ・アンド・ローゼズ側から、「殺戮の聖典《バイブル》」のときステージでハーレーに乗らないように、というメッセージが届いたのだ。**アクセルがやってほしくないそうです**、と言われた。ダブリンの再現だ〔8章〕……そして俺はそのときとまったく同じことを感じた。

「じゃあ、ショーはなしだ、そういうことなら」と俺は言った。

こちら側では反対意見もいくつか出た――「なあ、考え直せよ、ロブ、はるばるここまで来たんだぜ！」――だが俺は断固として意見を曲げなかった。**マジで《ノー》。お断りだ《ファッキン》。絶対《ウェイ》。**バイクは俺たちのショーの一部だ。ファンはそれを望んでいる。それにこれは主義の問題だ――**俺たちがそれを使おうが使うまいが、アクセル・ファッキン・ローズに何の関係がある？**

こう着状態が続き、あわてふためいた主催者たちが、俺たちとガンズの楽屋の間を走り回った。ついにひとりの雑用係が姿を現し、御大ご自身からのメッセージを伝えた。

「アクセルから伝言です。あなたのバイクに関するごたごたすべてについて、自分はまったく関係ない、それを知ってほしい、とのことです！」と彼は主張した。「アクセルはバイクを使うなとはひと言も言っていません。どうぞバイクをお使い下さい！」

じゃあ、おせっかいなツアー・マネージャーが先走ったのか、アクセルが引き下がって、今度は対面を保とうとしているのか？　誰にわかる？　誰が気にする？　俺が心にかけるのはただひとつ――自分はバイクに乗ってステージに登場する。アクセル・クソッタレ・ローズがそれを気に入っても、気に入らなくても。

俺たちのセットは南米中に生放送で中継された。ゼップのオークランド公演、USフェスティヴァル、あるいはライヴ・エイドで、どこまでも続く大観衆の海を前にプレイしたときのように、アドレナリンが全開になり、気分が高揚した。俺たちは全力を尽くさなければならないとわかっていた。実行して、きっちり決めた。

『ペインキラー』ツアーがヨーロッパへ移ると、パンテラが加わった。彼らはアメリカを離れるのは初めてだったが、とことん恐れ知らずだった。プリーストのサポート・バンドを務めるのは簡単ではない。プリーストのファンは、自分たちの好みをよくわかっていて、残酷な反応をするときもあるからだ。

パンテラはステージに登場して、観客を圧倒した。キッスのサポートをした俺たちと同じだった。プリーストのファンは彼らのような音楽を聴くのは初めてなので、1曲目はあ然として沈黙で迎える。だがセットが終わる頃にはいつも、パンテラは観客の心をがっちりつかんだ。素晴らしい光景だった。

ジョシュを招いて、ヨーロッパ・ツアーの一部に同伴した。彼は俺たちとロードに出るのを大いに楽しんだ。彼に会えて嬉しかった。ドラマチックなこととは無縁な俺たちの気楽な関係は、控えめで穏やかなつき合いに落ち着いていた。どれほど多くの国で『Cheers（チアーズ）』を観られるか、知ったら読者は驚くだろう。

ヨーロッパの部は大成功だったが、俺はだんだん気力を失っていった。まず問題だったのが、バンド内のあつれきだ。我らがツイン・ギター・ヒーロー、グレンとケンが、長年連れ添った老夫婦のようにいがみ合っていた。ツアー終盤になるにつれ、そのいさかいはどんどんひどくなっていった。時間を計ったかのように正確な間合いで喧嘩《けんか》をするので、時計代わりになるくらいだった。

展開はいつも同じだ。ケンが何かについて文句を言い、グレンが皮肉なコメントを述べて、すぐ忘れる。

グレンは忘れるが、ケンは忘れない。何日もそれについてくよくよ考える。愉快がることもできたが……その映画をあまりにも多く観すぎた。うんざりしていた。

そのせいで、バンドから一歩離れて短期間ソロ・プロジェクトをしたい、緊張感から逃れたい、という思いがさらに強まった。そういうことをするアーティストは山ほどいる。バンドを離れて、自分のことをやり、バンドの仕事をする時期になったら、またプリーストに戻ればいい。

このツアーは春までに終わる、と思った。**ひとりで何かをして、ストレスを吐き出して、来年プリーストが次のアルバムを録音する時期になったら合流しよう。俺はそれができると証明できるし、俺たち全員にとっていいことのはずだ。**

そんなわけで、プリーストがこのツアーを終え……続けざまにツアーに戻ったのは、運が悪かったとしか言いようがない。

『ペインキラー』のツアー中、中東で湾岸戦争が勃発した。イラクがクウェートに侵攻したことを受け、アメリカとイギリスを含む多国籍軍が〝砂漠の嵐〟作戦を展開し、世界の石油供給を守るため、占領地からイラクを追い出そうとした。

このツアー中に膨らませたテーマがある。俺の友人でプリースト・ファンの軍人たちが、出撃前に兵舎で撮った自分たちのビデオを送ってきた。彼らは『ペインキラー』を大音量でかけて、士気を奮い立たせていた。

はらわたにがつんと衝撃を受けた。この連中は戦いに赴こうとしている。死ぬかもしれない、重傷を負うかもしれない、隣にいる仲間だって同じだ、と知りながら。人生でいちばん恐怖に襲われる瞬間のはずだ……そして彼らは、俺たちにインスピレーションを求めている。**ヘヴィ・メタルのモチベーションを。**

勝利を収めた米軍を称えるために、共同ツアー『オペレーション・ロック&ロール』に参加してほしいと頼まれた。夏の6週間で全米を回る。クールなラインナップだった。アリス・クーパー、モーターヘッド、デンジャラス・トイズ、メタル・チャーチ。

俺たちも参加するべきか？　簡単に結論は出なかった。変な話だが、俺たちはそれまで、政治的な問題についてバンドとしてじっくり議論したことがなかった。**何のために俺たちの名前をここに出すのか？**　それについて一度も話し合ったことがなかったのは、今では奇妙に思える。

俺たちが心配したのは、それよりもタイミングだった。大規模なツアーを終えたばかりだ。もうへとへとだ、休暇が必要だ、と感じているのは、バンドの中で俺だけではなかった。全米で大掛かりなショーをやったばかりなのに、ファンは同じものを観にきたいと思うだろうか？

プリーストはそれまで、同じことの繰り返しを一切しなかった。ツアーに出るのは、ファンに披露できる新しい音楽と、新しいステージが手元にあるときだ。今回、プリーストはそのどちらも準備できない。俺はそれが心配だったし、ケンが乗り気ではないこともわかっていた。だが、とにかく、最終的には出演を承諾した。

フェニックスの家に戻り、ジョシュとのつき合いを再開した。彼はいくつかニュースがあった。小さな町で育った連中にありがちだが、彼は引っ越して以来、家族に会えなくて寂しがっていた。兄弟のテッドとは特に仲がよかったから、テッドが決断し、婚約者と一緒に先日フェニックスへ引っ越してきたという。

それはいい！　ジョシュがテッドと会う機会が増えて嬉しかった。俺がツアーで留守にしている間、仲間がいるのはいいことだ。ジョシュはテッドの家へ遊びにいくようになり、ときには泊まってくることもあった。翌日は腰をさすりながら戻ってきて、痛いと文句を言った。

「テッドの家にはまだろくな家具がなくてさ、カウチで寝なきゃいけないんだ！」とグチをこぼした。「予備のベッドを置いてくれればいいのに！」

その問題は簡単に解決できるように思えた。ジョシュと俺はベッドを買いにフェニックスへ出掛けた。俺が1台買って、テッドの家に直接配送されるよう手配した。それからジョシュを同行してロードに戻った――この世でいちばんいたくない場所に。

『オペレーション・ロック&ロール』ツアーは拍子抜けに終わった。自ら築いたメタル帝国に最高のコンディションで君臨した、輝かしい『ペインキラー』ツアーのあと、実質的に巡回フェスティヴァルのイベントに参加するのは、気が抜けた感じだった。実際、間違いだったように思えた。

1972年に紳士服店のハリー・フェントンで「スクールズ・アウト」を大音量で流していた頃から、俺はアリス・クーパーのファンだった。だがツアー中のアリスはご機嫌斜めだった。出番は俺たちの前と決まったが、ヘッドライナーになりたいとゴネた。俺は別に気にしなかった。喜んで出演枠を交換して、早めに切り上げてホテルでテレビでも観ていたかった。プロモーターたちはそれほど自由放任主義《レッセフェール》じゃなかった。出演の順番はそのままにしてほしい、プリーストのステージが最後。彼らは一歩も譲らなかった。アリスのご機嫌を取るために、プロモーターたちは2日間、アリスがヘッドライナーを務める日を設定した。彼の故郷のデトロイトと、ツアー最終日のトロントだ。

商業的には、ツアーは成功した……だがそれだけだった。『ペインキラー』ツアーではどのアリーナもプリースト・マニアで満員になったのに、『オペレーション・ロック&ロール』はチケットが売れ残る日が多かった。空っぽの座席の列を見ると、この小旅行がさらに無用でつまらなく感じられた。

1991年8月19日、ツアーの最終公演で、トロントのCNEスタジアムに到着したときには、どうしても休暇が必要だと感じていた。その公演は最初から完全な大惨事だった。

着いてみると、会場は野球場だと判明した。ステージはフィールドの真ん中に設置され、ファンはグラウンドか観客席に入るようになっていた。珍しい配置で、俺たちはそれに慣れていなかった。セットの1曲目は「殺戮の聖典《バイブル》」。手はずによれば、イントロのテープが流れ始めると、ステージ後方にある一段高い油圧式プラットフォームが上がり、その下でバイクに乗った俺がエンジンをふかして、曲に突入するはずだった。

何かがうまくいかなかった。誰かがへまをした。ゴルフカートに乗って楽屋からステージへ向かっているとき、すでにイントロのテープが聴こえた。**マズい！　もうバイクに乗ってなきゃならないのに！**

「もっと急いでくれ、兄弟《メイト》！」とのんびり構えているカナダ人のドライバーに言った。

「あのさ、こいつはゴルフカートだぜ？」と彼は言った。「これより速く走らねえよ！」

「速く走らせるんだ！」

パタパタとエンジン音を響かせてバイクの所まで行ったときには、もうステージに上がっているべき時間だった——目の前にあるそのステージは、いつもどおり、すでにドライアイスとスモークの濃い霧に包まれている。俺はハーレーに飛び乗って、スロットルをふかし、ブルンブルンと音を立てながら全速力で発進した。

俺は知らなかった——ステージ・スタッフたちが、俺がまだ配置についていないと聞き、このタイミングでやっと上のステージを上げ始めたことに。スモークとドライアイス越しで何も見えなかった俺は、そのままのスピードで傾斜路を上がり、霧の中に突っ込んで、そして……。

ガツン！　上がり始めたばかりのステージの固い金属部分に、鼻筋がぶち当たった。首が**ポキン！**と音を立てうしろに折れるのを感じた。背中の方まで、まるで大型ハンマーで殴られたみたいに。俺はバイクから転がり落ち、ステージに強くぶつかって……気絶した。

意識消失《ブラックアウト》！

1分後ぐらいに気がついたとき、自分がどこにいるかわからなかった。何か硬い物の上に横たわっている……スモークに包まれて……すさまじい大音量だ……苦痛にもだえて……そして誰かが……俺を蹴ってる？　見上げると、グレンがつまずきながら歩き回り、ギターを弾いていた。俺が見えなかったから、あばら骨をまた蹴飛ばした。

「**いてえ！**」

グレンは下を見た。「ロブ？　お前か？　何してんだ？　立てよ！」

立ち上がれなかった。あまりの痛みにうめいていた。ローディーがふたりほど駆け寄ってきて、俺をステージから助け下ろし……鼻に絆創膏を貼った。その間にも、バンドは「殺戮の聖典《バイブル》」のリフを終え、インストゥルメンタルで演奏を続けている。ファンたちは何が起こっているか見当もつかないらしい。俺も同じだった。

意識はもうろうとして、首は激しく痛む。俺がするべきだったのは、そして正気のロック・シンガーなら絶対そうしたであろうことは、救急車の中に倒れ込み、地元の病院の救急救命室に直行することだった。だがウォルソールっ子はそんなことはしない。

G&Rトーマス社で汗水たらして働き、銑鉄を作る連中を見て育った男は、そんなことはしないのだ。やらなきゃなんねえ仕事があったら、さっさとやんな。

俺はよろよろとステージに戻り、ショーをやった。どうやってやり遂げたのかは、さっぱりわからない。

鼻と首は今にも折れそうに感じられた。すさまじい痛みを味わっていた。セットの最中、いつ涙が噴き出してもおかしくなかった。**クソ、こいつはキツいぜ。**

どうにかこうにか最後までやり切り、楽屋に戻った。ジム・シルヴィアが911番に電話をかけ、ジョシュと一緒に隣に座って、救急車が来るまで元気づけてくれていた。そうするうちに、部屋の反対側から騒音が聞こえた。鳥肌が立つような、甲高い声で泣き言を繰り返している。

「**オイラはやってねえ！　やってねえ！　そんなことやってねえ！**」

耳障りな、聞いていてイライラする音だった。腹を立てたブラック・カントリー育ちの男が発する声。**怒りに満ちたヤムヤムなまり。**

グレンとケンがまた喧嘩を始めていた。原因が何かなんて、誰にわかる？　誰が気にする？　だがグレンはいつもの満足げな口元だけの笑みを浮かべていた。まるでこんなの大したことじゃないだろ、とでも言うように。そして、ケンは……。

ケンは怒りに任せ、コーヒー・テーブルに飛び乗っていた。シャツも着ないで、ギグでかいた汗を滴らせたまま。真っ赤な顔をして、わめき立てていた。ヤムヤムなまりが炸裂した。

「**オイラはやってねえ！　絶対やってねえ！　やってねえ！**」

マジ勘弁《ファッキン・ヘル》してくれ！　今は、この瞬間は……**こんな。ことは。耐えられ。ない。**

救急車が到着した。救急隊員が俺に頸椎《けいつい》カラーを装着した。身動きできなかった。ジムが付き添って同乗した。トロントの道路を走っている間、まだ激痛に苦しみながら、さまざまな考えが頭の中を駆け巡った。

もう、うんざりだ。いさかいにはうんざりだ。ツアーにもうんざりだ。バンドにもうんざりだ。ちょっと離れて、自分のことをやろう。今すぐ！

病院でレントゲン写真を撮り、鼻骨が折れていて、首は重症の捻挫《ねんざ》ですと言われた。数週間は頸椎カラーを着けてください。ジョシュと一緒に飛行機でフェニックスへ戻った。疲れ果て、みじめで、ずっしり重い頸椎カラーを着けながら、自己憐憫に浸った。

ジョシュは、1日か2日兄貴の家に行ってくるよ、と言い姿を消した。2日ほどあとに電話をかけてきた。

「ヘイ、ロブ！」

「ヘイ！　どんな調子だ？　いつ戻る？」

「もう帰らないと思うんだ」

「何だって？」

「これからテッドと住もうと思ってさ。会えなくて寂しかったけど、ここにいればハッピーなんだ。でもすごく楽しかったよ、いろいろありがとう！　じゃ！」

それでおしまい。ジョシュとの関係は終了。ジョシュは俺が買ったベッドに、これから寝ることになる。ブラッドと違い、一生に一度の、星が爆発するような情熱を感じたことはなかったが、俺は傷ついたし、彼が恋しかった。つき合っている間、ちょっとした浮気はいろいろしたが、ジョシュとはうまくやっていると思っていた。明らかに、俺は間違っていた。

またひとりになり、感情のコントロールを失って、一気に落ち込んだ。素面《しらふ》でいることが、失恋に対処する助けになったと思う。だがそれでも、俺はひたすら……**疲れ果てていた**。燃え尽きた。ストレスがたまりにたまって、今では自分が抜け殻のように感じられた。空っぽの男。

40歳になったばかりだった。難しい年齢で、そういうことに対処できる場所にも状態にもいなかった。あまりにもたくさんのクソみたいなことが、あまりにも立て続けに起こった。リノ、バイクの事故、バンドのあつれき、ジョシュに突然振られたこと……ひとつだってうまく対応するのは難しかっただろう。

全部一緒に？　絶対無理だ！

俺は心を閉ざした。自分の中に引きこもった。空虚で、薄っぺらで、半分しか存在していないみたいだった。感情がまったくないように感じた。すべてがどうでもよかった。数週間、ひとりで家の中をうろつき回った。外には一歩も出ず、食事もほとんどしなかった。

おふくろがナイジェルを産んだあと、ひどい鬱状態になって、口も利かなくなったことを思い出した。精神安定剤を飲んで回復したことも。当時はおふくろが何を感じていたか理解できなかった。そう、今ならわかる。

俺はまた、何ヵ月もの間ずっと目をそむけ、否定してきたことを、やっと直視した。**ジョシュはストレートだった。**ずっとストレートだったんだ。今思えば、憧れのロック・スターと一緒にいて舞い上がっていたんだろう。最初は俺と一緒に住むのを気に入っていたが……その感動はだんだん薄れていったってわけだ。そう、ジョシュはストレートだった。ブラッドと同じように。デヴィッドと同じように。

どうして俺はいつもしくじってストレートの男たちを追い回すんだ？　いったい俺の何がおかしいんだ？

一部のゲイの男性がストレートの男性を無意識に追い求めることについては、こういう学説がある。世間から何年にもわたって、お前は劣っている、不良品だと言い続けられた末、それを信じてしまうのだ。潜在意識のレベルで、ストレートの連中は自分より〝優れている〟と。

だから、彼らを追い求める。ただし、そういう男性を手に入れても、つなぎ留めることはできない。心が傷つくし、何も生まない、マゾヒスティックなバカげたものの見方なのだ……しかしそれでも、奇跡を期待して、ストレートの男性を追いかける。ときには、繰り返し、繰り返し。

クソ。俺は本当にそういう連中のひとりなのか？　俺が？

40歳になってやっと——**40歳だ！**——俺は自分自身を、俺が何者かをじっくり見つめた。そして自分の目に映ったものが気に入らなかった。だが変わる方法が見つからなかった。自分のセクシュアリティに、自分自身に、とらわれてしまったように感じた。ゲイだと目覚めて以来、学校に通っていた頃から、ずっとそう感じていたように。

俺は人生の折り返し地点を過ぎていた。そして相変わらず、ゲイであること、**ヘヴィ・メタル・バンドに所属するゲイであること**は、これからずっと隠し続けなければならない、薄汚いちっぽけな秘密みたいに感じられた。どん詰まりだ。お先真っ暗だ。

そんなわけで、俺はフェニックスにいて、ひとりでぼんやり座り、くよくよと思い悩んでいた。最低の気分だった。

18 口を緩めれば船が沈む

誤解と離脱

ジョン・バクスターとはフェニックスに引っ越して間もなく知り合った。彼はサージカル・スティールやほかの連中とつるんで、メイソンズ・ジャーやロッカーズでよく飲んでいた。いつも気のいいやつに見えたし、よくウマが合った。

ジョンがロサンゼルスに家を買って、そこで多くの時間を過ごすようになっても、彼とは連絡を取り続けた。フェニックスでぼんやりと自己憐憫に浸った状態から、ちょっと抜け出す必要があると自覚していたから、泊まりにこないかと誘われたとき、行くと返事をした。

ジョンは聞き上手だった。最近味わった苦労話をすべて話す間、じっくり耳を傾けてくれた。心の支えになるよと言われ、ある夜気づいたら、プリーストに最近抱いた幻滅感を打ち明けていた。バンドの活動がオフの間、ソロ・プロジェクトをやりたいんだ、と話した。彼はこれ以上ないほど親身になって励ましてくれた。

「そうだよ、ロブ、絶対に実行しなくちゃ！」と彼は言った。ソロのビッグ・スターになれるぞ。オジーを見ろ、サバスを離れたときの活躍ぶりを！　同じくらいビッグになれるさ！

いいいい、そんなことは信じ難かったが、ひどく落ち込んでいたから、ジョンの熱意と励ましを受けて、やる気になった。最近音楽ビジネスのマネージメントについて、ふたつほど講座を受けて修了してね、と彼は言った。プリースト以外のソロ活動のマネージャーをやらせてもらえないかな。

正直に言って、俺はどっちでも構わなかった。ソロのキャリアが、ある意味、新鮮なスタートになるなら……**そうさ、いいじゃないか？　やってみよう！**

グレン、ケン、イアンは以前、ソロのサイド・プロジェクトをやることを承諾してくれた。だが、この計画について、マネージャーのビル・カービシュリーとジェイン・アンドリュースにも話す必要があると感じた。ジョンは了承して、俺がファックスを殴り書きするのを見守った。

5分で書き上げた。そのときはあまり深く考えていなかったが、30年近くたった今、記憶の底を探ると、だいたいこんな文章だったと思う。

親愛なるビル、ジェイン

バンドも俺も、互いにちょっと距離を置く必要があると思う。俺は一歩離れてソロの音楽プロジェクトをやるつもりだ。ずっと前からやりたかったことで——どうしてもやらなきゃいけないことでもある。友人のジョン・バクスターが、このプロジェクトのマネージングをしてくれる予定だ。

そういうことでよろしく。ロブ

これで全部だ。プリーストを抜けるなんてひと言も書かなかった——そんなことはしたくなかったからだ。ジョンと一緒にその手紙をビルとジェインにファックスし、それについては忘れていた——次の日、ビルから返事があるまでは。

ビルはとても非難めいた内容のファックスを送ってきた。バンドが頂点にあるときに、脱退したいなんてバカげている、よく考えてみろ。とても成功を祈ってくれる手紙には思えなかった！　俺は心底驚いた。**こんな言葉はいったいどこから出てきたんだ？**

ファックスの内容があいまいすぎたのかもしれない。だからビルは俺が抜けると思ったのか？　受話器を取り上げて直接話すべきだったんだろう。だが俺はひどく傷ついたし、彼の書き方がとても敵意に満ちていたから、電話をかけたくなかった。**またもや対決を恐れたんだ！**

一方、ジョンは記者会見を設定して、ソロのサイド・プロジェクトを発表する手はずを整えた。この時点で俺は気づいた。記者たちが、つまりファンたちが、この謎めいた記者会見に主に期待していること、あるいは恐れていることはふたつある。ひとつ目の心配は、俺がその場を利用して、プリースト脱退を宣言することだ。

彼らは安心してよかった。俺の心はこの時点でしっかり固まっていた。俺は何度となく、このマスコミ会見でも、それに続くいくつかのインタビューでも、まだ名前のついていないソロ・バンドはプリーストに加えた活動であり、決してプリーストに代わるものではないと強調した。

「決してジューダス・プリーストが解散したわけではないことを、ぜひみんなに知ってほしい」と俺は言った。「俺たちの結束は今でも固く、いい関係を続けている。そのときが来たら、俺たちは元どおりになるだろう」

もうひとつ広まっていた疑いは、もっと下世話で個人的なものだった。俺がマスコミ会見を開いたのは、エイズを発症したと明かすためだ、という噂がささやかれていると耳にしていた。

その頃は、そういう悪意に満ちたゴシップが盛んに飛び交っていた。最近ではフレディ・マーキュリーが

ＨＩＶ陽性であると公表し、翌日〔1991年11月24日〕に亡くなった。ゴシップ紙は次なる有名人の犠牲者を躍起になって探していた。それが俺ではないかと、世間では噂されていた。

ある意味、驚くことではなかった。だが俺はまだゲイであることをひた隠しにしていて、しばらくは劇的に告白するつもりはまったくなかった。同時に、個人的レベルで、セクシュアリティを秘密にする原因になっていた、いくつかの耐え難いプレッシャーが軽くなってもいた。

理由のひとつは素面《しらふ》になったことだ。6年前に酒をやめて以来、ゲイであることがばれるのを、それほど病的に恐れなくなった。あるがままの自分でいることに、以前より満足していた。人々にどう思われるか、あまり気にしなくなった――プライド・マーチに参加することは、人目を避けて暮らすとはとても呼べない！

より心が安らいでいたもうひとつの理由は、一時的にプリーストから離れたことだ。ホリー・ジョーズでリハーサルをしていた初期の日々以来、俺は自分のセクシュアリティが世間に知られれば、バンドは破滅だと思い込んでいた。だがしばらくひとりになり、それについてストレスをあまり感じなくなったんだろう。

含みのある推測が俺に長年つきまとっていた。ロック誌のインタビューで、記者たちがゲイについてどう思いますかと狡猾《こうかつ》な質問を投げてくるのにも慣れていた。俺はいつもフレディと同じアプローチを採用した。「それはバンドと何の関係もない」。あんたらの知ったことじゃないだろう、と考えていたのだ。

だから、そのマスコミ会見で質問が上がったとき、できるだけ事務的な口調で答えた。「ノー。いや、俺はエイズを発症してない、心配してくれてありがとう。じゃあ、次の質問は？」

この頃、ひとつクールな出来事があった。『ペインキラー』ツアー中に短い広告を見て手紙を出した海兵隊員から、返事が来たのだ。名前はトーマス・ペンスだと書いてあった。なかなか興味深い男に思えた。

手紙によれば、アラバマ州東部の小さな村で育った。人口は300人、信号はひとつもなく、雑貨屋は1軒だけ……そしてクー・クラックス・クランの支部があるという。村の少年たちは大きくなると軍隊に入る。少女たちは彼らが戻るのを待ち、結婚する。

ゲイにとっては育ちにくい場所であり、これまで誰ともつき合ったことがなく、性的な経験もない。実際、自分以外のゲイの男性と一度もあったことがないという！　だが、この世界に恐る恐る足を踏み入れる決意をして、三行広告を出した。

クウェートでの勤務を終えたばかりで、帰国してから私書箱を開設し、広告の手配をした。私書箱は毎日手紙で満杯だった。ゲイの世界では海軍兵がホットな人気商品だとは気づいていなかった。

ワオ！　この男性は本当に無垢《むく》なんだ！

トーマスは手紙にこう書いていた。受け取った返事の95パーセントは「私は海兵隊員ではありません。**ですが……**」という文で始まり、それに続いて、自分は「とてもホット」だとか「すごく金持ち」だとか力説していた。ハリウッドの俳優や億万長者を自称する人たちからも手紙をもらった。

だから、トーマスが俺にひとつ質問したいことがあるのは、極めて理にかなっていた。「あなたはジューダス・プリーストのシンガーだと書いていますが――本当ですか？」

俺はいそいそと返事を書き、彼に送った。「はい」と俺は書いた。「はい、そうです」

それから数週間、トーマスと俺はたくさんの手紙を交わした。彼はヘヴィ・メタルやスレイヤー、オジーについて山ほどの質問を熱心にしてきた。俺がもっと熱心に彼と話したかった話題は……そう、セックスだ。

やがて電話で気軽な会話をするようになった。トーマスはその頃でも、俺のいやらしいほのめかし**（自分**

をどうしても抑えられないときがあるんだ！）を少々不快に感じたと思う。でも俺たちはとても気が合った。だが突然、電話での会話がぴたりとなくなった。話は単純、彼はもうそこにいなかったのだ。トーマスがどこへ行ったのか見当もつかなかった。彼とおしゃべりができなくなり、心から寂しく感じた。

冒険的なソロ企画が世間に公表されたので、次はソングライティングに取り掛かった。それが俺の大きなモチベーションだったからだ。自分自身に、そしてほかのみんなに、俺が——**俺、俺、俺が！**——ひとりで曲を書けると証明してみせる。それが何よりも重要だった。

バンドというものは妥協がすべてだ。プリーストにいるとき、俺が曲の進行のアイデアを出しても、却下されることが何度もあった。欲求不満がたまった……どのバンドもそうだ。ちょっとひと休みして、この不満を解消して、新たな気持ちでバンドに戻るチャンスだ。

結束の固いチームにいて曲を書き続けてきたから、ひとりになって怖気づいても不思議ではなかった——でもそうはならなかった。解放感を覚え、力がみなぎった。俺は書いて、書いて、書きまくった。まるで水門を開けたみたいに。曲はどんどんあふれ、形になっていった。ギターもベースも自分で弾いた。やってみたら自分でも驚くほどうまかった。ドラムのプログラミングもした。頭の中で思い描いていたとおりに聴こえた。**俺、俺、俺！**の瞬間がひとつにまとまっていった。

以前、主に投資目的で、ＬＡのマリーナ・デル・レイ〔世界最大級のマリーナがある高級リゾート地〕に家を買ってあった。ゴージャスな場所だったから、機材をすべて置いてあるフェニックスで曲を書いていない間は、そこで過ごした。

精魂込めて仕事に打ち込んだ。だが遊びの時間もたくさん作った。トーマスの行方は相変わらずわからなかった。手紙や電話のおしゃべりで、いやらしいことを言いすぎて、怖がらせてしまったんだろうと思った。残念、とても素敵な男性に思えたのに——だが、**まあ、いいさ！** **海にはほかにも魚がうじゃうじゃいる！**

マリーナ・デル・レイのバーで、やはり海兵隊員だという男と話をした。ハンクという名前で、背が高く、ハンサムで、とても男らしかった。笑みを含んだ視線を盛んにこちらに送り、キャンプ・ペンドルトン海兵隊基地〔西海岸最大の艦隊海兵軍訓練基地〕に来ないかと俺を誘った。俺はロード・ランナー〔米ワーナー・ブラザース制作『ルーニー・テューンズ』のキャラクター〕並みの俊足でそこに到着した。

ミッミッ！

ゲイの男にとって、ペンドルトンはお宝が詰まったアラジンの洞窟だった。目を見張るほど素晴らしい男性の標本が、とにかくたくさんそこにあった。若く筋骨たくましい、肉体的な絶頂期にある男たち！　俺は制服の男が好みだから、目は彼らにくぎ付けだった。

ハンクは結婚していたが、多くの海兵隊員と同じように、基地で退屈し、性的な欲求不満を抱えていた。だから仲間の新兵やほかの連中とつるんでいた。俺はすぐペンドルトンを頻繁に訪れるようになり、ハンクと遊び回った。

状況が状況だったし、ハンクが結婚している事実を考えると、俺たちは〝ワン・バン・サンキュー・マム〔一発やってハイさよなら〕〟のお気楽な関係より進展することは決してなさそうだったが、それでも何もないよりはましだった！　そのとき俺は独り身で、仕事さえソロになっていたから、ハンクはまさに俺が必要としている存在だった。

とても悲しい終わりを迎えた。ハンクはよく基地の周りで大型のパワフルな二輪バイクや四輪バイクを乗り回していた。いかにも海兵隊員らしく、彼も見せびらかすのが大好きだった。ある日、彼はバイクに乗り、エンジンの回転速度を一気に上げた。そのとき突然バイクのギアが入り、機体が宙に舞い上がった。ハンクはうつぶせに地面に落ち、バイクが**ドン！**とその上に落下した。バイクは背中を直撃し、背骨を折った。いわゆる〝人生を一変させるけが〟だった。彼はその瞬間、両足の運動機能を失い、二度と歩けなかった。

車椅子生活になった彼と、その後も連絡を取り合い、ときには会うこともあった。ただの友人として。数年後に彼が亡くなったとき、奥さんが遺品の整理をしていて、俺が送った手紙を見つけた……そして俺たちが関係を持っていたと気づいた。

それを知って、何とも言えない嫌な気持ちになり、罪悪感を覚えた。俺がこれまでやってきた気軽な性的関係の持ち方は、ときによくない結果を招き、犠牲者を生むことがあると気づいた。奥さんに連絡は取らなかった。ただ、何と言っていいかわからなかった。**あのかわいそうな女性に。**

その一方で、ペンドルトンにいた別の海兵隊員の妻は、俺が夫と浮気をしてもまったく気にしなかった。彼女も一緒にベッドにいたからだ。

ハンクを通じて、基地にいるバイセクシャルの海兵隊軍曹、スティーヴと知り合った。ハンクと同じように抜群に男らしかったが、大のお気に入りは３Ｐだった――３人目は自分の奥さんのドーンだ。海兵隊員は家族の訪問が許されていたから、俺は彼女が来るタイミングに合わせて基地へ行った。ドアが閉まると、３人で何時間も没頭した。基地を離れるときは、ジムでワークアウトをしたあとよりも疲れ果てていた。

実際――世界的特ダネだ！――ドーンはこれまで俺がセックスを完遂した唯一の女性だ。愛らしく、美しい女性で、完璧な体をしていた。たいていの男は彼女と寝るためなら殺人だって犯しただろう。そして俺は、彼女の夫に激励されながら、ばんばんやりまくった。

やったものの……**心からは楽しめなかった。**ブロクスウィッチのケンの家のソファで、マージーといちゃついたときの繰り返しだ。**俺はできる、でも本気でやりたいわけじゃない。**スティーヴの方に、はるかに興味があった。そして彼とやり合うブロージョブとハンドジョブは、がまんしてドーンとやることへのご褒美に思えた。

ペンドルトンにしょっちゅう出入りしているうちに、基地は大きなセックス・スキャンダルに巻き込まれた。地元に住んでいるメキシコ人で、ボビー・バスケスという通り名の無節操な男が、オーシャンサイド〔基地の南に隣接する地区〕の近くにあるストレート向けのバーに行き、盛りのついた若い海兵隊員を引っ掛けて、彼らを自宅に連れ込んでいたのだ。

バスケスは彼らにビールや煙草、ときには20ドル札を渡して、男女が絡むポルノ映画を流し、兵士たちにオナニーするようけしかけた。そしてやっている姿を撮影し、その映像を集めてＤＶＤを作り、ゲイの男たちに売って、がっぽり稼いでいた。

バスケスは逮捕された。俺の名前もペンドルトンでささやかれていたと思う。ある日、スティーヴと連れ立って基地へ向かって歩いていくと、メイン・ゲートの警備員に止められた。

「失礼ですが、サー」と彼は言った。「申し訳ありませんが、これからは中にお通しすることができません」

それで終わりだった。**わいせつな行為をしたかどで、米軍の海兵隊基地から出入り禁止を言い渡される！**ある種の業績といえるだろう……。

ペンドルトン以外にも、俺が性のハンティングをする場所があった。フェニックスにいるときは、歴史あるフェニックス動物園に近いパパゴ・パークを車で流して、コックを探し求めた。[*1]ほとんどの場合、成果のない悲しい遠足になり、フラストレーションを抱えたまま家に帰った。だが行くのはやめなかった。40歳になったばかりで、どうしてそんなに旺盛な性欲に取りつかれたのか、特別な理由はわからない。ジョシュとの極めてシンプルで長い関係が終わったせい？　よくある中年の危機ってやつか？　時間を持て余していたから？　ただそれが可能だったから？

おそらく、それら全部が組み合わさった結果だったんだろう……そのせいで時々、とんでもなく恥ずかしいヘマをやらかした。

マリーナ・デル・レイに滞在中は、マウンテン・バイクに乗って出掛けるのが日課だった。海岸沿いのサイクリング・ロードをずっと走ってマリブ〔マリーナから約30キロ離れた、セレブの邸宅が並ぶ高級ビーチ・タウン〕まで行き、戻ってくる。美しいルートで、二輪に乗って太陽の光を存分に浴びるのをいつも楽しみにしていた。

晴れ渡ったある日の午後、短パン、Tシャツ、野球帽という格好で、カリフォルニアの壮大な眺めを楽しみながら、いつものサイクリングに出発した。途中でいつも真っ先に立ち寄る場所のひとつがヴェニス・ビーチだった。そこには悪名高い男子用トイレがあった。その日も、ちょっとのぞいて運試ししようと決意した。

そのトイレは、個室にドアさえなかった。お相手を探す男やドラッグ・ユーザーが使うのを阻止するためだ。薄暗くて小汚いトイレの中では、4、5人の男が人目を避けるようにうろうろしていた。俺はバイクを壁に立てかけ、個室のひとつに入って……待った。

10分たった頃、たくましい体つきのハンサムな男が入ってきて、俺が入っている個室の前を通り過ぎなが

＊1：Grindr〔クィア専門の出会いアプリ〕の登場は神の恵みだ！

ら、こちらをちらっとのぞき込んだ。彼はほほえみ、俺に向かってうなずいた。**ワオ、ヘイ！　俺はここだ！**

俺は片手をサイクル・ショーツの中に入れ、自分自身を愛撫し始めた。**準備OKだぜ。**

その男は、俺の個室の真ん前に立っていた。背中をこちらに向けて、シンクの前で、鏡を——というか、磨かれたステンレスを——見ながら。そこには鏡がひとつもなかった。ジャンキーたちが片っ端から割るせいだ。そこに映った彼は俺にほほえみかけた。片手を両足の間に置いたまま、俺はほほえみ返した。

彼は振り向いて俺と向き合い、シャツの中に手を入れて——バッジを取り出した。

「公然わいせつの容疑で逮捕する」とその警官は言った。

クソ、マジかよ！　数え切れないほどの考えが頭の中を駆け巡った。**これでおしまいだ！　やっちまった！　新聞に載るだろう！　すべてを失った！**　とはいえ同時に、妙に冷静な気分だった。

俺はうなずいた。彼は腰に装着した手錠を外し、俺の両手首にかけた（これは俺の習慣になりつつあった）。

「オイラのバイクはどうすりゃいい？」と尋ねた。どういうわけか、ひどいヤムヤムなまりに聞こえた。

「こっちに任せろ」と彼は言った。「ついて来い」

警官は俺を従えてトイレのうしろに回った。そこには倉庫のように見える小さい建物があった。入っていくと、5、6人の男が中にいた。頭を垂れ、全員が手錠をかけられていた。警官は俺と一緒にバイクもそこに入れ、ひと言も言わずに出ていってドアを閉めた。

俺は腰を下ろした。ほかの連中と俺は、お互いに大して話すこともなかった。ちょっとしたおしゃべりを楽しもうという雰囲気ではなかった。全員そこに永遠と思える時間座っていると、さっきとは別の警官がふたり到着して、俺たちを白いバンに乗せ、車を発進させた。

内陸に向かって、何マイルも何マイルも車に揺られていた。どこにいるのか、どこへ向かっているのか、見当もつかなかった。やっと警察署に到着し、警官に連れられて裏口から中に入った。彼らは俺たちを留置所に連れていき、手錠をかけたまま座らせて、そこから出ていった。

10分後、がっくりと肩を落として床を見つめていると、警官の両足が目の前に現れた。その警官は身をかがめ、俺の野球帽を取って、じっと俺を見つめた。その目がちらりと光り、こちらに気づいたのがわかった。彼は帽子を戻し、身をかがめて手錠を外した。

「ついて来い」

小部屋に入ると、彼はうしろ手にドアを閉めた。

「あんただと思ったよ」と彼は言った。「いったいここで何をしてるんだ、ロブ・ハルフォード?」

「俺は最低のマヌケ野郎だ」と俺は認めた。

彼は頭を横に振った。「あんたがここにいるなんて信じられない。俺に何ができるか見てみよう」

見逃してくれるのか?「ほんとにありがとう」と俺は口ごもりながら言った。彼は部屋を出ていき、外から鍵をかけた。

俺はちっぽけな硬いベンチに座っていた。それから2時間、警察署にいる警官がひとり残らず、入れ替わり立ち替わりその個室の前にやって来ては、ドアの細長いのぞき窓にはまったガラス越しに俺をじろじろ見て、デビル・ホーンのハンドサインをちらつかせた。俺もサインを返し、舌を突き出してやった。暇つぶしにはなった。

やっと、最初の警官が部屋に戻ってきた。彼はベンチの俺の隣に腰掛けた。

「マスコミには伏せておく」と彼は言った。

「ありがとう!」

「だが俺たちにできるのは**それだけだ**」。彼は俺を別の部屋へ連れていき、顔写真《マグショット》を撮って——コレクションに1枚追加だ！——指紋を採取した。保釈金は払わずに済んだ。「あとで連絡する」と彼は言った。「行ってよし」

俺はラッキーだった。**またしても**。

「ここはどこなんだ？」と警官に聞くと、場所を教えてくれた。

「マジかよ、何マイルも離れてるじゃないか！　どうやって帰ったらいいんだ？」

「それはあんたの問題さ、ロブ」

公衆電話を見つけた。ジョン・バクスターが迎えにきた。法廷に出る必要はなかったが、罪を認め、罰金を払って、保護観察処分を受けた。こうして俺の前科にまたひとつ、連邦法違反行為が追加された。

俺はどんな気持ちだったか？　自分がマヌケに思えたし、恥ずかしかった。だが同時に怒りを覚えた——今世紀が終わろうとしているのに、ゲイの男たちはまだこんなふうに脅えながら生きていかなければならない。俺はこの逮捕事件を、自分にとっての〝ジョージ・マイケル騒動〟と呼んでいる。6年後に彼が同じことをビヴァリー・ヒルズでやって以来、ずっと〔1998年4月、公衆トイレでわいせつ罪の現行犯で逮捕されたのをきっかけに、ジョージはカミングアウト。10月リリースのシングル「アウトサイド（Outside）」のミュージック・ビデオでは、この事件をパロディ化してみせた〕。唯一の違いは、新聞に関して、ジョージはそれほどラッキーじゃなかったことだ。

俺はそういうセックスがらみのバカげた悪ふざけに費やす時間があった。キャリアに関して、何とも中途半端な状態だったからだ。ソロ・レコードの契約は結んでいなかったが、アルバム1枚分の曲は書きためたので、バンドのメンバーを集め始めた。ドラマーを見つけるのは簡単だった。『ペインキラー』ツアー中、スコット・トラヴィスに俺のソロ・プロジェクトでプレイする気はないか尋ねると、彼は乗り気だった。プリーストが活動を休止していたから、すぐ採用となった。

フェニックスで活動しているバンドから、ギターのブライアン・ティルスとベースのジェイ・ジェイ・ブラウンを勧誘した。ふたりとも遊び仲間で、タトゥーイストでもあるジェイ・ジェイは、俺を歩くタペストリーに改造した張本人だ。ギターのラス・パリッシュはスコットの友人だった。

アルバムはもう書き上げた、とみんなに話した。だが彼らは、給料をもらって言われたとおりにプレイする助っ人じゃなかった。はるかに大きな存在だった。彼らの意見、彼らの才能、彼らのアイデアを、俺は尊重した。俺たちは正真正銘のバンドであり、俺がやりたいことをやるための単なる手段ではなかった。虚栄心を満足させるためのプロジェクトじゃなかった。

バンドをファイト、アルバムを『ウォー・オブ・ワーズ（War of Words)』と呼ぶことにした。両方の名前がかき立てる攻撃的で文学的な雰囲気がいいと思った。スコット、ブライアン、ラス、ジェイ・ジェイは、俺が聴かせたデモを大いに気に入った。次はレコードの契約探しだ。

プリーストのレーベルのコロムビアは、俺が次に録音する曲を採用するかどうか選択権があったが、ファイトのプロジェクトにはあまり関心がないようだった。そこでほかのレコード会社にデモを売り歩かなくてはならなかった。コロムビアあてに、プリーストを〝脱退する〟という手紙を書く必要がある、とアドバイスされた。純粋な法的手続きだ、全然大したことじゃない、と聞かされた。

筋が通った話に思えたから、レーベルに手紙を書いた。その手紙がどういうわけか外部にもれて……突然――誰がそんなこと考えただろう？――俺がプリーストを本当に辞めるとみんなが考えた。翌週、各音楽紙が一面に掲げた見出しは誤解しようのないものだった。

ハルフォード、プリーストを脱退！

いったい。どういう。ことだ？　これは俺の望みとまったくかけ離れている。こう言いたかった、いや叫びたかった。「違う！　違う！　ちょっと待て！　誤解だ！」。でもどうやって声を上げればいいのかわからなかった。

ビル・カービシュリーに面と向かって話ができないなら、イアンかグレン、それかケンに電話をするべきだった。俺たちはずっと仲間だ、ヘヴィ・メタルの戦友だ、家族だ、永遠に。クソみたいな話は放っておいて、徹底的に話し合うべきだった。

だが俺はそうしなかった。何と言えばいいのか、どうすればいいのか、わからなかった。だからその代わり、あの頃習慣のようになっていたことをやった。目をぎゅっとつぶって、現実を見ないようにした。俺は逃げた。**何もしなかった。**　そして1992年9月、それは公式に発表された。

俺はもうジューダス・プリーストのシンガーではなかった。

誤解があったように感じた。コミュニケーションの行き違い。誰かがメモを読み間違えたんだ。こういう展開は決して望んでいなかった。**いったいどうしてこんなことになったんだ？**　自分の家族から追い出されたように感じた。最悪の状況だった。すべてがめちゃくちゃだった。そして俺は、責任のほとんどは自分にあるとわかっていた……ただ突っ立って、何もしなかったせいだ。

最高に皮肉だったのは、俺はあのマヌケな手紙を書く必要さえなかったことだ。コロムビアの親会社、C

BSがファイトに興味がないというのは本当じゃなかった。CBS傘下のエピック・レコードのデヴィッド・グルー会長に会うため、ニューヨークのオフィスを尋ねた（思うところがあり、俺はスーツを着てネクタイを締めていた）。ひとりで録音したデモを彼に聴かせた。4曲聴いたところで、彼にはもう十分だった。「OK！」と言ってうなずいた。「契約しよう！」

見通しが立たないプリーストの状況についてくよくよ考えずに済むいちばんいい方法は、忙しくしていることだ。そこでジョンと俺はすぐさまファイトとして『ウォー・オブ・ワーズ』をレコーディングする手はずを整えにかかった。だが、まず、予想もしなかったサプライズ・ゲストを迎えることになる。

フェニックスの家にかかってきた電話は、まさに青天のへきれきだった。「調子はどうだ、ロブ？　トニー・アイオミだよ！」。ブラック・サバスのギタリストが連絡してきたのは、少々デリケートな件について提案するためだった。

オジーはフェアウェル・ツアー（**そう、そのとおり！**）〔4年後に引退宣言を撤回。アルバム『オズモシス（OZZMOSIS）』をリリースしてツアーに復帰〕『ノー・モア・ティアーズ』[*2]を実施中で、生涯最後の2公演は1992年11月14日と15日、カリフォルニア州コスタ・メサのパシフィック・アンフィシアターでやることになっていた。この歴史的な日を記念するため、サバスがサポート・アクトを務める予定だった。

オジーと当時のサバスのシンガー、ロニー・ジェイムス・ディオの間にはちょっとした確執があった。誰が誰と一緒にステージに上がるのは耐えられないと主張したのか、今では正確に思い出せない。とにかくトニーによれば、ロニーは出演しないから、俺に代役を務めてほしい、とのことだった。

サバスと一緒に歌う！　マジかよ！　断わるわけないだろ！　まずリハーサルが必要だとトニーに言い、

＊2：30年近くたち、俺がこの本を書いている今、オジーはまたもやフェアウェル・ツアー『ノー・モア・ティアーズII』を企画中だ――そしてプリーストが彼をサポートすることになっている！

サバスが1日フェニックスに来て、数時間かけて通しリハをした。俺がすでに空《そら》で歌える曲ばかりだった。クソ最高にスリリングだった。

何から何まできっちりとリハをした。一点だけ……実際のオープニングの段取りは除いて。コスタ・メサの初日、俺はステージ脇の幕のうしろに立っていた。ステージは真っ暗で、ドライアイスが立ち込め、イントロのテープが鳴っていた。

トニーは俺のうしろにいた。というか、俺はそう思っていた。

「いつ出ればいいんだ、トーン?」と聞いた。沈黙。「トーン?」。辺りを見回した。彼の姿はどこにもない。**クソ、マズい！　ほかの連中はもう出てるんだ！**

何も見えなかった。ステージに向かって歩いていくと、照明がひとつ点き、ファンが歓声を上げた。うしろを見たが……ステージには俺以外、人っ子ひとり見当たらない。

ヤバい！　台なしにしちまった！　歩いて袖に戻るべきかと思ったが、そんなことをしたらとんでもないマヌケに見えるだろう。俺はたったひとりでそこに突っ立っていた。永遠と思える1分間が過ぎ、サバスの連中がゆっくりした足取りで現れた……そして、俺がコメディアンのノーマン・ウィズダム・スタイルで登場したにもかかわらず、ショーは最高に盛り上がった。

俺はこの夜、オジーになった——世界中でいったい何人がそんな台詞《せりふ》を言える⁉

1993年はプリーストから離れたまま、アルバム作りでスタートを切った。ファイトを引き連れてアムステルダムへ行き、『ウォー・オブ・ワーズ』をレコーディングした。プロデューサーはオランダ人のアティ・バウ。『ペインキラー』でエンジニアを務めたとき俺とウマが合ったので、適任のように思えた。

アティは俺たちの望みにまさにぴったりだった。俺は一連の曲を書き上げていたが、スタジオではバンドの全員が平等だった。誰もが自由にアイデアを出すことができた。俺は持ち家のアパートメントに泊まった。おまけに今回は、骨を1本も折らずに、何とかゲイ・クラブのドレイクス・クルージングに無事たどり着いた。

セッションは最高にエキサイティングだった。『ウォー・オブ・ワーズ』はプリーストよりもっと原始的でスラッシュの要素が強かった。デス・メタルの領域に向かっていたと言ってもいい。ウォルソールで数週間過ごすためオランダから帰国したとき、みんなで作ったばかりのレコードの出来にこれ以上ないほど満足していた。

その年の秋、『ウォー・オブ・ワーズ』はリリースされ、多くのレビューで絶賛された。批評家たちはアルバムを高く評価し、プリーストのファンは絶対気に入るだろう、そして多くの若いメタラーたちの心もつかむだろう、と評した。それこそまさに俺が目指したことだった。

チャートに入るとは本気で思っていなかったが、ビルボード200に食い込み、世界中で25万枚以上のセールスを記録した。**俺にとってはこれで十分だ、兄弟《メイト》！**　次は、アルバムを引っ提げてツアーに出る番だ。

ペンドルトン基地で親しくなった3P仲間のスティーヴが、退役してぶらぶらしていたので、彼を連れていった。個人アシスタント兼ガードマン兼……お仲間として。

スティーヴとの関係は続いていたが、彼は既婚者だったし、バイセクシャルといっても女の方に興味があった。**そう、まさに俺のタイプだ！**　単なる一時しのぎの関係だったから、突然トーマスからまた手紙が来たときは嬉しかった。彼はアフリカ沖を巡航中の船に乗っていた！

トーマスはソマリアに派遣されていた。海兵隊にはこういう格言がある。「口を緩めれば船が沈む」。もともとは第二次大戦中のスローガンで、任務のことは一般市民には決して言うな、という意味だ。

なるほどね！　だから音信不通だったんだ！

トーマスはソマリアにある米軍基地の個人アドレスを教えてくれたが、船内ではプライバシーがほとんどないから、文章には気をつけてほしいと強調していた。残念ながら、俺はその指示を少々無視して、いつもどおりホルモン全開の手紙を何通も書き送った。

「ゲイが軍で排除されるのは君が原因だよ！」と恐れをなした返事が返ってきた〔米軍は従来、同性愛者を規定で排除していた。1993年にクリントン政権が「問わず語らず（同性愛者かどうかを聞かず、本人も公言しない）」ルールを導入し、同性愛者の入隊を容認するが、実際には1万人を超える兵士が密告などにより除隊となった。2011年、オバマ政権はこれを差別規定として撤廃。同性愛を公言して入隊できるようになった。なお2019年、トランプ大統領の発言に基づき、トランスジェンダーの人々の入隊が禁止される〕。**「君は制御不能だね！」**

トーマスのアフリカ勤務は間もなく終わり、彼はアメリカに帰国した——配属先は俺のなじみの場所、ペンドルトン海兵隊基地だ！　直接会うのが待ち切れなかった。彼は躊躇《ちゅうちょ》していたようだが、結局しぶしぶ同意した。

オーシャンサイドのレストランでランチを取る約束をした。トーマスは、互いに友人をひとり同伴しようと提案したが——お目付役として？——俺には心当たりの人間がいなかった。その代わり、絶倫の性欲をお供に連れていった。

実際に会う前、トーマスは写真を1枚送ってきた。ひと目でほれ込んだが、実際の彼は写真よりさらにホットだった。アスリートのようにたくましく、目がくらむほどゴージャスな赤毛で、電話で話しているときと同じくらい頭の回転が速く、陽気だった。そして嬉しいおまけ、彼の連れも筋肉隆々だった！ランチを食べている間ずっと、両方とせっせといちゃついた――トーマスがとても居心地悪そうにしているのを無視して。食事が終わるのを待ち切れなかったように、部屋が取ってあるんだと言って、遊歩道を少し行った所にあるホテルへ強引にふたりを連れていった。

部屋に入り、ふたりを誘惑した。ところが、連れはストレートだと判明し、トーマスは全然乗り気じゃなかった！　もう行かなくちゃとか何とか言って、連れと一緒にさっさと逃げ出した。「残念だな！」と去っていくふたりの背中に向かって言った。「3Pができたのに！」

車を運転して家に向かいながら、自分がバカみたいな気がした。*クソ！*　コックには自制心ってものがない――少なくとも、俺のコックにはそんなものあったためしがない――それがまたしても状況をめちゃくちゃにしてしまった。その大失敗のあと、トーマスからの連絡は途絶えた。恥ずかしさと罪悪感を覚えた。本当に彼が好きだったからだ。

だが今は……ファイトとツアーに出るときだった。

ウォームアップのギグを、フェニックスのメイソン・ジャーと、サンセット・ストリップのウィスキー・ア・ゴー・ゴー〔1964年から続くハリウッドの老舗クラブ〕でやった。ファイトの正式な初ツアーは1993年10月、ヨーロッパから始まった。大陸を回るうちに、自分にとってゲームのルールがどれほど大きく変わったか気づいた。

プリーストならいつも収容人数1万人のアリーナを満員にしていた国々で、俺たちは500人の客を前にクラブで演奏していた。プリーストなら常にミュンヘンのオリンピアハレのチケットは完売だった。ところが今や、ドイツ版ウォルソールのようなルートヴィヒスブルク〔シュトゥットガルト近郊にあり、古い街並みやバロック式宮殿が残る」で、ロックファブリクみたいなロック・バーでプレイしても、会場は半分しか埋まらなかった。

イギリスでは、バーミンガムやハマースミス・オデオンの夜を懐かしむ必要はなかった。ファイトのショーは2回。ノッティンガムにある、そこそこ大きなロック・シティと、ロンドンのアストリアだ。アストリアは流行の最先端を行く会場だったが、プリーストならアリーナ公演の打ち上げパーティーに使うような場所だった。

マネージャーのコーキー、トランジットのバン、セント・オールバンズのパブ巡りの思い出が突然よみがえった。**もうステージへ乗せてってくれるゴルフカートはないんだぜ!** 俺は何の実績もない新人バンドとしてイチから出発した。そしてその代償をまた払わなければならなかった。

プリーストのTシャツを着た結構いい年の連中に交じって、若い新たなメタル・ファンを見かけるのはいい気分だった。「ブレイキング・ザ・ロウ」や「殺戮の聖典《バイブル》」をやれという大合唱がどの会場でも起こったが、俺は聞いていなかった。ファイトの曲だけをやると決意していた。客がそれを気に入っても、気に入らなくても!

楽しかったが、きつい仕事でもあった。そして明白になったことがある。ファイトをもっと大勢のオーディエンスに広めるには、俺がここ10年以上ご無沙汰だった何かほかのことをしなければならない。ツアーのサポート・アクトだ。幸い、超一流のバンドにすぐ帯同できることになった。

メタリカは当時、世界一ビッグなヘヴィ・メタル・バンドだった。ラーズ・ウルリッヒが電話をかけてきて、世界中の巨大な会場を回る壮大な『シット・ヒッツ・ザ・シェッズ』ツアーに誘ってくれた。俺たちは騒々しいサポート・アクトの一団に加わった。ダンジグ、スイサイダル・テンデンシーズ、キャンドルボックス。

ツアーの全日程には参加しなかったが、出演した日々は最高だった。俺はまた大観衆に向き合い（素晴らしい！）、お茶の時間のすぐあとにステージへ上がった（これはそんなに素晴らしくなかった！）。メタリカはプリーストの大ファンで、マイアミでは『ブリティッシュ・スティール』収録の「ラピッド・ファイア（Rapid Fire）」を一緒に歌った。最高だった。

思いがけない新しい出会いもあった。意気投合したキャンドルボックスは、マドンナが設立したレーベル、マーヴェリックに所属していた。シンガーのケヴィン・マーティンは、レーベルのボスがマイアミまで俺たちの演奏をチェックしに来るんだぜ、と言った。

その日の午後、俺のトレーラーの横を通り過ぎていく彼女を目にした――というか、筋肉隆々のガードマンたちに囲まれた小柄な女性のブロンド頭のてっぺんが、ちらりと見えた。彼女はキャンドルボックスのトレーラーの中に消えた。しばらくして、ケヴィンが出てきてぶらぶらとこっちへ歩いてきた。

「ヘイ、ロブ！　ちょっと来てマドンナにあいさつするか？」と彼は尋ねた。

もちろんさ！　ゲイでメタルでポップ・マニアなら、マドンナにあいさつしたくないなんて、言うわけないだろ⁉　勇んでトレーラーへ歩いていき……中に入ると、ルネッサンスの絵画みたいな光景が出現した。マドンナは金箔を施した遊覧船に乗ってナイル川を下るクレオパトラみたいに、長椅子に威厳たっぷりにもたれかかっていた。崇拝者の一団が彼女の足元の床にだらしなく寝そべっていた。彼らは、ごく上品な言い方をすれば、シャネルとクリスチャン・ディオールの悪臭がした。

マドンナに近づいていくと、彼女はいぶかしげにこちらをじっと見た。

「こいつはロブ。ジューダス・プリーストとファイトのバンドにいるんだ」とケヴィンが言った。

「あら、ヘイ、ロブ、会えて嬉しいわ！」とマドンナは横たわったまま言った。そして俺の頭のてっぺんからつま先までじろじろ見回した。「あなた、たくさんタトゥーを入れてるのね！」

その頃には、そういう状態になっていた。「はい」と俺は言った。

「体中に入れてるの？」と彼女は聞いた。

俺はシャツをまくり上げ、上半身のデザインを見せた。

「それってどれだけ下まで続いてるのかしら？」とマドンナはあだっぽく尋ねた。

俺はズボンのウエストを陰部のぎりぎり上まで下げた。彼女は身を乗り出して、俺の股間をのぞき込んだ。鼻がほとんど俺の腹に触りそうだった。

クソ、マジかよ、ロブ！と心の中で思った。**2分前にマドンナに会ったばかりだってのに、もうお前のコックを彼女の口に突っ込みそうになってるじゃないか！**

「まあ、ワオ！」と彼女は感嘆の声を上げた。「それで、これはもっと先まで続いてるのかしら？」

「そうですね、でもここでやめといた方がいいと思います」と俺は言った。

「そうね」とマドンナは同意してうなずいた。「それがいいアイデアだと思うわ」

こうしてバックステージにおけるクイーン・オブ・ポップとの短い邂逅《かいこう》は終わった。俺と同じように、彼女にとっても懐かしい思い出になっていることを願う。


メタリカのツアーが終わった。次は音楽活動に本腰を入れるときだ。心の底では、自分が何を望んでいるか正確にわかっていた。ジューダス・プリーストに戻りたかった。

ソロのレコードをどうしても作りたくなったのは、たまったストレスを吐き出すためだ。『ウォー・オブ・

ワーズ』はうまくいったし、ツアーもそれなりに成功した。何より重要だったのは、俺はちゃんとできるということを——自分自身に——証明したことだ。ソロの仕事は個人的に大いなる満足感をもたらしてくれた

……だが次は？

今やりたいのは、プリーストに駆け戻って、「みんな、これを何とか解決する方法はあるか？　だって俺はほんとに望んでるんだ——必要としてるんだ——このバンドにいることが」と伝えることだ。

だが俺とプリーストとの間に入った亀裂に橋を架ける方法が見つからなかった。自分がいるべき場所に戻る方法が見つからなかった。家に帰る道が見つからなかった。

どういうわけか、俺のサイド・プロジェクトはソロ・プロジェクトになっていた。俺はプロとしての自分のキャリアを袋小路に追い込んでしまったようだった。フラストレーションがどんどんたまった……だがこのひどく苦しい時期に、少なくともひとつ素晴らしいことがあった。

私生活が、最高に上向きになろうとしていたのだ。

19 シャロン・テートの家のドアをノックする

迷走、カミングアウト、帰還

トーマスとの関係をめちゃくちゃにしてしまったので、俺はがっくり落ち込んでいた。彼は見るからに感じがよくて愉快なやつだったが、同時にすごく世間知らずに見えた。最初のデートで相手のズボンの中に入り込むという妄想にとらわれたヘヴィ・メタル・マニアが、おそらく彼を怖がらせてしまったことが、今はわかっていた。

うまくやったな、ロブ！　触るものはすべて金になる、その呪いがまた発動したってわけだ！

その頃、俺が維持していた唯一の関係は、ドーンと別れたばかりのスティーヴと時々お手合わせをするぐらいだった。だが彼は大きく軌道修正して、ある女性を追いかけるようになっていた。それでも相変わらずいい友達で、ちゃんと話を聞いてくれる数少ない人間のひとりだった。

時々スティーヴに心の内を打ち明けた。彼は俺のこれまでのいきさつを知っていた。デヴィッドのためにアメリカに引っ越してきたこと、ブラッドと恋に落ちて、ジョシュと一緒に暮らして、実はみんなストレートだったと知ったこと。あまりにも繰り返しくどくどと泣き言を言ったから、彼は俺の悲劇的な恋愛生活のエキスパートになっていた。

ある夜、俺がトーマスのことを考えて自己憐憫に浸っていると、スティーヴはとても的確で（いかにもストレートっぽいアドバイスをした。

「まったくロブ、じゃあ、彼にもう一度連絡してみな！」と彼は言った。「一生に一度でいいから、正真正銘のゲイになってみろよ！」

そうか、そこまで言われたら……。

トーマスにまた手紙を書いた。返事が来た。それを読んでわかった。彼は退役していて、再入隊しないと決めた。海軍は俺の手紙をアラバマに転送したが、その頃にトーマスは故郷に戻って母親と同居していた。今は地元の工場でつまらない肉体労働に従事している。トーマスはみじめだった。海軍で冒険を味わったあと、退屈な人生を嫌悪していた。

また連絡を取れてとても嬉しかったし、俺たちのやり取りは以前より思いやりに満ち、穏やかに思えた。俺が10秒ごとに会話をセックスに持っていこうとするのをやめたからだろう。また電話でのやり取りを始めよう、と提案した。

トーマスは承知したが、ひとつ問題があった。おふくろさんは電話を持っていなかったのだ。彼が使える電話はただひとつ、村に1軒だけある店の公衆電話だった。

そんなわけで、ひとつの習慣が出来上がった――トーマスがその雑貨店からコレクトコールで電話をかけてきて、何時間も話す。今や、俺たちのおしゃべりは、トーマスが言うところの〝いやらしい〟会話にとどまらなかった。あらゆることを語り合い、お互いの人生のあらゆる側面について意見を交わした。

そして……それは奇妙だった。この男は、何千キロも離れたアラバマ州のド田舎に住んでいるのに、それまで一緒にいたなかで、誰よりもパートナーのように感じられた。

はるかに離れた場所にいて、俺たちは次第に親しくなっていった。そして俺はもう一度、彼に会いたいと思った。

プリーストに戻れる機会がまったくなかったので、ファイトのセカンド・アルバム制作に取り掛かった。1枚目が成功したから、エピックは基本的に『ウォー・オブ・ワーズⅡ』を作らせたがった……だが俺はそんな仕事のやり方は決してしない。

アルバム1枚をひとりで書けると自分に証明したから、同じことをやるつもりも、やる必要もなかった。ファイトの次作『ア・スモール・デッドリー・スペース（A Small Deadly Space）』では、プリーストでグレンとケンといつもやっていたような共同のソングライティング・スタイルに戻りたかった。

バンドのラインナップを変えた。ラス・パリッシュは円満に脱退し、後任ギタリストとして誰かがマーク・ショセを推薦した。愛すべき頼りになる男で、バンドにすぐなじんだ。

俺たちは創作意欲にあふれたチームになり、一緒に曲を書き始めた。だからファイトのセカンド・アルバムは、俺がひとりで、ひとつの方針の下に作ったデビュー作に比べると、はるかに多様性に富んでいた。それに満足したし、うまくいったと思った。

ファーストを作るときは、俺たちがアティ・バウの元に出向いたが、今回は彼がこちらに来た。我らがオランダ人のプロデューサーは、『ア・スモール・デッドリー・スペース』を録音するために、はるばるフェニックスへ飛んできた。『ウォー・オブ・ワーズ』とはテクスチュアがまったく違っていて、出来上がってみると、はるかにグランジ寄りの作風になった。

レコーディングはリラックスした気軽な雰囲気の中で進んだ。俺はその日、スタジオで過ごす時間を楽しみ、「マウスピース（Mouthpiece）」「ビニース・ザ・ヴァイオレンス（Beneath the Violence）」といった曲を録音したが、お茶の時間に作業が終わるのを心待ちにしていた。そのあとは車を運転して家に帰り、アラバマ州の雑貨店からコレクトコールで電話をかけてくる元海兵隊員と3時間話ができる。

1995年4月にリリースされた『ア・スモール・デッドリー・スペース』は、『ウォー・オブ・ワーズ』の3分の1も売れなかった。ファンはファーストと同じものを求めたが、俺たちが提供したものは違っていたからだと思う。それが理由で、ほとんどのバンドは、同じ作品を作り続けるんだろう。繰り返し、繰り返し、何度も！

半年のアメリカ・ツアーは、『スパイナル・タップ』にあるとおり〝より絞った客層にアピールする〟ものだった。プリーストがニューヨークへ行ったときは、マディソン・スクエア・ガーデンでヘッドライナーを務めたが（まあ、出入り禁止になるまでは）、ファイトはCBGB〔1973年創業の老舗クラブ〕でプレイした。少なくとも俺は、もうひとつの伝説的な会場を制覇したわけだ。

俺は43歳で、ティーンエイジャーみたいな生き方をしている、新人ミュージシャンだった。週に7日、毎晩小さなクラブでショーをやっていた。ファイトの曲は、プリーストとは違う歌唱スタイルが必要だったから、声を限りにシャウトした。延々と続くつらい仕事だった。

ロードに出ている間、時間を見つけてはトーマスに手紙を書き、電話で話した。フェニックスへ戻り、また毎日連絡を取るのが待ち切れなかった。そして家に帰ると、ずっとやりたかったことを実行した。泊まりにこないか、と誘ったのだ。

トーマスは飛行機でフェニックスに来て、10日間泊まった。最高にリラックスした素晴らしい時間を過ごした。電話で何時間も話すうちに、俺たちは腹を割って何でも話せる仲になっていた。心底わかり合える仲に。

何軒かのゲイ・バーに行き、少し経験を重ねたトーマスは、前より度胸がついていた。俺たちは、自然にカチンとかみ合った。滞在が終わっても、トーマスにアラバマへ帰ってほしくなかったし、彼も同じ気持ちだった。彼がド田舎の工場の仕事に復帰して数日もたたないうちに、こっちで一緒に暮らさないかと尋ねた。彼は承知した。

ここでベタベタなメロドラマを展開するのは俺の本意じゃない。この本の趣旨から外れるからだ。でもトーマスと身を落ち着けたとき、彼はそれまで俺が恋に落ちたと思っていた誰とも違うことに気づいた。それはとても根本的な違いだった。

その違いをできるだけシンプルな言葉で表現させていただきたい。

トーマスは真正のゲイだった！

それで俺は気づいた。過去につき合ったのはすべてストレートの男性で、最初からうまくいくはずがなかったのだ。彼らは最初のぼせ上がり、欲望に取りつかれて関係を始めるが、基本的にそういう連中はみんな女といる方を好む。

よし、今回はその危険はない！

トーマスが引っ越してきたのは、売れなかったファイトのセカンド・アルバムのツアーが終わったときだったから、ゆっくりと時間をかけてお互いの存在に慣れていった。友人たちとつるみ、フェニックスの地元のロック／メタル・クラブへ行って、ＬＡやサンディエゴに旅行した。

リラックスして、幸せに満ちた時間だった。俺の恋愛に関して言えば、それまで経験し慣れていた感情とまったく違っていた。

俺たちには共通点がたくさんあることがわかった。ふたりとも、自分のセクシュアリティを隠さなくてはならない環境にいた。ジューダス・プリーストと海兵隊。ふたりともアルコール依存症から回復中だった。最初は天と地ほどかけ離れているように思えたが、数え切れないほどの共通点を発見した。陳腐な決まり文句を使うのは大嫌いだが、俺たちは陰と陽だった。異なる個性がお互いを補い合って……それは今も続いている。

仕事の面では、相変わらずプリーストに再合流する方法を探っていた。グレン、ケン、イアンに会えなくて寂しかった。毎日恋しかった。連中に直接連絡する手立てはないだろうか？

どうやったらいいか、じっくり考えていた……だが突然、バンドに戻る道は一切断たれたことがはっきりした。ジューダス・プリーストが新しいシンガーを採用したのだ。

ひどい衝撃と恐怖を覚え、彼に関する記事を片っ端から読んだ。名前はティム・〝リッパー〟・オーウェンズ。オハイオを拠点とするプリーストのトリビュート・バンドで歌っていたという。つまり、俺のものまねが正確にできるわけだ。本人がバンドにテープを送り、メンバーが彼を呼び寄せて、採用となった。

彼を責めはしなかった。彼はチャンスを見つけ、それをものにしたのだ。そして、事実を受け止めよう……ロックのトリビュート・バンドのシンガーから、本物のバンドのフロントマンになるのは、辞書に定義されているとおり、理想の仕事《ドリーム・ジョブ》に違いない！

俺はプリーストも責めなかった。ソロ活動の企画を発表してから3年。その間、バンドは一切連絡してこなかったし、俺も彼らに対して何の働き掛けもしなかった。心からそうしたいと何度も思ったが、結局いつもどおり言葉を濁し、何もしなかった。

プリーストが新しいシンガーを入れたと聞いて、俺の心を占めたのは、とてつもない悲しみだった。あのバンドとは20年近くにわたり、本当に多くのことをくぐり抜けてきた。きっといつか、すべてのクソみたいなことを水に流して、また一緒になれるとずっと思い込んでいた。

そして今、それは決して実現しないことがわかった。俺は二度と戻れない。

じゃあ、これからどうすればいい？

ファイトのサード・アルバムを作る話が持ち上がった。メンバーで集まって作曲まで始めたが、やる気が出なかった。『ア・スモール・デッドリー・スペース』は大失敗し、バンドは自然消滅しかかっているように感じた。それに、どっちにしろ、俺はまったく違う音楽のジャンルに頭を突っ込んでいた。

90年代半ば、俺はエレクトロ・インダストリアルに入れ込んでいた。ナイン・インチ・ネイルズ、マリリン・マンソン、ミニストリーらによる北米発信の音楽だ。俺から見れば、その大部分の曲がメタルと同じ原始的な衝動と活力を持っているように思えた。それはヘヴィな音楽だった。

ジョン・バクスターの推薦で、ボブ・マーレットというプロデューサーと組んだ。彼はメタルとエレクトロニカの両方を手掛けていた。ロサンゼルスにある彼のホーム・スタジオに行って、ふたりでいろいろなアイデアを検討し、少しプログラミングもした。新鮮で、わくわくするような体験だった。

ギタリストが必要だったから、ボブがジョン・ロウェリーを勧誘した。ボブの友人で、それまでにリタ・フォード、ポール・スタンレー、ランディ・カスティロと仕事をしたことがあった。ジョンもセッションに参加して、３人で曲を書き始めた。

すぐはっきりしたことがある。俺たちが生み出している素材はファイトに向かない。そこで俺はバンドを抜ける決意を固めた。その代わり、ジョンとふたりでＴｗｏ（自分たちでは気取って２ｗｏとつづる方を好んだ）というデュオを結成した。

ボブと一緒に録音したエレクトロニカ色の強い一連の曲は、俺がそれまでにやったどんなものともまったく違っていた。でも、**だから何だ？**　だからこそ、俺はその楽曲群がとても気に入った！　プロジェクトにすっかり入れ込んだところで、2週間休暇を取ることにして、スタジオを離れた。

ずっと昔から愛しているニューオーリンズへ行き、昔なじみと楽しく過ごした。消防署長を務めているチャックという男だ。一緒にガーデン・ディストリクト〔歴史的建造物が残る、閑静な高級住宅街〕をドライブしているとき、チャックがある建物を指さした。

「あれがトレント・レズナーのスタジオだ」

ワオ！　トレントに会ったことはないが、ナイン・インチ・ネイルズは台頭してきたテクノ・インダストリアル・メタルの中でも、俺のいちばんお気に入りのアーティストだった。その威風堂々としたスタジオは、以前は葬儀場だったという（そう、もちろんそうこなくちゃ！）。俺は敬意のまなざしでその建物を見つめた。

チャックが口を挟んできた。「中に入って〝ハイ〟って言うべきだよ」と提案した。

「まさか！」と俺は頭を振った。俺はこれまで一度も、スターと気軽におしゃべりしましょうなんていうクソみたいな企画に賛成したことがない。お芝居にしか思えないし、ちょっとバカみたいだからだ。「俺はそんなことはしない！」

「そうは言ってもさ、何が起こるかわからないだろ……」と車を進めながらチャックがからかった。ふたりでコーヒーを飲みにいった。1時間後、またスタジオの横を通り掛かった。**そうだな、トレントに会えたらきっと嬉しいだろう……**。

「停めてくれ！」とチャックに言った。

俺はスタジオのドアをノックした。それはただの古ぼけたドアじゃなかった。トレントがナイン・インチ・

ネイルズのアルバム『ザ・ダウンワード・スパイラル（The Downward Spiral）』を、チャールズ・マンソンによる殺人事件が起こったハリウッドのマンションで制作したあと、記念品としてそのドアを買い取り、スタジオに移設したのだ。だから俺は、哀れなシャロン・テートの家のドアをノックしていたことになる〔1969年、カルト的指導者、チャールズ・マンソンの信奉者たちが、ロマン・ポランスキー監督の自宅に押し入り、中にいたシャロン・テートら5人を惨殺。ドアにはテートの血で「ピッグ（豚）」と書いた。彼女は監督の妻で、妊娠8ヵ月だった〕。

「ヘイ、ロブ、あんたいったいここで何してるんだ？」。

家の中にいてセキュリティ・カメラ越しに俺をじろじろ見ている人物の声に、聞き覚えはなかった。でも彼はドアを開けて、デイヴ・オギルヴィーと名乗り、カナダのエレクトロニック・バンド、スキニー・パピーのメンバー兼プロデューサーだと自己紹介した。**クールなバンドじゃないか！**

「ええと、トレントがいるかなと思ってさ」と俺は言った。

「いないけど、1時間後には来るよ！」。デイヴは俺を誘い入れて、スタジオの美しい建物を案内してくれた。座ってお茶を飲みおしゃべりしていると、1時間後にトレントが参戦した。

「うわマジかよ《オー・マイ・ゴッド》、ロブ・ハルフォードだ！」と彼は言った。「俺はプリーストの大々々々ファンなんだ！」

よし、これはうまくいくぞ！　いろいろ話をするうちに、実は今、インダストリアル・スタイルの素材にボブ・マーレットとジョン・ロワリーと一緒に取り組んでいるんだ、と打ち明けた。「ワオ、そいつはすごい！」とトレントは言った。「何か聴かせてもらえるものはあるか？」

そういえば、たまたまここにカセットが……。

俺たちはそれを再生した。トレントにテープを預かってもいいかと聞かれた。数日後、デイヴ・オギルヴィーから電話があった。「トレントがあの音楽をすごく気に入ってね」と彼は言った。「そのアルバムでコラボして、自分のレーベルから出すつもりはあるか、知りたがってる」

そんなの、聞くまでもないだろ？　俺はバンクーバーに移動して、デイヴのスタジオに腰を据えた。デイヴはアルバムの制作にとても深くかかわった。作業のやり方はまったく未知のものだったが、魅了された。デイヴは4、5人編成のチームをコンピューターに張りつけ、奇抜なエレクトロニック・サウンドを作らせた。その素材を編集し、形にして、俺に聴かせた。

「このサウンドは気に入ったか、ロブ？」

「いや、それほどでもないな」

「じゃあこいつはどうだ？」

「ああ、いいね、こいつはマジですごい！」

そうやって俺たちは、2woの『ヴォイアーズ（Voyeurs）』にまとまるエレクトロニックのサウンドスケープを作っていった。トレントがエグゼクティヴ・プロデューサーで、時々顔を出してはアドバイスをし、フィードバックを行った。俺は作業工程のすべてに魅了され、楽しんだ。

バンクーバーのスタジオにいる間、プリーストは俺抜きで初めてのアルバムを出した。『ジャギュレイター（Jugulator）』〔のどを切り裂く殺人者の意〕だ。それについてどう思ったか、読者に伝えることはできない。一度も聴かなかったからだ……今に至るまで耳にしていない。

恨みを抱いたからでも、怒りを感じたからでもない。彼らがアルバムを作っていることは以前から知っていた。彼らにだってバンドを続けて、前を向いて生きていく権利があるはずだ。正直に言えば、あのときの俺には、自分抜きのジューダス・プリーストのアルバムを聴くのが、ただつらすぎたんだろう。

俺はあの頃、プリーストからとても離れた場所にいた……それは外見にも表れていた。レザーの代わりに毛皮のコートをまとい、いかにもオルタナティヴっぽい、ゴスまで入ったルックスにして、ヤギひげを生やし、太いアイラインを引いた。『ヴォイアーズ』のサウンドと同じくらい奇抜に見えた。

俺の２ｗｏのイメージは、見せかけでも、計算ずくでもなかった。俺の個性が新しい方向に伸びていったのだ。俺はインダストリアル・ミュージック界のフー・マンチュー博士〔怪しい東洋人のステレオタイプ。初出はイギリスの作家、サックス・ローマーが１９１３年に刊行した『怪人フー・マンチュー』（嵯峨静江訳、ハヤカワ・ポケット・ミステリ、２００４年）。シリーズは映画化もされ、60年代にはクリストファー・リーがフー・マンチューを演じた〕みたいに見えた。それを最高に楽しんだ。前にも書いたとおり、俺は昔から素敵な衣装を愛してるんだ。

『ヴォイアーズ』はトレントのナッシング・レコード名義でリリースされた。これが親会社のインタースコープの目に留まり、伝説的な共同設立者のジミー・アイオヴィン〔のちにドクター・ドレーとヘッドホン・メーカーのビーツ・エレクトロニクスを設立。会社をアップルに買収させ、同社の音楽配信スタートに大きくかかわる〕と打ち合わせをした。先行シングル「アイ・アム・ア・ピッグ（I Am a Pig）」用に、世間を騒然とさせるようなビデオを作りたいと話した。

実際のところ、俺はさらにもう一歩踏み込みたかった。「あの曲用に、ポルノ・ビデオを作ったらどうかな？」と提案した。

「マジ最高《ファッキン・オーサム》だ！」とジミーは言った。「ぜひやろう！　でも誰が監督する？」

「それが、たまたま」と俺は言った。「心当たりがあって……」

俺はその頃、ペンドルトン基地の制服姿の男たちに夢中になった経験から、軍人がテーマのゲイ・ポルノの膨大なコレクションを所有していた。同居するようになったトーマスは、引っ込み思案の殻から少し出てきて、その趣味を一緒に楽しんだ。

実際、トーマスは自分の殻からはるか遠くまで飛び出して、ポルノに主演までした！　軍人専門のゲイ・ポルノのウェブサイトに掲載された広告を見て、自分で応募した。彼らは喜んでトーマスを採用し――**元海兵隊員！　大歓迎さ！**――サンディエゴで映画を撮影した。

アラバマ出身のシャイ・ボーイの大変身だ！　撮影に臨んだトーマスは、人目を気にして神経質になったが、監督が彼をなだめ、軽いおしゃべりでリラックスさせようとした。監督の名前はチ・チ・ラルー[*1]。あでやかな衣装をまとうドラァグ・クイーンで、映画の制作も手掛けていた。

「どこに住んでるの？」とチ・チは尋ねた。「パートナーはいる？」

「フェニックスに住んでるんだ」とトーマスは答えた。「ロブ・ハルフォードと一緒に、それから……」

「**何ですって!?**」とチ・チは叫んだ。「あたしジューダス・プリーストの大ファンで、アルバムは全部持ってるし、ショーは数え切れないほど観にいってるのよ」。俺たちは会い、親友になった……そして今、2woのビデオの監督として、これ以上の適任は考えられなかった。

ジミー・アイオヴォンと会った数日後、俺はポルノ・スター軍団と一緒にロサンゼルスの倉庫にこもり、最高にドラマチックで、この上なくキャンプでエロチックなショート・ムービーを撮影した。突き出した唇、なめ回す舌、うごめく胴体、回される腰。男同士の欲情を誘い、女同士の欲望をかき立て……あらゆるジャンルをカヴァーしていた！

チ・チは素晴らしい、芸術的なポップ・ビデオを作り上げた。だが、何とも奇妙なことに、ジミー・アイオヴォンはこの作品を嫌悪した。「あれはポルノじゃない！」とビデオを観た彼は腹立たし気に言った。

*1：チ・チは、生物学上の性別は男で、本名はラリーという。だが彼女にとって、自分はとてもグラマラスな女性の歌姫《ディーヴァ》であり、それにふさわしい服装をしている。俺も同じだ。

「でも、本物のポルノは作れないだろ？」と俺は尋ねた。

「作れるとも！」

「そしたらどの局でもオンエアされないよ、ジミー！」

「そうさ！　俺はあれを放送禁止にしたかったんだ！」

気難しいやつはいるもんだ！「アイ・アム・ア・ピッグ」がリリースされると、ビルボードのメインストリーム・ロック・チャートでそれなりの順位を記録した。そこで1998年2月4日、ニューヨークのMTVに行き、2woの話をして『ヴォイアーズ』を宣伝することになった。

そのインタビューが俺の人生を変えることになる。


タイムズ・スクエアに程近いブロードウェイにMTVが新設したスタジオへ行ったとき、特に計画を立てていたわけではない。全世界に向かってゲイだと公表するつもりなんて、もちろんこれっぽっちもなかった。

だが、どういうわけか、それが結果的にうまくいった。

インタビュアーの名前さえ思い出せないが、彼の質問は、数年前から俺がさばくのに慣れた類のものだった。あなたのセクシュアリティに関して噂や推測が飛び交ってますよね、**事実を明らかにする**つもりはありますか、とか何とか……。

いつもなら、ただ質問を聞き流すか、それは自分の音楽と何の関係もないと言う。だが、今回はそうしなかった。

口を開くと……**こういう言葉が飛び出した。**

「ほとんどの人は、俺が生まれてからずっとゲイだってことを知ってると思う」

ドサッ！ 背後で大きな音がした。プロデューサーがクリップボードを落としたらしい。

まあ、こんなスピーチをするつもりはなかったが、今話してるんだから、腹をくってやるしかない！

「最近になってやっと、この件について気兼ねなく口にできるようになった」と俺は続けた。「俺が自分のセクシュアリティに気づいてから、ずっと抱えてきた問題だ」

俺はそのインタビュアーと、何百万人ものテレビの視聴者と向き合って座っていた。毛皮のコートを着て、マスカラをつけ、爪にはマニキュアを塗って。俺はゆっくりと話し続けた。〔カメラに映る俺は〕ありのままの自分でいることで、驚くほど落ち着いて幸せそうに見えた。まさにそのとおりのことを感じていた。

「これ［2woのプロジェクト］に背中を押されたのかもしれない」と俺は言った。「これのおかげで言えたのかもな。『いいじゃないか？　一歩踏み出して、俺がどういう人間か、みんなに知ってもらう時期だ』ってさ」

俺はインタビュアーに向かってほほえんだ。「でも君だってもう知ってただろう？」

彼の眼は皿のようにまん丸くなった。世界的な特ダネが棚ぼたで手に入ったことに気づいたからだ。彼は「噂は聞いています」というようなことを言葉に詰まりながら言い、ジューダス・プリースト時代にカミングアウトできた可能性はありますか、と質問した。

「いや」と俺は言った。「ずっと隠していた。どうしても、怖気づいちまって……音楽業界では同性愛嫌悪《ホモフォビア》の風潮がまだとても強いからな」

それからインタビューは10分ほど続いた。俺はファンに向けて、これまでのプリーストのアルバムを通して聴き直し、歌詞にちりばめられた俺のセクシュアリティに関する手掛かりを見つけてほしいとアドバイスした。そして挑戦的な口調で、俺のカミングアウトが「社会でまだ二流市民扱いされている」ゲイの人々の助けになればいいと思っている、と語った。

「ゲイのメタル・ファンは大勢いる。ほかのタイプの音楽が好きなゲイのファンと同じくらいね」と明かした。「**俺たちはどこにでもいる！** そういうものなんだ」

終始リラックスして、理性的だった。インタビューを終えてホテルに戻ってから、突然あることに思い至り、がく然とした。

何てこった！ 俺はたった今、テレビでカミングアウトしちまった！

25年間、本当の自分を隠してヘヴィ・メタルのシンガーとして生き、偽りの人生を送ってきて……一瞬ですべてにけりをつけた。**これで終わりだ。ジ・エンド。**もう自分を偽らなくても、隠さなくても、こそこそしなくてもいい。ついにあるがままの自分になれた。

俺は告白した。最高にいい気分だった。MTVのインタビューで言ったとおりに。「いい気持ちだね。みんなに勧めるよ」

あまりにも長い年月、カミングアウトすれば人々に嫌悪され、キャリアは終わり、ジューダス・プリーストはバンド生命を断たれると想像していた。だが今は……正反対のことが起こっていた。世界中の人たちから手紙をもらうようになった。それに対応するために、フェニックスに事務所を開かなければならなかった。

カミングアウトしてくれてありがとう、希望とインスピレーションをもらいました、と彼らの手紙には書かれていた。「あまりにも長い間、本当の自分を隠してきました。でもあなたが力を与えてくれました」。そういう手紙を読んで、目の覚める思いだった。こんなにも多くのゲイの人々が、いまだにセクシュアリティを無理やり抑え込み、そのせいでトラウマを味わっている。

素晴らしかったのは、こう悟ったことだ……**俺はもう自分を偽らなくていい。**

このインタビューがきっかけで、ほのめかすような発言が一気に消え、陰口を叩かれることもなくなった。あちこちのクラブでこんなコメントを耳にすることはあった。「おい、見ろよ、ホモがいるぜ！」まあいい。今ではこう答えられた。「〝ミスター〟・ホモって言いな！〔敬意を払えの意〕」

ごくわずかな、狂信的なほんの一部の人々が、お前の音楽はもう決して聴かない――お前は地獄の業火に焼かれるだろう、と書いた手紙を送ってきた。だが、いいか？　そういう人たちを失っても、俺は別に寂しいとは思わない！

もちろん、友人や俺のことをよく知っている人たち、一部のファンは、それとは違うとても普通の反応を示した。

「みんなそんなことずっと前から知ってたさ、このマヌケ野郎！」

スーが電話をかけてきた。おめでとう、家族はみんなあなたのために喜んでるわ。それは世界中からもらうどのメッセージとも同じくらい大きな意味があった。おふくろ、おやじ、妹、弟。彼らは前から察していたが、今では正式に知っている。やっと！

俺は。公表。した。不安に苛《さいな》まれる日々は終わった。酒とドラッグをやめたときのようだった――嘘と偽りは消え去った。

俺は自分で作った牢獄から解放された。もう何も俺を傷つけることはできない。

俺はゲイだ。それを全世界に告げた。**これで決着がついた。**

カミングアウトしたあと、大掛かりなインタビューをやろうと決めた――それをやってもらいたいメディアはひとつしかない。『The Advocate（ジ・アドヴォケート）』。ゲイ向け情報誌の草分けで、20年以上前にサンフランシスコで手に取り、興奮に身を震わせた雑誌だ。

「5年前にカミングアウトを考えたら、それはとても難しかったと思う」とインタビューで話した。「でも今は、友人たちがカミングアウトしたときに感じて、俺に教えてくれたのと同じ感情を味わっているよ。心が澄み切って、とても穏やかな気持ちだ」

それは真実だった。生まれてからこれほど自分を強いと感じ、心が安らいだことはなかった。その気持ちは今日この日まで続いている。


ゲイだとカミングアウトしたことは、俺がそれまでやったなかでいちばん善きことだった……しかし、だからといって2woが成功したわけではない。『ヴォイアーズ』は大失敗だった。テクノ・ファンにはそっぽを向かれ、プリーストとメタルのファンにとっては一歩先を行きすぎた。キャリアに関していえば、俺にとってもそのアルバムは踏み込みすぎだった。

アメリカのクラブやフェスティヴァルを回って、エレクトロニックの聴衆やダンス・ミュージックのファンの前で演奏したが、反応はさまざまだった。自分はこの分野では素人同然だと感じた。それにどっちにしろ、その頃には、自分が理解し、愛しているものの元へ戻りたいと切望していた。

メタルに復帰したかった。

2woはヨーロッパへも行った。悲惨だった。そこではレコードがほとんど売れず、さらに悪いことに、サッカーのワールドカップが開催中だった。

スイスのある劇場で開いたショーでは、12、枚しかチケットが売れず、サポート・アクトは……ワールドカップの試合を流すテレビだった。笑うしかなかった。そうしなければ泣いていただろう。

しっぽを巻いてすごすごとアメリカに帰国したが、間を置かずヨーロッパに戻り、大規模なヘヴィ・メタル・フェスティヴァルに出演することになっていた。ニューヨークのホテルでぼんやりしながら、空港へ発つのを待っている間、とても強い不安に駆られた。

もし2ｗｏとしてヨーロッパのメタル集会に行き、毛皮のコートを着てマニキュアを光らせ、メインストリームから外れた芸術気取りのダンス・ミュージックを演奏したら……俺はもう、そこに集うファンたちにとって、メタル・ゴッドのロブ・ハルフォードじゃなくなる。そうしたら俺のキャリアは完全に終わりだ。

そしてとっさに決断した。**俺は行かない。**

ジョン・バクスター、ジョン・ロワリー……ツアーの同行者全員がホテルで俺を取り囲み、考え直させようと必死で説得を試みた。「ロブ、大金をはたいてるんだぞ！　機材はもう搬送中だ！　空港へ行くんだ！」。

俺はまったく気にしなかった。いったん心を決めたら、俺は世界一頑固な男になる。

俺は。絶対に。行かない！

みんな俺の決意を翻そうとくどくど話し続けた。俺はついにかんしゃくを起こした。脇のテーブルに乗っていたテレビのリモコンを引っつかみ、壁に向かって投げつけた。強く。それはしっくいにのめり込み、ぶら下がった。床から3メートル上で。

これであんたら全員はっきりわかっただろ？

俺たちはヨーロッパのメタル・フェス行きの飛行機に乗らなかった。全員荷物をまとめて家に帰った。それが2ｗｏの最後だった。

２ｗｏから離れたとき、ミュージシャンとして直ちにどうすべきかわかっていた。ひとつ。メタルに戻らなければならない。ふたつ。何よりも、ジューダス・プリーストに戻らなければならない。

まだプリーストに直接話をする勇気はなかった。受話器を取り上げてグレン、ケン、イアンと気軽に話すなんて、とてもできない。彼らとはずっと疎遠になったままだ。何と言えばいいか、どう言えばいいか、わからなかった。それにちょっとした問題もあった。向こうにはすでにシンガーがいる！

だから、俺たち全員がいちばんよく理解している言葉で、彼らに話し掛けようと決めた。それは音楽だ。**ヘヴィ・メタルだ。**

プリーストは俺のソロ・キャリアを遠くからじっと見ているとわかっていた。ファイトと一緒にスラッシュ／スピード・メタルに転向したときも観察していた。２ｗｏのことは、いったいどう思っただろう！「アイ・アム・ア・ピッグ」のビデオを観ているケンの顔を想像しようとしたが、うまくいかなかった。

次のアルバムで、メタル・ゴッドとしてのアイデンティティーを再び確立し、プリーストにメッセージを伝えよう。

俺はここにいる。これをやっている。これこそかつて俺たちがやっていたことだ。また一緒にこれをやれないか？

俺はメタルに戻る。本当の自分でいられる場所と音楽に。それを世界に知ってほしかった。愛するヘヴィ・メタル全開のレコードを作りたかった。そして新しいバンドには自分の名前をつけるつもりだった。ハルフォード。

ジョン・バクスターの助けを借りてオーディションを開き、ＬＡシーンのミュージシャンから成るバンドを結成した。採用したギタリストはふたりで――**とてもジューダス・プリーストっぽい！**――マイク・クラシアクとパトリック・ラックマン。メンバー4人のうち、俺を含むこの3人がメインのソングライティング・チームになった。

4人目のメンバーはアルバムのプロデューサー、ロイ・Zだ。彼は90年代、ブルース・ディッキンソンのソロ・アルバムをプロデュースし、自らギターも弾いた実績があった。ブルースは1993年にアイアン・メイデンを脱退したが、当時は自分の名を世に知らしめたこのメガ・バンドに復帰する直前だった。認めよう、俺はその事実に勇気づけられた。**彼ができるなら、俺だってできるはずじゃないか？**

LAのサウンド・シティ・スタジオで制作に取り掛かったとき、アルバムに何を求めるか、ロイ・Zに正確に伝えた。ジューダス・プリーストのファンが知っていた俺を、象徴した作品にしなければならない。『ロッカ・ローラ』から『ペインキラー』までの俺のすべてを。俺がずっと体現してきたものを、さらに強化するものでなくてはならない。

おっと、それから、こだわりがもうひとつ。アルバムのタイトルは『レザレクション（Resurrection）』〔復活、特にキリストの復活の意〕にする。なぜならそういう作品になるからだ。

アイデンティティーの再構築には時間をかけ、慎重に進めるつもりだった。俺たちはセッションを急がなかった。何週間も、何ヵ月もかけて曲を書き、力強く、重厚で、動きのあるヘヴィ・メタル・アルバムを作り上げていった。どの音も正しくなくてはならなかった。どの言葉も正しくなくてはならなかった。それが俺の使命だった。

俺たちは毎日仕事をしたわけではないが、取り組むときはすさまじいほど集中した。ロイは並行してほかのプロジェクトも進めていたから、1週間、ときには1ヵ月オフになることもあった。俺は全然気にしなかった。すべてが自然に、わき出るように生まれてきた。

ロイを通じて、ブルース・ディッキンソンに共作とヴォーカルの提供を頼んだ。「ワン・ユー・ラヴ・トゥ・ヘイト（The One You Love to Hate）」だ。ブルースがタイトルを思いつき、ロイと俺と一緒にスタジオで曲を書いた。ブルースがスタジオに来たのは1日だけだが、クールな曲になった。

アルバム制作の合い間を縫って、トーマスと一緒にサンディエゴへ引っ越した。ふたりともしばらく前からその街をとても気に入って、フェニックスの灼熱地獄を逃れるために、車や飛行機でよく訪れるようになっていた。トーマスも俺も酒は断っていたが、ゲイ・バーやゲイ・クラブにはさんざん通った。**結局のところ、俺たちには遅れを取り戻さなきゃならないことがたくさんあったからな！**

１９９９年のある日、ひとりでサンディエゴの街を車で流していたとき、２本の道の合流点にある建築現場を通り過ぎた。10階建てのアパートメントが建設予定だったが、まだ工事がほとんど始まっていなかった。そこを目にした途端、立地条件がとても気に入った。

トーマスに電話をして言った。「ふたりでこれから住む場所を見つけた――まだ建ってないけどさ！」。建物が完成したとき、俺たちがそこのアパートメントの最初の賃貸人になった。俺たちはそれから20年間、そこと、フェニックスの家と、ウォルソールを行き来して過ごすことになる。

トーマスと一緒に、サンディエゴのバルボア・パークで開催されたサンディエゴ・プライド〔ＬＧＢＴの権利を訴える全米最大規模のプライド・パレード〕に参加した――**そういうことができるようになったんだ、ついにカミングアウトしたから！**　日差しを浴び、魅力的な男たちに流し目を送りながら、通りを練り歩くうちに、脇に設置された小さなテントの中に偶然目が行った。

年老いた男が、ひとりで座っていた。化粧をして、ベルベットのジャケットとフリル付きのスカーフを身に着け、数冊の本を置いた机のうしろにいた。彼に気を留める者はひとりもいなかった。

クウェンティン・クリスプだった。

何てこった！　クウェンティンを見た瞬間、俺の心は25年前に舞い戻った。目を丸くして『The Naked Civil Servant（裸の公僕）』をテレビで観ながら、ゲイの男性がこれほど勇敢に、堂々と、華やかに生きられるという概念そのものに驚がくしていた、あのときの自分。

俺は今クウェンティン・クリスプを見つめていた。変化した世界の中、大勢が集いにぎやかに喜びを分ち合う大規模なゲイの祭典の中心で、ひとり座っている。あの頃と同じ畏敬の念を抱いた。俺は彼のテントに入っていった。

「クウェンティン？」

彼はうなずいた。

「俺はロブだ」

「あら、こんにちは！」と彼はあの独特の歌うような声で言った。相変わらず鼻にかかったような声〔イギリスの上流階級に特徴的なアクセント〕だった。「ご機嫌いかが？」

「とてもいいよ！　びっくりした！　ここで会うなんて思ってもみなかった！」

「あら、わたくし、今ではすべてのゲイ・パレードに参加しているのよ」と彼は母音を引き延ばしたゆったりした口調で言った。「プライドをやるのが好きなの。主催者がお金をくれるし、ここまで連れてきてくれるから」

彼は90歳だった。伝説的なゲイ・アイコンに会えてとても光栄に思った。クウェンティン・クリスプは年が明けるのを待たずに亡くなったが、俺はその日、彼の本を買ってサインしてもらった。「ロブへ、クウェンティンより」。本は今も家宝にしている。

『レザレクション』のセッションは世紀をまたいで続いた。そんななか、21世紀に入って数週間後、絶対に外せない祝賀会が開かれた。トーマスと一緒にイギリスへ飛び、コーチ・ハウスに数日滞在した。おふくろとおやじの金婚式を祝うためだ。

ウォルソールF.C.のサドラーズ・クラブ専用大宴会場で、盛大なパーティーを開いた。ペリエのグラスを掲げて両親の結婚50周年を祝いながらも、その夜、俺の心にはひとつの気掛かりがあった。

ケンが出席すると知っていたのだ。

10年近く、ジューダス・プリーストの誰ともほとんど会わず、話もしていなかった。イアンとは時々会った。俺がスーの家を訪問中、彼が電話をかけてきて、息子のアレックスを迎えにいくよ、と言ったときだ。いつもクールなやり取りだった――だがイアンと俺の関係はずっとクールだった。ビーチデールとダーティー・ダックの時代から。

だが、例の小競り合いばかりするツイン・ギター・ヒーロー、ケンとグレンとは一切連絡を取っていなかった――ましてや、マネージャーのビルとジェインとも。絶対的な沈黙が、あまりにも長い間、俺たちを支配していた。だからケンと会うのは一大事になるだろう。

そのとおりでもあり……そうでもなかった。俺たちはバーで互いに目を留め、うなずいた。

「調子はどうだ、ロブ?」

「まあな。そっちはどうだ、ケン?」

それでおしまい。ブラック・カントリー育ちの無骨で表情を表さない男ふたりが、たまたま10年近くぶりに会って、隣り合って腰を下ろし、昔どおりの気軽な会話を交わす。昨日会ったばかりみたいだった。何も変わっていなかった。

核心に触れた話はしなかった。俺がプリーストに再加入するかなんて——**もちろん口にしなかった！**　俺たちはウォルソールの男だ。ウォルソールの男は、重大な問題に立ち向かうとき……そんな問題がないように振る舞う！　だが俺たちの会話は気楽で、リラックスして、親しみのこもったものだった。俺たちは友好的な雰囲気で別れた。

その夜、トーマスと一緒に、すぐ近くにあるおふくろとおやじのバンガローに立ち寄ったあと、満ち足りた気分でコーチ・ハウスのベッドに入った。**どうなるかわからないだろ？　結局のところ、戻る方法があるかもしれない！**

アメリカに戻り、『レザレクション』を完成させた。これこそ、俺が作りたかったアルバムだった。とても誇りに思った。『ペインキラー』がプリーストの究極のアルバムだとしたら、『レザレクション』は俺にとって同じくらい決定的な作品だった。

『レザレクション』のすべてが、我こそジューダス・プリーストだと金切り声で主張していた。それが目的だった。世間は今でもそのアルバムを、プリーストが決して作らなかったプリーストの最高傑作だと言う。俺はその評価を特に気に入っているわけではないが、言いたいことはわかる。俺は『レザレクション』でバンドに戻る橋を架けたのだ。

２ｗｏで冒険に乗り出していた頃の俺をさんざんけなした売文屋たちは、これぞ本人が望んでいたものへの回帰だと絶賛した。放蕩息子が帰還したかのように歓迎した〔新約聖書の寓話より〕。雑誌の大見出しは俺の目を楽しませてくれた。

メタル・ゴッド復活!

その頃アイアン・メイデンに復帰していたブルース・ディッキンソンから、『ブレイヴ・ニュー・ワールド』ツアーに誘われた。トーマスもスタッフとして同行し、俺のPAを務めた。以前のツアーにもボーイフレンドを連れていったことがあり、その時々でいろいろな結果に終わったが、トーマスは感情的になることもなく、落ち着いていた。おかげで俺のロード暮らしはずいぶん快適なものになった。

8月、ハルフォードはカナダでメイデンに合流した。それから5ヵ月間、北米とヨーロッパのアリーナや円形劇場を回った。4日目、再びマディソン・スクエア・ガーデンのステージを踏んだ。今回、座席は完全な状態に保たれた。

マディソンのファンには熱狂的に歓迎された。メイデンとプリーストのオーディエンスは昔からかぶっているし、ブルースと俺は同じ試練をたくさんくぐり抜けてきた。俺たちが大歓声で迎えられたことで、メタル・ファミリーへの帰還を歓迎されているような気がした。まるで……家に戻ったように感じた。

アイアン・メイデンのマネージャー、ロッド・スモールウッドが、このツアーで俺たちの面倒を見てくれた。ヨーロッパに着いたとき、彼はハルフォードのために巨大な2階建てバスをあつらえた。車体には『レザレクション』のロゴと「メタル・ゴッド復活!」という文字が描かれていた。イギリスではバーミンガムのNECをはじめ、国内の主要なアリーナで再びプレイした。ファイトのときと違い、セットリストにプリーストの曲を投げ込み、故国の1万の人々に向かって「ヘリオン(The Hellion)」や「ブレイキング・ザ・ロウ」を熱唱した。最高の気分だった。

イギリスにいる間、ハルフォードはいくつかのクラブでもショーをやった。クリスマスの3週間前にはロンドンのアストリアでプレイした。チケットの売れ行きがよくなかったので、狭い方の会場に変更させられた。がっかりした。

それでも魔法のように素晴らしい夜だった。ブルースがゲスト出演して、「ワン・ユー・ラヴ・トゥ・ヘイト」の自分のパートを歌い、クイーンズライクのジェフ・テイトも加わった。ふたりが出るとは知らなかったから、天にも昇る心地だった。

ブルース、ジェフ、俺がレコードを作って『ザ・スリー・トレマーズ』[*2]〔大地を揺るがす3人の意〕ツアーをする、という話が出た。次には、ブルースと俺がジェフではなくロニー・ジェイムス・ディオと組む、という案もあった。ロッド・スモールウッドが企画をまとめようとしたが、うまくいかなかった。残念だった。きっと楽しめただろうに。

メイデンとの共演は2001年に入り、南米のスタジアム・ツアーに突入した。ロック・イン・リオへの再出演も含まれていた。

プリーストとして出演したとき、最悪の交通渋滞に巻き込まれたことを思い出し、ロッド・スモールウッドにグチった。

「車が全然動かなくてさ！」と俺はうめいた。「ショーの場所にたどり着くまで、何時間もかかったんだ！」

「じゃあ、俺のヘリコプターを使えよ」とロッドは言った。

「いいのか？　あんたが困るだろ？」

「いや、俺は夜が明ける頃に行くから、道は空いてるだろう。よかったら使ってくれ」

やったね！　翌日、俺はヘリポートに連れていかれ、パイロットのうしろに押し込められた。「あとふた

＊2：奇妙な話だが今、現実にスリー・トレマーズというグループがある。メンバーのひとりはティム・〝リッパー〟・オーウェンズだ。笑える！

り待ってるんだ」と彼は言った。回転翼を回したまま待っていると、5分後にドアが開き、ひとりの男が乗り込んできた。ジミー・ペイジだった。

ワオ! オークランドでゼップをサポートしたことはあったが、ジミーに直接会うのは初めてだった。だが彼を目にしたとき、俺の心が舞い戻っていったのはオークランドじゃなかった——ビーチデールのベッドに寝そべり、「胸いっぱいの愛を」のステレオ効果に驚嘆していた自分だった。

「ヘイ、ロブ」と彼は言った。ガールフレンドが一緒に乗り込んできた。「同乗させてくれてありがとう!」

頭の中がぐちゃぐちゃにかき回された。言葉が出てこなかった。乗っていた時間は短かったし、ヘリの音がすごくうるさかったから、話すチャンスはほとんどなかった。着陸してから、握手をした。「また会おう!」と彼は言った。

ああ、ぜひ!と俺は思った。

メイデンとのツアーが終わってからは、ほとんど休みなしだった。プリーストは次のアルバム『デモリッション(Demolition)』を作った。売り上げは前作より悪かった。他人の失敗を喜ぶ気持ち《シャーデンフロイデ》は感じなかった。心からあのバンドを愛していたからだ。だがこうも思った。**これで彼らが俺の復帰を受け入れる可能性が高まるだろうか?**

そして、今度も、自分でそれを聞く勇気が出なかった。

ある意味、ハルフォードでメタルの権化としてのアイデンティティーを再構築できたと感じていた。だがプリーストから誘いの連絡がないまま、俺たちは『レザレクション』の次作の制作に向けて準備を始めた。

しかしその前に、かつての情熱のひとつに身を委ねた。

ウルヴァーハンプトン・グランドへと導いた演劇にかける愛を、俺は一度も忘れたことはなかったし、忘れたいとも思わなかった。そんなわけで、スウェーデン人の映画監督、ジョナス・アカーランドからカメオ出演を頼まれたとき、ふたつ返事で引き受けた。

ミッキー・ローク主演の『SPUN スパン』は、オレゴンを舞台にアンフェタミン〔覚せい剤の一種〕取り引きの悲喜こもごもを描くブラック・コメディーだ。ジョナスが俺に演じてほしいと言ったのは、ポルノ・ショップの店主だった。

ハハ！ まさに適役！

撮影期間は3週間。俺の出番は短い3シーンだけだが、撮影を心待ちにしていた。最初の撮影をする日、食当たりのせいで死にそうな気分で起きてからは、大惨事が待っていた。

そう、起きたと言ったが——前夜はほとんど寝ていなかった。ほとんどひと晩じゅう起きていて、体の上と下からほとばしるものに対処し、ひどい気分だった。トーマスに頼んでジョナスに電話をかけてもらい、撮影は無理だから俺の出るシーンは延期してくれと頼んだ。

ジョナスは俺と話したいと要求した。「ロブ！ 何があった？」

「死んでるよ」と俺は言った。「最悪の食中毒にかかった。1日か2日、延期できないか？」

「まさか！ できないよ！ 今サンタモニカのセットにいる。1時間後にはミッキーが来るんだ。来なくちゃだめだよ、でなきゃシーンはカットだ——すごく重要なシーンなのに！」

そうか、そこまで言うなら……。

ジョナスが手配したリムジンに乗ったが、15分おきに車を停めて、クソをしたりゲロを吐いたりしなきゃならなかった。セットにやっとたどり着き、トレーラーに倒れ込んで、同じことをさらに繰り返した。そうこうするうちに、誰かがドアをノックした。

ミッキー・ロークだった。[*3]ちっぽけな犬を小脇に抱えていた。

「よお、具合が悪いんだって？」と彼は言った。「一緒に来いよ——チキン・スープを作ってやる」

ミッキー・ロークのあとに従い、彼のトレーラーに入った。彼は極上のチキン・スープを作ってくれた。おかげでずいぶん具合がよくなった。ふたりでその家禽類のブロスを飲みながら愉快な時間を過ごした。

ジョナスは俺たちのシーンを撮影するために、地元のポルノ・ショップを1日借り切っていた。脚本によれば、俺がミッキーにポルノ雑誌を何冊か売り、彼が俺を壁に投げつけることになっていた。

「おもしろいよな、俺、昔ポルノ・ショップで働いてたんだ」とミッキーに話した。ウォルソールの小汚いポルノ雑誌屋で2週間、週末に代理を務めたことを思い出しながら。

「マジか？」と彼は言った。「ほんとに奇妙なのはさ、ジョナスが俺たちの撮影のために借りたポルノ・ショップな——俺はまさにその店で働いてたんだ！」

ワオ！ 人生はこんなクレイジーな偶然をカマしてくるんだな！ 俺たちのシーンを撮影しながら、ウォルソールで巨乳雑誌をせっせと茶色い紙袋に入れた週末の日々を思い出していた。ミッキーは台詞《せりふ》にアドリブをたくさん入れた——それにしても何て名優だ！ 素晴らしい経験だった。

ハルフォードのセカンド・アルバム『クルーシブル（Crucible）』の制作は、ファイトのときとまったく同じだった。誰もが『レザレクションII』を望んだが、俺はそうしたくなかった。収録曲の中にはいい作品もいくつかあるが、『レザレクション』ほどの強烈さはなく、売り上げも振るわなかった。

日本では成功して、トップ10に入った。２００３年の年明けにそこからツアーを開始し、半年かけて全米を回った。俺はメタル界に無事復帰した……だが本当にいたい場所にはまだ戻っていなかった。ハルフォードに不満はなかったが、魂に開いた穴を埋めてはくれなかった。

そこで、腰を据えて、ついにずっと前から書きたかった手紙を書いた。おそらく何年も前に書くべきだった手紙だ。そこにジューダス・プリーストへの思いを注ぎ込んだ。

彼らに真実を伝えた。**バンドを抜けたいと思ったことは一度もない。お互いの思いが行き違い、コントロールできなくなってしまった。ソロの仕事をしたくなったのは、たまったストレスを吐き出すためだ。この12年間、毎日恋しく思っている——人としてのみんなを、そしてジューダス・プリーストのメンバーでいたことを。俺たちは、別れたときより、バンドとしてもっとわかり合えるよな。**

要約すればこういうことだ。**俺は言葉じゃ説明できないほどプリーストに戻りたい。もう一度、やってみないか？**

その手紙をメールでマネージャーのビルとジェインに送り、バンドのみんなに見せてくれと頼んだ。何の連絡もないまま2週間ほどたった頃、電話があった。10年以上耳にしていない声が聞こえた。

ビル・カービシュリーの声だった。

「やあ、ロブ」と彼は言った。「俺たちは解決しなきゃならないことがあると思う」

＊3：ミッキーはその犬といつも一緒にいて、自分の撮影がないときは、肌身離さず抱えていた〔ミッキーは私生活もキャリアもどん底にあったとき、心の支えになってくれた犬たちを溺愛した。『レスラー』（米2009年、ゴールデングローブ主演男優賞を受賞）のキャンペーンでは、愛犬のチワワを世界各国に同伴し、レッドカーペットにも一緒に登場した〕。

20 女王様と私

完全復帰『エンジェル・オブ・レトリビューション』『ノストラダムス』

相変わらず、ビルは単刀直入に話した。手紙を読んだよ。バンドのみんなも読んで、十分納得がいったようだ。全員で集まって打ち合わせをしよう、急げばいつイギリスに来られる？

もし翼があったら、今すぐにでも！

数日後には飛行機に乗った。バンドの打ち合わせの前に、グレンに会わなければならないと思った。ケンとは両親のパーティーで言葉を交わしたし、家族の絆があるからイアンとも時々会っている。だがグレンとは12年間口を利いていなかった。

ジェイン・アンドリュースとまた会えてとても嬉しかった。彼女の運転で、グレンの家まで、というか、豪邸まで行った。ウスターシャー州の川沿いにある立派なカントリー・ハウスだ。グレンは建物の隣にレコーディング・スタジオまで設置していた。

彼がドアを開けて、それから……離れていた年月がすべて一瞬で消え去った。そこにいるのは、ともにステージに立ち、ともに世界を回り、20年間のいちばんいい時期をともに曲を書いて過ごした男だった。しがらみがするすると、ほどけていった。俺たちはニヤリと笑い、ハグを交わした。

ケンのときのように、グレンとは昨日会ったばかりみたいに感じた。一緒にお茶を飲んで、楽しく会話を交わした。2時間後、ジェインの車で帰途につきながら、俺はついに確信した。**これはきっとうまくいく。**

翌週、ビルのおぜん立てで、ロンドンのスイス・コテージ地区にあるホテル、ホリデイ・インでミーティングをした。不安のようなものは感じなかった。落ち着いていて……だがどういうわけか、スーツを着た。そのせいだろう、就職の面接みたいに感じた。「そんなの着なくてよかったのに、ロブ！」。俺を見たビルは大笑いして言った。

恨みつらみは一切ないようだった。誰も俺につらく当たらなかった。すぐ話し合いに取り掛かり、目先のビジネスに集中した。離れている間、俺たちはみんな落ちぶれてひどい有様だった。再結成すれば、ジューダス・プリーストをあるべきバンドに戻せる。ミーティングの雰囲気はこんな感じだった。**ありがたい、これがついに終わった！　さあ、ぐずぐずしてる暇はない！　仕事に戻るんだ！**

ビルがとても事務的な説明をした。俺たちが今置かれている状況を確認し、財務状況の見通しを示して、次に何をすべきかについて、自分の考えを説明した。彼は行動計画のあらましを述べた。さらに、とても興味深い情報をいくつか明かした。

シャロン・オズボーンが連絡してきて、間もなくアメリカで始まるオズフェストのツアーに、プリーストにスペシャル・ゲストとして出演してほしいと言っている……ただし、俺がバンドに復帰したらという条件で。これ以上ないほどタイムリーなオファーだった。俺たちが離れていた場所に、とてもいいやり方で戻れることになる。

打ち合わせを終えて帰るとき、俺はジューダス・プリーストに復帰していた……だがバンドに本当に戻ったんだと感じたのは1週間後だ。心機一転してオズフェスト・ツアーのリハーサルをするため、オールド・スミシーに入ることになった。ウスターシャー州にあるスタジオで、所有者はレコード・プロデューサーのマフ・ウィンウッドだ。

現場に着くと、懐かしいものがすべてそこに揃っていた。プリーストのギター、機材、ツアー・スタッフ。プラグを差し込み、10年以上のときを隔てて、最初に一緒に演奏したのは「リヴィング・アフター・ミッドナイト」だった。**ワオ!** 俺たちはひとつに溶け合い、混じり合った。いつもそうだったように。曲は驚異的に素晴らしく聴こえた。

ああ、やっと! いったい俺たち、どうしてこんなに時間がかかったんだ?

オズフェストは2004年7月、コネティカットからスタートした。同フェス始まって以来のヘヴィなラインナップだった。ブラック・サバスと俺たちに加え、スレイヤー、スリップノット、ラム・オブ・ゴッド、ディム・ボルギルが顔を揃えた。ほとんどすべてのバンドがバックステージに来て、プリーストの大ファンだと言ってくれた。とても元気をもらえた。

このツアーは俺たちの復活を告げる完璧な手段だった。アメリカのファンと再び心が通じ合ったし、少ない観客を前に何年も演奏したあと、ひと晩で3万の人々に向かってプレイし、再びスポットライトを浴びるのは快感だった。

俺にとってひとつ違ったのは、テレプロンプターを使い始めたことだ。素面《しらふ》になって18年たっていたが、だからと言って酒とドラッグにおぼれた過去の年月が、俺の灰色の脳細胞に何らかの損傷を与えていないという意味ではない。一部の歌詞を忘れるようになっていた。

ハルフォードでは、トーマスに頼んで歌詞をすべて印刷し、ラミネート加工したそれをリング式バインダーに入れて、ドラム・ライザーの上に置いた。理想的なシステムではないが、何もしないよりはましだ。

そうこうするうちにコーンを観にいき——素晴らしいバンドだ——ジョナサン・デイヴィスがショーの間に一度か二度、スクリーンをちらりと見たのに気づいた。そのあと、バックステージで彼と話しているとき、「テレプロンプターを使ってたか?」と尋ねた。

「ああ!」と彼は言った。「あれは素晴らしいね！ 覚えなきゃいけないコーンの曲が、とにかく多くてさ。いくつか言葉を忘れたときのための用心だよ!」。そんなわけで、俺も活用することにした。コーンの役に立つなら、俺の役にだって立つだろう。

ツアーが始まって6、7週間たった頃、俺たちはフィラデルフィアにいた——この街に戻るたびに、いつも心の痛みを感じるだろう——夜には川を渡ったニュージャージー州カムデンの円形劇場でショーをやることになっていた。ホテルの部屋にいると電話が鳴った。「もしもし?」

「ロビー? ハロー、ダーリン、シャロン・オズボーンよ!」

おおっと！ ミセス・Oが俺に電話をかけてきたのは初めてだ！ 深刻な事態に違いない。

「オジーの体調が悪くて、声がちゃんと出ないの。サバスのショーのひとつで、彼を助けてくれない?」

俺ははっきりとした既視感《デジャヴ》を感じていた。頭の中をさまざまな考えが駆け巡ったが、ある考えがすべてを抑え込んだ。**シャロン・オズボーンには「ノー」と言うなかれ。**

「何曲やればいい?」と聞いた。

「セット丸ごとよ」

マジか！「いつやってほしいんだ?」

「今夜」

今夜!? 腕時計に目をやった。針は6時を指している。プリーストのセットまであと2時間。サバスがステージに上がるのは9時だ。これじゃ準備する時間なんてない！　どうやったって無理だ……。

シャロン・オズボーンには「ノー」と言うなかれ。

「わかった、いいよ、じゃあ」と俺は口ごもりながら言った。

「ああ、ロビー、愛してるわ！」。シャロンは受話器の向こうで投げキッスを連発してから、今回のツアーで録ったサバスのショーのＶＨＳビデオを大至急ホテルに配達させると約束して、電話を切った。俺はひどく心配になってきた。

1時間後、配達人がテープを持って現れた。急いでツアー・バスに乗り込み、後部のラウンジにあるプレイヤーにテープを突っ込んで、会場へ向かう間ずっと、オジーの声に合わせて歌い続けた。プリーストのセットはうまくいった……ステージから下りていくと、シャロンが俺の襟首をつかんだ。

「サバスの出番の前に、ビル・ワードがちょっとしたメモを読むからね」と彼女は甘い口調で言った。

メモ？　何て書いてあるんだ？

20分後、俺は袖に立って再びステージに上がるのを待っていた。心臓がばくばくしていた。トニー・アイオミが隣に立った。俺たちは12年前のコスタ・メサとまったく同じ状況にいた。

「調子はどうだ、ロブ？」と彼は気軽な口調で尋ねた。まるでブル・リング〔バーミンガムにある大規模なショッピング・センター〕でばったり出会ったみたいに。

「いいよ、トーン」

ビル・ワードがマイクに向かって進み出た。客席から上がった「ビーーーール！」という大歓声は、サバスのドラマーが話し始めた途端にやんだ。「オジーからメモを預かっている」と彼は言い、読み始めた。

「ハイ、みんな、オジーだ！　今夜のショーができなくて本当に申し訳ない……」

ブーー！ 客席から騒音がわき上がり、どんどん大きくなってビルの声をかき消した。会場が静かになるまでビルは待ち、言葉を続けた。

「……だが良き友、ロブ・ハルフォードが、助けの手を差し伸べて今夜歌ってくれる。だから、ロブに大きな感謝を捧げてくれ。また会おう！」

ブーイングと歓声が入り交じった。俺はトニーを見て、お手上げだとばかり天を見上げた。**いったいどうなることやら！**

一部のファンはとてもがっかりした……最前列にいた男もそのひとりだ。「ウォー・ピッグス（War Pigs）」で幕を開けると、彼は曲の間じゅう、俺に向かってつばを吐き続けた。俺はオジーのテレプロンプターを使っていたが、曲が終わる頃には、ローディーが走っていってよだれを拭き取らなければならなかった。**まったく！**

そこからギグはうまくいき始めた（まあ、それ以上悪くなりようがない！）。観客は「何だクソ《ファック》、オジーなしかよ！」の段階を経て、「冗談じゃねえ、またジューダス・プリーストのあいつか！」の段階を過ぎ、やがて俺を支持するようになった。俺はステージを楽しんだし、うまくいったが、ただひとつ……「パラノイド（Paranoid）」で大失敗をやらかした。3小節早く入ってしまったんだ。**クソ、やっちまった！** もしサバスの曲でひとつだけしくじりたくない曲があるとしたら、それは「パラノイド」だ！ だが、それを除けば、セットはほぼ完璧だった。

ショーがはねて、トーマスとホテルで晩飯を食いながら、まるですべてが夢だったような気がした。

オズフェストのあと、すぐニュー・アルバムの制作に取り掛かった。グレンとケンは善意から、あるアイデアを提案した。「最近はほとんどの時間をサンディエゴで過ごしてるんだろ」とふたりは言った。「だから、最初のライティング・セッションは俺たちがそっちに行くよ」

これは……いつもと違った。プリーストは長年にわたり、スペインにあるグレンの家でキックオフのセッションを行ってきた。ケンはそのことでしょっちゅう腹を立てていた。理由はよくわからない。グレンの家には充実したスタジオ設備があるし、日差しがさんさんと降り注ぐ――**いったい何が気に入らないんだ?**

原因はすべて、ケンとグレンのいさかいにあった。プリーストの再結成についてマネージャーのビルに話し始めたとき、俺はつい期待を抱いた――我らがギター・ヒーローたちの仲が改善されているのではないか。だが、違った。ふたりはまったく変わっていなかった――むしろ、関係が悪化していた。

カリフォルニアで仕事を始めようという提案はありがたかったが、おかげで俺はてんてこ舞いになった。トーマスと住んでいたのは素敵なアパートメントだが、録音機材となると大して揃えていない。あちこち走り回って、何とか急ごしらえのミニ・スタジオを作り上げた。

一緒にアルバムを作るは14年ぶりだったが、まだ言いたいことがある、成し遂げるべきことがたくさんある、と誰もが感じていた。それは素晴らしいことだった。**炎はまだ燃えていた。**俺たちはすぐクリエイティヴなグルーヴを取り戻した。ライティング・セッションは最初から実りの多いものだった。

アルバムの録音は、再びウスターシャー州にあるオールド・スミシー・レコーディング・スタジオで行った。誰にプロデュースしてほしいか、俺には正確にわかっていた。幸い、バンドは俺の提案を文句ひとつ言わずに受け入れた。

プリーストは明らかに、俺が望んだとおり、ハルフォードの『レザレクション』に注意を払い、ロイ・Z

の見事な仕事ぶりに気づいていたらしい。プリーストと仕事をするのは、ロイにとって長年の夢だった。ロイは俺たちのすべてのアルバムを知り尽くしていた。

バンドが元通りになった今、俺はジューダス・プリーストの歴史をたどる曲を書きたかった。そして、俺たちが悪魔を崇拝する異教徒だといまだに信じているアメリカの狂信者たちに、答えを突きつけたかった。だからバンド結成の物語を「ディール・ウィズ・ザ・デヴィル（Deal with the Devil）」で語った。

Forged in the Black Country, under blood-red skies
We all had our dream to realise;
Driving in that Transit, down to Holy Joe's

ブラック・カントリーで鍛えられた絆
血のように赤い空の下
俺たちにはかなえるべき夢があった
あのトランジットを運転して、ホリー・ジョーズまで

俺たちはアルバムを『エンジェル・オブ・レトリビューション（Angel of Retribution）』と名づけた。メタル音楽の天使というアイデアが気に入ったし（ジャケットにも使った）、〝レトリビューション〔報復、天罰の意〕〟という言葉もいいと思った。俺にとっては「プリーストが戻ってきた――覚悟しろ！」と言っているようなものだった。ケンはそのタイトルを気に入らなかったが、俺は絶対に譲らなかった。

『レトリビューション』ツアーの企画は翌年丸々1年間。俺たちはロンドン近くのブレイ・スタジオに移動

し、リハーサルを行った。そこにいる間、『テレタビーズ』〔BBCが1997年から放映している幼児向け知育番組〕の衣装をたまたま目にして、深い感銘を受けた。俺は昔からティンキー ウィンキー〔4人のキャラクターのうち、いちばん背が高く体は紫色で、赤いハンドバッグを手にしている。のちに、そのキャラ造形が〝同性愛を助長している〟と非難する声が上がったが、かえってアメリカのゲイが注目し、ティンキー ウィンキー・グッズの売り上げが伸びた〕のちょっとしたファンなんだ。

やがて恐ろしい知らせを耳にした。パンテラは最近解散して、ダイムバッグ・ダレルは新しいバンド、ダメージプランを結成していた。彼らはメタル界のちょっとしたスーパーグループだった。シンガーのパトリック・ラックマンは、ハルフォードの元ギタリストだ。

ダメージプランはオハイオ州コロンバスのクラブでショーを始めたばかりだった。そのとき、錯乱したファンがステージに駆け上がり、ダイムバッグを射殺した。犯人はバンドのガードマン、クラブの従業員、ひとりのファンの命を奪ったあと、警官に殺された。

俺はダイムバッグとパトリックとは連絡を取り続けていた。そのニュースを聞いたときは、胸がかきむしられる思いだった。**自分の友人が、それもあれほど才能に恵まれた友人が、クソッタレなサイコパスに殺された！** それが起こったとき、ステージにいた彼らが何を感じたか、想像しようとした。でも無理だった。**こんな悲劇があっていいのか。こんな世界があっていいのか。**

ダメージプランの殺戮事件のあと、少しばかり被害妄想を抱いたアーティストは、俺だけじゃなかったと思う。『レトリビューション』ツアーの最初の数回のギグでは、ステージで神経過敏になり、じっと立っていると恐怖に近いものを感じた。だがその感じもやがて消えていった。恐怖を抱いたまま生きていくことはできない。

ショーは続けなければならない。

ツアーは翌年1年間続く予定だった。プリーストを求める声がまだあるかどうか、俺たちがわずかでも疑いを抱いていたとしても、それはすぐ消え去った。ツアーは北欧からスタート。『エンジェル・オブ・レトリビューション』は瞬く間にビルボード200の13位まで駆け上がった――俺たちにとっては過去最高の順位だ。素晴らしい成績だった。俺たちのやる気にもさらに火がついた。**プリースト復活！**

バンドに復帰して以来、ジューダス・プリーストの輝かしい復活ほど重要な出来事は、人生においてそれほど多く思い出せない。だが女王陛下に拝謁したことは、俺にとってそれと同じくらい大きな意味がある。

1957年にウォルソールの樹木園で、女王から特別に手を振っていただいて以来、俺は筋金入りの王党派だ。どうしてなのか見当もつかないが、そうなのだ。だから2005年初頭、マネージャーのジェイン・アンドリュースに電話でビッグ・ニュースを告げられたときには信じられなかった。

女王が近々、イギリスの音楽業界人に敬意を表して祝賀会を開き、英国の文化と経済への貢献を称える。そしてぜひご臨席を賜りたいと希望された……ジューダス・プリーストのひとりに。

ほかのメンバーはチャンスのかけらも与えられなかった。**バッキンガム宮殿へ行く？　それマジで言ってんのか？　ハイ、ハイ、ハイ！**　というわけで、ジェインが俺の代わりに招待を受け、俺はその日を指折り数えて待ちながら、お辞儀とカーテシー〔高位の人物に対し、女性がお辞儀をせず片足を引いて、ひざを曲げるヨーロッパ式あいさつ〕の練習に励んだ。

祝賀会の日、プリーストはイギリスのはるか北、フィンランドの北極圏の最果てにいる予定だったが、そんなことで俺を止められるはずもない。ツアーで1日オフが取れたので、ジム・シルヴィアが手配して、俺は氷に閉ざされた北極からヒースロー空港行きの飛行機に乗った。

タクシーに乗ってバッキンガム宮殿の門をくぐり、敷地内を進みながら、自分がそこにいることが信じられなかった。**ワオ！** 中に入って、華麗な装飾が施された巨大な階段を上がり、てっぺんで歓迎を受けた。「ようこそお越しくださいました、ミスター・ハルフォード！」。そして名前の書かれたバッジを渡された。これで女王陛下は俺が誰かわかるわけだ。

豪華なパーティー・ルームに足を踏み入れると、知っている顔がいくつかあった。ロジャー・ダルトリーにあいさつして、ブライアン・メイと少々おしゃべりした。ステイタス・クォーのひとりもそこにいた。だが、そのあとは、気づいたらひとりでぼんやりと椅子に座っていた。

王室からの招待状は、厳密に1名あて――おまけにもうひとり同行、というわけにはいかない――だから俺はひとりぼっちだった。辺りを見回すと、部屋を埋め尽くすのはジャズ・ミュージシャン、クラシックの音楽家、興行主、そして……シラ・ブラック!?

シラは俺と同じくらい場違いで孤独に見えた。**シラ・ブラック！ 伝説の歌姫だ！** 俺はグラスに入れた水を飲み、シラはシャンパンをすすっていた。俺はこう思った。**あの女性をひとりにしておくべきだ。ほっといてやろう！**

次に、別の考えが浮かんだ。**クソ、何だってんだ。俺は生まれたときからシラ・ブラックのファンなんだ！ 今近づいて「ハロー」って言わなかったら、一生後悔するぞ！** 俺は彼女に向かって歩いていった。

「お邪魔して申し訳ありませんが……」と話し掛けた。

「あらいいのよ、あんた《チャック》〔北部イングランドで使われる親しみをこめた呼び掛け。リヴァプール出身のシラが80年代から司会役を務めたITVのお見合い番組、『Blind Date（ブラインド・デート）』の決め台詞《ぜりふ》〕」とシラは俺をじろじろ眺め回しながら言った。

「お会いできて感激ですって言いたくて。あなたの音楽が大好きなんです」

「あら、ありがと！」と彼女は言った。

「誰かとご一緒ですか？」と聞いたが、明らかに彼女はひとりだった。

「いいえ」とシラは答えた。「誰も連れてきちゃいけないって言われたの。あなたこそ、奥さんかガールフレンドを連れてきたかったんじゃない？」

「俺には妻もガールフレンドもいません、シラ」と返事をした。「ゲイなんで……」

シラ・ブラックは明らかに典型的なファグ・ハグ〔ゲイの男性と親しくしたがる女性〕だった。俺がその言葉を口にした瞬間、彼女は立ち上がって俺の腕をつかんだ。それから2時間、俺たちは腕を組んで部屋の中を歩き回り、お互いについて知るべきことをすべて知った。俺たちはいっときも離れなかった！

ふたりで最高に楽しい時間を過ごしていると、突然、女王が部屋の向こう側に姿を現した。小柄で、身長は150センチそこそこだったが、何とも言えない存在感があった。正確な言葉では、どう表現すればいい？彼女はとにかく……**王家のオーラを発していた。**

俺はちょっとした歴史マニアなので、女王を目にして、侍従に部屋を案内されながら、テューダー朝〔15世紀末～16世紀。ヘンリー7世が開き、エリザベス1世まで続く〕から始まり現代に至るまで、王家の一族全員の顔が次々と頭に浮かんだ。シラは女王に拝謁したことが何度かあったが、俺は大いに圧倒された。

そんなわけで、俺はシラと並んで立ち、水を飲みながら、我らが君主を何とか近くでこっそり盗み見ようとしていた。そこへ侍従が滑るような足取りで近づいてきた。「女王陛下に拝謁なさいますか？」と彼はささやいた。

「ああ、ぜひお願いしたい！」と俺は勢い込んで口走った。シラが、いいえ結構です、以前にもお目にかかりましたから、と言う暇もなかった。「ほんとにありがとう！」

1分後、目の前に女王が立っていた。祝賀会は彼女が手袋を着用しない数少ない行事のひとつだ。ところが今、女王はグラスを手にしていた。明らかに、握手を求められるのを止めるためだ。

いいさ、そんなことで俺は止められない。本能的に、何も考えず、彼女に向かって片手を突き出した。シラがひじで俺のわき腹をこづいた。「だめ！」と言ってるみたいに〔女王にあいさつするとき、こちらから握手を求めてはいけないというしきたりがある〕。

女王は俺をじっと見つめ、指先で俺の手をさっとなでた。俺は正式なお辞儀はしなかったが、心からの敬意を込めて会釈した。

「お越しいただき、大変嬉しいですわ」と女王は言った。「音楽のイベントなのに、音楽の演奏がないなんて、おかしくありません？」

「はい、音楽があればよろしいですね！」と俺は言った。ヤムヤムなまりが強くならないように気をつけながら。

「BGMとして弦楽四重奏団に演奏させるべきでしたわ」と女王陛下は考え込みながら言った。「ところで、あなたはどんなお仕事をなさっているの？」

俺に答えるすきを与えず、シラが口を挟んだ。「ジューダス・プリーストというバンドにいるんです！フィンランドからはるばるここまで来たんですよ！」

「あら」と女王は言った。「どんな種類の音楽を演奏していらっしゃるの？」

「ヘヴィ・メタルです、陛下」と俺は言った。

女王はかすかに顔をしかめて俺を見つめた。「まあそう、ヘヴィ・メタルをね」と彼女は言った。「どうしてあんなに大きな音でないといけないのかしら？」

ワオ！　女王がたった今「ヘヴィ・メタル」って言葉を口にしたぞ！　おそらく人生で初めて！　でも**……その質問には何て答えればいい？**

「頭を振れるようにするためです、陛下！」と俺は説明した。シラがまた俺のわき腹をつついた。

女王はほほえんだ。威厳たっぷりに。「お会いできて何よりでした」と彼女はきっぱりした口調で言った。背を向けて立ち去ろうとする女王に向かい、俺はまた本能的に片手を突き出した。そしてまたもやシラから、わき腹に強烈な一撃を食らった。

「女王とは握手しないものよ！」と彼女は俺を叱った。我らが君主が、ゆっくりと歩き去るのを見送りながら。

「誰も教えてくれなかったぞ！」と俺は言った。「礼儀作法についちゃ何にも知らねえんだ！」

「まったく、これじゃあ、あなたを連れてどこにも行けないわねえ！」とシラ・ブラックは言ってため息をついた。

北極圏へ戻る飛行機の中で、俺はそのときのシーンと、女王との出会いを、何度となく思い返した。**あれは本当にたった今起きたことなのか？**　あの日のことは一生忘れない。**女王陛下に会った日。**ウォルソール樹木園での出会いより、はるかによかった。

『**レトリビューション**』ツアーでは、ヨーロッパ各国、日本、北米の円形劇場やパヴィリオンやアリーナを回った。ハルフォードのツアーのときのように、トーマスも同行した。バンドは、彼がいれば俺が幸せなのを見て取った。そしてすぐ、みんながトーマスを心から愛するようになった。

ツアーはアメリカの部をフェニックスで終えた。トーマスと一緒にそこで6週間の休暇を過ごした。その間に俺は54歳（**ゴクリ！**）の誕生日を迎えた。その年、トーマスからのプレゼントは絶対に指輪がいいと思っていた。

真のメタラーらしく、俺の指はいつも髑髏《スカル》やドラゴンで飾られている。だからトーマスは、同じような物をもうひとつ俺に贈りたくなかった。その代わり、買ってくれたのは……結婚指輪だった。彼は我が家のキッチンでそれを指にはめてくれた。以来、その指輪は一度も外したことがない。

『レトリビューション』ツアーは南米で再開した。目からうろこが落ちるような経験だった。俺が以前にその地域でプレイしたのは、2回のロック・イン・リオだけだ。バンドのほかのメンバーは、ティム・オーウエンズと一緒に南米を回ったことがあったから、何が待っているか、俺よりよく知っていた。

この仕事をしていると、いっぱしの人類学者になれる。世界中の人々の違いを観察することになるからだ。同じ音楽への情熱で結ばれているかもしれないが、イギリス、ドイツ、ブラジルのメタラーがジューダス・プリーストに会ったときの反応は、国によってまったく異なる。

南米のファンは驚異的だ。自分を抑え込むということを知らない。パワフルで、感情的で、こちらを見た瞬間にぐいぐい迫ってくる。そういうふうに一生を生きていくのだ。俺の故郷、ウエスト・ミッドランズの控えめで禁欲的なお国柄とは、まさに正反対……だが俺はその違いを愛している。

そこから、成功に彩られたカムバック・ツアーはアメリカに戻り、その年の冬に東ヨーロッパでフィナーレを迎えた。ロシアでは素晴らしいギグを2回やった。それからビル・カービシュリーが飛行機でやって来て、エストニアの首都タリンで合流した。

「あんたたちのためにアイデアがあるんだ」と彼は宣言した。「話し合おう。昼食の席で」

ビルは昔から素晴らしいアイデアマンだ。だから俺たちはわくわくしながら、彼の思いつきを聞くのを楽しみにしていた。ニシンとライ麦パン〔ニシンの酢漬けのサンドイッチ。エストニアの伝統的な家庭料理〕を食べながら、彼は大胆な計画のあらましを説明した。

「あんたたちが次は音楽的に何を目指したくなるか、ずっと考えていたんだ」と彼は話を始めた。「それで、そろそろコンセプト・アルバムを作る時期なんじゃないかと思った」

おっと！　こいつはおもしろい！　ビルはこの分野では確かに実績があった。ザ・フーのマネージャーを長年務め、『トミー（Tommy）』と『四重人格（Quadrophenia）』のプロジェクトの立案に貢献したのだ。**もっと詳しく話してくれ！**

「案はふたつある」とビルは続けた。「ひとつ目はラスプーチン〔20世紀初頭、ロシア帝政末期の宮廷を操った怪僧〕で……」

確かに興味深いアイデアだったが、オジーがすでにそれに似た何かを計画中だという噂を耳にしていた（ただし実現しなかった）。だから、その案はボツになった。

「……もうひとつはノストラダムスだ」

ノストラダムス！　その名前がビルの唇からこぼれ落ちた瞬間、素晴らしいアイデアだと思った。何て壮麗で、奥が深いテーマなんだ。作詞家として、相手にとって不足はない！　テーブルの周りを見回すと、賛成してうなずく顔がたくさん見えた。

「その話に乗った！」と俺はビルにきっぱり宣言した。

『レトリビューション』ツアーが終わるとすぐ家に戻り、16世紀のフランスで活躍したこの伝説的な占い師・

予言者についての調査に没頭した。本やネットの情報を読みあさり、彼の波乱に満ちた生涯と、歴史、社会、この世の終わりについて下した予言を知った。

続く数週間で、ノストラダムスの驚くべき人生の物語と予言を歌詞に組み込んだ。そして俺たちはそれを1枚のアルバムに仕立てるために、スタジオを押さえた。『エンジェル・オブ・レトリビューション』と同じく、ウスターシャー州のオールド・スミシーで制作することにした。

これにはちゃんとした理由があった。プリーストに初期からいるメンバーは、みんな50代半ばを迎えていた。ほとんどが家庭を持ち、何人かには子どももいた。イビサやナッソーで何週間も乱痴気騒ぎをやらかして、酒とセックスとドラッグを楽しみたいとは、誰も思わなかった。そういう時代は過ぎたのだ。

みんなそれまでどおり、真剣に音楽に取り組んだが、今では、音楽作りを任務のようにとらえていた。プロの仕事だ。俺たちは規律正しく、効率的だった。起床して、毎日同じ時間に仕事を始め、その日のノルマをこなした。G&Rトーマス製鉄所の人々と同じように。

『ノストラダムス（Nostradamus）』はセルフ・プロデュースすることにした。どういうサウンドにしたいか、はっきりしたヴィジョンがあったし、何枚かのアルバムで共同プロデューサーとしての経験も積み、今では自分たちでそれをやれるという自信があった。

俺が心の中で思い描く『ノストラダムス』は、ただのアルバムじゃなかった――ヘヴィ・メタル・オペラにするのだ。毎日ランチタイムに車を運転してウォルソールからスタジオへ向かう間、『オペラ座の怪人』を流し、映画のサントラを山ほど聴いた。たとえばジョン・ウィリアムズの傑作『スター・ウォーズ』『スーパーマン』『レイダース／失われたアーク《聖櫃》』『E.T.』。

ウィリアムズの弦楽オーケストラ編曲とドラマチックなシンセサイザーがとても気に入った。そして『ノストラダムス』の物語を語るには、メタルのギターだけでは不足だとわかっていた。オジーのバンドにいたこともあるディープ・パープルのドン・エイリーを誘い、キーボードを弾いてもらうことにした……そして懐かしの『ターボ』期に使ったギター・シンセを倉庫から引っ張り出した。

以前シンセに手を出したとき、一部のファンがそれを気に入らなかったことは知っていた。だがこれはまったく違うプロジェクトであり、シンセが必要だった。インターネットの掲示板に、『ノストラダムス』なんてとんでもないというファンの書き込みをいくつか見つけた。**いったい全体、あいつら今度は何をやってるんだ？**

だが俺たちは気にしなかった。使命感に燃えていた。

「四騎士（ザ・フォー・ホースメン）（The Four Horsemen）」「ペストと疫病（ペスティレンス・アンド・プレイグ）（Pestilence and Plague）」「死（デス）（Death）」といった曲に熱心に取り組むうちに、『ノストラダムス』はスタジオでどんどん形になっていった。制作を心から楽しんだ。結局2枚組アルバムになった。俺は今も、ひとつひとつの言葉、ひとつひとつの音を誇りに思っている。

俺は決してバカじゃない。『ノストラダムス』がプリーストの全作品のなかで最も評価が分かれるアルバムであることはわかっている。だが、これまでに書いたなかで、いちばん練り上げられた、優れた歌詞が含まれていると思う。それにメタル史に残る組曲の金字塔のひとつだと信じている。**ま、そういうわけだ！**

俺はあのアルバムを１００パーセント支持する。

リリースすると、実にさまざまな反応があった。一部のジャーナリストは、プリーストの最高傑作と評した。俺たちを——またもや！——スパイナル・タップと比較する者もいた。これは俺たちの「Jazz Odyssey」〔映画『スパイナル・タップ』で、ギタリストのひとりを失ったバンドが、新たな方向性を求めて演奏するジャズ・インプロヴィゼーション〕

だ。

か？　いや——装飾や華麗さをはぎ取れば、『ノストラダムス』は力強く、とても強烈なメタル・アルバムだ。

この作品で、俺たちのファンがふたつに分かれるかもしれなかった。だがそれを気に入った人たちは、アルバムを心から愛してくれた。アメリカでは『エンジェル・オブ・レトリビューション』より高い順位を記録した。そして俺は今も思っている——ノストラダムスめいた予言を読者に送ろう！——お楽しみはこれからだ。

ザ・フーの『トミー』がブロードウェイのミュージカルになるまで20年かかった。いつの日か、『ノストラダムス』をステージ・ショーに仕立ててツアーをやりたい。クラシック音楽の交響楽みたいになるか、ベガスのシルク・ドゥ・ソレイユのようなパフォーマンスにするか。切り口は山ほどある。可能性は無限だ。

『ノストラダムス』ツアーに臨み、俺たちは徹底的な演劇仕立ての演出を考えていた。だが結局、いつもどおりのプリーストのセットに落ち着いた。実際、ニュー・アルバムから選んだのは2曲だけだ。俺たちは怖気づいたんだと思う。

そこから、とても長いツアーが始まった。ヨーロッパでは数多くのフェスティヴァルでプレイし、続いてアメリカへ渡り飛行機の格納庫を回った。そのまま『メタル・マスターズ』ツアーに突入した。共演はヘヴン・アンド・ヘル、モーターヘッド、テスタメントだ。

続けて『ノストラダムス』ツアーを再開し、オーストラリア、韓国、日本、メキシコに遠征した。そして——覚悟はいいか！——再び南米を襲うときが来た。

期待は裏切られなかった。コロンビアの首都ボゴタでは、ギャングの抗争と麻薬戦争がらみで殺人事件が立て続けに起こり、街が実質的に封鎖されていた。俺たちが泊まったホテルは厳重に警備され、自動火器をフル装備した警備員たちが24時間体制で敷地をパトロールしていた。

収容人数1万2000人のアリーナでプレイすることになっていた。車の運転手が完全に道に迷い、近くの公園へ俺たちを連れていった。そこでは何千人ものプリースト・ファンがギグを待って集結していた。**パニック！**　ジム・シルヴィアが運転手をどなりつけていたが、その男は英語がまったく話せなかった。

「何が起こってるんだ、ジム？」と俺は焦ってどもりながら尋ねた。

「わからん！」と我らがマネージャーはニューヨークなまり丸出しで吠えた。「こいつにUターンしろって言おうとしてるんだ！　誰かコロンビアの言葉を話せるやつはいないか！」

ファンの一群が俺たちを見て、バンに襲い掛かり、両側から車を揺すって叫び始めた。「プリースト！プリースト！　プリースト！」。恐怖でどうにかなりそうだった。運転手がやっと自分の間違いに気づき、車を猛スピードでバックさせて公園を出た。俺たちは何とか無事に会場にたどり着いた……。

だがそこも安全とは程遠かった。ステージに上がると、キッズの熱狂ぶりは半端じゃなく、観客は荒れ狂い、完全な無秩序状態になった。ほんのささいなきっかけで、彼らは一線を超えるだろう。頭からダイムバッグのことが離れなかった。

コロンビアの麻薬取り引きと戦っているアメリカ麻薬取締局の潜入捜査官が、ショーに先立ち、暴動になるかもしれないとジム・シルヴィアに警告していた。それに従ってジムは対策を練った。ショーが終わり、ステージから駆け下りると、ジムは俺たちを真っすぐ連れていった……戦車の中へ。

完全装備の軍用車だった。俺たちは全員、金属製の低いベンチに座って体を丸めた。逃走用戦車はごろごろと車輪を回しながらゆっくり会場を離れていった。外では狂乱状態のファンたちが車両からぶら下がり、車体をばんばん叩いていた。戦車は俺たちを、マシンガンを持った警備員たちに守られている要塞ホテルに送り届けた。

ま、こんなのは、よくあることさ……。

ツアーは延々と続いた。クリスマスが来て新年になり、２００９年初めにはイギリスとヨーロッパを回った。俺たちはそのツアーを『プリースト・フィースト』〔司祭の饗宴／祝祭日の意。スペインや南米など、一部の国のカトリック教会は〝Feast of Christ the Priest（司祭キリストの祝祭日）〟を定めている〕と名づけた。奇妙な名前だが、あの時代ではそれがふさわしかったと思う。

３月末から３ヵ月のオフに入った。ほかのメンバーは待望の休暇を取り英気を養うため、家に戻った。俺はそうしなかった。ときは春、クロッカスが土から頭をのぞかせる頃、俺が作ったのは……クリスマス・アルバムだった。

ジョン・バクスターが当時も俺のソロ・マネージャーを務めていた。プリーストと俺を引き離すようなことは二度としないと自分でわかっていたが、時々サイド・プロジェクトをやりたいという気持ちは抑え切れなかった。ハルフォードを再結成して、『ウィンター・ソングス（Halford 3: Winter Songs）』をレコーディングした。

このアルバムを疑問視する声もあった。賛美歌やクリスマス・キャロルは、ヘヴィ・メタル・マニアがいかにもカヴァーしそうな素材というわけではない。俺が「我らは来たりぬ（We Three Kings）」や「神の御子は今宵しも（Oh Come, All Ye Faithful）」をさえずるのを聴きたいなんて、誰も思っていなかっただろう。だが、俺にとっては、そこが重要だった。

子どもの頃からずっと、俺はクリスマスを愛している。懐かしい特別な思い出がたくさんある。たとえば、ビーチデールの家の玄関に聖歌隊が来たこと（もちろん、箱入りのお菓子の詰め合わせも！）。それに、そのレコードを作れと、スピリチュアル・エンジェルに促されたんだ。

俺はクリスチャンかって？　俺の考えでは、キリスト教はステージ衣装のように俺になじんで、巌《いわお》のように固い信念を与えてくれるんだと思う。キリスト教について、好きなことはたくさんある。偏見に満ちたやつらがプリーストは悪魔崇拝のバンドだと主張すると、俺はたいてい彼らをおちょくってこう言う。「そんな、まさか！　俺はゲイでヘヴィ・メタルのクリスチャンだぜ！」

長年の経験から学んだことが、もうひとつある。特にアメリカでは、信仰に基づいた生活を送りながら、俺たちの音楽の大ファンだというメタラーもいる。だから『ウィンター・ソングス』のようなレコードが、そういう人たちの助けになったら、もっといいことだと思った。

自分でクリスマス・ソングを2曲書いたほかは、ロックやメタルのバンドが一度もカヴァーしたことのない曲を探した。プロデューサーのロイ・Zには、ニュアンスに富んだ繊細なアルバムにしたい、単なる騒々しいパンク風のスラッシュにはしたくない、と話した。それはうまくいったと思う。

アルバムはメタル・ゴッド・レコードというレーベルから出した。ジョン・バクスターと共同設立した会社だ。実質的にセルフ・リリースしたことになる。だから売り上げはごくささやかなものだったが、金を稼ぐために作ったわけじゃない。自分がやりたかったら作ったんだ。

同じ頃、〝メタル・ゴッド〟という語句を商標登録した。『ブリティッシュ・スティール』収録の「メタル・ゴッズ」を録音して以来、自分がそう呼ばれていることに気づいた。それにだんだん慣れ、その言葉を自分の所有物みたいに思うようになった。

もちろん、完全な冗談だ。ブラック・カントリー生まれの人間なら、まじめな顔で我こそはメタル・ゴッドなりと言うやつなんて、誰ひとりいない！　だが俺はどこかの会社がヘヴィ・メタルじゃないグッズや製品を作り、それを〝メタル・ゴッド〟なんて呼ぶのは、絶対に嫌だった。

言葉を商標登録すれば、それが防げる。だから、ついに公式になった！　俺が唯一のメタル・ゴッドだ！　頭《こうべ》を垂れて我を崇めよ！（**もしそうしたかったら、の話だ。俺としてはどっちでも大して気にしない**）。

２００９年夏にはロードに戻り、『ブリティッシュ・スティール』リリース30周年を記念して、アメリカでアルバムの再現ツアーをやった。プリーストにとって大きな転機となったアルバムだから、それを祝うという理屈はわかった……だがタイミングがあまりにも悪かった。ツアーが長すぎたのだ。

この2ヵ月のアメリカ回りを始めた頃、俺たちはもう1年以上ロードに出ていた。心身ともに疲れ果て、どうしても休みが必要だった。俺はツアーを愛しているが、旅は心も体もすり減らす。

60歳の誕生日まで、あと2年しかなかった。トーマスとふたりきりのときは、そろそろ引退する時期だな、とお決まりのジョークを飛ばしていた。ある日、俺たちはそのジョークをスコットにも披露した。

トーマスと一緒に空港のキオスクで食事をしていると、我らが若きドラマーがぶらぶらとやって来て、席に加わった。「なあ、これが俺にとって最後のツアーだ、スコット！」と腰を下ろす彼に向かって言った。

スコットの目玉が飛び出しそうになった。「**何だって？**」

「そうさ！　もうすっかり飽き飽きしたんだ！」と俺はまじめくさった顔で言った。

スコットは店を出ていき、おろおろしながらケンとグレンに俺の発言を伝えた。しばらくあと、グレンがちょっと話があると言って俺の襟首をひっつかみ、脇へ連れていった。「本気で引退を考えてるのか、ロブ？」

「そういうわけじゃない」と俺は話した。「でも、こういうことを、あとどれだけ続けられるか、わからないんだ」

嘘から出た誠ってやつだ！　トーマスと俺だけに通じる罪のない内輪のジョークだったのに、引退するという概念が間もなくツアーを支配するようになった。広大なアメリカを強行軍で回るうちに、会話にしょっちゅうその話題が出てくるようになった。

俺たちの何人かは悪戦苦闘していた。グレンはこのツアーの過酷さに耐え切れないようだった。見るからに疲れ果て、いつもは完全無欠なギター・パフォーマンスにも、わずかな影響が出ていた。ギグでプレイするのがいつもより大変そうだった。

グレンが時々ミスを犯すと、予想どおりケンが激怒して、ステージで酒を飲みすぎるせいじゃないかと推測し始めた。**そんなにシンプルな話だったら、どんなによかったか。**ツアーを続けるうちに、俺たちはグレンがはるかに重大な問題を抱えていることを知る。

ツアー終盤、フロリダ公演の前に腹を割った話し合いが行われ、すべての問題が表面化した。バンドの未来はどうなる?　**そもそも未来なんてあるのか?**

その会話で結論は出なかったが、みんな何かを変えなければならないとわかっていた。グレンは演奏の腕が落ちていくようだと気づき、それにいら立っていたが、口にはしなかったし、俺たちも黙っていた。ケンは腹を立てていた。グレンにも、マネージメントにも、ツアーにも……**リストはどれだけ続くんだ?**

みんなの考えはばらばらだった。イアンは続けたいと言い、スコットも同じ意見だった。俺は、今後プリーストのアルバムを作る気は大いにあるし、時々1回限りのショーもやりたい、とはっきりさせた。きっぱり引退するとは誰も口にしなかった。だが、メガ・ツアーはもう十分やった。

その話し合いで、そういう種類の大規模なツアーを最後に1回だけやろう、期間は1年ぐらい、ツアー名は『エピタフ』〔墓碑銘の意〕にする、というアイデアが生まれた。もし本当にジューダス・プリーストがそれで終わるなら……そう、それも悪くない。

日本で数日ショーをやりツアーを終えてから、マネージャーのビルとジェインに俺たちの計画を話した。彼らはわかってくれて、考え直すようにとは言わなかった――将来レコードを作り、短いツアーをやるという可能性を残していたのが、大きな理由だった。話し合いは最初から最後まで、とても礼儀正しく、冷静で、理性的に進められた。

そのあと、プリーストのほかのメンバーは散り散りになって疲れた足を休め、翌年はまったく何もしないで過ごした。俺も同じようにするべきだっただろう。だがどういうわけか、完全な仕事人間モードに――マゾ人間モードと言うべきだろうか？――入り、ハルフォードの新作を作ることにした。バンドをまた招集し、『メイド・オブ・メタル（Halford IV: Made of Metal）』用の曲を大急ぎで書いて、ロイ・Zと一緒にカリフォルニアでレコーディングした。

制作中、とても大切なイベントがあり、二度スタジオを抜けた。3月、トーマスと一緒にウォルソールへ戻り、街の中心にあるホテルで開かれた、おふくろとおやじのダイヤモンド婚式に出席した。

結婚60周年！ 50周年を祝う金婚式に出席したのが、昨日のことのように感じられた。そこでケンに会い、わだかまりが解け始めて、その結果プリーストに復帰してから、本当に10年たったのか？ **クソッタレな時間はどこへ消えてしまったんだ？**

時は無慈悲な女王だ。両親は歳月とそれほどうまくつき合っていなかった。おふくろはしばらく前にパーキンソン病と診断された。マイケル・パーキンソンが司会をするトークショーにちなんで、おふくろはその病気にパーキーというニックネームをつけた。手が震え始めると、「パーキーがまた出てきたわ！」とジョークを飛ばした。

おふくろの症状は薬でかなりコントロールできていたが、おやじはそのせいで心労がたまっていた。バンガローで何度か倒れ、ダイヤモンド婚式から間もなく、ひどい発作を起こして入院した。退院したあとは介護施設に入った。誰もがひどくつらい思いをした。

人は誰でもいつか死ぬ……ロニー・ジェイムス・ディオの葬儀にも参列した。長年にわたり頻繁に会っていたし、何より彼は俺のヒーローだった。病気だということは知っていたが、サンディエゴで目が覚めたとき、彼が癌で死んだというメールを目にして、**赤ん坊みたいに泣きわめいた。**

ハリウッド・ヒルズの葬儀場の外には、何百人ものファンが集まっていた。サバスのトニーとギーザーの姿もあった。ロック界やメタル界の仲間もたくさん来ていた[*1]。ロニーへの愛に満ちた、美しい1日だった。俺は今でもステージに上がる前、彼の曲を大音量で聴く。彼はインスピレーションを与えてくれる。

『メイド・オブ・メタル』は、リリースしてみるとそこそこ売れた。それは嬉しかったが、共同設立したメタル・ゴッド・レーベルに入る金はかなり限られていた――プリーストに比べると、本当にささやかなものだった。アルバムを引っ提げてツアーに出た。まずアメリカのクラブを何軒か回り、日本で2日ショーをやって、オジーと一緒に6週間、アメリカとカナダを巡った。ツアーは2010年のクリスマスまで続いた。どのショーも素晴らしかった……それに今回はオジーの代役をする必要さえなかった！

一方その頃、ジェインがプリーストのフェアウェル・ツアー（そうだな、たぶん……）、『エピタフ』を2011年6月に開始すると発表した。この大規模なツアーはほぼ1年がかりになる予定だった。10月、俺がオジーのサポートでロードに出ている間、ほかのメンバーは打ち合わせを行い、ツアーの詳細を詰めた。

ケンは姿を見せなかった。ジェインが電話をすると、忘れていたと言った。彼らしくなかったが、まあ、**そういうことは起こるものだ。**ケンは謝り、誰もそれ以上気にしなかった。ジェインが11月末に別の日を設

＊1：つい数ヵ月前、ロニーの奥さんのウェンディから、彼が集めていたドラゴンの像のひとつと、ステージでよく着けていた指輪をもらった。誇りを持ってそれをはめている。

定した。彼女はアメリカへ行くことになっていたので、その前にグレンの家に集合し、ケン、イアン、グレンと詳しい話を最終的に決める予定だった。

ところが、打ち合わせをするはずの2日前、ケネス・〝K・K〟・ダウニングは、俺たちにメールを送ってきて、バンドを抜けたと告げた。

21
エイプリル・フールじゃない
新風が業火をあおる『贖罪の化身』

ケンがメールで送ってきた脱退宣言は、あまりにも唐突だった。まさに青天のへきれき。誰も予想していなかったし、みんなあまりの衝撃に言葉もなかった。**何だって!?**

前回のツアーについて、ケンはいろいろなことに文句をつけ、グチをこぼしていた。だが俺たちはどうせ大したことじゃないと思っていた。**あいつはそういうやつだ。**いつもそうやってるだろ。彼の不満がたまりにたまって、バンドを脱退するほどになっているとは、誰も思っていなかった。

『エピタフ』ツアーを延期するわけにはいかない。会場も、飛行機も、ホテルも、すべて予約済みだ。莫大なキャンセル料を払うことになる。意図的かどうかはともかく、ミスターK・Kは俺たちをクソだめの底に蹴り落とした。

グレン、イアン、スコット、マネージャーのジェインはケンに連絡を取り、説得を試みたが、俺は絶対無理だと思っていた。すべてがすとんと腑《ふ》に落ちた気がした。こうなったら仕方ない。俺たちは時間と競争するように、後任のギタリスト探しに奔走した。

ケンは脱退の発表をツアー直前まで待ってほしいとジェインに頼んでいたから、彼の意向を尊重しつつ、２０１１年前半のうちに代わりのミュージシャンを見つけようとした。俺たちが求めていたのは、新進気鋭で、ツアーの実績がある人材だ。

誰かがピート・フリーゼンを推薦した。アリス・クーパーやブルース・ディッキンソンと組んだこともあるギタリストだ。ピートの演奏は素晴らしかったが、カナダ人だった。俺はイギリス人にこだわった。うちにはもうスコットがいる。ブリティッシュ・ヘヴィ・メタル・バンドというアイデンティティーをこれ以上薄めたくなかった。

ジェインがピートに打診したところ、光栄な話だが、自分はかなりブルージー寄りのギタリストだから、プリーストのような純然たるヘヴィ・メタル・バンドには向かないと思う、という答えだった。でも、リッチー・フォークナーという男を試してみたらどうだ、と提案してくれた。

ジェインがリッチーの連絡先の番号を手に入れ、自分はジューダス・プリーストのマネージャーだ、話がしたい、というメールを送った。返事はなかった。ジェインはさらに3、4通送ってから、メールでのコンタクトをあきらめ、電話をかけた。本人が出た。

リッチーは、メールが来るたびに削除していたと打ち明けた――この頃には4月になっていて（ツアー開始予定のわずか2ヵ月前だ！）、誰かが遅ればせながらエイプリル・フールの嘘を仕掛けてきたと思ったんだ！　そうじゃないとわかった彼は、ぜひ会いたいと意気込んだ。

リッチーはロンドンでウスターシャー行きの列車に乗った。ジェインが駅で出迎えて車に乗せ、グレンのカントリー・ハウスまで送ってきた。彼は俺たちと握手をしながら、目を丸くして周りを見回し、「この辺りはよう、ちいっとばかし『ロード・オブ・ザ・リング』みたいじゃね？　な？」とコメントした。

その言葉は正しかったが、口にした途端、リッチーはマズいこと言っちまったという表情をした。少し緊張していたんだろう。俺たちは大笑いして彼に同意した。それで一気に打ち解けたが、俺たちが最初に気づいたのは、彼の強烈なロンドンっ子なまりだった。コックニー〔ロンドン東部の労働者階級の方言〕とヤムヤムなまりの通訳者が必要になるかもしれない！

リッチーは30歳で、立派な実績があった。いくつかのバンドに在籍し、アイアン・メイデンのスティーヴ・ハリスの娘、ローレン・ハリスと一緒にプレイして、彼女とともにメイデンをサポートしたこともある。だから、彼はスタジオ仕事に詳しく、ロード暮らしについても熟知していた。幸先《さいさき》がいいぞ！

「さてと、一丁もんでやるか？」とグレンが聞いた。

リッチーはギターを1本持参していた。そこで彼とグレンは隣のスタジオに姿を消し、俺は家の中で待っていた。15分ほどたってから、グレンが再び現れ、俺と言葉を交わした。「どう思う？」と彼は聞いた。「クールなやつに見える」と俺は言った。「おべっか使いじゃないし、メタルについても、プリーストについても、すべて正しいことを言ってる……」

10分後、連れ立って玉砂利を敷いた小道を横切り、スタジオへ向かう間も、俺たちはまだリッチーについて議論していた。そして立ち止まった。**ぴたりと**。頭上の窓から、彼のギターが聴こえた。ジャムり、リフを入れ、自由自在に即興演奏していた。まるで巨匠みたいに。俺とグレンは顔を見合わせ、ニヤリと笑った。

おいマジかよ、こいつを聴け！

俺とグレンがスタジオに入っていったとき、リッチーはまだギターをかき鳴らしていたが、俺たちを見て手を止めた。「いやいや、続けな、兄弟《メイト》！」と俺たちは言った。彼は最高に素晴らしいプレイヤーだった。プリーストに入ったらどれほどいい音を出すか、俺たちはもう想像できた。

こいつだ。俺たちの探索は終わった。

ケンの脱退を何ヵ月も隠したあと、ジェインは4月下旬にプレス・リリースを出した。ケンは辞めてリッチーが加入した、プリーストはこれから新人にバック・カタログを教える。幸い、リッチーは覚えがとても早かった。過去の曲をほとんど知っていて、もし知らない曲があれば、即座にモノにした。それも毎回。まさに理想の人材だった。

その一方で、ミッドランズにいる間は、両親とできるだけ長い時間を過ごした。つらい時間だった。ふたりにとっても……俺にとっても。

妹のスーと弟のナイジェルから、おやじの具合はどんどん悪くなっていると警告されていたが、介護施設を訪ねて、ショックを受けた。ほとんど1日中ベッドで過ごし、骸骨みたいに見えた。俺の目の前で、おやじは塵《ちり》に化そうとしていた。

人は年を取る。時の流れは残酷だ。元気で、かくしゃくとして、俺が生まれてからずっと見守ってくれていたおやじが、こんなふうにどんどん衰えていく。胸が張り裂けそうだった。おやじは呼吸さえほとんどできなかった——でも俺に気づき、息子だとわかった。

身をかがめ、優しく話し掛けた。「こんなのよくないよ、父さん」と俺は言った。「行きたいなら、行っていい、行ってくれ。俺たちに構わなくていいから。みんな父さんを愛してるし、わかってるよ」。おやじの目も、わかっていると語り掛けていた。

おふくろもつらい思いをしていた。パーキンソン病が悪化して、施設にいるおやじの見舞いにも行っていなかった。姉妹のアイリスが数年前に同じ施設で亡くなり、そこを訪れるのがつらくなった、ということもある。だがいちばん大きな理由は、衰え果てたおやじを見るのに耐えられなかったことだ。

病気療養中の両親がいて、離れて暮らしている人間なら誰でも、俺が故郷を発つたびに味わった心の痛みと罪悪感がわかるだろう。毎日おやじを見舞い、ほとんどフルタイムでおふくろの世話をしてくれるスーには、感謝の言葉もなかった。彼女はワンダー・ウーマンだった。

プリーストに話を戻そう。リッチーはギターの魔術師の名にふさわしく、俺たちと一緒の初ステージもイカれていた。俺たちはLAで収録されるオーディション番組『アメリカン・アイドル』にゲスト出演した。候補者のひとり、ジェームズ・ダービンと「リヴィング・アフター・ミッドナイト」を演奏するためだ（プリーストとジェームズはそのまま「ブレイキング・ザ・ロウ」に突入。リッチーは堂々たるソロを披露した。ロブとジェームズはヴォーカルの見事な掛け合いで客席を圧倒し、審査員のスティーヴン・タイラーもジェームズの歌唱力を絶賛した。結果は惜しくも4位）。そんなわけで、リッチーの初舞台は、アメリカの2000万人の視聴者を前にしたライヴ演奏だった。

だからプレッシャーなんか、これっぽっちもなかった！

『エピタフ』ツアーはウォームアップを兼ねたオランダの劇場から開始。続いてスウェーデン・ロック・フェスティヴァルでヘッドライナーを務め、スカンジナビア半島に住む5万人のメタラーを前に演奏した。リッチーは、こんなこと生まれてからずっとやってるさとでもいうように、すべてになじんだ。その様子を見て、ただ驚くばかりだった。

『エピタフ』ツアーが本格的に始動してから、いつもとは違うショーの構成を導入した——すべては、俺の中のゲイ・メタル・ポップ・マニア魂を目覚めさせた新人アーティストのせいだ（俺のミーハー精神はいつだって簡単に発動する！）

レディー・ガガがポップ・シーンに登場した瞬間、彼女に心を奪われた。ファンタスティックなルックス、過激な衣装、自分で曲を書くこと……そして、歌声。俺にとって、何よりも重要なのは、いつだって声だ。

すっかりほれ込んで、ガガに関する記事を手当たり次第読みあさった……そして、十代の頃はメタラーで、お気に入りのバンドのひとつがプリーストだったと知り、大喜びした！　ジェインを通じて彼女にメッセージを送った。「ショーに来たいときは、いつでも言ってくれ！」

「ありがと、そうするわ！」という返事がきた。

ガガの親友、レディー・スターライトについての記事も読んだ。彼女は先頃行われたガガの『ザ・モンスター・ボール』ツアーでＤＪの大役を果たしたほか、時々ロックやメタルのバンドのショーで前座を務めたり、打ち上げパーティーでＤＪをやったりしていた。頭の上で電球が――**ピカッ！**――光った。**彼女をプリーストに同行させたっていいじゃないか？**

そんなわけで毎晩、サポート・バンドが演奏してから――モーターヘッド、シン・リジィ、ホワイトスネイク、サクソンなどからひと組――スターライトのＤＪセット、という段取りになった。俺たちのファンは、彼女がメタルの往年の名曲をかけると熱狂し、デビル・ホーン・サインを振りかざして踊り狂った。彼女は会場を最高にロックさせた。

『エピタフ』ツアーが始まって間もなく、プリーストのメンバーははっきり悟った……**こいつは俺たちのファイナル・ツアーにならないだろう。**引退という考えは完全に頭から消え去った。リッチーのプレイと熱意と力強さが、バンドにまったく新しい命を吹き込んだのだ。

我らが新人はステージを所狭しと駆け回り、俺に負けない存在感を見せつけた。以前バンドを支配していた鬱々とした雰囲気は一掃され、新たにポジティブな空気に包まれた。俺は胸が躍るような考えに取りつかれた。

おいマジかよ！　俺たちが手に入れた可能性を見ろ！

それはジューダス・プリーストの終焉ではなかった、新たな始まりだった。

リッチーは悪魔のようにすさまじいリフを繰り出した。グレンもほとんどの場合はそうだった……だが決められない奇妙な夜もあった。グレンは相変わらず、少々ペースを崩したときでさえ、絶頂期にあるたいていのギタリストより優れていた。だがグレンは完璧主義者だ。だからそういうミスは彼を悩ませた。

俺たちは気にしなかった。**誰だってミスはするさ、兄弟《メイト》。**それに時々ささいなミスがあっても、頼もしいリッチーがすべてをカヴァーした。奇妙な感じはするが、大したことじゃなかった。

ツアー日程が進むにつれ、俺はレディー・スターライトとても親しくなった。ある日、彼女は友達のレディー・ガガからよ、と言って素晴らしい提案をした。俺たちはロンドンのハックニー地区にあるヴィクトリア・パークで、ハイ・ボルテージ・フェスティヴァルのヘッドライナーを務めることになっていた。ガガも同じ日にロンドンにいるという。プリーストのステージにゲスト出演できないだろうか？

もちろん、ぜひ！　彼女側の人間がプリースト側に話をして、段取りがまとまった。俺が「殺戮の聖典《バイブル》」のオープニングでハーレーに乗って登場し、レディー・ガガがバイクの後部座席に座っている！　最高にわくわくした。俺はおしゃべりな口にしっかりチャックをかけ、サプライズを台なしにしないよう気をつけた。

残念ながら、そのショーの数日前、ガガがメールを送ってきた。ビデオの撮影があるからアメリカに戻らないといけなくて、ショーには出られないの。**クソ！**　彼女は俺と同じくらいがっかりしているようだった。

プリーストを包む空気の中に、新しい日光が差し込んだ。だが俺のキャリアから、争いが完全になくなったわけではない。バンド・マネージャーのビルとジェインと、俺のソロ・キャリアのマネージャーをずっと務めているジョン・バクスターの間に、緊張感が漂っていた。

プリーストに復帰したとき、ソロ活動はきっぱり断念するべきだったんだろう。あのときは、バンドと並行してソロ・キャリアを成功させられるかもしれない、というかすかな望みにしがみついていた。だが今になってみると、それが実現しないことは明白だ……俺は気にしなかった。それで構わなかった。

だがジョンに対しては忠誠心を感じていた。長年のつき合いだ。だから、彼とバンドのマネージメントの間でいさかいが起こるたびに、俺は頭を低くしてやり過ごした。恥ずべきことを山ほどやり、ものごとがよくなるように願った……だがついに、事態は決して改善しないことをしぶしぶ受け入れた。

俺たちの所属するレコード・レーベルが、会計処理でミスを犯した。ケンとグレンに払うべき一部のロイヤリティーを、俺の口座に振り込んだ。大したことじゃない。俺たちはミスに気づき、ジェインが解決した。それで話はおしまいだ。

というか……おしまいになるべきだった。何が起こったかかぎつけたジョンが、話を悪い方に解釈して激怒した。プリーストがスペインでツアーをしている間、彼は俺個人のホームページ、robhalford.com にアクセスして、プリーストについてひどいことを山ほど書いた。

屈辱だった。俺たちはバンドとして声明を出し、ファンに謝罪しなければならなかった。

最近ではロブ個人のホームページも含め、インターネットに誹謗中傷が投稿され、バンドとマネージメントを非難している（俺は現在、ホームページを自分で管理していないし、そういったコメントにはまったく同意しない）。俺たちは公の場での議論に巻き込まれるのを拒否する——直接かかわる問題ではないし、そのうち法的に対処されるだろう。

そして俺は気づいた……**もうこんなことは続けられない**。

プリーストはリッチーを得て、新たな時代を迎えていた。こういう気が散る小競り合いは、人の心をむしばみ、昔へ逆戻りさせてしまう。俺は覚悟を決めて……顧問弁護士に、マネージメント契約を終了するというジョンあての手紙を書いてほしいと頼んだ。

そうした瞬間、とてつもない安堵を覚えた。だがそれで終わりではなかった。数週間後、ジョンが俺を訴えているというニュースを耳にした。内容は詐欺行為、契約違反、〝契約交渉における故意の妨害〟……賠償金の総額は約5000万ドル。まったく予想外の出来事で、ショックを受け、胸が痛くなった。それでも、俺たちはツアーを続けた。この件については頭の片隅に追いやろうとした。もし5000万ドルの訴訟を頭の片隅に追いやれるなら。

俺たちは長く曲がりくねった『エピタフ』ツアーの道を進んだ。南米を回り、アメリカ、カナダ、東南アジアへ。それからヨーロッパに戻り……ロシアに着いたときは、美しい街サンクト・ペテルブルグの市長から、ギグの前に警告を受けた。

市長は俺がゲイだと耳にしていて、ステージでは同性愛に関する発言を一切しないこと、と釘を刺した（ロシアでは1999年まで同性愛は〝精神疾患〟とされていた）。もし発言すれば、逮捕されることになります、と市長は言った。

俺はがく然とした。まず頭に浮かんだのは、抵抗するべきなんじゃないか、という考えだった。**レインボー・フラッグを体に巻き付けて登場しようか？　ゲイの権利を訴える目立たないバッジを着ける？　昔アンディ・ウォーホルと会ったときに着ていたトム・オブ・フィンランドのTシャツを引っ張り出す？**

どれも実行には移さなかった。ひとつ目の理由。バンドが影響を受けるだろうし、この件は彼らとは関係ない。ふたつ目の理由。そういうことは**とにかく俺らしくない**。先にも書いたとおり、俺は活動家だったことは一度もない――いつもそういう面のものごとは、俺より適任の人たちに任せている。とりあえず、今までのところは。

だがいちばん大きな理由は、**俺は何もする必要がない**と気づいたことだ。ゲイであることを公表し、ただそこにいて、堂々と、誇りを持って、アリーナを満員にするヘヴィ・メタル・バンドのフロントマンとして、ロシアにいる。それこそがメッセージだった。**俺はここにいる。これが俺だ。受け入れてくれ!**

当時ある雑誌に話したように、俺はレインボー・フラッグを振り続ける必要はなかった。俺がメタル界のレインボー・フラッグだ。だから、俺たちはただ、サンクト・ペテルブルグでいつもどおりのプリーストのセットをやった。素晴らしいギグだった。

ロシアからスカンジナビア半島へ向かい、ドイツを経て――1975年に初めて訪れたときと同じくらい、熱狂的に盛り上がった――さらにオーストリアへ。チェコ共和国まで遠征した2012年5月8日、おやじがついにこの世を去った。

パルドゥビツェ公演でステージに上がるのを待っているとき、妹のスーが介護施設から電話をかけてきた。妹はおやじのベッドのかたわらに座っていた。おやじの姉妹であるパットおばさんも一緒だった。「いつ死んでもおかしくないそうよ、ロブ」とスーは言った。「父さんにさよならって言う?」

「ああ」

スーは受話器をおやじの耳に当てた。ウォルソールで最後に会ったとき言った言葉を、俺は口にした。「父さん、構わなくていい。素晴らしい人生を送ってきたよね。もう行くんだ、今。いつかまた会おう」

おやじは衰弱し切っていて、何も言えなかった。だがわかってくれたと思いたい。おやじはいつもそうだったから。

電話を切り、みんなとステージへ上がった。下りてきたとき、トーマスに呼び止められた。スーからまた電話があり、おやじが逝ったという。スーに電話をかけて、話をした。ふたりで悲しんだ。愛する親を失ったときは、誰でもそうだ。だがふたりとも、これでおやじは苦しみから解放されたのだとわかっていた。**そのときが来たのだ。**

10日後、スペインのサン・セバスティアンで飛行機に乗り、帰国した。葬儀に出るためだ。かなり面倒な手間がかかった――バルセロナ空港の中を全速力で駆け抜け、マンチェスター行きの乗り継ぎ便にぎりぎり間に合った。マンチェスターからウォルソールへ行くために、タクシーをつかまえなくてはならなかった。おやじを葬る日に、こんな手間は願い下げだった。

心を打たれる葬儀だった。おふくろも車椅子に乗って参列した。1年前におやじが介護施設に入って以来、おふくろはおやじに会っていなかった。そのおやじが、棺に横たわり、教会に入ってきた。棺を担いでいる人たちが、おふくろの横を通るとき歩みを止めた。おふくろは震える片手を棺に数秒間乗せた。

彼がそこに横たわっている。60年以上人生をともにして、3人の子どもを一緒に育てた男が。今や安らかに眠っている。

披露宴でスピーチを言うのは好きじゃないという自覚はあったが……このときになり、葬儀で追悼の言葉を述べるのも苦手だとわかった。俺はおやじの葬式で怖気づき、スピーチができなかった。代わりにナイジエルが3人の子どもたちを代表してしゃべった。そのあと、話さなかったことを後悔し、もっと勇気があればよかったのにと思った。

通夜に出席し……ツアーに合流するため、飛行機に乗って真っすぐベルギーへ向かった。プリーストのメンバーが粋な計らいをしてくれた。俺のために、アントワープ行きの小型のホンダジェットをチャーターしたのだ。その夜、俺たちはアリーナでプレイした。集中すべきギグがあったおかげで、深い悲しみを忘れることができた。

とりあえず、しばらくの間は。

3日後にイギリスへ戻った。『エピタフ』ツアーのフィナーレをハマースミス・アポロで行うためだ（とはいえ、正直言って、俺にとってはいつまでも〝オデオン〟だ！）〔1992年、同会場はハマースミス・オデオンからハマースミス・アポロに改称〕。ステージのドアは会場の脇にあり、ショーの前にはファンたちがいつもそこに集まっていた。

少し遅れて着いたので、俺は頭を下げ、ジム・シルヴィアに先導されて人混みをかき分けていった。足を止めてちょっと言葉を交わす時間はないとわかっていたからだ。その日だけは、差し伸べられた手も、自撮り写真のリクエストも無視した……「ヘイ！　ヘイ、ロブ！」と言う誰かの声も。

俺たちは中に入り、ジムが背後でドアを閉めた。トーマスが俺にニヤリと笑いかけ、「たった今、ジミー・ペイジを無視したんだぜ、知ってる？」と聞いた。

「**何だって⁉**」

「ジミー・ペイジさ！　ドアのすぐそばにいて『ヘイ』って言ってたよ！」

「シルヴィア！　このクソッタレなドアをもう一度開けろ！」

ジミーはまだ外に立っていた。俺は彼に合図して招き入れ、永遠のヒーローのひとりに、しどろもどろの口調で謝り始めた。ヤムヤムなまりがちょっと出ていたと思う。

「ジミー、ほんとに申し訳ねえ、兄弟《メイト》！　見えなかったんだ！　最初のときは、ヘリコプターの中で会って、話ができなかったし、今度はこれだ！　俺はずっと前からゼップの大々ファンだってのによお！　まったく！」

ジミーは大きくニヤリと笑い、こう言った。「気にするなよ！」

突然ある考えが頭に浮かんだ。「ところで、外でいったい何をしてたんだ？」

「ああ、ファンたちと話してただけさ！」と言って彼はほほえんだ。何て愛すべき、堅実な男なんだ。

ツアーで世界を回る間、俺の思いは繰り返しウォルソールに戻っていった。おふくろはバンガローでひとり暮らしできる状態ではなく、本人もそれを望んでいなかった。スーが救いの手を差し伸べて、おふくろを介助付きのフラットに引っ越させた……おふくろはそこがとても気に入った。そこできちんと面倒をみてもらっていることが、俺たちにはわかっていた。

一方アメリカでは、ジョン・バクスターが俺を相手取って起こした訴訟が長引いていた。俺の弁護士のデヴィッド・スタインバーグから、裁判になるのを避けるために、和解の交渉をした方がいいと勧められた。だがうまくいかなかった。双方とも和解の道を探ったが、無理だった。

そこで、ジョンと俺は裁判官の前に出て、和解にこぎ着けた。法的な制約があるため、ここに詳しく書くことはできないし、書きたいとも思わない。だが結果に満足したし、俺の人生における波乱に満ちた1章に幕を引くことができた。

これできれいさっぱり肩の荷が下りた。さあ、前に進むときだ。

リッチーを加えた『エピタフ』ツアーで新しい命を吹き込まれた俺たちは、新しいアルバムを作らないな

んてあり得ないとわかっていた。レコード制作に取り掛かろうという話になり、2013年半ば、グレンのスタジオで作業を開始した。プロデューサーはグレン。のちの『贖罪の化身（Redeemer of Souls）』だ。ソングライティング・トリオのケンの後任役はリッチーが務めた。『エピタフ』ツアー後、彼はバンドにしっかりと組み込まれ、素材にたくさんの新しいアイデアとエネルギーをもたらした。最初からうまくいった。

タイトル・トラックには――ジャケットのイメージにも――復讐に燃える人物を想定した。『マッドマックス』に主演したメル・ギブソンのイメージで、ヘヴィ・メタルのために人々の罪を贖《あがな》う者だ［redeemer は人々を邪悪な力から解放する者、特にキリスト教ではイエス・キリストを指す］。

On the skyline, the stranger draws near,
Feel the heat, and he's shaking with fear
地平線の上　見知らぬ者が近づいてくる
熱を感じろ　彼は恐怖に身を震わせている

プロデュースにあたり、グレンはマイク・エクセターと一緒に素晴らしい仕事をした。マイクはメタルのプロデューサー兼エンジニアで、トニー・アイオミやサバスとたくさん仕事をした実績があった。だが、スタジオのガラスの反対側では、グレンの不可解な問題が続いていた。

彼は相変わらず凄腕のギタリストで、フライング・ハット・バンドからプリーストに移籍して以来ずっとそうだったように、神がかったリフを次々と繰り出した。だが何度かテイクをやり直さなければならず、何かがとにかくおかしいと感じていた。彼は医者に診てもらうことにした。

　ジェイン・アンドリュースが彼をロンドンへ連れていき、ハーレー・ストリート〔良質なプライベート医療機関が並ぶ一角。NHS（原則無料の国営医療保険制度）より上質なサービスを提供し、診療費は全額自己負担〕で検査を受けた。数日後、『贖罪の化身』の仕上げをしているとき、顔を曇らせたグレンが、恐ろしい知らせを告げた。

「こういうことらしいんだ、みんな」と彼は言った。「パーキンソン病にかかった」

22 ヘヴィ・メタルの炎とパワー

再臨の証し『ファイアーパワー』

グレンからニュースを告げられた俺たちは、はらわたにパンチを食らったような衝撃を受けた。パーキンソン病！　おふくろが〝パーキー〟と闘う姿を見ていたから、俺はこの不治の病について、いやというほど知っていた。すぐ、おふくろの手や腕がときに激しく震えていた様子を思い出した。恐ろしい考えが頭に浮かんだ。**かわいそうなグレン！　あの病気にかかったら、ギターを弾き続けることは絶対できない！**

専門医はグレンに、おそらく5年前から症状があったでしょう、と話した。『ノストラダムス』の頃から、ずっとこの病を抱えていたのだ。一瞬で、すべてのピースがぴたりとはまった。だから彼は、ツアーで時々悪戦苦闘していたのだ。あの期間に彼が成し遂げたことすべてが、英雄的に思えた。ほとんど奇跡だった。

グレンはその知らせを受けて見るからに落ち込んでいた。誰だってそうなるだろう。だが彼はある種の冷静さをもってそれを受け止めていた。**仕方ないさ。**少なくとも、彼はこれまでの症状を理解したし、それと闘うための薬も飲み始めることができた。

グレンは、3年後、5年後、その先ずっと、自分がどんな状態になっているか知る方法はないとわかっていた。だが今は、プリーストで続けていくだけの力があると感じていた。ただ**それとつき合っていく**だけだ。そして、もうこれ以上進めないというところまで進み続けるだけだ。

グレン・ティプトンが病の知らせを受け止めた態度は、完全にヘヴィ・メタルだった。それでこそ彼だった。

アルバムを仕上げてから、トーマスと一緒にフェニックスとサンディエゴに戻り、夏を過ごした。ツアーは秋に始まる予定だった。カリフォルニアにいる間、俺のゲイ・メタル・ポップ・マニア魂に新たに火をつけた、お気に入りのスターについに会った。

レディー・スターライトが電話をかけてきて、『ArtRave: The ARTPOP Ball』ツアー中のレディー・ガガが、サンディエゴのビエハス・アリーナで公演を行うと教えてくれた。「一緒に観にいこうよ！」と彼女は言った。「でもあなたが行くこと、ガガには内緒にしとく。きっと頭がどうにかなっちゃうから！」

ギグに俺がいたところで、ガガが正気を失うとは到底思えなかったが、彼女のショーを観にいくのは大賛成だった。そこで会場へ赴き、DJのサポート・セットを終えたスターライトと合流した。彼女は俺がガガの目に入らないようにしながら、ショーのための撮影用ピットへ連れていった。

俺たちはステージに置かれた長いスロープの横に立った。セットが始まって数分後、ガガがバックダンサーたちを従えて踊りながらスロープを進んできた。彼女は下をちらりと見て、スターライトを認め、その隣に立っている俺に目を留めて……ひざまずいた。

ハア？ ダンサーたちがいぶかしげな視線を交わすのが見えた。**いったい彼女は何をやってるんだ？** 俺の頭上、金切り声を上げている1万2000人のポップ・ファンの目の前で、レディー・ガガが頭《こうべ》を垂れ、エアロスミスに会った『ウェインズ・ワールド』のふたりみたいに〝光栄の至り〟とばかり俺を拝んでいる

〔『ウェインズ・ワールド』は米NBCの人気バラエティー番組『サタデー・ナイト・ライヴ』のコーナー。ヘヴィ・メタル少年ふたりが自宅の地下室からショー番組『ウェインズ・ワールド』を生放送する、という設定。1990年にエアロスミスが登場。同コーナーは92年に映画化され、

93年の続編にはエアロスミスも出演した)。

ぶったまげた! おい俺、まさかその顔を〝ポーカーフェイス〟って呼ばないよな! ガガは口の動きだけでこう言った。「来てくださってありがとう!」。ショーのあと、スターライトがバックステージで彼女に紹介してくれた。ガガはプリーストに対する称賛の言葉を惜しまなかった。そして、いつかぜひ、ふたりで一緒に何かやりましょうと言った。

今のところは実現していない。だが、やれたらいいと心から願っている。

『贖罪の化身』は7月にリリースされた。レビューはおおむね好評だったが、一部の評者は「ただし」と付け加えた——『ノストラダムス』のようなコンセプト色が薄れ、より直球勝負な作風だったので安心した。まあ、売文屋ってのはそういうものだ!

俺たちはいつも、自腹を切ってレコードを買ってくれる人たちの意見をいちばん尊重している。そして今回、彼らは間違いなく絶賛してくれた。アルバムは全英トップ20入りし、ビルボード200では6位を達成した——俺たちにとって、全米チャートでは過去最高の記録だった。

この結果に大喜びするとともに、安堵を感じた。『贖罪の化身』を出す前の『エピタフ』ツアーで、プリーストはバンドとして終わったも同然だという印象を世間に与えたと、俺たちははっきりわかっていたからだ。大失敗してもおかしくなかった。そうならなくて胸をなで下ろした。

『贖罪の化身』ツアーのリハーサルをするため、プリーストは集結した。闘志にあふれるグレンの姿を見て安心した。投薬治療がうまくいっていて、手の奇妙な震えを除けば、パーキンソン病の徴候はほとんどなかった。彼はやる気満々で、ほかのメンバーと同じように、ツアーに出るのを心待ちにしていた。

約14ヵ月にわたる長いツアーになる予定だった。サポート・アクトとして誰を連れていきたいか話したとき、バンドの連中は、ちょっとどうかなという反応をした。「本気なのか、ロブ？」。だが俺は本気だった。

　スティール・パンサーが15年前にサンセット・ストリップでデビューして以来、俺は彼らのキャリアを追いかけていた。基本的にはモトリー・クルーやポイズンといったヘア・メタルのパロディー・バンドだ。この作戦は夢のようにうまくいった。彼らの曲は素晴らしかったし、何よりロックしていたからだ。

　いつも言っているように、ジューダス・プリーストはバンドの音楽を真剣に受け止めているが、自分たち自身については違う。俺はスティール・パンサーのパフォーマンスを観て大笑いし、「エイジアン・フッカー――快楽人生（Asian Hooker）」「ファット・ガール～ちょっと太めのあの娘（Fat Girl (Thar She Blows)）」といった曲を聴いて笑い転げた。ベースのレクシー・フォックス（Lexxi Foxx）はステージに全身が映る鏡を置き、その前で身繕いをした。どうして彼がいまだにモトリー・クルーのニッキー・シックス（Nikki Sixx）から訴えられていないのか、俺には理解できない！[*1]　パンサーとは個人的なつながりもあった。以前ファイトのギタリストだったラス・パリッシュがイメージ・チェンジして、黄色い髪を逆立てぴちぴちのタイツをはいたギタリスト、サッチェルになっていたんだ！　ラスは昔から頭の回転が速くてジョークが大好きなやつだった。だからこの転身にはとても納得がいった。

　一部のロック・ファンは、このジャンルを茶化すものは何でも毛嫌いする――たとえばグレンと俺の目の前で、『スパイナル・タップ』の上映館から足取りも荒く出ていったメタラーたち――だから最初は、パンサーに反感を示す客が、ごくひと握りいた。しかしパンサーがあまりにもパワフルで才能にあふれていたから、結局は観客全員がとりこになった。

　ツアーはたまたま『背徳の掟』発売30周年記念と重なった。プリーストにとって非常に重要なアルバムだ

＊1：まあ、実を言えば、理解できる。ニッキーも素敵なユーモア・センスの持ち主だ。

から、収録曲の中から、ライヴで長い間ほとんど演奏したことがない2曲を引っ張り出し、セットに組み入れた。「ラヴ・バイツ(Love Bites)」と「ジョウブレイカー」に再び取り組むのは素晴らしい気分だった。

俺たちは一丸になって、いつもの寄港地を回った。アメリカ、カナダ、オーストラリア、日本。南米にも遠征し、モンスターズ・オブ・ロック・フェスティヴァルにはオジー、モーターヘッドとともに出演した。

ツアー最終日、チリのサンティアゴ公演を終え、夜遅く空港の中をぶらぶらしながら、LA行きの飛行機を待っていた。そのとき、ひとりで座っているレミー・キルミスターの姿が見えた。いつもなら、レミーはひとりでいるとき、ほかの人間に煩わされるのを好まない。だが俺は近づいて行って隣に腰掛けた。

「大丈夫か、レム?」

「大丈夫だ、ロブ」

少しおしゃべりをしたが、いつもの元気はつらつとしたレミーに比べると、口数が少なく沈んでいるように見えた。俺はふと彼の片手を握った。そのままお互い何も言わず、数分間座っていた。やがて、俺は言った。「ヘイ、レム、自撮りしよう!」

彼はいかにもレミーらしい目つきで俺を見た。「ふざけんなよ《ファック・オフ》、ロブ!」と言われるのを覚悟したが、彼はその代わり、にっこり笑ってこう言った。「ああ、やろうか、それじゃ」。俺がふたりの写真を撮った。彼と会ったのはそれが最後だった。年が明けるのを待たず、レミーは亡くなった。

ハリウッドで営まれた葬儀でスピーチをした。「ロード・レミーと一緒にいるときはいつも、少しばかり圧倒された気分になった」と俺は言った。「称賛の念からだ、大きな理由は。彼こそロックンロールな人生を思うがままに生きた男だった。ロックンロール界の真の異端児だった!」

まさしく、その言葉どおり。

＊

２０１５年末、プリーストはイギリスに戻った。今回の日程では懐かしのウルヴァーハンプトン・シヴィック・ホールでも公演することになっていた。この機会を利用して2日ほど休みを取り、コーチ・ハウスに滞在して、おふくろと積もる話をした。

おふくろはうまくやっていた。クソッタレの〝パーキー〟にケツをさんざん蹴飛ばされていたが、車椅子の生活に慣れ、精いっぱい前向きにやっていた。**ここでもそうだ。やらなきゃなんねえことがあったら、さっさとやんな。**おふくろが介助付きフラットに引っ越して5年。友人もでき、そこを気に入っていた。

残念ながら、その暮らしは長く続かなかった。パーキンソン病のせいで物を飲み込むことができなくなり、翌年の春には病院に短期入院した。そこで24時間体制の介護が必要と認定され、退院したあとは、介護施設に入らなければならなかった。

おふくろはそこが大嫌いで、急激に衰弱していった。6週間たたないうちに病院へ戻り、肺炎を発症した。もう闘病する体力は残っていなかった。その頃までに、おふくろはあの世へ行っておやじと再会することだけを願うようになっていた。２０１６年7月29日、おふくろは亡くなった。89歳の天寿を全うした。

葬儀はおやじのときと同じ教会で営まれた。おやじの葬式で怖気づいてスピーチしなかったあと、とても虚しい気持ちになり、苦い教訓を学んだことをありがたく思う。今回は何とか心の整理をつけて、短い言葉を述べ、おふくろに別れを告げた。

俺が言ったのはシンプルなことだ。本心から出た言葉だった。いつも思いやりにあふれ、愛情深く、優しい母親だった（まあ、あのレスリングの試合のときは除くが！）。子どもたちを支え、やりたいことを何でもやらせてくれた。子どもの頃、おふくろがマントラのように唱え、数え切れないほど耳にした言葉を思い返した。

「ロブ、あなた幸せ？　あなたが幸せなら、あたしも幸せよ」

もう一度口にすると、その言葉は60年前にいつもそうだったように、美しく響いた。

再結成以来、プリーストは3枚のキラー・アルバムを作った。『エンジェル・オブ・レトリビューション』『ノストラダムス』『贖罪の化身』を、俺はそれぞれ違う意味でとても誇りに思っていた。だが3枚のうちどれも、プリーストの本質をとらえていないと感じていた。初めてそれに成功した『ペインキラー』とは違った。

２０１７年に次のレコードを作ることになったとき、俺たちはまさにそれをやろうと決意した。『ブリティッシュ・スティール』や『復讐の叫び』、さらにさかのぼって『運命の翼』といったアルバムからプリーストのクラシックな要素を取り出したかった。ただし、モダンなひねりを加えて。

それをするためにはジューダス・プリーストのサウンドを知り尽くしているプロデューサーが必要だ……そこで俺たちは再びトム・アロムと組んだ。

トムはずっとプリースト・ファミリーの一員で、長年にわたり、さまざまなライヴやコンピレーション・アルバムで一緒に仕事をしていた。すでに半分引退して顧問のような立場だったが、古なじみ同士でまたタッグを組もうと誘うと、大乗り気になってくれた。

トムはこのプロジェクトに不可欠だと俺たちはわかっていたが、同時に、懐古調の古くさいアルバムは作りたくなかった。モダンで現代的な視点からプリーストを解釈する人材……そこで俺たちはアンディ・スニープにコンタクトを取った。

というか、正確に言えば、アンディが俺たちにコンタクトを取った。38歳の彼はメタル界で活動するギタリストであり、エンジニア／プロデューサーとして、エクソダス、オビチュアリー、テスタメント、トリヴィアム、メガデス、ディム・ボルギルなどと組んできた。そして俺たちを探し当てたのだ。

アンディはグレンあてに、機会があったらぜひプリーストをプロデュースしたいというメッセージを送ってきた。まさに絶好のタイミングだった。俺たちは彼と会って、人柄も彼が言っていることも気に入った。そこで彼に勝負を賭けて、トムと組ませようと決意した。

ふたりは気が合うのか、一緒に仕事をしてうまくいくのか、何の保証もなかったが、俺たちはみんな初日からすっかり意気投合した。すぐさま仲間意識が芽生えた。自分たちが力強く、誰にも止められないチーム――メタルのチームのように感じられた。

全員でグレンのスタジオに集結し、取り掛かった。**きつい仕事だった**。そして、俺たちの堂々たる名声に敬意を抱いているにもかかわらず、我らが新人アンディは、間もなく彼にふさわしいニックネームをちょうだいした――アンディ・〝ドゥ・イット・アゲイン！《もう1回》〟・スニープ。

俺はいつも、自分のヴォーカル録りについては完璧を目指し、毎回ベストの録音ができるように細心の注意を払う。結局のところ、いったんヴァイナル（おっと、年がバレる！）に刻み込まれてしまえば、のちのちの世まで、世界中の何百万もの人々がそれを聴くからだ。

だから俺はスタジオで怠け者だったことは一度もない。だがアンディは、これで完璧という音楽のレベルをさらに高く設定した。自分ではこれで絶対決まりだと思えるヴォーカル・パフォーマンスを提出すると、妥協を許さない我らがダービシャー生まれの若きプロデューサーは、即座に俺の誤った考えを捨てさせた。

「もう1回できるか、ロブ?」。俺が歌い終わると、彼はそう尋ねる。

「何だって? ばっちりキメたと思ったのに!」

「いや、もう1回《ドゥ・イット・アゲイン》!」

腹を立てて権威を振りかざし、自分の好きなようにすることもできた——**「何だと! 俺はファッキン・メタル・ゴッドだぞ!」**——だが実際には、そういうふうに追い込んでもらえてありがたかった。俺は方向性を、そして規律を求めていた。そしてアンディは俺をなだめたりすかしたりして、ベストのパフォーマンスを引き出し……**さらに、そのもう少し先まで求めた。**

「もう1回できるか、ロブ?」

「いったい何回こいつをやらなきゃならないんだ?」

「あんたがちゃんとやるまでさ」

これこそまさに俺に必要なものだった。誰にでも起こることだが、俺の声は年月を経て、年齢とともに変わってきている。だが俺は、パヴァロッティ「〝キング・オブ・ハイC〟と称賛された20世紀最大のテノール歌手」は60歳半ばになってから、最高のヴォーカル・パフォーマンスをいくつも行ったという事実にインスピレーションを受けた。彼ができたなら、俺だってできる!

俺は歌詞でジューダス・プリーストの本質を、魂をとらえたかった。音楽と同じくらい決定的なものにしたかった。俺は全身全霊をかけて、ヘヴィ・メタルの生々しく原始的な炎《ファイアー》とパワーと通じ合おうとした。だから俺たちはアルバムをこう名づけた。『ファイアーパワー(Firepower)』。タイトル・トラックがすべてを物語っている。

With weapons drawn, we claim the future
Invincible through every storm,
Bring in the foe to be defeated
To pulverise from dusk till dawn
武器を構え、俺たちは未来を要求する
あらゆる嵐をくぐり抜け
敵《かたき》を招き入れる　敗北させるために
黄昏《たそがれ》から夜明けまで叩きのめすために

「ノー・サレンダー（No Surrender）」は俺が知るなかで最も勇敢な男、グレンについて書いた。衰弱をもたらす神経障害に進んで立ち向かい、愛する音楽をプレイして、ヘヴィ・メタルという大義のために、自らを可能性の限界ぎりぎりまで駆り立てる男の物語だ。

Living my life, ain't no pretender
Ready to fight, with no surrender
自分の人生を生きている　虚勢なんかじゃない
闘う覚悟はできている　降伏なんかしない

スタジオでバンドにこの歌詞を見せたとき、これはグレンの曲だと本人には言わなかった……だが言う必要はなかった。彼はただわかった。

『ファイアーパワー』制作に臨むグレンの勇気は限界を知らなかった。彼はそれまでどおり創造力の泉だった。今度のアルバムでジューダス・プリースト再臨を知らしめる。俺たちはその大胆不敵な目的を達成した。過去のどのアルバムにも引けを取らないと思っている——どの作品よりも上かもしれない。

たとえそうでも、2018年初めにリリース・ツアーのリハーサルのためオールド・スミシーに再結集したとき、グレンが悪戦苦闘しているのは誰の目にも明らかだった。薬物療法にもかかわらず、パーキンソン病は彼の体を支配し、ベーシックなリフやコードを弾くのにもひどく苦労する日があった。

史上最も偉大なメタル・ギタリストのひとりが、常にやすやすと流麗にプレイしていた男が、こんなにも苦しい闘いを強いられている。見ていて胸がつぶれる思いだった。彼はより細い弦を使おうとし、ほかにも考えられることはすべて試したが、体が言うことを聞かなかった。

ある日は特に厳しかった。グレンは何とか数曲を最後まで弾いたが、どうしてもできないことがほかにいくつかあった。あとになって、彼がひとりでコントロール・ルームに座っているのに気づいた。俺は部屋に頭を突っ込んで、彼がOKか確かめようとした。

「大丈夫か、グレン?」

彼は頭を横に振った。「話さなきゃいけないことがある」

「何だ?」

「俺にはできない」

「何ができないんだ?」

「このツアーさ」とグレンは告白した。「荷が重すぎる」

グレンがそう言った途端、俺の心にずっしりのしかかっていた重荷がすっと軽くなった——そして、きっと、彼の心の重荷も。俺は彼に歩み寄って「ハグしてくれ」と言った。

グレンは立とうとした。できなかった。だから、俺が身をかがめて彼をハグした。

「それを聞いてとても嬉しいよ」と俺は言った。

「どういう意味だ？」

「この決断ができるのはお前だけだからさ」。本気だった。バンドのほかのメンバーが、お前にこのツアーは無理だなんて、言えるわけがない。彼が自分でその結論に達する必要があった。

「じゃあ、どうしたい？」と尋ねた。

「もしお前とほかの連中が賛成してくれるなら」と彼は言った。「アンディ・スニープが俺の役を務められるかどうか見てみたい」

「名案だ！」と答えた。アンディは凄腕のメタル・ギタリストで、いくつかのバンドで実績を重ね、そしてもちろん、『ファイアーパワー』の曲を知り尽くしていた。俺たちを取り巻く状況は理想的ではなかったが……アンディは明らかに理想的な解決法だった。

俺はアンディを探しにいき、「グレンから話がある」と言った。そしてあとはふたりに任せた。アンディはそのアイデアに**大興奮**した——**彼はプリーストをプロデュースするのが夢だった。そして今度はそのバンドに参加する！**——しかし、彼が何よりもしたかったのは、苦境にいるグレンを助けること、それだけだった。

俺たちみんなと同じように。

みんな『ファイアーパワー』をこの上なく誇りに思った。2018年3月にリリースされると、ファンも俺たち同様それを高く評価したことがはっきりした。イギリスとアメリカで5位を達成――どちらの国でも俺たちにとって過去最高の順位だった。

両国の市場はとても重要だが、メタル・ファミリー――そしてプリースト・ファミリー――は世界中にいる。そして彼らはどの国でも『ファイアーパワー』を愛してくれた。何とスウェーデンでは1位に輝き、ドイツ、フィンランド、オーストリアでは2位を獲得。カナダ、ノルウェー、スイスでもトップ5入りを果たした。

俺たちは大いに勇気づけられた。そのアルバムに対する俺たちの信念が正しいと証明された。それに驚きも感じた。これほどキャリアを長く続けていても、まだ新しい記録を達成して、新たな記念碑を打ち立てたのだ。俺たちはまだ上へ、上へと登り続けていた。それがこれからもずっと続くことを願う。

グレン役を引き受けるのは、アンディにとって大きなチャレンジだった。だが彼は難なくやってのけた。リッチーがそうしたように。アメリカのペンシルベニア州から『ファイアーパワー』ツアーを開始すると、アンディはまったく怖気づくことなく、バンドにしっくり溶け込んだ。何年も前からそこにいるんじゃないかと思うほどだった。

ファンが長い年月をかけて愛してきたプリーストのラインナップではなかったが、それまでと同じくらい激しくロックしていた。それは会場で証明された。リッチーとアンディは必殺のメタル・リフを次々と放ったから、俺たちの音はそれまでと同じくらい力強く聴こえた。毎晩、熱狂的な歓迎を受けた。

グレンもツアーに同行して、自分でできると感じたときはステージに加わった。彼が歩み出てギターを装着し、「ブレイキング・ザ・ロウ」や「リヴィング・アフター・ミッドナイト」をプレイすると、観客は狂乱状態になった。彼らの怒号は屋根を吹き飛ばすほどだった。

そこにいるためにグレンがどんな試練を味わっているか、正確に知ったらファンはさらに大きな喝采を送っただろう。グレンがステージに出てくるたびに、俺はハグをした……そして彼の全身がパーキンソン病のせいで震えているのを感じた。**彼は鋼鉄の男だ。**

その年の夏、ヨーロッパでいくつものフェスティヴァルを回り、8月にアメリカへ戻ると、ディープ・パープルが1ヵ月合流した。素晴らしい経験だった。俺にとって、彼らはずっと憧れのバンドだったが、今ではヒーローであると同時に盟友のように感じられた。

パープルも俺たち同様、あまりにも多くの試練をくぐり抜けてきた。依存症の問題、バンドの崩壊、ラインナップの変更。だが、俺たち同様、バンドと音楽への誠実さは変わらないままだった。俺たちはずっと同じ生き方をしていた。スタジオでも、ロードでも、永遠に。

イアン・ギランの声は相変わらず圧倒的だった。俺は毎晩ステージの袖に立ち、興奮のあまり身を震わせながら、目の前で彼が――イアン・ファッキン・ギランが！――「ハイウェイ・スター（Highway Star）」を歌う姿に見ほれた。息もできなかった。それは昔も今もずっと変わらない。

パープルと共演することで、俺たちはロジャー・グローヴァーと旧交を温めることができた。再会できてとても嬉しかった。彼が『背信の門』をプロデュースしてから40年以上がたっていた――そして、口元にほほえみをたたえ、目にはいたずらっぽい輝きを浮かべて、ロジャーはしつこく昔の話題を持ち出した。

「まだあのアルバムの報酬をもらってないぞ、ロブ！」

「ロジャー、兄弟《メイト》」と俺は言った。「それについちゃ、俺もさっぱりわからないんだ。クソッタレなアーナカタと話してくれ！」

とても長いツアーだったから、共演したサポート・アクトの数も多かった。パープルと別れたあと、2019年5月のイリノイ公演ではロック界の古参兵、ユーライア・ヒープが合流した。この会場で、俺は頭に血がのぼった――というか、正確には、足に血がのぼった。

俺たちが初めてライヴをして以来、ギグはいくつかの点で以前とまったく同じだ――だが、変化した点もある。大きな違いは、一部のファンがショーの間じゅうスマホを宙に振りかざし、その場の体験をとらえたがることだ。

まあ、それは人それぞれの判断だ。俺としては、彼らが音楽に、そしてその瞬間に没頭してくれた方がいい。俺たちと同じように。でも彼らはチケットを買っているわけだから、基本的にはやりたいことを何でもできる。だからといって、その技術で俺のスペースを侵害したら話は別だ。

その日はシカゴのすぐ北にあるローズモントでプレイした。ローズモント・シアターはこぢんまりした素敵な会場だが、撮影用ピットを設けるためのバリケードが設置されていないため、最前列のファンたちは文字どおりステージの端に寄り掛かることになる。モニターから1メートルも離れていない。

俺たちのローズモント公演では、ひとりの男が文字どおり俺のモニターにもたれ掛かり、携帯電話を俺の顔に真っすぐ向けた。明るいライトがついている。録画している証拠だ。気が散ってイライラしたが、無視しようとした。ショーの大部分では簡単だった。目を閉じていたからだ。

俺は目を閉じて歌うことが多い。こんな言い方をして、お上品ぶっていると思ってほしくないが、そうすると別の場所へ行く助けになるからだ。ステージに立ち、人々を前にしていても、俺にとってそれはとてもプライベートな、個人的な体験だ。歌うことは俺の使命。**俺の存在そのものだ。**

目を閉じれば、自分自身を表現して、できるかぎり最高のパフォーマンスをする助けになる……だがローズモントでは「ジューダス・ライジング（Judas Rising）」の最中に目を開けると、その男がまださっきの場所にいて、携帯を俺の顔に向けていた。フラッシュがちかちか光った。**クソ野郎《ファッキン・ヘル》が！**　視界がさっと赤く染まった。

歌い続けながら、2歩踏み出して、そいつの手から携帯を蹴り上げた。言わせてもらえば、なかなか見事なキックだった。スマホは弧を描いて空中を飛び、持ち主の6メートルうしろの観客の間に消えていった。俺はそれを目で追った。**ゴール！**

俺のことだから、すぐさま相反するふたつの考えが同時に浮かび、俺の頭を支配しようとせめぎ合った。

(1)やってよかった、スカっとしたぜ！

(2)ああ、クソ！　どうしてあんなことしたんだ？　ちょっとひどいんじゃないのか、このマヌケ！

その哀れな男は、車のヘッドライトに照らされた鹿みたいに固まっていた。片目で監視していると、観客の手から手へ携帯が渡され、彼の手元に戻ってきた。彼はブツをすぐポケットにしまった。次の曲が終わったあと、そいつをまたちらりと見ると、握手を求めて片手を差し出していた。

「ほんとに悪かった！」と彼は叫んだ。本心から済まないと思っているように見えた。俺は彼と握手して、デビル・ホーンをかざした。目の前の赤い霞が晴れて、すべてが終わり、もう彼に何の悪い感情も抱いていなかったからだ。それに、正直言って、少々バカバカしいと感じたせいもある。

昔だったら、それで済んだだろう。しかし――皮肉にも！――ファンが、俺が携帯を蹴り上げる様子を自分の携帯で撮影して、もちろん、家に帰るやいなやユーチューブに投稿した。それから2日ほど、俺の無分別な行為はインターネットで大層な話題になった。

彼らの反応は、ほぼ半々といったところだろう。

(1) よくやった！ 行け、ロブ！ ギグを携帯で撮るやつらはクソだ！
(2) ハルフォード、この大バカ野郎！ 自分のファンにあんな仕打ちをするなんて！

本音を言えば、俺は両方の意見に賛成だった。結局、プレス・リリースを発表して、バンドの立場を明らかにした。公平を期して言っておくと、この文を作成する間、まじめな顔を保つのに必死だった。

> ここで明らかにしておこう。俺たちはファンを愛している。ファンは好きなだけ俺たちを撮影して、生身ではなく携帯電話でショーを観ることができる。だが、メタル・ゴッドのパフォーマンスを物理的に妨害したら、何が起きるかわかってるな！

ロード暮らしを始めて45年になるが、まだまだ新天地への遠征はできる。２０１８年12月、『ファイアーパワー』を引っ提げてインドネシアを訪れた。少年の頃、地図で見るその国名は信じられないほどエキゾチックで、遠くの星にある土地のように思えた。**きっとそこへは一生行かないだろう！**

ところが、**俺はその地にいた。**世界をヘヴィ・メタルで塗り尽くすという生涯の使命を背負って。現地の当局がゲイの人々に対して不寛容なのは知っていた。でも、**それが何だ？ 俺はもう怖くない。**ジャカルタでの俺の態度は、サンクト・ペテルブルグと同じだった。

俺はここにいる、兄弟《メイト》！ ゲイであることを公表して、誇りに思っている。これが俺だ。受け入れてくれ！

アジアの各国を歴訪したあと、ウォルソールに戻りクリスマスを過ごした。２０１９年夏にプリーストの『ファイアーパワー』ツアーが終了してから、またこの祝祭の季節に思いを馳せた。自分がやりたいから、それだけの理由で、２枚目のクリスマス・アルバムを作った。

バンドを組み、10年前の『ウィンター・ソングス』に続く作品を制作した。今回の『メタル・クリスマス（Celestial)』では、メタルのどを駆使して「世の人忘るな（God Rest Ye Merry Gentlemen)」「飼い葉の桶で（Away in a Manger)」「ひいらぎ飾ろう（Deck the Halls)」を歌い上げ、「ウェンセスラスはよい王様（Good King Wenceslas)」までものにした〔いずれもクリスマス・キャロルの定番曲〕。

クレジットは〝ロブ・ハルフォード・ウィズ・ファミリー・アンド・フレンズ〟とした。そのとおりだったからだ。弟のナイジェルは地元ウォルソールのバンドでドラムを叩いていたから、ドラム担当。甥のアレックス――イアンと妹スーの息子――がベース。スーは鈴《スレイベル》まで鳴らした。

ところが12月半ば、俺が実際に歌ったのはクリスマス・キャロルじゃなくてプリーストの曲だった。フェニックスの隣人、アリス・クーパーが地元のセレブリティー・シアターで毎年開くチャリティー・コンサート、『クリスマス・プディング』に出演したんだ。アリスのオリジナル・バンドがそこにいた。さらにジョー・ボナマッサ……そしてジョニー・デップも。

ジョニー・デップ！ ジョニーはアリスが組んだスーパーグループ、ハリウッド・ヴァンパイアーズで、ジョー・ペリーとともにギターを弾いていた。彼に会う機会があればいいと願った。ジョニーは素晴らしい俳優だと思っていたからだ。彼は俺の隣の楽屋にいた。大勢の取り巻きも一緒で、大音量の音楽が部屋から聴こえていた。

ショーの前にみんなで顔合わせのあいさつをした。それから俺は熱烈なファンに変身し、楽屋へ戻る途中、彼をつかまえた。

「ジョニー、俺はあんたたちの大ファンなんだ！」と話し始めた。「俺はジューダス・プリーストのロブっていって……」

「誰かなんて知ってるさ！」と彼は俺の言葉をさえぎった。「ずっと昔からプリーストのファンなんだ！」

おっと！　そうか、そいつは驚きだ！「少しあとで、部屋に寄ってちょっとおしゃべりしてもいいか？」と尋ねた。

「いつだって大歓迎さ！　光栄だよ！」

俺は自分の楽屋へ戻った。そして、しばらくたってから、ジョニーに会うため隣の部屋へ向かった。取り巻きはアシスタントひとりを残して全員姿を消し、彼はひとりで座っていた。「さあさあ、入って！」とジョニーはうれしそうにほほえんで言った。

ジョニーはこの上なく気さくで魅力的だった。俺たちは1時間ほど話をした。そして、唐突に、彼はこう言った。「ヘイ、ロブ！　ツリーハウスの頃のこと、覚えてるか？」

何だって⁉　突然、俺の心は一気に昔へ戻っていった。フォート・ローダーデールにある悪名高い終夜営業クラブで、夜明けまで大騒ぎしたこと。毎晩『復讐の掟』をミックスしては、ユル・ヴァスケス率いるカヴァー・バンドでプリーストの曲をがなり立て、ジジの靴に注いだシャンパンをがぶ飲みして、ぐでんぐでんに酔っ払ったこと。

「マジかよ《ファッキン・ヘル》、ジョニー！　どうしてそれを知ってるんだ？」と俺は聞いた。

「あんたを観るためにしょっちゅう行ってたからさ」

「俺を観るために⁉」

「そうさ！　店によく来てプリーストの曲をジャムってるって聞いてたから、あんたが現れないかチェックしに行ってたんだ」と彼は笑って言った。「いつもいたね！」

言葉が見つからなかった。「でも……俺、あんたのこと覚えてないよな？」と俺は言った。

「そうだろうね。あの頃は、売れないバンドにいる、髪を伸ばしたやせっぽちのパンク小僧だったから。でも俺はあんたを覚えてる」

何てこった！　俺は完全に言葉を失った。人生でもう驚くことは何も起こらないと思っていると……こんなふうにまんまと足をすくわれる。ことわざにもあるだろう？　**事実は小説より奇なり。**

最高にご機嫌で２０１９年の終わりを迎えた。パワフルな新生プリーストは前途洋々、ニュー・アルバムを出し、翌年には大規模なアニヴァーサリー企画があって、トーマスと俺はフェニックスで最高に幸せに暮らしている。人生はとても充実しているように思えた。楽しみにしていることがたくさんあった。

そして２０２０年が明け、世界が終わった。

エピローグ　永遠に力の限り叫び続ける

正直に言って、60代も終わり近くになり、世の中で起こって自分の身に降りかかってくるものはすべて見たつもりだった——そこへ世界的大流行《パンデミック》が起こった！

そう、もし俺がこれまでの人生で何かを学んだとしたら、それは次の角を曲がれば何があるかなんて絶対わからないってことだ。

2020年初め、トーマスと俺はウォルソールへ行って2ヵ月ほど過ごした。この旅行を俺はずっと楽しみにしていた。友人や家族と再会するのはもちろん、プリーストのエキサイティングな新プロジェクトの企画が山ほどあったからだ。

グレンのスタジオでニュー・アルバム作りに取り掛かった。『ファイアーパワー』に大満足したので、俺たちはプロデュースのドリーム・チームを引き続き起用することにした。トム・アロムの役割はそのままで、今回アンディ・スニープは俺に「もう1回！」と言う役のほか、ギタリストも兼任だ。

グレンはプリーストのライヴ・パフォーマーとしては半分引退だろうと思い切りをつけたが、曲作りには今までどおりかかわっている。初期のセッションで、俺たちはいくつか素晴らしい素材を思いついた。次のアルバムは傑作になるだろう。

結成50周年記念ツアーの計画も始めた——ジューダス・プリーストの半世紀の歴史を祝うツアーだ。このバンドが始まったときは、アル・アトキンスという男がシンガーだった。俺はその頃まだニキビ面の田舎者で、ハリー・フェントンでフレア・ズボンとキッパー・タイを売っていた。

　プリーストがこんなにも長く生き延びてきたことを称えるツアーだから、俺たちを生んだ場所——そして生んだもの——を称えたかった。俺たちのルーツに戻り、かつてウォルソールにあった重金属工場《ヘヴィ・メタル》を模したライヴ・セットを作りたい。ジューダス・プリースト重金属工場《メタルワークス》を出現させたい。

　G&Rトーマス社をロードに持っていきたい。

　60年近くたった今でも、G&Rトーマス社の労働者たちの姿を、というよりは彼らのシルエットを、はっきりと思い描ける。巨大な溶鉱炉を傾け、溶けた金属を流して銑鉄を作る男たち。今でも運河を渡るとき息をしようとあえいだ自分を思い出せる。そういうイメージ、あの男たち、建ち並ぶ工場が、俺たちを作った。それらが俺たちの成長に与えた影響をしっかり認めたい。

「溶かした金属をステージに流せるか？」と1回目の企画会議で演出スタッフのひとりに尋ねた。

「そのとおりってわけにはいかないな、ロブ」と彼は答えた。少々不安になったんだろう。「色つきの水で何とかできないか？」

　そんなわけで、これについてはまだ検討中だ……。

　50周年記念のツアーでは、プリーストのウエスト・ミッドランズのルーツをできるだけ強く打ち出したい。ひらめいた名案もいくつかある……なかでも絶対に欠かせないのは巨大な雄牛の風船だろう。

　バーミンガムはウエスト・ミッドランズの中心であり、何世紀も前から、ブル・リング市場が街の代表的なシンボルとされてきた。中世にはブル・ベイティング〔鎖につないだ雄牛に犬をけしかけて、どの犬が最初に鼻をかみちぎるか競わせる見世物。19世紀に法律で禁止された。この競技のために開発されたのが、イギリスの国犬とされるブルドッグの祖先〕の会場として使われ、のちに肉と食料品を扱う市場になり、やがて現在の姿である最先端の壮麗なショッピング・センターに生まれ変わった。

だから、ブル・リングを記念して、巨大な――つまりとてつもなくでかい――雄牛のバルーンをステージの上に掲げたい。ショーの前に、ジューダス・プリースト・メタルワークスのオーバーオールを着たスタッフたちが、木箱を押して現れる。観客はこう思うだろう。**ええ？　これは何だ？**

そして、その瞬間が来たら……**雄牛が出現する。**わずか10秒で膨らみ、誰もが度肝を抜かれる。あまりにも荘厳な眺めに、アリーナにいる全員が圧倒され、携帯電話[*1]をひったくるように取り出して撮影し、家に走り帰ってユーチューブに投稿して、さらにフェイスブックにも載せるだろう。

G&Rトーマス社、ブル・リング……俺たちのルーツ、そしてバンドの起源として、これ以上にふさわしいものがあるだろうか？　何人かの売文屋は巨大な雄牛に軽蔑のまなざしを向け、俺たちとスパイナル・タップを比較し、ストーンヘンジ〔スパイナル・タップのセット。実物を模した壮大な装置になるはずが、インチとフィートを間違えて発注したため極小サイズになった〕を持ち出すだろう。だがいいか？　**俺は全然気にしない**――素晴らしくなるはずだからだ。

アニヴァーサリー・ツアーのあとも、俺たちはロードに出たままでいるつもりだった。やはりバーミンガムが生んだ偉人――オジーと一緒に。最初のフェアウェル・ツアーをやってからちょうど28年後、オジーはライヴ・キャリアに別れを告げる『ノー・モア・ツアーズⅡ』を敢行中だった。

だがこの企画はまたもや延期しなければならなかった。残念なことに、オジーは俺の人生にかかわる人たちのなかで、あのクソッタレ野郎、パーキンソン病の最新の犠牲者になった。彼とグレンがそれについて何度か腹を割って話したことを俺は知っている。今オジーは治療を受けていて、ツアーをやるために病を克服すると誓っている。彼ならきっとできるだろう。

シャロンからツアーについて問い合わせがあり、ジューダス・プリースト・メタルワークスと雄牛のバルーンをツアーに持参していいと言われた。抜け目ないミセスOのことだから、不幸にもオジーが少々体調を崩した場合に備え、既存のバンドを代役として押さえておこうと計算しているのかもしれない。

だがそんなこと、起こるはずないよな、**またもや――だろ!?**

この3つのイベントの企画が順調に進んでいた3月、トーマスと俺はフェニックスに戻った。そして中国の武漢の食品市場で起こった恐ろしいこと〔原書刊行時点（２０２０年9月）、新型コロナウィルス拡散源は武漢の華南海鮮卸売市場とされている〕の余波が、地球全体に広まり、世界が封鎖された。

コロナウィルスのパンデミックのようなことは、人生でこれまで経験したことがない。**誰も経験したことがない。**毎日ニュース・サイトをスクロール・ダウンして、テレビのニュース速報を見て、何万もの人々が世界各地で亡くなっていくという知らせを耳にする。衝撃を受けて……己の無力さを痛感する。

家にこもり、たまにそっと顔を出すと、道はがらんとして、青いマスクをした何人かが、あわてふためいて隠れ家に逃げ込んでいくのが見える。昔夢中になって読んだ、世界の終末を描いたSF小説を思い出す。まるでアシモフの恐ろしい小説の世界に生きているみたいだ〔アシモフには、宇宙に進出した人類の子孫が病気の感染を恐れ、〝ソーシャル・ディスタンス〟を極めた星を舞台にしたSFロボット・ミステリー『The Naked Sun』（１９５６年。邦題『はだかの太陽』、小尾芙佐訳、ハヤカワ文庫、２０１５年（新訳））がある。その前日譚は、人口過密に悩まされる人類が、林立する鋼鉄のドームの中で一生を送る地球を描いた『The Caves of Steel』（53年。邦題『鋼鉄都市』、福島正美訳、ハヤカワ文庫、１９７９年）〕。

奇妙な感じがする。圧倒的な無力感を覚える。ほとんどの時間を、最前線で闘い、この目に見えない敵に

＊1：携帯があまりにもたくさんあるから、走り回って彼らの手から全部蹴り出すのはきっと無理だろう！

立ち向かっている医師、看護師、救急車の運転手、警官を称え、感謝することで過ごしている。彼らに拍手を送った。俺にとって、彼らは人類を代表する英雄だ［イギリスでは２０２０年3月下旬から厳重な外出禁止令が敷かれた。都市封鎖中、「Clap for Carers（医療・介護従事者に拍手を）」キャンペーンが実施され、王室メンバーや首相も参加した］。

実際、新型コロナウィルスのパンデミックで、まざまざと思い知らされた。この世界には、ヘヴィ・メタルよりもっと重要なことがあるのだ。**生死にかかわる問題が。**

だから当然、プリーストの壮大な計画はすべて延期か棚上げになった。50周年記念のツアーは２０２１年に延期。オジーのツアーもそうなるだろう。ニュー・アルバムはいつの日か実現する。問題ない。すべて、待つだけの価値はある。

ロックダウン中は、家の中を歩いたり、１日に20回手を洗ったりする以外、何もすることがなかったから、己の人生についてじっくり考える時間があった。

読者も同意してくれるだろうが、俺の身には多くのことが起こった。その大半が今ではぼんやりとして夢のように思える。アンディ・ウォーホルに手錠をかけたこと、ライヴ・エイドでプレイしたこと、弦楽四重奏団とヘドバンについて女王とおしゃべりしたこと。そしてふと、こう思っている自分に気づく……。

あれは全部本当に起こったことなのか？　想像しただけなのか？　俺は奇妙な、非現実的な映画の中に住んでいるのか？

素面《しらふ》でなければこの本は書けなかっただろう。このように、己の過去に、己の内なる悪魔に向き合うことができなかっただろう。酒と薬をやめてから34年以上が過ぎたが、それでも素面でいることを当然とは考えていない。これまでずっとそうだったように――今日１日を積み重ねていく。

俺にとっていちばん大切なのは、人生における１日々々を、酒を飲まずに乗り切ることだ。アルコホーリクス・アノニマス（ＡＡ）のミーティングにはまだ一度も行っていないが、30数年前、リハビリ施設を退所したとき、後見人のアーディスが瞑想の本を1冊くれた。

この本は俺と一緒に世界中を旅している。1年365日、1日ずつ行う瞑想が書いてあるから、夜の最後の儀式として、ベッドに横たわり、その日のページを読み、これまでの回数を数える。今では34回目だ。その日の分の瞑想を読まないと、眠りにつけない。単純な話だ。

素面でいることが俺の人生にもたらしたいちばん大きなものは、正直さだった。酒を飲み、ドラッグをやっているときに付き物だった嘘と、何かのふりをすることに終止符が打てた。そして、心の底から自分に正直になり始めるきっかけになった出来事がもうひとつ。ゲイだとカミングアウトしたことだ。

自分のセクシュアリティを隠し、**嘘の人生を生きて**いると、この世に存在している1日々々、感情が抑え込まれ、心に重荷が蓄積されていく。だが意を決して、本当の自分をさらけ出せば、心が一気に開放され、ありのままの自分でいられる。何かを心に秘めておくことはない。**誰もが告白したいのだ。**

俺はよく自分に問い掛ける。なぜカミングアウトするのにあれほど時間がかかったのか。そしてなぜ、ついにその大きな一歩を踏み出したのが、意図的ではなく口を滑らせたときなのか。よりにもよってＭＴＶのインタビューで！　そしてやっと、この本を書きながら、**ああいうふうに起こらなければならなかった**と気づいた。運命で定められていたのだ。それより前には、まだそうする準備ができていなかったのだ。

俺の生涯を通じて、特に若い頃、ゲイの人々は同性愛嫌悪《ホモフォビア》と偏見に立ち向かうことを強いられてきた。新聞にも、テレビにも、日々の生活のあらゆるところにその見方はあふれている。俺たちはまるで自分たちが下層民であるかのように感じながら、生きていかなければならない。学校でも、職場でも……**自分自身の家族のなかでさえ。**

だが、そういった経験すべてが、俺たちにとてつもない強さを与えてくれる。日々の恐怖を耐え忍び、受け入れられようともがき苦しむ。だから、そういうすべてを乗り越えて、トンネルを抜ければ、もう何にも傷つけられることはない。**たかが言葉じゃないか**《スティックス・アンド・ストーンズ》〔子どもが口喧嘩で使う言い回し。〝Sticks and stones may break my bones but words will never hurt me（棒や石で打たれたら骨が折れるかもしれないが、言葉では絶対傷つかない）〟〕……。

今もし21歳で、バンドに入ったばかりなら、初日にゲイだとカミングアウトするだろう。70年代初めに比べると、世界は変わった。それも、よりよい方向に。ミスター・ハンフリーズ〔BBC制作ドラマに登場するステレオタイプのゲイ。4章参照〕は――彼に祝福あれ――しゃなりしゃなりと歩み去った。ゲイの男性はもはや笑いの対象ではなく、嘲られることもない……そして激しく糾弾されることも。

偏見と無視はなくなっていない。ホモ《ファゴット》は全員死ぬべきだというメッセージを、今でも時々受け取る。偏見を持つ哀れな人々が、いまだにソーシャルメディアで俺を見下し、攻撃しようとする。だが喜んで言わせてもらおう。もう俺はそういう連中に悩まされることはない。〝削除《デリート》〟ボタンってのは彼らのためにあるのさ！

俺はあまりにも長い間、満足感とは無縁だった。今は心がとても満ち足りて、幸せだ。素面になって、カミングアウトしたから、という理由だけではない。信じられないほど親密で心が通じ合ったパートナーと、25年間ともに過ごしているからだ。幸運だったら、誰もが〝運命の人〟に巡り合う。そして俺にとっては、トーマスが運命の人だ。

俺たちは毎日一緒にいる。ほとんどいっときも離れない。トーマスはプリーストのツアーすべてに同行する――実際、最近のツアーは彼がいなければできなかったと思う。彼は俺の支え《ロック》であり、なくてはならない存在だ。

フェニックスにいるとき、不眠症の俺は3時前にベッドに行くことが滅多にない。だからふたりで昼に起きて、いちばん近いショッピング・モールに車で行き、軽い昼食を取る。午後はふたりで自宅のプールに浸かるときもある。あとはほとんど何もしない。そういうやり方をふたりとも気に入っている。

プリーストのファンは、俺が毎朝フェラーリを転がし、レディー・ガガに会ってシャンパンを飲んでから、スカイダイビングに行く、と思っているかもしれない。**まさか！**　プリーストがロードに出ていないとき、トーマスと俺はそんな生活をしていない。俺たちはとても……退屈な人間なんだ。

ツアーでは毎日、あまりにもたくさんの人に囲まれている。昼も夜も、ノンストップだ。だから、フェニックスに戻ったときは、毎晩Netflixを観て満足している……月に1、2回はカジノに行って、1時間スロットマシーンで遊ぶ。俺たちに必要なのはそれだけだ。

ウォルソールにいるときも、同じくらい地味な暮らしだ。トーマスは俺と一緒にウォルソールへ来るのがとても気に入っている。ここでは徒歩であちこちへ行ける。どこへでも車を運転して行かなければならないアメリカとは違う。家族に会い、一緒にぶらぶらして……そして毎晩〝ナイト・ウォーク〟に出掛ける。

40年前から住んでいるコーチ・ハウスの周りを、小さな円を描くようにそぞろ歩く。いつもの道を歩いていくと、狭い袋小路の入り口を通り過ぎる。奥には両親が固辞した末にやっと買わせてくれたバンガローがある。ふたりがそこでどんなに幸せだったか、俺は一生忘れない。

両親が亡くなってからずっと長い間、俺はその道を奥に進んで、ふたりが暮らした懐かしい家を見ることができなかった。あまりにもつらかった。その道には思い出がありすぎるように感じた。**おふくろとおやじは、逝ってしまった。俺たちの懐かしい人生は、奪い去られた。**そして涙をこらえている自分に気づいた。

今では、その袋小路を動揺せずに歩くことができる。でもたいていは、足を踏み入れない。

俺は来年70歳になる。これまでに学んだことのひとつは、できるかぎり長くプリーストにいたい、ということだ。一度はバンドを去るという過ちを犯した。もう二度とそれを繰り返すつもりはない。ステージの袖から俺を引きはがすには、羊飼いの杖〔旧約聖書の詩篇23篇では、迷える羊たちを鞭と杖で導く主（キリスト）が描かれる〕が必要だろう。

俺は声を限りに永遠に叫び続けたい！

歌うことは俺にとって、心の開放であり、目的であり、存在意義だ。ステージにいて、ジューダス・プリーストと一緒に歌っているときだけ、真の意味で、完全に生きていると感じる。それをしていて感じる喜びは筆舌に尽くし難い。ほかのものとは比べものにならない。80歳になってもファッキン・「ペインキラー」を絶叫していたい！

70代に入ったグレンは、俺たちのファンをいつも〝キッズ〟と呼ぶ――ファンたち自身、大半が今では50代、60代だというのに！　そういうものの見方は、とても素敵だし、真実だとも思っている。なぜなら、人は何歳になっても、ヘヴィ・メタルのギグに行ったらティーンエイジャーに戻るからだ。

今や、多くのベテラン・バンドと同じように、ジューダス・プリーストはタイム・マシーンだ。俺たちは70年代、80年代、90年代の曲をプレイして、みんなを真っすぐその時代へ連れていける。**ヘイ、１９７８年に戻ったぜ！　イエイ！　今度は１９８５年だ！**　俺たちはキッズがいるファミリーだ……そしてファミリーは素晴らしい思い出を共有する。

俺は今も、かつてと同じように、ヘヴィ・メタルに恋している。毎日iPadの前に座り、メタル系のウェブサイトに目を通して、新人アーティストや新曲をチェックする。とても信じられないような場所でもメタル・シーンは育っている。たとえば南アフリカ、イランでさえ！　そういう国すべてでプリーストとしてプレイしたい。

近頃は毎晩、瞑想の本を読み終えてベッドに入るとき、主の祈りと平安の祈り〔AAで回復を望む依存症者を励ますために用いられる。変えられるものを変える勇気、変えられないものを受け入れる冷静さ、両者を識別する知恵を請う〕を口にする。そして俺の人生にかかわるすべての人たちのために祈る。トーマスのために、家族のために、俺たちのファンのために、すべての人々のために。祈りには力がある。俺は断固としてそう信じている。

誰に向かって祈っているか、はっきりとはわからない。それでも誰かが、あるいは何かが、耳を傾けていると知っている。この惑星で過ごす時間だけが人生ではない。死後の世界は絶対にある。ニューヨーク・シティのナイトクラブでパールというジャマイカ人の女性に会ったとき、俺はその教訓を学んだ。

俺は死を恐れていない。これっぽっちもだ。それはいつ来てもおかしくない――明日自宅のプール・サイドで頭をかち割るかもしれない。ステージでまたバイクから転げ落ちるかもしれない。それもアニヴァーサリー・ツアーで！　人生は一瞬で奪い去られる。いとも簡単に。

はっきりさせておこう。俺は（死に向かって）**かかってこい！**と言ってるんじゃない。自分の人生をとてつもなく愛しているから、終わらせたくなんかない！　だが覚悟はできている。時々、自分の葬式はどういうふうにしようかと考える。棺桶《かんおけ》はレザーと鋲《スタッド》で覆い、メタル族の大群に警護団として付き添ってほしい。参列者には号泣してもらいたい。

たくさん泣いて、大げさに嘆き悲しんでほしい。俺はキャンプに泣きわめく仕草が大好きなんだ！

どこで眠りにつこうか？　ハリウッド・ヒルズの丘の上にある、ロニー・ジェイムス・ディオの近くの区画を予約するのも一案だ……だがそれより、ウォルソールに埋めてもらう方がいいだろう。そここそが、俺の生まれた地であり、終わりを迎えるべき場所だ。ついでに像も建ててもらおうか。

建てる場所は町の中心街。昔お相手探しにいった公衆トイレの跡地なんかどうだろう（もちろん少なくともブルー・プラーク〔偉人に縁のある建造物に設置される青い銘板〕をはめ込む価値はあるだろう?）。いや、やはりセント・マシューズ教会の外がいい。ウォルソールの町全体を見渡せる丘のてっぺんに。

そうだ、そして夜には、像の周りでドライアイスをたいて、レーザービームで照らしてほしい。**お願いだ。**そんなに大層な頼みじゃないだろう?

俺は生まれ故郷のウォルソールに繰り返し戻っている。この地はいい方向に変わった。パニックを起こした小学生たちが、**息ができない！**と思うことは、もはやない。重工業の中心地であり、G&Rトーマス社と銑鉄の町だった、薄暗く陰鬱なブラック・カントリーは永遠に消え去った。

数年前、トーマス、妹のスー、彼女の娘で10歳になったサスキアと一緒に、1日かけてダドリー〔バーミンガム近郊の町〕にある〝ブラック・カントリー暮らしの博物館〟を見学した。歴史を学べる素晴らしい屋外施設で、かわいらしい村が再現され、その地区の工業と炭鉱の遺産を保存している。

みんなで石畳の道をそぞろ歩き、昔の鍛冶場や工場を窓からのぞいた。運河に浮かぶ平底船を眺めていたとき、サスキアが近寄ってきて何かを差し出した。

「ロブおじさん」と彼女は言った。「これは何?」

俺は視線を下げた。彼女は石炭の塊を握っていた。

「これは石炭だよ、サスキア」と俺は教えた。

「せきたん?　せきたんって何?」

自分の耳が信じられなかった。「サスキア、からかってるんだろ!」と俺は言った。

「ううん、違うよ！　せきたんって何なの？」

そんなわけで、俺は小さい姪に説明した。石炭とは何か。昔はそれで何をしていたか。毎週ビーチデールの家の玄関まで、石炭の袋を届けにきた、煤《すす》まみれで真っ黒の配達人。「ワオ！」とサスキアは言った。そして石炭の塊をティッシュで丁寧にくるみ、学校の友達に見せるためにしまい込んだ。

ヘヴィ・メタルは決して死なない……だがそれを生んだ風景は消滅してしまった。それでも、俺は繰り返しウォルソールに戻ってくる。そして、いいか？　そのたびに何よりも楽しみなのが、地元のチッピー〔フィッシュ・アンド・チップス店〕に繰り出して、フィッシュとチップスとマッシーピーズ〔グリーンピースをペースト状になるまで煮込んだ付け合わせのソース〕とゆで卵のピクルスを食べることだ。

俺はウマい卵のピクルスが大好物なんだ。

これまでずっと回想録は絶対書かないと言ってきた。あまりにも重い任務に思えたからだ。だが書いてよかったと心から思う。波乱に満ちた己の過去をもう一度体験し、人生を深く見つめ直し……心の重荷をすべて降ろすことができた。

なぜなら、**告白**はときに、魂に善き力を与えるからだ。

メタルの祝福を

数え切れないほどの人たちの愛と助けと励ましがなければ、告白はできなかった。全員の名前を書き出していけば聖書並みの厚さになるだろう。ここでは会衆席の最前列にいる素晴らしい人たちの名を挙げる。

トーマス、おふくろ、おやじ、スー、ナイジェル、アレックス、サス、ジョー、イシー、ハーパー、オリー、リズ。

ハルフォードの家族と、愛に包まれて旅立った人たち。

ジェイン、ビル、グレン、イアン、スコット、リッチー、ケン、トム、ジム・シルヴィア。

俺のファン、バンドの仲間。音楽業界とマスコミの友人たち、特にエピック・レコードNYのスコット・カーター、マーク・ノイマン、チップ、イアン・ギティンス懺悔王《ざんげおう》。

親友のパゴダ、ジェフ、パッツィ、ジム、ヒルビリー、ジェームズ、ジャーヴィス、シェーン、レム、リチャード、ケヴィン。

そしてメタル・ゴッドの人生の中心にいるすべての信徒たちに。

Song Credits

P82 'Run of the Mill' by Tipton/Halford/Downing courtesy of Gull Songs
P83 'Dying to Meet You' by Tipton/Halford/Downing courtesy of Gull Songs
P112 'Sinner' by Tipton/Halford courtesy of Sony/ATV Music Publishing
P113 'Raw Deal' by Tipton/Halford courtesy of Sony/ATV Music Publishing
P114 'Here Come the Tears' by Tipton/Halford courtesy of Sony/ATV Music Publishing
P128 'Beyond the Realms of Death' by Halford/Binks courtesy of Sony/ATV Music Publishing and Universal Music Publishing
P144 'Take on the World' by Tipton/Halford courtesy of Sony/ATV Music Publishing
P165-166 'Breaking the Law' by Tipton/Halford/Downing courtesy of Sony/ATV Music Publishing and Round Hill Songs II (ASCAP), MFN
P196 'Screaming for Vengeance' by Tipton/Halford/Downing courtesy of Sony/ATV Music Publishing and Round Hill Songs II (ASCAP), MFN
P197 'Jawbreaker' by Tipton/Halford/Downing courtesy of Sony/ATV Music Publishing and Round Hill Songs II (ASCAP), MFN
P217 'Eat me Alive' by Tipton/Halford/Downing courtesy of Sony/ATV Music Publishing and Round Hill Songs II (ASCAP), MFN
P236 'Turbo Lover' by Tipton/Halford/Downing courtesy of Sony/ATV Music Publishing and Round Hill Songs II (ASCAP), MFN
P243 'Parental Guidance' by Tipton/Halford/Downing courtesy of Sony/ATV Music Publishing and Round Hill Songs II (ASCAP), MFN
P313 'Painkiller' by Tipton/Halford/Downing courtesy of Sony/ATV Music Publishing and Round Hill Songs II (ASCAP), MFN
P405 'Deal with the Devil' by Tipton/Halford/Downing/Ramirez courtesy of Sony/ATV Music Publishing and Round Hill Songs II (ASCAP), MFN
P438 'Redeemer of Souls' by Tipton/Halford/Faulkner courtesy of Sony/ATV Music Publishing
P449 'Firepower' by Tipton/Halford/Faulkner courtesy of Sony/ATV Music Publishing
P449 'No Surrender' by Tipton/Halford/Faulkner courtesy of Sony/ATV Music Publishing

Picture Credits

Except where indicated, all photos courtesy of Sue Halford.

カラー口絵

P1: Chris Walter/WireImage/Getty Images

P2: Fin Costello/Redferns/Getty Images

P3: Koh Hasebe/Shinko Music/Getty Images

P4: (上) Chris Walter/WireImage/Getty Images
(下) Amy Sancetta/AP/Shutterstock

P5: (上) Dave Hogan/Getty Images
(中) author's personal collection
(下) Annamaria DiSanto/IconicPix

P6: (上左) author's personal collection
(上右) Andre Csillag/Shutterstock
(中) © John Eder
(下) author's personal collection

P7: (上・下) author's personal collection

P8: © Travis Shinn

ワ

タ

サ

Index

解説

衝撃的である。

ここまで赤裸々に綴った『自伝』と向き合うのは、私自身、初めてのことである。

ロブ・ハルフォードがゲイであることは、今では周知の事実であるが、二度目の来日公演まで、我々関係者は誰もその事実を知らなかった。今でもよく覚えている。メンバー5人と、エピック・ソニーの担当ディレクターだった野中規雄さん、レーベルでバンド周りを担当していた盛田英夫さん、そして、私を含む8人が新宿のディスコに遊びに行った。1979年当時は、バンドを連れて遊びに行くにしても、赤坂の「ビブロス」とか、六本木のパブやディスコあたりしかなくて、食事が終わると、そういう場所に向かうことが多かった。この時、何故、新宿のディスコだったのか記憶はあいまいだが、宿泊先が新宿西口にある「ホテル・サンルート」だったからではないかと思う。実は、前年の初来日公演の際、「東京プリンス・ホテル」が宿泊先だったが、グルーピーやファンがロビーを占拠して騒然となり、バンドがホテルから追い出されるという事態になった。メンバーやクルーが重い荷物を抱えて「ホテル・サンルート」に移っていった。そして、部屋の狭さに驚いていた。今回はその轍を踏まず、最初からこのホテルにしたとプロモーターは言っていた。レコード会社のディスコ担当は、毎晩、店を回って自社の曲をＤＪにかけてもらうのを仕事にしている。つまり、店側との人間関係がきちんと成立している。その夜、ジューダス・プリーストと我々がＶＩＰに通されたのは、その担当者が間に入り店に話を付けていたからだと思う。しかし、他には誰もいない広いＶＩＰでただただ呑んでいるのは実に退屈だった。メンバーはそんなに酒を呑まない。彼らも退屈だったと思う。そんな状況を一変させたのが、何と盛田さんが取り出した〝ウォークマン〟であった。確か、まだ発売前のサンプルだったと思うが、これにロブのみならずメンバー全員が激しく食いついた。異様に盛り上がった。音の良さに誰もが驚いていた。

しばらくして、グレン・ティプトンが私の耳元で囁いた。
「この近くに、男性に興味がある人が集まるお店はないかな？　ロブがさぁ！」と。

酔っていた私は、それを盛田さんに伝えた。「あっ、そうなの。お店、知っていますよ。何とかしましょうか！」と彼は答えた。すると、グレンは大きな溜息をつき、困った顔をして、「マサ、他の人には言わないでくれよ！」と。なるほど。これは秘密の話だったのか。私のみに伝えて何とかしたかったわけか。しかし、当時、26歳の私には、これは荷の重いミッションだった。かくして、ロブがゲイであることは、私や野中、盛田両氏が知ることとなった。だからと言って、何かが変わったわけではない。むしろ、私たちはどんどん仲良くなっていった。私とロブはホテルを出て、大ガードをくぐり、歌舞伎町の居酒屋に呑みに行った。彼はタコぶつとおしんこを注文し、最後は割り勘で支払い、その後、繁華街を散歩した。ホテルの狭いロビーにはグルーピーとファンがいっぱいいた。彼はそこから脱出したかったのだ。ホテルに戻ると、新しいスタッズの数々を見て欲しいと、彼は部屋に誘った。ロンドンのＳ＆Ｍショップで作ってもらったというスタッズは、芸術品のように輝いており、部屋のテーブルにきれいに並べられていた。のちに、ヘヴィ・メタルのファッションの象徴的なアイテムになる、その原風景がそこにあった。ロブは日本で初めて革とスタッズのファッションでステージに立った。随分あとの話になるが、ロブは「記念にしてくれよ！」と言って、ワールド・ツアーで使用した革のスタッズを腕から取ってプレゼントしてくれた。

二度目の日本滞在は、ホテルの空調が合わなかったようで、ロブはのどを痛めてしまった。新宿厚生年金会館の楽屋では、小さな洗面所に熱いお湯を用意してもらい、頭から大きなタオルをかぶり、顔を近付けてその蒸気を吸い込んでいた。加湿器が常備されていなかった時代である。ヴォーカリストは誰もがコンディション作りに苦しんだ。ライヴ・アルバムの収録日にこのハプニングである。異様な緊張感が、楽屋を包み込んでいた。ホテルの浴衣を着て、洗面所で蒸気を吸い込んでいるロブ。その姿を写真に収めていると、「マサかい？　写真は撮らないで！」と。その時の貴重な写真は、私の拙著『目撃証言　ヘヴィ・メタルの肖像』で使用されている。ごめんよ、ロブ！

この『自伝』では、ファンの知らない彼の人生の様々な場面が登場する。ポルノ・ショップでのアルバイトの話は、昔から知っているが、何度聞いても面白い。しかし、ロブに一度も質問したことがない、この時代の噂話がある。聞きにくいネタだし、私が間違っているかもしれないから、これは墓場まで持っていくことにしよう。

ロブが不機嫌になった姿、あるいは、怒った姿を見たことがあるだろうか。私は何度かある。見てしまったのだからしょうがない。ファイトが来日公演を行った時、新宿厚生年金会館を訪れ、彼にある話をした。私はしばらく前にロンドンから帰国し、仕事に復帰していた。ロンドンで読んだ音楽誌に掲載されていたある人物の投稿から、初期ジューダス・プリーストの貴重なメモラビリアが売られようとしていることを知った。その人に手紙を書き、返信用の封筒を入れてホテルのコンシェルジュに投函をお願いした。意外に早く日本に返事が届いた。黄色の便せんに青いボールペンで書かれていた。興行のポスター、ライヴやプロモーション写真などを売りたいと言う。金額を見て驚いた。希望価格が高い。相手は誰か？　この『自伝』にも名前が出てくる、初代マネージャーのコーキーこと、デイヴ・コークである。翌日、新宿厚生年金会館にその手紙を持っていった。ところが、終演後、楽屋で罵声が飛び交っている。どうやら、その夜のセットリストの内容でもめているらしい。私はこうなることを恐れていた。動員のためにも、日本のファンが望むならばジューダス・プリーストの曲を増やそう。これが、ロブと日本のプロモーターの意見だ。一方、若いメンバーはファイトの曲で押していこう、と。前日からくすぶっていた火種は、この夜の終演後に爆発する。ロブはボーイフレンドを伴って楽屋から出てきた。不機嫌極まりない。そして、ロブが言う。

「手紙は持ってきた？」

「これだよ」

「なにっ、デイヴだったのか！　あいつは、まだ、我々で金を稼ごうとしているのか！　許せないよ！」

ロブが「許せない！」と言う以上、私がデイヴからこれを買うわけにはいかなくなった。結局、デイヴには返事を出さなかった。でも、誰かが買ったはずである。何人かから既にオファーがあると手紙には記されていた。「ロッカ・ローラ」、「運命の翼」の貴重なメモラビリア。後日、それらしき写真をあるところで見た。二階から撮影したようなライヴ写真だった。ロブに逆らえば良かったかな。申し訳ないが、今ではそう思っている。

ロブと、ジューダス・プリーストのエピソードは、本当に尽きない。

この『自伝』を呼んで、益々、ロブ・ハルフォードが好きになった。

しかも、まだまだ知らないことがこんなにもあるとは驚きである。

さすが、本物のメタル・ゴッドである。

伊藤政則

ロブ・ハルフォード *Rob Halford*

ロック・シンガー／ミュージシャン。70年代前半にジューダス・プリースト加入後、バンドのフロントマンとして活躍。80年代、『ブリティッシュ・スティール』『復讐の叫び』等のアルバムを発表し、ヘヴィ・メタル・シーンの頂点に君臨する。90年には傑作『ペインキラー』を発表、同アルバムを引っ提げたツアーも行い、全盛期を迎えていた直後、突如としてバンドを脱退。以後、ソロ・プロジェクトを含む実験的作品を次々と発表。さらにカミングアウトを経て、2003年にプリーストへ電撃復帰。14年のアルバム『贖罪の化身』では、全米6位とキャリア史上最高のチャート入りを記録するなど、その人気は衰えるどころか勢いを増している。愛称は「メタル・ゴッド」。

川村まゆみ *Mayumi Kawamura*

お茶の水女子大学文教育学部音楽教育科卒業。主な訳書に『世界で一番美しいアメリカン・ギター大名鑑』『真空管ギター・アンプ実用バイブル』『ザ・ローリング・ストーンズ楽器大名鑑』『ジミ・ヘンドリックス機材名鑑』『スティーヴ・ルカサー自伝』『誰がボン・スコットを殺したか？』など。

ロブ・ハルフォード回想録《かいそうろく》

メタル・ゴッドの告白《こくはく》～Confess～
欲深《よくぶか》き司祭《しさい》（プリースト）が鋼鉄神《メタル・ゴッド》になるまで

初版発行　2021年5月11日

著	ロブ・ハルフォード＋イアン・ギティンス
訳	川村まゆみ
デザイン	川畑あずさ
版権コーディネート	服部航平
日本版編集	飯島弘規＋稲葉将樹（DU BOOKS）
発行者	広畑雅彦
発行元	DU BOOKS
発売元	株式会社 ディスクユニオン 東京都千代田区九段南 3-9-14 編集 tel. 03-3511-9970 ／ fax. 03-3511-9938 営業 tel. 03-3511-2722 ／ fax. 03-3511-9941 http://diskunion.net/dubooks/
印刷・製本	大日本印刷

ISBN978-4-86647-139-6 Printed in Japan

本書の感想をメールにて
お聞かせください。
dubooks@diskunion.co.jp

DU BOOKS

ロック映画ポスター・ヴィンテージ・コレクション

ポスター・アートで見るロックスターの肖像

井上由一 編

あのアレックス・コックス（『シド・アンド・ナンシー』監督）が序文寄稿!!

ロックを映画は、どう表現してきたのか？ “MUSIC makes MOVIES”をキーワードに、ポスター・アートワークの傑作群を俯瞰できる1冊。

貴重なコレクションが世界20ヵ国から一堂に集結！ 掲載数400枚超えの永久保存版。完全限定生産1,000部。

本体3500円+税 A4 224ページ（オールカラー）

来日ミュージシャンのポスター&フライヤー デザイン集

Live in Japan Graphic Chronicle 1965-1985

坂口透 著

昭和を彩った来日ミュージシャンによる日本の音楽興行史とともに振り返る、ジャパニーズ・ポップアートの軌跡！ 1960〜80年代のポスターやフライヤーなど、約350点掲載。あの時あの時代、洋楽はみんなの憧れだった――。

当時を知る人はもちろん、デザインに携わるすべてのクリエイターも必見の、資料的価値の高いヴィジュアル・ブック！

本体2800円+税 A4 128ページ（オールカラー）

インターネットポルノ中毒

やめられない脳と中毒の科学

ゲーリー・ウィルソン 著 山形浩生 訳

不安、やる気低下、集中力不足、自尊心の欠如、うつ、ED、パートナーへの愛情減退…いずれも原因は“ポルノの見すぎ”かも？

アルコールやドラッグなどに比べて語られる機会の極めて少ない「ポルノ中毒」の実態・原因・克服方法を紹介。ステイホームでインターネット時間が増える今こそ読みたい、脳と中毒の関係。

本体2200円+税 四六 264ページ

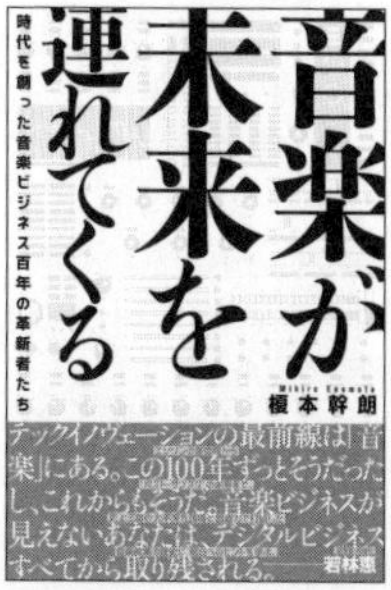

音楽が未来を連れてくる

時代を創った音楽ビジネス百年の革新者たち

榎本幹朗 著

エンタメの“新常識”はすべて音楽から始まった。

エジソンの蓄音機から、ラジオ放送、ウォークマン、CD、ナップスター、iPod、着うた、スポティファイ、“ポスト・サブスク”の未来まで。史上三度の大不況を技術と創造力で打破した音楽産業の歴史に明日へのヒントを学ぶ、大興奮の音楽大河ロマン。

本体2500円+税 四六 656ページ 好評2刷！

DU BOOKS

ポール・マッカートニー　告白

ポール・デュ・ノイヤー 著　奥田祐士 訳

本人の口から語られる、ビートルズ結成以前からの全音楽キャリアと、音楽史に残る出来事の数々。曲づくりの秘密やアーティストとしての葛藤、そして老いの自覚……。70歳を過ぎてなお現役ロッカーであり続けるポールの、リアルな姿を伝えるオーラル・ヒストリーの決定版！

ポール・マッカートニーとの35年以上におよぶ対話をこの一冊に。

本体3000円＋税　A5　540ページ　好評3刷！

ロビー・ロバートソン自伝

ザ・バンドの青春

ロビー・ロバートソン 著　奥田祐士 訳

ニューヨークタイムズ・ベストセラー、A Rolling Stone Top 10 Music Book of 2016などに輝く、傑作自伝。ボブ・ディランとの怒涛のツアー、地下室での音楽探求、ラスト・ワルツ、ザ・バンド解散までをはじめて綴った。

「追憶と驚異の書。アメリカ音楽が魅惑的だった時代、その場に、そのすべての中心にいた男による証言」――マーティン・スコセッシ（映画監督）

本体3800円＋税　A5　536ページ（口絵16ページ）

スティーヴ・ルカサー自伝

福音書（ゴスペル）――TOTOと時代の「音」を作った男たち

スティーヴ・ルカサー 著　川村まゆみ 訳

AOR／LAシーンの黄金時代を様々な角度から検証できる内容。

スタジオ・ガイ、ルカサーが、ユニークな語り口で描く、TOTO結成からポーカロの死、ボズ・スキャッグス、アース・ウインド&ファイアー、マイケル・ジャクソン『スリラー』レコーディングなど……。スタジオの閉じられたドアの向こうの世界や、音楽界のレジェンドたちのユニークな創作過程が明かされる。

本体2800円＋税　A5　416ページ（カラー口絵16ページ）

ヨット・ロック

AOR、西海岸サウンド黄金時代を支えたミュージシャンたち

グレッグ・プラト 著　奥田祐士 訳

「レコード・コレクターズ」、「ステレオサウンド」などで紹介されました！

ロック史が語らない、あの時代。メロウで、スムースで、ソフトな音楽をミレニアル世代が再評価！　それが、ヨット・ロック！　70年代、80年代の名曲をつくったミュージシャン総勢53名が語った永久保存版。

高橋芳朗による日本版解説、長谷川町蔵のヨット・ロック・ドラマ解説も収録。

本体2500円＋税　四六　400ページ（カラー口絵16ページ）